清史研究丛书

满文《满洲实录》译编

祁美琴 强光美 编译

中国人民大学出版社
· 北京 ·

《满文〈满洲实录〉译编》得到教育部人文社会科学重点研究基地重大项目“满文、满文文献与清史研究”（项目批准号：11JJD770019）经费资助。

“清史研究丛书”重启说明

“清史研究丛书”原由戴逸先生发起主编，中国人民大学出版社出版发行。从1988年开始至2001年，它曾推出《清前期天地会研究》、《戊戌思潮纵横论》、《四库全书纂修研究》、《清代八卦教》、《明清农村商品经济》、《革新派巨人康有为》、《晚清乡土意识》、《清代族田与基层社会结构》、《乾隆帝及其时代》、《洪亮吉评传》、《康雍乾三帝统治思想研究》、《清代区域社会经济研究》与《晚清讼狱制度的社会考察》等13部力作，在清史学界产生过重要影响。但由于种种原因，该丛书的出版一度中断。现经中国人民大学清史研究所与中国人民大学出版社协商，决定从今年起将其恢复起来。

清朝是中国君主专制统治的最后一个王朝，在其统治的近三百年时间里，中国不仅经历了由强盛到衰弱的转折，也经历了社会性质从传统到近代的深刻变革，这就决定了这段不寻常的历史里蕴藏着极为丰富的内容，同今天国人的社会生活的各个方面，也必然发生着多方面的密切关联。人们常说，“中国今日之疆域版图和新中国成立之初的人口基数即奠定于清朝，当代中国的政治、经济、文化、外交和民族问题，许多也都由清朝演化、延伸而来”，这的确是对清史研究之学术价值和现实意义的极好概括。我们之所以致力于推动这套丛书继续编辑出版，其宗旨和动力来源也正在于此。

“清史研究丛书”是发表高水平清史论著和重要清史文献的专业学术平台。它强调学术的前沿性和国际性，提倡严谨、扎实的学风，崇尚史学的综合功夫，鼓励跨学科视野和方法创新。就研究内容而言，它则坚持清代前后期历史的一贯性和统一性，反对将其前后人为加以割裂的做法。

本丛书仍由中国人民大学清史研究所负责组稿和审稿。

中国人民大学清史研究所正式成立于1978年，其前身为1972年组建的清史研究小组。三十多年来，清史所的成员们在学术研究和教学方面均做出了积极努力，并得到国内外同行的宝贵支持、帮助和认可。2000年12月，它被教育部批准为人文社会科学百所重点研究基地之一。编辑和出版这套丛书，乃清史研究基地工作的有机组成部分。

我们期盼本丛书的出版，能够继续得到广大清史学界同人的大力支持。

“清史研究丛书”编委会

2010年7月

“清史研究丛书”总序

“清史研究丛书”问世了，这是值得庆贺高兴的一件事。这套丛书以推动清史的研究和写作为主旨，希望能为我国历史科学的繁荣发展尽一点力量。

清史是个辽阔宽广的研究领域，上起16世纪末满族的崛起，下至本世纪初辛亥革命的爆发，清帝逊位。时间跨度大，内容丰富，问题繁多。离我们今天的时间较近，与现实息息相关，研究这段历史十分重要，这三百年，是承前启后、继往开来的巨大转折。清代前期和中期，处在中国封建社会的末期，经历了康雍乾盛世，我国的农业、手工业生产和商品经济发展到前所未有的水平，封建专制体制日益严密，国力强大，秩序稳定，版图辽阔巩固，文化事业兴旺，达到了封建王朝所能攀登的高峰。但是，如果拿中国封建末期的成就同正在经历产业革命和资产阶级革命的西欧历史作比较，则相形见绌，中国已落后于世界发展的先进潮流并且正在拉开越来越大的差距。到1840年鸦片战争爆发，中国终于在外国资本主义的武装侵略下，逐步沦为半殖民地半封建社会，赔款割地，国势凌替，危机四伏，民众处在水深火热之中，由此而爆发了反帝反封建革命，许多革命志士前赴后继，斗争绵延不绝，推翻了清朝的统治，结束了两千多年的封建专制帝制。人民冲破了黑暗，历史微露出晨曦，迎来了以后的新民主主义革命。三个世纪的清代历史经过了由盛转衰、由衰而复的漫长曲折过程。这一过程至今还没有终结，中国已经从沉睡的酣梦中苏醒，人民推翻了帝国主义、封建主义的压迫，正在大踏步前进。祖国的建设、民族的复兴、“四化”的重任落在我们及以下几代人的肩上，必须团结一致，努力不懈，长期奋斗，才能使古老的中国重新焕发出青春。

历史是现实生活的一面镜子。当人们为了改造现实而迈步前进的时候，经常会回顾全民族刚刚走过的路程，从中汲取力量，获致教益。人类有回忆往事的爱好，有总结过去的习性，有从自身成功或失败中学习的潜力，有寻根的愿望，这是推动人们进步的力量。谁忘记了过去，谁就容易重犯过去的错误；而谁更多地理解过去，谁就有了更好的准备去迎接和建设未来。正是在这个意义上，清史研究是十分重要的，它具有重大的学术价值和现实意义。

清史研究的领域十分宽广，包括政治、经济、军事、民族、外交、思想文化等许多方面。为了掌握中国的国情，全面、正确地了解中国的过去，我们必须在漫长广阔的历史领域中艰苦探索，观其大局，提其纲领，揭其规律；又要在具体的历史问题上踏实钻研，掌握大量的第一手资料，索隐探微，释疑抉奥，作认真细致的整理和剖析工作，即把综合和分析结合起来，把宏观的研究和微观的研究结合起来，才能再现清代三百年历史的真实面貌。

清史资料浩如烟海。档案、官书、文集、方志、野史、笔记、传记、谱牒、契据、报刊，种类繁多，数量浩瀚。汉文以外还有大量少数民族的文字记载和外文资料。任何才人智士，穷毕生之力也只能在浩浩茫茫的清史资料的汪洋大海中窥其一角，要凭借这样繁多而杂乱的历史资料来展现漫长的清代历史画卷，这既给研究者充分发挥才智、大显身手提供了用武之地，也要求全体研究者有组织、有计划地分工合作，潜心沉思，锲而不舍，把毕生精力奉献于钻研和阐扬祖国历史的壮丽事业。

尽管近年来清史研究队伍日益壮大，著作和论文的数量、质量有了明显的增长、提高。但它相对于其他断代史而言，起步较晚，清史领域仍然有很多空白、薄弱的部分急需填补和加强，研究工作者只要奋发努力，辛勤耕耘，必能得到丰厚的收获。“清史研究丛书”将为一切研究工作者提供发表成果的园地。我期待着：在若干年以后，这片园地将是姹紫嫣红、百花齐放，成为绚丽多彩的盛大花圃。

戴　逸

1988年1月

目　录

前言

在清朝历代皇帝实录中，清太祖努尔哈齐实录版本最多，流传下来的有《满洲实录》、《太祖武皇帝实录》和《太祖高皇帝实录》三部。其中，尤以《满洲实录》最为特殊，它不似其他实录满、汉、蒙三种文字各成一部，而是三体文合璧，且附带插图，形式上独树一帜，成书上也疑点颇多。正因为如此，从《满洲实录》被发现那一刻起，对它的讨论就从未中止过。以内藤虎次郎、山本守、神田信夫、今西春秋、松村润为代表的日本学者在该书的研究上建树颇丰，并一度取得领先地位。在中国，台湾学者也不甘落后，陈捷先、庄吉发等都是该领域的专家；在大陆，对《满洲实录》的研究也不乏其人，早在民国时期，孟森、方甦生、徐中舒、单士元等，就对该问题予以关注，20世纪80年代以后，王钟翰、秦国经、郑天挺、薛虹、郭康松、齐木德道尔吉、达力扎布、乔治忠、谢贵安、杨勇军等人先后发表了不同见解，将《满洲实录》以及清实录的研究推向了新的高度。

一、《满洲实录》成书问题

1.《满洲实录》与《太祖实录图》的关系

《太祖实录图》早已不存，最早对其进行记录的是《旧满洲档》，据天聪九年（1635）八月八日记载：“tere inenggi sure kan，nenehe genggiyen kan i yabuha kooli bithe be juwe howajan jang jiyan，jang ing kui de niru seme afabuha weile be nirume wajiha sain seme jang jiyan de emu juru niyalma，emu ihan，jang ing kui de emu juru niyalma šangnaha.”① 汉译为：“是日，淑勒汗交付二画工张俭、张应魁据先祖英明汗行事典例书绘制图画的工作，很好地绘制完成了，赏张俭人一对、牛一头，张应魁人一对。”《太宗文皇帝实录》也有相似记载，天聪九年（1635）八月乙酉：“画工张俭、张应魁恭绘《太祖实录战图》成，赏俭人口一户、牛一头，应魁人口一户。”②

目前学界的主流观点认为，《太祖实录图》（或称《太祖实录战图》）乃《满洲实录》之原本。最早得出此结论的是日本学者内藤虎次郎，1905年他发现了深藏盛京崇谟阁的《满洲实录》，后介绍于世，并根据《太宗文皇帝实录》天聪九年八月乙酉条的记载及《满洲实录》末尾《敬题重绘太祖实录战图八韵》诗注“实录八册，乃国家盛京时旧本”，通过二者的结合、对应，进而认为二张所绘《太祖实录图》就是《满洲实录》的原本。今西春秋指出《国朝宫史续编》、《开国方略联句诗》的注释和《满洲实录》末尾注释有大致相同的记述，支持了内藤的说法。

国内学者也大都赞同此观点。徐中舒在20世纪30年代就曾说过“汉文《太祖实录图》又称《满洲实录》，成于天聪九年八月”③ 的话。20世纪80年代，单士元在整理清代实录时说：“皇太极（清太宗）天聪九年曾为其父努尔哈赤（清太祖）编纂一部有图有文记录开国事迹和其他事迹的实录，题名《满洲实录》。”④ 秦国经等在介绍清太祖实

---

① 《旧满洲档》第九册，台北影印本，4415页。

② 《太宗文皇帝实录》卷24，天聪九年八月乙酉。

③ 徐中舒：《再述内阁大库档案之由来及其整理》，见《历史语言研究所集刊》第3本第4分，转引自乔治忠：《中国官方史学与私家史学》，182页，北京，北京图书馆出版社，2008。

④ 单士元：《整理清代实录记》，载《故宫博物院院刊》，1984（3）。

录纂修过程时说："天聪元年（1627），太宗命额尔德尼等修太祖实录，历时八载，至天聪九年（1635）八月画工张俭、张应魁始将合绘的太祖实录图告成，名《满州实录》。"① 另外，白寿彝、郭康松、瞿林东、薛虹、乔治忠等也都在不同场合阐述了《太祖实录图》与《满洲实录》是同一部书的观点。这一看法已成定论，似无疑义。

但是，2002年，对清实录研究颇有心得的日本学者松村润发表《清太祖实录研究》一文，对《满洲实录》重绘自《太祖实录图》一说提出质疑。经他考证，《太祖实录图》只是图画本，不可能是《满洲实录》的原本，《满洲实录》是据崇德初纂《太祖太后实录》重绘的，沿袭了其满文本八卷八册的样式，但并没有照录其内容，而是完全依据顺治重修本的内容绘写。②

其实，早在20世纪70年代末，台湾学者陈捷先就通过满文清实录的研究，发现《满洲实录》的满文部分与顺治本《太祖武皇帝实录》的满文内容几乎一致的事实，他从而推论，《满洲实录》的附图部分来源于天聪末叶成书的《太祖实录图》无疑，但文字部分却是取自顺治本武皇帝实录。③

2012年，华东师范大学古籍研究所博士生杨勇军在松村润、陈捷先等人的研究基础上，进一步指出《满洲实录》不是重绘自《太祖实录图》，而是乾隆朝官方伪造的最后一本努尔哈齐实录，成书晚至乾隆四十六年（1781）。在他看来，《太祖实录战图》只是一本没有文字的图册，《满洲实录》中清高宗题诗注文所言"实录八册"为《太祖实录战图》八册，而非后世学者以为的《满洲实录》八卷。他同意陈捷先提出的该书内容照抄《太祖武皇帝实录》之观点，但是图画部分则

---

① 秦国经、胡启松：《清代的实录》，载《历史档案》，1989（4）。

② 参见［日］松村润：《清太祖实录研究》，载《蒙古学信息》，2002（1）。

③ 参见陈捷先：《满文清实录研究》，160页，台北，大化书局，1978。

“是在‘重绘’77 幅《太祖实录战图》的基础上还补绘了关于满洲起源神话的 6 幅图”①。

不过，长期以来，学界虽然普遍认同《太祖实录图》就是《满洲实录》的原本，但是对其名称，各人又有不同看法。

一种观点认为，天聪九年（1635）完成的插图本，初名《满洲实录》，如单士元曾说：“天聪年间绘图本，原来只题满洲实录，亦未称太祖实录。”② 郭康松认为，《太祖实录战图》之名是乾隆时才有的，因为该书附有插图，所以乾隆帝题为此名。③

更多的学者则认为，《满洲实录》之名是乾隆朝重绘时所取。

白寿彝先生主编的《中国史学史》称，《满洲实录》原名《太祖实录战迹图》，乾隆四十六年（1781）第四部绘写本成书时，才改题现名。④ 瞿林东在《中国史学史纲》中也采用此观点。⑤

薛虹亦表示《满洲实录》之名是乾隆朝重绘时所取，但是他提出该实录原名既不是《满洲实录》，也不是所谓《太祖实录战图》，而应称为《太祖实录图》才对。并且，《太祖实录图》也不是正式名称，只是对实录图文并茂的形象描述语而已，早期实录蓝本没有正式名称，“其实，从重绘《满洲实录》时称之为‘开国实录’、‘太祖实录战图’等等，也可见原并非正式定名为‘太祖实录图’，无非是太祖的实录的图的意思罢了！”⑥ 至于乾隆时期为何摒弃《太祖武皇帝实录》，突然重绘《太祖实录图》，并改称《满洲实录》，作者表示难以理解。他对

---

① 杨勇军：《〈满洲实录〉成书考》，载《清史研究》，2012（2）。

② 单士元：《整理清代实录记》，载《故宫博物院院刊》，1984（3）。

③ 参见郭康松：《浅议〈清实录〉的编纂及价值》，载《咸宁师专学报》，1997（1）。

④ 参见白寿彝主编：《中国史学史》第五卷，254 页，上海，上海人民出版社，2006。

⑤ 参见瞿林东：《中国史学史纲》，400 页，北京，北京师范大学出版社，2010。

⑥ 薛虹：《清太祖实录的史料学研究》，载《东北师大学报》（哲学社会科学版），1988（2）。

此次重绘改名的原因给出了可能的解释，将其同乾隆四十二年（1777）纂修《满洲源流考》联系起来，认为此举可能是为了突出满洲称谓。[①]

与薛虹一样，乔治忠也指出“太祖实录图”不是一个正式名称。《太宗文皇帝实录》中的“太祖实录图”字样，只是后来对该图的一种称谓，天聪年间并无此称。乾隆朝对《太祖武皇帝实录》的称谓有多种，如“开国实录”、“太祖实录战图”、“图本”、“太祖战图实录”等，直到重绘写本时才正式定名“满洲实录”。不过，在“满洲实录”正式定名的时间问题上，他与薛虹发生分歧。薛虹认为《满洲实录》定名于乾隆四十六年，而乔治忠则认为，正式定名《满洲实录》最早也应是乾隆四十八年之后的事了。[②]

笔者亦认为，从《旧满洲档》的记载来看，只是太宗让画工根据“genggiyen kan i yabuha kooli bithe”（英明汗行事典例书）绘制图册而已，并没有提到该书的名称，可见当时还没有命名。至于《太宗文皇帝实录》中出现的《太祖实录战图》之名，想必是后来所取。从上述多数学者的研究成果看，《太祖实录图》极有可能就是《满洲实录》初纂本。

2.《太祖实录图》与《太祖武皇帝实录》的关系

与《太祖实录图》密切相关的是另一部努尔哈齐实录——《太祖武皇帝实录》，二者之间关系如何，也是学界讨论的热点，同时也存在较多分歧。

以徐中舒等为代表的学者，认为《太祖实录图》与《太祖武皇帝实录》是两部不同的书，二者之间没有直接联系。徐中舒说：“汉文

---

① 参见薛虹：《清太祖实录的史料学研究》，载《东北师大学报》（哲学社会科学版），1988（2）。

② 参见乔治忠：《清太祖一朝实录的纂修与重修》，原载《南开学报》，1992（6），转引自乔治忠：《中国官方史学与私家史学》，172～187页。

《太祖实录图》又称《满洲实录》，成于天聪九年八月。《太祖武皇帝实录》成于崇德元年十一月。这两部实录，都成于沈阳朝廷。”① 将它们称为两部实录。孙文良曾称赞皇太极统治时期“编撰的《清太祖武皇帝实录》和《满洲实录》，是清朝的建国史，也是成文的满族勃兴史”②。可见，他也是将这两部书当成不同的实录对待。郭康松在《浅议〈清实录〉的编纂及价值》一文中也判定《满洲实录》八卷成书于太宗天聪九年（1635），与《太祖实录战图》是一回事，随后又介绍《太祖武皇帝实录》于太宗崇德元年（1636）初纂，并没有说二者之间存在渊源关系。③ 齐木德道尔吉的《满文蒙古文和汉文〈清太祖实录〉之间的关系》一文，细致梳理了太祖实录的纂修过程，认为崇德元年完成的本子初名《太祖太后实录》，而不是《太祖武皇帝实录》。到顺治朝重修以后，才定名《太祖武皇帝实录》。此外，他还提及，与《太祖武皇帝实录》同时问世的，还有汉文、满文和蒙古文对译的、带有图画的《满洲实录》。但是没有指出《满洲实录》的具体编纂过程和纂修时间，也没有说明《满洲实录》与《太祖武皇帝实录》的关系。从作者的叙述中来看，似乎二者之间并不存在渊源、师承关系，应是两个独立的版本体系。④

而包括孟森在内的多数学者都认同《太祖实录图》成书于《太祖武皇帝实录》之前，二者之间存在师承关系，《太祖武皇帝实录》是在《太祖实录图》的基础上加工改编而成的。

孟森在《康熙重修太祖实录跋》中有言：“清太祖第一次纂修实录，

---

① 徐中舒：《再述内阁大库档案之由来及其整理》，见《历史语言研究所集刊》第 3 本第 4 分，1933。

② 孙文良：《〈满洲源流考〉辨析》，载《社会科学辑刊》，1987（3）。

③ 参见郭康松：《浅议〈清实录〉的编纂及价值》，载《咸宁师专学报》，1997（1）。

④ 参见齐木德道尔吉：《满文蒙古文和汉文〈清太祖实录〉之间的关系》，载《内蒙古大学学报》（人文社会科学版），2003（1）。

在天聪九年。先成太祖战迹之图，每图带说。既成，而又摘图中之说，别为一本。两皆名之曰武皇帝实录。”之所以称为实录，是仿照“中土旧有之帝王体制”，但其实他们不知实录为何物，故而文字、体例与历代实录不合，这就造成了早期的实录与后来的实录在文字、体例上的差异。① 从上述文字可知，孟森认为，《太祖实录图》成于天聪九年（1635），《太祖武皇帝实录》是《太祖实录图》成书后，剔除插图而改编的纯文字版本，二者同源，且当时都称之为《太祖武皇帝实录》。或者可以说，《太祖实录图》是《太祖武皇帝实录》的模本。孟森又讲到，康熙时重修太祖实录，谓之《太祖高皇帝实录》，雍乾时期再加修改，为太祖实录之定本。因为带图本为孤本，乾隆帝恐其遭意外之损，所以摹绘了新本。新本有些许改动，与初纂、再纂及定本皆不同。② 可见，他认为《太祖实录图》、《太祖武皇帝实录》以及康熙重修本《太祖高皇帝实录》、乾隆定本《高皇帝实录》、乾隆重绘本《满洲实录》是一脉相承的。

单士元在整理实录之札记中，师承导师孟森之说，也认为《太祖武皇帝实录》是清太宗皇太极“将满洲实录中的图画撤去，整饬文字”，改编而成的。③ 方甦生推测《太祖武皇帝实录》的纂修是实录图成之后的事，“此本想是以太祖实录图去图尊谥写成的”④。庄吉发也持此观点，因《太祖实录图》与历代帝王实录体例不合，所以太宗命人“以满、蒙、汉三体文字改编实录。崇德元年（一六三六）十一月，纂辑告成，题为《大清太祖承天广运圣德神功肇纪立极仁孝武皇帝实录》，共四卷四册，简称《太祖武皇帝实录》，就是清太祖朝实录的初

---

① 参见孟森：《康熙重修太祖实录跋》，见《明清史论著集刊》下册，481 页，北京，中华书局，2006。

② 参见上书，482 页。

③ 参见单士元：《整理清代实录记》，载《故宫博物院院刊》，1984（3）。

④ 方甦生：《清太祖实录纂修考》，载《辅仁学志》第 7 卷 1—2 期，1939。

纂本”①。

郑天挺称《太祖武皇帝实录》成书于崇德元年（1636），取材于《满文老档》和《满洲实录》等满洲初期的资料。② 可见，他虽认为《满洲实录》和《太祖武皇帝实录》不是同一部书，《满洲实录》早于《太祖武皇帝实录》，但强调《满洲实录》是《太祖武皇帝实录》的一个重要史料来源，二者在文字上存在诸多联系。

对清代档案素有研究的秦国经介绍了清太祖实录的大致纂修过程。天聪元年（1627），太宗命额尔德尼等修太祖实录，历时八载，至天聪九年八月画工张俭、张应魁始将合绘的太祖实录图告成，名《满洲实录》。书中记事均先图而后说，与历代帝王实录体例不合，所以，不久太宗又命国史馆大学士希福、刚林等，以满、蒙、汉三体文字改编太祖图录，至崇德元年十一月改编完成。顺治时曾再度修改过。康熙时，命大学士勒德洪为监修总裁官复加修改，于康熙二十五年（1686）修成《太祖高皇帝实录》，合凡例目录满、蒙、汉文各十二卷。雍正十二年（1734）再加校订，辨正姓氏，划一地名，历时六载，至乾隆四年十二月（1740），始告成书，共十三卷。存大内、皇史宬、内阁本均缮满、蒙、汉文各一部。藏盛京本只缮满文、汉文，不缮蒙古文。③ 通过他的介绍可知，作者认为《满洲实录》就是《太祖实录图》，该实录采用先图而后说的叙述模式。《太祖武皇帝实录》是在《满洲实录》修成后对其改编而成，时间应在天聪九年以后至崇德元年十一月。也就是说，《满洲实录》是《太祖武皇帝实录》的蓝本，历次改编的太祖实录都是在《满洲实录》的基础上加工完成的。其观点与孟森等人大体相同。

1988年，薛虹在《清太祖实录的史料学研究》一文中，提出了另一

① 庄吉发：《清史拾遗》，100页，台北，学生书局，1992。

② 参见郑天挺：《从〈清太祖武皇帝实录〉看满族族源》，载《社会科学战线》，1983（3）。

③ 参见秦国经、胡启松：《清代的实录》，载《历史档案》，1989（4）。

种观点，即天聪九年（1635）八月告成的《太祖实录图》和崇德元年（1636）十一月告成的《太祖武皇帝实录》是反映纂修太祖实录的一个过程。意思即，《太祖实录图》乃《太祖武皇帝实录》的未完成稿。《旧满洲档》记载只赏赐了两名画工，且未举行任何修书告成的仪式，原因就在于，天聪九年八月告成的只是图，文字部分未竣。至于"太祖实录图"一说，也并非正式名称，只是实录未完成时一种形象的描述语罢了。到崇德元年全部书成后，不再用临时称呼"太祖实录图"，而正式取"太祖武皇帝实录"之名。他在文中做了大量工作以证实自己的观点，"如果我的这些推测不错，那么《武皇帝实录》和《太祖实录战图》应该是一回事，始修于天聪七年，到崇德元年十一月全部告成"①。

乔治忠赞同薛虹的观点，并补充考析。他反对将《太祖实录图》与《太祖武皇帝实录》截然视为两书，因为《满洲实录》是从《太祖实录图》绘写成的，且文字部分与《太祖武皇帝实录》的内容、结构、语句一一对应相合，二者之间不可能不存在联系。同时，他也不认同方甦生等人"开国实录"是"去图加谥"、仅有文字之书的观点，而是认为《太祖实录图》乃整部《太祖武皇帝实录》的组成部分，即其中的图画部分。经他的考证，《太祖武皇帝实录》的纂修至迟于天聪七年即已开始，到天聪九年，图先成，至崇德元年十一月，文字部分完全告成，太宗题名曰《大清太祖承天广运圣德神功肇纪立极仁孝武皇帝实录》(简称《太祖武皇帝实录》)。由此说明《太祖实录图》的绘成只是《太祖武皇帝实录》编纂过程中的一个阶段成果。

王静芳在《清太祖实录的编纂、版本及史料价值》一文中也认为，《太祖武皇帝实录》早在清入关前的天聪七年就开始纂修，到崇德元年

---

① 薛虹：《清太祖实录的史料学研究》，载《东北师大学报》(哲学社会科学版)，1988(2)。

(1636) 十一月全部告成。全书分为四卷，以满、蒙、汉三种文字缮写，书名定为《大清太祖承天广运圣德神功肇纪立极仁孝武皇帝实录》(即《太祖武皇帝实录》)。①

综观目前的研究成果，薛虹、乔治忠等人的观点似乎更有说服力，即《太祖实录图》的完成与《太祖武皇帝实录》的告成反映的是太祖实录纂修的不同阶段，太祖实录纂修自天聪七年 (1633)，天聪九年实录图成，崇德元年十一月全书始全部告成。

关于崇德元年告成的这部实录的名称，学界又有新的发现，因为据《旧满洲档》的记载，当时完成的应是“taidzu，taiheo i yabuha yargiyan kooli bithe”，即《太祖太后实录》，不是太祖一个人的实录，到顺治重修时，才改为《太祖武皇帝实录》(满文名：daicing gurun i taidzu horonggo enduringge hūwangdi yargiyan kooli，汉文名：《大清太祖承天广运圣德神功肇纪立极仁孝武皇实录》，简称《太祖武皇帝实录》)。陈捷先、松村润、达力扎布等都支持此观点。②

3.《满洲实录》的编纂问题

对于《满洲实录》的编纂过程，学界的讨论主要集中在满、蒙、汉三种文本的成书顺序及《太祖实录图》原先的体式、是否有文字、文字的由来、绘图与撰文的先后顺序等问题上。

关于文本成书顺序，陈捷先多次强调：“早期满洲部族的文献是先以满洲文字记注，汉文本都是由满洲文翻译而成的。”③《满洲实录》作为满洲的早期文献之一，自然也不例外。

---

① 参见王静芳：《清太祖实录的编纂、版本及史料价值》，载《集宁师专学报》，2001 (2)。

② 参见陈捷先：《满文清实录研究》，27 页；[日] 松村润：《清太祖实录研究》，载《蒙古学信息》，2002 (1)；达力扎布：《清太祖武皇帝实录版本浅议》，见《满学朝鲜学论集》，25～56 页，北京，中国城市出版社，1995。

③ 陈捷先：《满文清实录研究》，14 页。

谢贵安对清实录做过全面而系统的研究，他指出，笼统地认为清实录先定汉文本，再译成满、蒙文本的观点是不科学的，“满、汉、蒙三种文本的修纂秩序，随清朝汉化程度的加深而发生了根本性的变化”。早期由于满人汉化程度不高，再加上诏令、奏疏等档案文件大都是用满、蒙文书写的，故修实录时，先撰写满文本，再译成汉文本和蒙古文本。①

薛虹也认为清太祖实录纂修过程中首先完成的是满文本，蒙古文本和汉文本都是满文本的译本。他通过《太祖武皇帝实录》和《满洲实录》的仔细校对，发现满文本《太祖武皇帝实录》比满文本《满洲实录》在语言上更为古拙，二者间除表音缀字上的差别外，其他则无何不同。汉文本《太祖武皇帝实录》与它的满文本也极相近，说明原译时修饰不多。而《满洲实录》的汉文本和满文本的差异较大，说明在翻译时修饰之处很多。汉文本《太祖武皇帝实录》同汉文本《满洲实录》在专有名词的汉译法上差异悬殊。他说，《满洲实录》汉文本的修饰，主要表现在人名、地名等专有名词上，不仅比《太祖武皇帝实录》为雅，比乾隆四年十二月（1740）定修本的《太祖高皇帝实录》也有所雅化，如章甲改写为章佳，俄朵里改写为鄂多里，而乾隆五十一年修成的《开国方略》又有进一步的雅化。②

齐木德道尔吉细致考证了太祖实录的编纂过程，“是先将满文原件根据实录编写的需要撰写为满文实录体文字，在此基础上译成汉文，最后从汉文译成蒙古文。蒙古文同满文原件有如此大的距离，说明译成蒙古文时，根本看不到满文原件，所根据的只是汉文和满文实录文字”③。《满洲实录》作为太祖实录的一种，编纂过程亦应如此。与薛

① 参见谢贵安：《〈清实录〉稿底正副本及满汉蒙文本形成考论》，载《史学集刊》，2008（2）。

② 参见薛虹：《清太祖实录的史料学研究》，载《东北师大学报》（哲学社会科学版），1988（2）。

③ 齐木德道尔吉：《满文蒙古文和汉文〈清太祖实录〉之间的关系》，载《内蒙古大学学报》（人文社会科学版），2003（1）。

虹不同的是，齐木德道尔吉认为蒙古文本不是由满文本而是由汉文本翻译，参照满文本而成的。也就是说，在三种实录文字中，满文本是最先成的，汉文本次之，蒙古文本最后。

乌兰齐木格曾对《满洲实录》的蒙古文部分做比对研究，发现蒙古文部分基本上与满文部分内容相同，“但仍有一些记载不同于满文本，而相同于汉文内容，并且有的蒙文内容和记载方法与汉文和满文内容哪一个都不相同”①。从其所举事例来看，蒙古文部分从满文翻译而来的可能性较大，但是有的地方也参照了汉文本。

学者们还就《太祖实录图》原先的体式，即原本有无文字，若有文字，是三体文合并带插图还是各文自成一部，文字的由来以及绘图与撰文的先后顺序问题有过激烈的争论。

有人根据《旧满洲档》以及《太宗文皇帝实录》中实录图成、赏赐画工，而没有提及文字的记载，推测该书只有图，无文字。代表者如松村润，他认为，《旧满洲档》里只有关于画完图的记载，并不是说完成了带插图的满、蒙、汉三体文的太祖实录，在天聪九年（1635）八月乙酉完成的只是绘图，受赏赐的也只是画匠而已。② 杨勇军将他的观点进行了发挥，说：“从仅有二画工得到赏赐上看，可知被后世所称的《太祖实录战图》，当时确实仅为图册，没有文字。”③

大多数学者都认为，《太祖实录图》是《满洲实录》的原本，是一部带插图、有文字的体式特殊的早期实录。日本学者内藤虎次郎，中国大陆学者孟森、单士元、秦国经及台湾学者陈捷先、庄吉发等都持此观点。孟森说：“清太祖第一次纂修实录，在天聪九年。先成太祖战

① 乌兰齐木格：《清代官修民族文字文献编纂研究》，224页，沈阳，辽宁民族出版社，2010。

② 参见［日］松村润：《清太祖实录研究》，载《蒙古学信息》，2002（1）。

③ 杨勇军：《〈满洲实录〉成书考》，载《清史研究》，2012（2）。

迹之图，每图带说。”[①] 明确表示图画皆带有文字。秦国经等亦云，《满洲实录》“书中记事均先图而后说”[②]。庄吉发称：“此书先由巴克什额尔德尼修成，经库尔缠增补，并由画工张俭、张应魁绘图。”[③] 可见，该书是既有文字又有图的。

薛虹等人还在文章中试图证明《太祖实录图》确有文字。他说，既然称之为“实录图”，则“绘图之前必然有实录稿本为依据”。另一个可以证明《太祖实录图》有文字的证据是，既然《满洲实录》依式重绘《太祖实录图》，且《满洲实录》是满、蒙、汉三体文带插图的，那么，《太祖实录图》（修成后改作《太祖武皇帝实录》）也应该是既有图又有满、蒙、汉三体文的实录。不能因《旧满洲档》的引文只提及实录的图绘制完成，无关于文字的记载，而望文生义地理解为《太祖实录图》只有图，没有文。此外，他还指出，这一实录稿本早在天聪七年（1633）就已经开始纂修了。[④]

笔者认同薛虹的观点，因为从《旧满洲档》的记载来看，英明汗的行事典例书被交付画工张俭、张应魁绘制，英明汗的行事典例书，满文原文“genggiyen kan i yabuha kooli bithe”，其中“bithe”是书、文的意思，也就是说，绘图之前确实是有文字为依据的，薛虹“绘图之前必然有实录稿本为依据”的说法不无道理。

如果实录图确有文字，那么，这些文字是以何种形式存在的呢？早期的学者如方甦生、松村润都认为，入关以前所修《太祖武皇帝实录》是三种文字分开各成一部的。薛虹在文章中小心翼翼地推测：“据

① 孟森：《康熙重修太祖实录跋》，见《明清史论著集刊》下册，481页。

② 秦国经、胡启松：《清代的实录》，载《历史档案》，1989（4）。

③ 庄吉发：《清史拾遗》，100页。

④ 参见薛虹：《清太祖实录的史料学研究》，载《东北师大学报》（哲学社会科学版），1988（2）。

《满洲实录》的体式，崇德元年告成的《武皇帝实录》应为有图之满、汉、蒙三体文字的实录。”不过，他又因现存世者为满文本与汉文本分别缮写而对此表示不确定，不知道到底是顺治朝改修时才区别三体文字分开缮抄，还是原本分别为单本，而《满洲实录》合三为一，认为该问题仍有待深入研究。① 乔治忠则大胆推定，“其应为满文、蒙古文和汉文三体合一并有图穿插其间的体式”②。

撇开体式不论，《满洲实录》文字的由来，也是扑朔迷离。特别是随着满文本《太祖武皇帝实录》的发现，学者们将二者的文字对照，发现它们在内容、结构、用词上高度相似，直接引发了人们对二者关系的思考。从早期的研究成果来看，多数学者都提出，《太祖武皇帝实录》是从《太祖实录图》改编而来的，二者在文字上存在师承关系。但是，《满洲实录》的文字从何而来呢？越来越多的学者提出，《满洲实录》的文字似乎是从《太祖武皇帝实录》抄录改编而成的。最早系统而直接地提出此观点的应为陈捷先，他在《满文清实录研究》一书中，通过一系列的比对、分析，指出乾隆时重绘的《满洲实录》“附图仿绘于天聪末叶成书的太祖实录图，而文字部分则取材照录自顺治年间纂修的武皇帝实录，因而保存了满文古老的风格与朴实的特点”③。同时，《满洲实录》在重抄的过程中，又改正了原书中的若干手民之误，所以它的准确度更高一些。④

松村润提出另外一种设想，即《太祖实录图》只是绘画本，不能作为《满洲实录》的原本，《满洲实录》是乾隆年间根据乾清宫藏盛京旧

---

① 参见薛虹：《清太祖实录的史料学研究》，载《东北师大学报》（哲学社会科学版），1988（2）。

② 乔治忠：《清太祖一朝实录的纂修与重修》，原载《南开学报》，1992（6），转引自乔治忠：《中国官方史学与私家史学》，172～187页。

③ 陈捷先：《满文清实录研究》，160页。

④ 参见上书，100页。

本即崇德初纂《太祖太后实录》重绘写的。但不是照样绘写崇德初纂本的内容，而是依据顺治重修本内容，照录了顺治重修本改写过的开国纪的记载，只有在卷数上沿袭了崇德初纂满文本的八卷八册的样式。[①]

杨勇军则认定《满洲实录》是乾隆时期的伪书，其文字部分是照抄《太祖武皇帝实录》，至于为什么要舍近求远，舍乾隆四年十二月（1740）定本《太祖高皇帝实录》而采用《太祖武皇帝实录》为本，“就是因为后者史料上更加接近原始，语言上更为质朴，这样伪造出的《满洲实录》才更像一本早已存在的书”[②]。

二、《满洲实录》及太祖实录其他版本的现存状况

关于《满洲实录》以及太祖实录其他版本的现存状况，根据以往学者的考察、研究，可以大致梳理如下。

1.《满洲实录》的现存版本及出版状况

《太祖实录图》早已不得见，学者们只能从《旧满洲档》等满洲早期史料中推测该书的存在。方甦生、陈捷先等先后猜测其大概是在嘉庆二年（1797）的乾清宫交泰殿火灾中被焚毁了。

乾隆重绘《满洲实录》三部，分别尊藏于上书房、盛京崇谟阁和避暑山庄。根据档案的记载，这三部实录应该是同源的，文字内容一致，只是成书时间有早晚以及形式、装帧等略有差异。现在这三部实录皆存于世。其中，上书房本收藏于北京中国第一历史档案馆，盛京本收藏在沈阳辽宁省档案馆，避暑山庄本则流落于日本，据松村润文可知，收藏地点应是日本东洋文库。[③]

---

① 参见［日］松村润：《清太祖实录研究》，载《蒙古学信息》，2002（1）。

② 杨勇军：《〈满洲实录〉成书考》，载《清史研究》，2012（2）。

③ 松村润在《清太祖实录研究》一文中，有“现在东洋文库里所藏热河避暑山庄本”一句，可推知该本的收藏地点。

1905年，日本学者内藤虎次郎在盛京崇谟阁发现了尊藏的《满洲实录》，并介绍于世。

日本学者山本守在沈阳故宫见到满、汉二体文本。该本无图，只列图名于每册之首，避讳处贴有黄签，签下明记名字，汉字专有名词比三体《满洲实录》中所译汉字稚拙。山本断定此本修于乾隆八年（1743）。[①]

1930年，辽宁通志馆委托东北大学印刷厂影印出版了盛京藏本《满洲实录》的汉文绘画本。其中满文和蒙古文部分被删掉，并参照无讳名的沈阳故宫二体本，对盛京三体本正文人名的空白处进行了填补。

随后，传闻盛京本不知所踪，近来为学者证实应为辽宁省档案馆现存本。

从1933年开始，在罗振玉、内藤虎次郎的推动下，伪满国务院、“满日文化协会”以盛京崇谟阁藏本为底本［其中，道光十八年（1838）正月至六月的七册、咸丰十一年（1861）七月至九月的五册是向北平故宫博物院抄补的，《清德宗实录》、《宣统政纪》为溥仪藏本］，由日本大藏出版公司出版，东京单式印刷公司承印，影印了太祖至德宗十一朝实录和《满洲实录》、《宣统政纪》，至1936年底全部完成，总名曰《大清历朝实录》，共1 220册，分装122函，共印300部。除发售的200余部外，余下者皆封存于沈阳文溯阁。早在竣工之前的1935年1月，满、汉、蒙三种文字合璧绘图的《满洲实录》8册和《太祖武皇帝实录》13卷计2册，一共10册已经先期出版了。[②] 不仅将《满洲实录》收入其中，而且还初次对学界介绍了它的满文和蒙古文本。不过，这套《大清历朝实录》是一个篡改本，伪满在影印时，

① 参见［日］山本守：《满汉二体之满洲实录》，载《满洲史学》，第1、2辑。
② 参见陈象恭：《谈清实录和清史稿》，载《历史教学》，1957（1）。

根据日方的要求曾作过一些挖改。有学者专门对此进行了考证。

1934 年，北平文殿阁国学文库出版铅印本《满洲实录》，以避暑山庄本为祖本。1937 年再版，藏于国家图书馆。

1938 年 1 月，今西春秋刊行了《满和对译满洲实录》，即先用罗马字转写满文，在语句下面用日语逐句翻译，并在下段附上汉译。后来，他又用罗马字转写了蒙古文部分，并逐句译为日文，准备出版《蒙和对译满洲实录》，未成而卒。1992 年 2 月，菅野裕臣整理今西春秋的遗稿，以《满和蒙和对译满洲实录》为题出版发行。① 国家图书馆即收有今西的《注音满洲实录》。

1964 年，台湾华联出版社翻印了伪满本《大清历朝实录》。

1968 年，台湾华文书局根据伪满本影印，但为缩印本，精装 93 册，仍名《大清历朝实录》。

20 世纪 80 年代初，辽宁社科院复据台湾华文书局缩印本影印《大清历朝实录》。②

1985—1987 年，为恢复清实录的原貌，中华书局根据中国第一历史档案馆、故宫博物院图书馆、北京大学图书馆和辽宁省档案馆所藏的皇史宬、乾清宫、内阁和崇谟阁藏本，合汇配成了一套完整的汉文清实录，影印出版，正文共 4 433 卷，目录 42 卷，16 开本精装 60 册。其中，《满洲实录》摒弃了盛京崇谟阁本，采用中国第一历史档案馆所藏的上书房小黄绫本，从而使上书房本正式公开于世。全书共有 8 卷，分上、中、下三栏，分别以满、汉、蒙三种文字书写，末尾有乾隆重绘时的题词。这部实录是目前通用的实录版本。冯尔康对其评价甚高，认为“这个本子底本精，使用方便，为清实录的最好印本”③。

---

① 参见［日］松村润：《清太祖实录研究》，载《蒙古学信息》，2002（1）。

② 本处采用谢贵安的观点，冯尔康认为是据伪满本影印的。

③ 冯尔康：《清史史料学》，41 页，沈阳，沈阳出版社，2004。

2. 太祖实录其他版本的流传、出版情况

崇德本太祖实录未得流传，顺治本太祖实录原本也已不见。

北平故宫博物院文献馆于1932年1月出版印行《清太祖武皇帝弩儿哈奇实录》四卷，神田信夫、齐木德道尔吉等都认为所据底本应该是顺治本《太祖武皇帝实录》，因此，《清太祖武皇帝弩儿哈奇实录》其实就是顺治本《太祖武皇帝实录》的重排本。① 1934年，北平刊行的国学文库本只可见到汉文。同年，金毓黻将其变成缩小了的通志馆本，文字部分活字排版，收入《辽海丛书》。

日本学者在中国第一历史档案馆发现的内国史院档中有太祖时期的内容，据松村润研究，这部分档案是崇德初撰本《太祖太后实录》稿本之一，可以确定的是《太祖太后实录》中缺少有关长白山的内容。他经过细查该馆所藏的顺治重修满文本《太祖武皇帝实录》，再次确定有关长白山的内容是顺治重修时插入的。②

现存世的《太祖武皇帝实录》汉文抄本四卷四册，计三部（三种），均收藏在台北"故宫博物院"，后移到台北"国家图书馆"。此本的影印本被收录于台北"故宫博物院"出版的《图书季刊》第一卷第一期上。许多学者认为此本即是崇德年的原修本，如齐木德道尔吉等均持此观点。而方甦生、庄吉发、松村润、薛虹等人先后主张此本是顺治年间的重修本。方甦生建议称之为顺治"改缮"本，因其中增删之处似不甚多，够不上重修程度。③

顺治重修满文本《太祖武皇帝实录》现存三部，即中国第一历史档案

① 参见［日］神田信夫：《关于日本遗存的〈清三朝实录〉来历》，见《庆祝王钟翰先生八十寿辰学术论文集》，沈阳，辽宁大学出版社，1993；齐木德道尔吉：《满文蒙古文和汉文〈清太祖实录〉之间的关系》，载《内蒙古大学学报》（人文社会科学版），2003（1）。

② 参见［日］松村润：《清太祖实录研究》，载《蒙古学信息》，2002（1）。

③ 参见方甦生：《清太祖实录纂修考》，载《辅仁学志》第7卷1—2期，1939。

馆本、北平图书馆（现为国家图书馆）本、台北“国家图书馆”本（或称美国国会图书馆本）。其中，中国第一历史档案馆本为正本，其他两本是抄写的副本。且中国第一历史档案馆本是完整本，其第一卷和《满洲实录》第一、二卷内容几乎一样，只有部分地方有细微差别。而其他两本是从《满洲实录》的第三卷开始的，缺第一册。对北平图书馆本和台北“国家图书馆”本，日本学者三田村泰助、今西春秋都分别做过详细调查和考证。①

在抗日战争时期，包括满文本《太祖武皇帝实录》在内的北平图书馆善本书籍曾被送往华盛顿美国国会图书馆以避战火。战后，美国国会图书馆把这批善本的微型胶卷送给日本国立国会图书馆。三田村泰助调查了《满文书籍联合目录》中的满文本《满洲实录》后，介绍了它和崇德初纂满文本《太祖武皇帝实录》的关系，即虽是同汉文本《太祖武皇帝实录》一样的四卷本，但根据页面更改及卷数的不同可推测，它不同于汉文本，而应与《满洲实录》一样分八卷，而且没有相当于第一、二卷的部分，是从相当于《满洲实录》第三卷处开始的。这与《满文书籍联合目录》所载满文本《太祖武皇帝实录》照片对比看，虽然书法的形式、书体、标点符号及所记述的内容完全一样，可是在各行中所含字数方面，还是有若干差别，因此表明它们是不同的版本。而且，经与《满洲实录》满文部分对校，在专有名词所用缀字方面有着明显的差异，这可由人名来验证。因此，他认为，美国国会图书馆本虽不是崇德初纂本，但在形式和内容上应是相同的书。②

随后，今西春秋前往北平图书馆，得到满文本《太祖武皇帝实录》的照片，并发行了其复印本。根据其题解，这和《满文书籍联合目录》

①② 参见［日］三田村泰助：《关于新近获得满文清太祖实录》，载《立命馆文学》，141号。

登载的照片相同，同美国国会图书馆本一样，第一册从《满洲实录》第三卷开始，缺少第一、二卷。其题目能认读为：daicng gurun i taidzu horonggo enduringge hūwangdi i yargiyan kooli。他指出，和美国国会图书馆本校对，两书完全相似的地方有若干处。但也有因语言相差而引起意思相差之处，还有意思相同但缀字有差异之处。北平图书馆本字的写法不规则，书写也不成熟，故而，可推测其书写年代应在美国国会图书馆本之前，也可能就是崇德初纂的原本。北平图书馆送往美国国会图书馆的善本现已归还，藏在台北“国家图书馆”。

康熙朝重修《太祖高皇帝实录》，满文本一部收藏于台北“故宫博物院”，汉文本在中国大陆、台湾均已亡佚。唯日本有几部康熙重修本的《三朝实录》抄写本完好遗存，并于 1807 年以写本为依据编纂了《清三朝实录采要》，共 16 卷，刊行于世，其中包括《太祖高皇帝实录》。现在知道的此书版本有四种，即京都大学人文科学研究所藏本、内阁文库藏本、国立国会图书馆藏本、东京大学教养学部图书馆藏本（还有一部东洋文库藏本，系 1920 年抄写的东京大学教养学部图书馆藏本）。据日本学者神田信夫考证，前两部为中国写本，后两部为日本写本。神田信夫还对它们的来历做了详细的考证。①

据齐木德道尔吉介绍，满文本太祖实录，中国第一历史档案馆藏有“Daicing gurun-i taizu horonggo enduringge huwangdi yargiyan kooli”（《大清国太祖武圣皇帝实录》）四卷本和“Daicing gurun-i taizu dergi huwangdi-i yargiyan kooli”（《大清国太祖高皇帝实录》）十卷本。他根据太祖的谥号和各本的卷数判断，前者一定是顺治本，后者无疑是乾隆本。至于蒙古文太祖实录，除了《满洲实录》的蒙古文部分，

---

① 参见［日］神田信夫：《关于日本遗存的〈清三朝实录〉来历》，见《庆祝王钟翰先生八十寿辰学术论文集》。

至今也只有乾隆定本传世，现藏于中国第一历史档案馆，1989年由内蒙古文化出版社根据中国第一历史档案馆藏黄绫本原件影印出版。①

乾隆定修满、汉、蒙三体文本今日俱在。伪满国务院曾影印出版的《大清历朝实录》和北京中华书局影印出版的《清实录》中所收的太祖实录，其底本即使有相异之处，但均系雍乾重修本。

1931年，北平故宫博物院以内阁实录库藏本为底本，排印了《太祖高皇帝实录》。

1978年，辽宁大学历史系编印《清太祖实录稿本》，收入《清初史料丛刊》。

1984年，中国人民大学出版社出版潘喆等编的《清入关前史料选辑》（一），收录四卷本《清太祖武皇帝实录》。

1989年，上海书店影印《清太祖努尔哈赤实录》，收入《清代历史资料丛书》。

1989年，内蒙古文化出版社影印出版乾隆定本蒙古文本《清太祖实录》。

三、《满洲实录》的文本研究和史料价值

目前学界对《满洲实录》的文本也有一定研究，主要集中在满文本和汉文本的文字考察上。学者通过对比、校勘，发现满文本较为质朴，保留了不少原始的记载，而汉文本则做过诸多润饰和改动，文字上较为文雅。在对文本进行考察的同时，《满洲实录》的史料价值如何，各人也有不同的衡量标准。

在清实录的研究中，学者陈捷先是为数不多的研究满文本的专家

---

① 参见齐木德道尔吉：《满文蒙古文和汉文〈清太祖实录〉之间的关系》，载《内蒙古大学学报》（人文社会科学版），2003（1）。

之一。他将现存台北“故宫博物院”的残三卷（全帙为四卷）满文本《太祖武皇帝实录》与《满洲实录》满文部分一一校勘，发现两书的满文部分内容相同，仅在文字上略有差异，“满洲实录的内容可以说与太祖武皇帝实录的记载完全一样，只有几个字或词写法略有不同”，“满洲实录的内容与武皇帝实录的没有区别，而仅仅把一些不正确的发音和笔误写错的字改正了而已”①。他进而认为，《满洲实录》的文字部分应是取材照录自顺治年间纂修的《太祖武皇帝实录》，在抄的过程中更正了若干手民之误，因此，史料价值更胜一筹。② 整体而观，《满洲实录》保存了大量原始史料，文字颇具老旧风格，“不但行文简朴，汉化不深，而且若干俚俗淫乱的记载仍保留书中”。它的插图形象直观地展现了当时的明清交战情形，满、蒙、汉人的服式、武器、生活起居等，以及满洲的独特文化，“这一批图画已是仅存世界的瑰宝了”。特别是在其原本《太祖实录图》已不存在的情况下，《满洲实录》则显得更加弥足珍贵，“无论从文字部分来看，或是就附图部分来看，对研究清太祖努尔哈齐时代而言，满洲实录的史料价值，应该是高于其他清代的官书的”，“满洲实录是一部值得我们注意而史料价值极高的书”③。

达力扎布也曾将《满洲实录》与《太祖武皇帝实录》第二至四卷的满文本做过一一对照，发现“满文部分除缀字和名讳贴黄外，几乎丝毫不差”，二者在文字上的一致性说明，盛京旧本实录八册在乾隆年间重绘时内容未经删改，基本保持原貌，这也是对《满洲实录》在保存史料方面作用的肯定。④

对《满洲实录》汉文本的研究则更加充分。乔治忠对照顺治缮录

---

① 陈捷先：《满文清实录研究》，77、78页。

② 参见上书，100页。

③ 同上书，96、160页。

④ 参见达力扎布：《清太祖武皇帝实录版本浅议》，见《满学朝鲜学论集》，25～56页。

本汉文《太祖武皇帝实录》，发现《满洲实录》汉文部分与其内容一致，但文句有所修改，主要体现在人名、地名等译音用字的规范化和雅化，对入关后极为忌讳的词句予以修改以及文字的润色上。不过他也指出，这种改变只限于汉文部分，满文、蒙古文部分未加修改。① 满、汉文本之所以有如此的差异，原因在于乾隆帝在重绘《满洲实录》时，只派了几名内阁中书缮录，其职位低，无权擅自修改，也未负修改之责。但是汉文部分早在纂修《开国方略》之时就已经做了修改，这就造成了重绘本满文未改、汉文修改的不协调状态。②

刁书仁在撰写传稿的过程中，经过对《太祖武皇帝实录》、《满洲实录》、《太祖高皇帝实录》对读与比较，发现《太祖武皇帝实录》与《满洲实录》所载史实基本接近。相比之下，《满洲实录》中人名、地名等专有名词不仅比《太祖武皇帝实录》文雅，甚至比乾隆定修本《太祖高皇帝实录》还雅化，但对个别重要史实的记载，《太祖武皇帝实录》多保留历史原貌，而《满洲实录》、《太祖高皇帝实录》则多改为溢美之词，并增加了原来《太祖武皇帝实录》未载的一些史实。③ 作者在这里所说的都是汉文本，满文本的情况则有所不同。

薛虹在《清太祖实录的史料学研究》一文中，将乾隆修《满洲实录》与《太祖武皇帝实录》以及康熙重修《太祖高皇帝实录》对勘，发现《太祖武皇帝实录》相对更加原始，如对明始终称“大明”，以属国自居，而《满洲实录》和《太祖高皇帝实录》则改为对等称呼，在其他方面也多有讳饰。考虑到清朝实录的一改再改，这种修饰美化和

①② 参见乔治忠：《清太祖一朝实录的纂修与重修》，原载《南开学报》，1992（6），转引自乔治忠：《中国官方史学与私家史学》，172～187页。

③ 参见刁书仁：《新修〈清史〉人物传记太祖朝实录史料研究》，载《社会科学战线》，2008（11）。

隐讳之倾向也愈发强烈，因此，作者建议："今后太祖实录的史料研究工作，应以满文本为据加以对勘，在此基础上不仅要同《旧满洲档》、《满文老档》以及其他清初档案做比较考证，还要同明和朝鲜的文献档册做比较考证，才可能取得太祖实录的可信史料。"① 这体现了治史者广阔的视野和求真的精神。作者提出的要以满文本为据加以对勘的方法，在今天看来，无疑具有前瞻性和科学性。笔者通过对《满洲实录》满文本的研读以及与汉文本的对照，确实发现了许多差异，相对于汉文本的修饰篡改，满文本的信息更加全面、质朴、真实。

相对于满文本和汉文本而言，蒙古文本则长期为中国学人忽视，反而是日本学者有过一定关注。今西春秋曾对蒙古文部分的史料价值和语言价值予以肯定，他说："满洲实录的蒙文不仅有助于理解满洲实录，对蒙古语自身研究也有大的帮助，满洲实录的蒙文作为用蒙语写的蒙文记录，是距今很久的古老的东西。"可见，他是看过蒙文本的。松村润有鉴于此，曾呼吁学界在这方面进一步发展。② 不过，从目前的研究现状来看，这种情况还未真正扭转，对蒙古文部分的研究依然十分薄弱。

谈到《满洲实录》的史料价值，就不得不思考乾隆帝为什么重绘《满洲实录》。只有弄清这一问题，才能在更加广阔的背景下审视该书的社会意义和背后隐含的政治目的，进而更加准确地估量该书的史料价值。

乾隆帝摒弃定本《太祖高皇帝实录》、重绘《满洲实录》的真实原因所在一直是困扰史学研究者的问题。乔治忠对此给出了一种解释。

---

① 薛虹：《清太祖实录的史料学研究》，载《东北师范大学学报》（哲学社会科学版），1988（2）。

② 参见［日］松村润：《清太祖实录研究》，载《蒙古学信息》，2002（1）。今西春秋的话也转引自此文。

在他看来，绘写《满洲实录》不是一项孤立的纂书工程，而是乾隆朝重整开国史的一个组成部分。乾隆三十八年（1773），久贮乾清宫的《太祖武皇帝实录》被发现，乾隆帝以此本“开国实录”为史料依据，敕修《开国方略》。随后，他又掀起了一场声势浩大的重修开国史活动，目的是重振满洲旧业，以开国史来教育皇室及满洲贵族子弟，包括重新缮录和译写《满文老档》、绘制《盛京事迹图》、编撰《满洲源流考》、重修《盛京通志》、纂修《宗室王公功绩表传》及《满汉大臣传》等，他甚至亲自撰写了一部《己未岁萨尔浒之战书事》。重绘《满洲实录》就是在这一背景之下开展的。① 至于底本为什么摒弃定本《太祖高皇帝实录》而采用《太祖武皇帝实录》，作者的解释是，乾隆帝此举意在突出勇武纯朴之风，强调保持满洲旧俗，而入关前的《太祖武皇帝实录》恰恰是“文直事核，足资垂信”。

杨勇军甚至提出，不应该称之为“重绘”，而应是“伪造”。《满洲实录》原先并无底本，是乾隆时期在一本图册（即《太祖实录战图》）的基础上补绘了6幅图，还补充了文字而修成的。伪造的原因在于，乾隆时期为了“阐明满洲是自天而降，与明朝毫无隶属关系，但是清朝官方能找到的最早的史料，只是八册有图无文的《太祖实录战图》。于是，他们依托《太祖实录战图》原有的77图为基础，新补入6图和文字，以与真迹窜乱，制造了伪史《满洲实录》，来充当满洲起源的证据”。在认定《满洲实录》是伪书的前提下，作者对该部实录的史料价值提出了质疑。他认为不应过高地估量《满洲实录》的史料价值，因为它“本身绝对不是原始史料，和《太祖武皇帝实录》以及各种原始档案相比，实为第二手材料，史料价值不高”②。

① 参见乔治忠：《清太祖一朝实录的纂修与重修》，原载《南开学报》，1992（6），转引自乔治忠：《中国官方史学与私家史学》，172～187页。

② 杨勇军：《〈满洲实录〉成书考》，载《清史研究》，2012（2）。

笔者通过对《满洲实录》满、汉文本的研究，发现满、汉文本之间存在诸多差异。这种差异体现在：叙述上，满文本更为清晰、详细、生动，汉文本则较简略，叙事相对模糊；信息传递上，满文本传达的信息相对汉文本多得多，但在有关明朝地名、人物官职等信息上也有错误之处，汉文本有所修正；语言上，满文本更为质朴、直率，汉文本则进行了多处润色，语言更加优雅、简练；立场上，满文本更加贴近史实，保留了一些原始的记录，汉文本则完全站在满洲的角度，别有用心地删除或修改了一些对满洲不利的信息。很明显，满文本应是较原始的版本，汉文本是在满文本的基础上翻译、加工而成的。

满、汉文本既然存在如此多的差别，则二者的史料价值也不可同日而语。满文本纪实性更强，政治立场更加中性，贴近历史原貌，保留的许多原始记录为其他官书中所无。不仅如此，满文本重视细节，其中涉及物品馈送及经济往来的信息，是我们研究入关前各部落社会经济与发展水平的重要史料，对许多重大战役的过程性描述是研究军事史的宝贵素材，这批史料倘若被开发和利用，相信会推进相关领域的研究。满文本的语言质朴、原始，颇具古朴之风，对研究满语的发展史也不无裨益。

相对于满文本，汉文本修改力度大，语言上多有润色，内容上较为精简，政治色彩更加浓郁，史料价值略逊一筹。但是，总体观之，汉文本不仅内容未脱满文本，而且还对满文本的许多错记、缺载或手民之误进行了一一更正和补充。因此，对汉文本的评价应客观，不能因存在删节和润饰而一味贬低其价值。

此次《满洲实录》的汉译，是中国人民大学清史研究所研究生选修课“满文的阅读与翻译”课堂的学习成果，同时也是教育部重点研究基地项目“满文、满文文献与清史研究”的子项目之一。参与翻译的有强光美、褚红霞、詹夺、孟修诸同学，后期的译文整理、满文转写工作，均是由强光美同学完成的。另外需要说明的是，本次译文底本为中华书局影印本《清实录》中收录的三体文合璧的《满洲实录》本，正文中的楷体部分汉译文录自《满洲实录》汉文本，宋体部分汉译文为此次新译。

编译者

卷一

golmin šanggiyan alin den juwe tanggū ba，šurdeme minggan ba，tere alin i ninggū de tamun i gebungge omo bi，šurdeme jakūnju ba. tere alin ci tucikengge yalu，hūntung，aihu sere ilan giyang. yalu giyang alin i julergici tucifi wasihūn eyefi，liyoodung ni julergi mederi de dosikabi. hūntung giyang alin i amarigici tucifi amasi eyefi，amargi mederi de dosikabi. aihu bira wesihun eyefi，dergi mederi de dosikabi. ere ilan giyang de boobai tana，genggiyen nicuhe tucimbi.

长白山高约二百里，周围约千里，此山之上有一潭名闼门，周围约八十里，鸭绿、混同、爱滹三江俱从此山流出。鸭绿江自山南泻出，向西流，直入辽东之南海。混同江自山北泻出，向北流，直入北海。爱滹江向东流，直入东海。此三江中每出珠宝。

长白山高二百里，周围千里，此山之上有一泊曰塔门，周围八十里，鸭绿、混同、爱滹三江俱从此山出。鸭绿江自山南出，向西流，入辽东之南海。混同江自山北出，向北流，入北海。爱滹江向东流，入东海。此三江每出宝珠、明珠。

šanggiyan alin edun mangga ba šahūrun ofi，juwari erin oho manggi，šurdeme alin i gurgu gemu šanggiyan alin de genefi bimbi，šun dekdere ergi ufuhu wehe noho šanggiyan alin tere inu.

长白山山高地寒，风劲不休，夏日环山之兽俱投憩此山中，此山尽是浮石，乃东北一名山也。

白山因风劲地寒，入夏以后，周围山上之兽俱来此山生活。东方尽是浮石，此乃白山也。

manju gurun i da golmin šanggiyan alin i šun dekdere ergi bukūri gebungge alin，bulhūri gebungge omoci tucike. tere bukūri alin i dade bisire bulhūri omo de abkai sargan jui enggulen，jenggulen，fekulen ilan nofi ebišeme jifi，muke ci tucifi，etuku etuki sere de，fiyanggū sargan jui etukui dele enduri saksaha i sindaha fulgiyan tubihe be bahafi，na de sindaci hairame angga de ašufi etuku eture de ašuka tubihe bilha de šuwe dosifi，gaitai andande beye de ofi，wesihun geneci ojorakū hendume，mini beye kušun ohobi，adarame tutara sehe manggi，juwe eyun hendume，muse lingdan okto jekebihe，bucere kooli akū，sinde fulingga bifi，kušun ohobidere beye weihuken oho manggi，jio seme hendufi genehe.

满洲源流：满洲原起于长白山之东北布库哩山下一泊名布勒瑚里。初，天降三仙女浴于泊，长名恩古伦，次名正古伦，三名佛库伦。浴毕上岸，有神鹊衔一朱果置佛库伦衣上，色甚鲜妍，佛库伦爱之不忍释手，遂衔口中，甫著衣，其果入腹中，即感而成孕，告二姊曰："吾觉腹重，不能同升，奈何？"二姊曰："吾等曾服丹药，谅无死理，此乃天意，俟尔身轻，上升未晚。"遂别去。

满洲国之源出自长白山东布库哩山下一泊名布勒瑚里。初，天女恩古伦、正古伦、佛库伦三人来此沐浴，出水时，最小的天女佛库伦在衣上拾到神鹊所置之朱果，惜之不忍置于地，遂含于口，穿衣时，所含之果直落入喉中，即成孕，欲升去而不能，曰："吾身沉重，奈何要留于此?”二姐曰：“吾等服过灵丹，无死之理，此乃天意，俟尔沉重之身变轻后再回可也。”言毕别去。

fekulen tereci uthai haha jui banjiha，abka i fulinggai banjibuha jui ofi uthai gisurembi，goidaha akū ambakan oho manggi. eme hendume，jui simbe abka facuhūn gurun be dasame banjikini seme banjibuhabi，si genefi facuhūn gurun be dasame toktobume banji seme hendufi. abka i fulinggai banjibuha turgun be giyan giyan i tacibufi weihu bufi ere bira be wasime gene sefi，eme uthai abka de wesike.

佛库伦后生一男，生而能言，倏尔长成。母告子曰：“天生汝，实令汝以定乱国，可往彼处。”将所生缘由一一详说，乃与一舟：“顺水去即其地也。”言讫忽不见。

此后，佛库伦即诞下一男，因此子承天命而生，故生而能言，不久长成。母曰：“天生汝，实为治乱国而生，汝可往而治定乱国。”将承天命而生之由一一详教，乃与一舟：“顺此河而去可也。”言讫，母即升天。

tereci tere jui weihu de tefi eyen be dahame wasime genehei，muke juwere dogon de isinafi，dalin de akūnafi，burha be bukdafi，suiha be sujafi mulan arafi，mulan i dele tefi bisire de.

其子乘舟顺流而下，至于人居之处，登岸折柳条为坐具，似椅形，独踞其上。

其子遂乘小舟顺流而下，至一取水渡口，于河岸尽头，折柳条、撑艾草为椅，坐于其上。

tere fonde，tere bai ilan halai niyalma gurun de ejen ojoro be temšenume inenggi dari becendume afandume bisirede. emu niyalma muke ganame genefi, tere jui be sabufi ferguweme tuwafi, amasi jifi becendure bade isaha geren i baru alame, suwe becendure be naka, musei muke ganara dogon de dembei ferguwecuke fulingga banjiha emu haha jui jifi tehebi seme alaha manggi, becendure bade isaha geren niyalma gemu genefi tuwaci, yala ferguwecuke fulingga jui mujangga.

彼时，长白山东南鄂谟辉（地名）鄂多理（城名）内有三姓，争为雄长，终日互相杀伤。适一人来取水，见其子，举止奇异，相貌非常。回至争斗之处，告众曰："汝等无争，我于取水处遇一奇男子，非凡人也，想天不虚生此人，盍往观之?"三姓人闻言罢战，同众往观，及见，果非常人。

彼时，当地三姓人争为国主，每日相互争吵、打斗。一人去取水，见其子，惊异而视。回来告之争吵之地所聚众人曰："汝等勿争，吾等取水渡口有一奇异非常、承天命而生之男儿来坐。"争吵之地所聚众人皆往观之，果为神奇天命之子。

geren gemu furguweme fonjime, enduringge jui si ainaha niyalma? tere jui ini emei tacibuha gisun i songkoi alame, bi abkai enduri bihe. bukūri alin i dade bisire bulhūri omo de abkai sargan jui enggulen jenggulen fekulen ilan nofi ebišeme jihe bihe. abkai han suweni facuhūn be safi gurun be toktobukini seme mini beye be fulgiyan tubihe obufi, emu enduri be saksaha beye ubaliyambufi fulgiyan tubihe be gamafi, bulhūri omo de ebišeme genehe fiyanggū sargan jui etuku de sindafi jio seme takūrafi. tere enduri saksaha fulgiyan tubihe be saifi gajifi fiyanggū sargan jui etukui dele sindafi. fiyanggū sargan jui muke ci tucifi etuku etuki serede, tere tubihe be bahafi na de sindaci hairame angga de ašufi, bilha de dosifi bi banjiha. mini eme abkai sargan jui, gebu fekulen. mini hala abka ci wasika aisin gioro, gebu bukūri yongšon seme alaha manggi, geren gemu ferguweme, ere jui be yafaha gamara jui waka seme juwe niyalma gala be ishunde joolame jafafi galai dele tebufi boo de gamafi.

异而诘之，答曰："我乃天女佛库伦所生，姓爱新（汉语金也）觉罗（姓也），名布库哩雍顺。天降我定汝等之乱。"因将母所嘱之言详告之。众皆惊异，曰："此人不可使之徒行。"遂相插手为舆，拥捧而回。

众人俱异而问之："神圣之子，尔为何人?"其子依母教之言告之："吾本天神。初，布库哩山下布勒瑚里泊有恩古伦、正古伦、佛库伦三天女来浴。天汗知汝等作乱，欲平定汝国，遂以吾身为一朱果，化另一神之身为鹊，遣其衔朱果而去，置于往布勒瑚里泊沐浴之小女衣上。神鹊衔朱果置于小女衣上，小女出水欲穿衣时，得其果，怜之不忍置地，含于口而落入腹，遂生吾。吾母乃天女，名佛库伦，吾姓乃天降之爱新觉罗，名布库哩雍顺。"众皆惊异，曰："此子乃不可徒行之子。"遂由二人相互插手而握，置之手上，迎回。

ilan halai niyalma acafi hebdeme, muse gurun de ejen ojoro be temšerengge nakaki, ere jui be tukiyefi musei gurun de beile obufi, beri gege be sargan buki seme gisurefi. uthai beri gebungge sargan jui be sargan bufi, gurun de beile obuha. bukūri yongšon šanggiyan alin i šun dekdere ergi omohoi gebungge bigan i odoli gebungge hecen de tefi, facuhūn be toktobufi gurun i gebu be manju sehe, tere manju gurun i da mafa inu.

三姓人息争，共奉布库哩雍顺为主，以百里女妻之。其国定号满洲，乃其始祖也（南朝误名建州）。

三姓人会商曰："吾等暂息国主之争，奉此子为吾国之主，以百里女妻之。"议毕，即以名百里之女妻之，奉为国主。白山东鄂漠辉之地，有城名鄂多理，布库哩雍顺居于此，平乱以后，定国号为满洲，乃满洲国始祖也。

tereci ududu jalan oho manggi，amala banjire juse omosi gurun irgen be jobobure jakade，gurun irgen gemu ubašafi ninggun biya de tehe odoli hecen be kafi afafi bukūri yongšon i uksun mukūn be suntebume wara de.

历数世后，其子孙暴虐部属，遂叛，于六月间，将鄂多理攻破，尽杀其阖族子孙。

历数世后，因后世子孙暴虐国民，国民皆反，六月间，围攻所居鄂多理城，尽诛布库哩雍顺族人。

bukūri yongšon i enen fanca gebungge jui tucifi šehun bigan be burulame genere be，batai coohai niyalma amcara de，emu enduri saksaha deyeme jifi，tere fanca gebungge jui ujui dele doha，amcara coohai niyalma gūnime niyalma de geli saksaha dombio? mukdehen aise seme hendume，gemu amasi bederehe. tereci fanca guwefi tucike，tuttu ofi manju gurun i amaga jalan i juse omosi gemu saksaha be mafa seme warakū bihe. fanca tucifi beye be somime banjiha.

内有一幼儿名樊察脱身走至旷野，后兵追之，适有一神鹊，栖儿头上，追兵谓人首无鹊栖之理，疑为枯木桩，遂回，于是樊察得出，遂隐其身以终焉。满洲后世子孙皆以鹊为神，故不加害。

布库哩雍顺后裔名樊察者脱出，败走旷野，敌兵追之。一神鹊飞来，落于樊察头上，追兵曰："人岂有让鹊栖之理？想是树桩也。"遂俱回，于是樊察得出，故满洲国后世子孙皆以鹊为祖而不加害。樊察得出后，隐其身而活。

fancai amaga jalan i omolo dudu □□□erdemungge banjifi，ini nendehe mafari be waha kimungge niyalmai juse omosi dehi niyalma be ini mafai tehe omohoi bigan i odoli hecen ci šun tuhere ergi de emu minggan sunja tanggū bai dube de suksuhu bira，hūlan hada hetu ala gebungge ba de jalidame gajifi，dulin be ini mafari kimun bata seme waha，dulin be jafafi ini ahūn deo i boigon be jolime gaifi sindafi unggihe. tereci dudu□□□tere hūlan hada hetu ala i ba de uthai tehe.

其孙都督□□□生有智略，将杀祖仇人之子孙四十余计诱于苏克素护河呼兰哈达（山名）下赫图阿拉（赫图，汉语横也。阿拉，岗也），距鄂多理西千五百余里，杀其半以雪仇，执其半以索眷族，既得，遂释之。于是□□□居于赫图阿拉。

樊察后世孙都督〈孟特穆〉[①] 生有智略，将杀其先祖之仇人子孙四十人诱至苏克素护河呼兰哈达下赫图阿拉，距其祖所居鄂漠辉之鄂多理城西一千五百里，杀半数以雪祖仇，执半数以赎回兄弟之家户，既得，遂释之。于是都督〈孟特穆〉即居于呼兰哈达赫图阿拉之地。

dudu □□□de banjihangge □□□cuyan. □□□de banjihangge tolo，toimo，□□□. □□□de banjihangge dudu □□□. dudu □□□de banjihangge desiku，liocan，soocangga，□□□，boolang-

① 孟特穆，又名猛哥帖木儿。

ga, boosi. desiku giorca gebungge bade tehe, liocan aha holo gebungge bade tehe, soocangga holo gašan gebungge ba de tehe, □□□-mafai susu hetu ala de tehe, boolangga nimalan gebungge ba de tehe, boosi janggiya gebungge ba de tehe. ninggun niyalma ninggun ba de hoton arafi tehe manggi, tereci ninggutai beise sehe, tere ninggun mafa inu. (hetu alai hecen ci jai sunja hoton gorongge orin ba, hancingge sunja ba bi.)

都督□□□生二子，长名□□□，次名褚宴。□□□生三子，长名妥罗，次名妥义谋，三名□□□。□□□生一子都督□□□。□□□生六子，长名德世库，次名瑠阐，三名索长阿，四名□□□，五名宝朗阿，六名宝实。德世库住觉尔察地方，瑠阐住阿哈和洛地方，索长阿住和洛噶善地方，□□□住其祖居赫图阿拉地方，宝朗阿住尼玛兰地方，宝实住章佳地方。六子六处各立城池，称为六王，乃六祖也。(五城距赫图阿拉，远者不过二十里，近者不过五六里。)

都督〈孟特穆〉生〈充善〉、褚宴，〈充善〉生妥罗、妥义谋、〈锡宝齐篇古〉，〈锡宝齐篇古〉生都督〈福满〉，都督〈福满〉生德世库、瑠阐、索长阿、〈觉昌安〉、宝朗阿、宝实。德世库居觉尔察地方，瑠阐居阿哈和洛地方，索长阿居和洛噶善地方，〈觉昌安〉居祖先故地赫图阿拉地方，宝朗阿居尼玛兰地方，宝实居章佳地方。六人于六处各筑城池而居，称为六王，乃六祖也。(其余五城距赫图阿拉城，远者二十里，近者五里。)

amba mafa desiku de banjihangge suhecen daifu, tantu, niyanggu fiyanggū. jacin mafa liocan de banjihangge luhucen, maningge, mentu. ilaci mafa soocangga de banjihangge litai, utai, coki ajugu, longdun, fiongdun. duici mafa□□□de banjihangge lidun baturu, erguwen，jaikan，□□□，taca fiyanggū. sunjaci mafa boolangga de banjihangge duicin，lengdun. ningguci mafa boosi de banjihangge kanggiya，ahana，aduci，dorhoci.

长祖德世库生三子，长名苏赫臣代夫，次名谭图，三名尼扬古篇古。二祖瑠阐生三子，长名禄瑚臣，次名玛宁格，三名们图。三祖索长阿生五子，长名礼泰，次名武泰，三名绰奇阿珠库，四名龙敦，五名斐扬敦。四祖□□□生五子，长名礼敦巴图鲁（巴图鲁，汉语勇也），次名额尔衮，三名斋堪，四名□□□，五名塔察。五祖宝朗阿生二子，长名对秦，次名棱敦。六祖宝实生四子，长名康嘉，次名阿哈纳，三名阿笃齐，四名多尔和齐。

长祖德世库生苏赫臣代夫、谭图、尼扬古费扬古。二祖瑠阐生禄瑚臣、玛宁格、们图。三祖索长阿生礼泰、武泰、绰奇阿珠库、龙敦、斐扬敦。四祖〈觉昌安〉生礼敦巴图鲁、额尔衮、斋堪、〈塔克世〉、塔察费扬古。五祖宝朗阿生对秦、棱敦。六祖宝实生康嘉、阿哈纳、阿笃齐、多尔和齐。

tere fonde，šosena gebungge niyalmai uyun haha jui gemu hūsungge etuhun. jai giyahū gebungge niyalmai nadan haha jui gemu gabsihiyan hūsungge ofi uyun ihan be ilibufi uksin etuhei dabali dabali terkime fekumbihe. tere juwe mukūn ceni hūsun de ertufi baba be nungneme gidašambihe.

彼时，有一人名硕色纳，生九子，皆强悍。又一人名加呼，生七子，俱骁勇，常身披重铠连越九牛。二姓恃其强勇，每各处扰害。

彼时，有一人名硕色纳，生九子，皆强壮有力。又一人名加呼，生七子，俱健敏有力，身着盔甲可连越站立之九牛。二族恃其强勇，每各处侵扰欺凌。

ninggutai duicin erdemungge mergen, jui lidun geli baturu mangga ofi, ninggutai beise be gaifi dailame, šosenai juse uyuntai mukūn be efulefi, giyahūi juse nadan ta be suntebufi. sunja dabagan ci wesihun, suksuhu birai sekiyen ci wasihūn juwe tanggū bai dorgi aiman be dahabufi, tereci ninggutai beise etenggi oho.

时□□□有才智，其子礼敦又英勇，遂率其本族六王，将二姓尽灭之。自五岭以东，苏克素护河以西，二百里内，诸部尽皆臣服，六王自此强盛。

时四祖有才智，其子礼敦又英勇强健，遂率六王征伐，灭硕色纳诸子及九族，尽灭加呼七子。五岭以东，苏克素护河源以西，二百里内，诸部尽皆臣服，六王自此强盛。

ninggutai boosi ninggucin i jui ahana wejige sakda gebungge bade tehe goloi amban bashan baturu i non be yabuki seme genefi gisureci, bashan baturu hendume, si ninggutai beise mujangga, sini boo yadambi, mini non be burakū sere jakade. ahana bi since ainaha seme hokorakū seme hendufi, ini ujui funiyehe be faitafi werifi jihe.

初，宝实次子阿哈纳至萨克达部，欲聘部长巴斯翰巴图鲁妹为妻，巴斯翰曰："尔虽六王子孙，家贫，吾妹必不妻汝。"阿哈纳曰："汝虽不允，吾决不甘心。"遂割发留掷而去。

六祖宝实之子阿哈纳斡济格，欲聘居于萨克达处之部长巴斯翰巴图鲁妹，巴斯翰巴图鲁曰："尔虽果为六王之子，家贫，吾妹不妻汝。"阿哈纳曰："吾绝不放弃。"言毕，乃割发留下而去。

tereci amala bashan baturu ini non be donggoi aiman i ejen kece bayan i jui elgi warka de buhe. elgi warka sakda de dacalame genefi, amasi ini boo de jidere de, tomoho gebungge ba de tehe etu aru gebungge amban i harangga uyun hūlha abdari gebungge dabagan de tosofi elgi warka be waha.

巴斯翰爱栋鄂部长克彻殷富，遂以妹妻其子额尔机。后额尔机自巴斯翰家回，至阿布达哩岭，被托漠河处额图阿噜部下九贼〈截杀〉。

后，巴斯翰巴图鲁以其妹妻栋鄂部部长克彻巴彦之子额尔机瓦尔喀。额尔机瓦尔喀自萨克达归家途中，托漠河地方额图阿噜所属九贼于阿布达哩岭将其截杀。

tere tosoho uyun hūlha de encu ahana gebungge niyalma bifi, hūlhai hoki ahana seme hūlha be niyalma donjifi gisurere be kece bayan donjifi hendume, ninggutai ahana wejige yabuki sehe sargan jui be mini jui gaiha, tere kemun de ninggutai beise wahabi dere seme gisurehe be hadai gurun i wan han donjifi donggoi kece bayan de elcin takūrame sini jui be ninggutai niyalma wahakūbi, etu alu i uyun hūlha wahabi, tere uyun hūlha be bi jafafi bure, si minde daha seme takūraha manggi.

截杀之贼中有与阿哈纳同名者，群贼相呼，路人悉传阿哈纳之名，克彻闻之，曰："先宝实之子阿哈纳欲聘吾儿妇，其兄不允，吾儿遂娶。今杀吾儿者必此人也。"时哈达国汗（名万）闻其言，遣使往告克彻曰："汝子非宝实之子所杀，乃额图阿噜部下九贼杀之，我擒此九贼与尔，尔当顺我。"

拦截之九贼中有一人亦名阿哈纳，有人听闻贼党伙呼阿哈纳之名，纷纷议论，克彻巴彦闻之，曰："阿哈纳斡济格欲聘之女为吾儿所娶，此人定因仇而杀之耳。"其言为哈达国万汗闻之，遣使往栋鄂部克彻巴彦处曰："汝子非宁古塔人所杀，乃额图阿噜九贼所杀，吾擒此九贼与尔，尔当降服于我。"

kece bayan hendume, mini jui wabuha dele geli mimbe ainu sinde daha sembi? ninggutai niyalma suwe etu aru be bai goro seme jortai tede aname gisurembidere. muse gemu emu halai ahūn deo kai, ninggutai niyalma tondo seci hadai niyalma de ulin aisin menggun bufi, etu arui uyun hūlha be gaifi minde gaji bi fonjire, tere uyun hūlha ninggutai niyalma be wahakū seci, hadai niyalma de suweni buhe ulin menggun aisin de bi holbome toodara seme gisurehe be ninggutai soocangga ilacin i boo i ekecin gebungge niyalma donjifi ini ejen de alanjire jakade.

克彻曰："吾儿被杀，何故又令我降？此不过以路远之额图阿噜为辞耳。吾等地属同邻，若果宝实之子未杀吾儿，何不以金帛馈哈达汗擒此贼与我面质？若系贼杀吾子，金帛吾当倍偿。"时有索长阿部落额克沁闻之，即往告其主。

克彻巴彦曰："吾子被杀，奈何又令吾臣服于汝？宁古塔人距汝等所言额图阿噜地方甚远，此为故意搪塞之语耳。吾等皆为一姓之兄弟也，宁古塔人若果正直，何不馈哈达人财物金银以擒额图阿噜九贼，带与我质问？若九贼云非宁古塔人所杀，汝等馈哈达人之财物金银吾当倍偿也。"其言为三祖索长阿包衣额克沁听闻，遂往告其主。

soocangga ilacin donggoi kece bayan de dorgideri niyalma takūrame, sini jui be mini elbengge, ekecingge wahabi, mini niyalma be bi wara, minde ulin gaji sere jakade, kece bayan hendume, hadai gurun i wan han oci etu arui uyun hūlha be waha sembi, soocangga si geli sini elbengge, ekecingge be waha sembi, gemu suweni ningggutai niyalma eiterembi nikai seme, uthai dain ofi.

索长阿私遣人往诳克彻曰："汝子是我部下额尔绷格与额克青格谋杀，若以金帛遗我，我当杀此二人。"克彻曰："哈达汗言额图阿噜部下九贼杀之，尔又云尔部人杀之，此必汝等设计诳我。”于是遂成仇敌。

三祖索长阿暗中遣人往栋鄂部克彻巴彦处曰：“汝子为吾部下额尔绷格、额克青络所杀，若与吾钱财，吾当杀此部下。”克彻巴彦曰：“哈达国万汗言乃额图阿噜九贼所杀，索长阿尔又云乃尔部下额尔绷格、额克青络所杀，盖皆汝等宁古塔人诓我。”遂成仇。

kece bayan ninggutai beisei harangga dergi julergi juwe golo be sucuha. ninggutai beise anabure isifi hebdeme, muse emu mafa de fuseke beise juwan juwe gašan de teci facuhūn, emu gašan de acafi teki seme gisureme wajiha hebe be ineku soocangga ilacin i jui utai efuleme hedume, emu gašan de acafi adarame tembi? ulha ujirakū banjimbio? emu gašan de acafi tere be nakafi, mini amha hadai wan han de cooha baiki seme hendufi, wan han de cooha baifi donggoi aiman be juwe jergi sucufi ududu gašan be gaiha. tere cooha baire onggolo, ninggutai beise hadai gurun i wan han de jui bume urun gaime ishunde sadun jafame banjiha. hadai cooha be baihaci, ninggutai aiman majige ebereke.

因引兵攻克六王东南所属二处，六王不能支，相谋曰：“我等同祖所生，今分居十二处，甚是涣散，何不聚居共相保守？”众议皆定，独武泰不从，曰：“我等同住一处，牲畜难以生息，吾今诣妻父哈达汗处借兵报复。”于是遂借兵往攻克彻二次，获其数寨。初未借兵之先，六王与哈达国汗互相结亲，兵势比肩。自借兵后，六王之势渐衰。

克彻巴彦攻克六王所属东南二路，六王不敌，相商曰：“吾等乃同祖所生之王，分居十二寨，甚是涣散，不如聚居一寨。”此议为三祖索长阿之子武泰毁之，曰：“聚于一寨如何住得？牲畜难以生息，且止聚于一寨之议，吾向岳父哈达万汗借兵。”遂借万汗兵，攻袭栋鄂部二次，取数寨。未借兵之先，六王与哈达国万汗互相嫁娶，彼此结亲。

自借哈达兵后，六王部落渐衰。

ninggutai□□□duicin i duici jui□□□i gaiha amba fujin i hala hitara，gebu□□□，agu dudu gebungge amban i sargan jui. tere fujin de banjihangge ilan jui，amba jui gebu□□□，tukiyehe gebu sure beile，tere manju gurun i taidzu genggiyen han inu，jacin jui gebu šurgaci，tukiyehe gebu darhan baturu，ilaci jui gebu yargaci. jai fujin i hala nara，gebu kenje，hadai gurun i wan han i gaifi ujihe uksun i sargan jui. tere fujin de banjihangge bayara，tukiyehe gebu joriktu. buya fujin de banjihangge murhaci，tukiyehe gebu cing baturu.

□□□第四子□□□嫡福金乃阿古都督长女，姓喜塔喇，名□□□。生三子，长名□□□，即太祖，号淑勒贝勒（淑勒贝勒，汉语聪睿王也）；次名舒尔哈齐，号达尔汉巴图鲁；三名雅尔哈齐。侧福金乃哈达国汗所养族女，姓纳喇，名恳哲。生一子，名巴雅喇，号卓里克图（卓里克图，汉语能干也）。侧室生一子，名穆尔哈齐，号青巴图鲁。

四祖〈觉昌安〉第四子〈塔克世〉所娶大福金姓喜塔喇，名〈额穆齐〉，大臣阿古都督之女。此福金生三子，长子名〈努尔哈齐〉，号淑勒贝勒，满洲国太祖英明汗是也；次子名舒尔哈齐，号达尔汉巴图鲁；三子名雅尔哈齐。次福金姓纳喇，名恳哲，乃哈达国万汗领养之族女。此福金生巴雅喇，号卓礼克图。小福金生穆尔哈齐，号青巴图鲁。

taidzu□□□han ojoro fulingga bifi eme amba fujin□□□beye de ofi juwan ilaci biya de nikan i daiming gurun i giya jing han i gūsin jakūci sohon honin aniya banjiha. tere fonde sara niyalma gisureme，manju gurun de fulingga niyalma tucifi babai facuhūn be toktobume gurun be dahabufi han tembi sehe. tere gisun be niyalma ulame donjifi, bi bi han ombidere seme mujakū niyalma erenume gūniha.

初，□□□孕十三月生太祖，时己未岁明嘉靖三十八年也。是时，有识见之长者言，满洲必有圣人出，戡乱致治，服诸国而为帝。此言传闻，人皆妄自期许。

太祖〈努尔哈齐〉为汗，乃天命，母大福金〈额穆齐〉怀孕十三月，己未汉历大明嘉靖汗三十八年生。彼时，有识者言满洲国必有天命之人出，平各处之乱，安定国家，登基为帝。此言为人传闻，人人皆妄自期念为称汗之非常之人。

taidzu sure beile mutuha manggi, beye den amban, giranggi muwa, derei fiyan genggiyen gu i adali, fucihi šan, funghūwang ni yasa, gisurere jilgan tomorhon bime yargiyan getuken, emgeri donjiha be onggorakū, dartai saha be takambi, tere ilire de ujen jingji, arbun giru geren ci temgetu, muduri tuwara tasha yabure adali horon mangga, mujilen tondo, kengse lasha, sain be saha de tukiyere be kenehunjerakū, ehe be saha de bederebure be jibgešerakū, coohai erdemu, gabtara niyamniyara baturu hūsun jalan ci lakcahabi, arga bodogon šumin, cooha baitalarangge enduri gese, tuttu ofi genggiyen han sehe.

太祖生凤眼大耳，面如冠玉，身体高耸，骨骼雄伟，言词明爽，声音响亮，一听不忘，一见即识，龙行虎步，举止威严，其心性忠实刚果，任贤不二，去邪无疑，武艺超群，英勇盖世，深谋远略，用兵如神，因此号为明汗。

太祖淑勒贝勒长成后，身材高大，骨骼粗壮，面色光亮，玉耳凤眼，说话清楚且明白，一听不忘，一见即识，举止庄重，非比常人，龙视虎步，威武刚强，心性忠直果敢，举贤不惑，去恶不疑，韬略、马步箭超群，英勇盖世，深谋远略，用兵如神，因此号为英明汗。

taidzu sure beilei juwan se de，banjiha eme akū ofi，sirame eme oshon ehe，ama□□□sargan i gisun de dosifi jui be juwan uyun se baha manggi delhebure de aha ulha be ambula buhekū. amala jui erdemungge sain be safi，neneme buhekū aha ulha be gaisu seci，sure beile gaihakū.

十岁时丧母，继母妒之，父惑于继母言，遂分居，年十九岁矣，家产所予独薄。后见太祖有才智，复厚与之，太祖终不受。

太祖淑勒贝勒十岁时，生母亡，继母暴戾，父〈塔克世〉听妻言，俟子十九岁后即分居，奴仆牲畜多不给。后见子有才智，复令取先前未给之奴仆牲畜，淑勒贝勒终不取。

tere fonde babai gurun facuhūn ofi，manju gurun i suksuhu birai goloi aiman，hunehe birai goloi aiman，wanggiyai goloi aiman，donggoi goloi aiman，jecen i bai aiman，šanggiyan alin i goloi neyen，yalu giyang ni aiman，dergi mederi goloi weji warka kūrkai aiman，hūlun gurun i ulai goloi aiman，hadai goloi aiman，yehei goloi aiman，hoifai goloi aiman babade hūlha holo hibsui ejen i gese der seme dekdefi meni meni beye be tukiyefi han beile amban seme gašan tome ejen，mukūn tome uju ofi ishunde dailame afame，ahūn deo i dolo wame，uksun geren，hūsun etuhun niyalma，yadalinggū budun be gidašame durime cuwangname，ambula facuhūn bihe. tere babai facuhūn gurun be manju gurun i taidzu genggiyen han fudasihūn ningge be coohai horon i dailame，ijisihūn ningge be erdemui dahabume uhe obufi. daiming gurun be dailame deribufi liyoodung guwangning ni babe baha.

时各部环满洲国扰乱者，有苏克素护河部、浑河部、完颜部、栋鄂部、哲陈部、长白山讷殷部、鸭绿江部、东海窝集部、瓦尔喀部、库尔喀部，呼伦国中乌拉部、哈达部、叶赫部、辉发部。各部蜂起，皆称王争长，互相战杀，甚且骨肉相残，强凌弱，众暴寡。太祖能恩威并行，顺者以德服，逆者以兵临，于是削平诸部。后攻克明国辽东诸城。

彼时，各处扰乱，满洲国苏克素护河部、浑河部、完颜部、栋鄂部、哲陈部、白山讷殷、鸭绿江部、东海窝集、瓦尔喀、库尔喀部，呼伦国中乌拉部、哈达部、叶赫部、辉发部，俱乱贼蜂起，各自称汗、贝勒、大臣，为每寨之主、每族之长，彼此攻伐，兄弟相残，族众者、强勇者欺凌劫掠弱寡，甚为混乱。满洲国太祖英明汗以兵威征伐逆者，以德才招抚顺者，统领各乱国。后始伐大明，取辽东、广宁之地。

tere babai facuhūn gurun i banjihangge：

ulai aiman i da gebu hūlun，hala nara，amala ulai birai dalin de gurun tehe seme gurun i gebu be ula sehe. ulai gurun i da mafa nacibulu，nacibulu de banjihangge šanggiyan dorhoci，šanggiyan dorhoci de banjihangge giyamaka šojugū，giyamaka šojugū de banjihangge suitun，suitun de banjihangge dulgi，dulgi de banjihangge kesina dudu，gudei juyan. kesina dudu de banjihangge cecemu，cecemu de banjihangge wan. gudei juyan de banjihangge tairan，tairan de banjihangge buyan，buyan ulai aiman be gemu dahabufi，ulai birai dalin i hongni gebungge bade hoton arafi tefi enculeme beile sehe. buyan de banjihangge bugan，bokdo. buyan beile akū oho manggi，jui bugan siraha. bugan beile akū oho manggi，jui mantai siraha.

诸部世系：

乌拉国本名呼伦，姓纳喇，后因居乌拉河岸，故名乌拉。始祖名纳齐卜禄，生商坚多尔和齐，商坚多尔和齐生嘉玛喀硕珠古，嘉玛喀硕珠古生绥屯，绥屯生都尔机，都尔机生二子，长名克锡纳都督，次名古对珠延。克锡纳都督生彻彻木，彻彻木生万（后为哈达国汗）。古对珠延生太兰，太兰生布颜，布颜尽收乌拉诸部，率众于乌拉河洪尼处筑城称王。布彦卒，其子布干继之，布干卒，其子满泰继之。

诸乱国世系：

乌拉部本名呼伦，姓纳喇，后因国居乌拉河岸，故国名乌拉。乌拉国始祖为纳齐卜禄，纳齐卜禄生商坚多尔和齐，商坚多尔和齐生嘉玛喀硕珠古，嘉玛喀硕珠古生绥屯，绥屯生都尔机，都尔机生克锡纳都督、古对珠延。克锡纳都督生彻彻木，彻彻木生万。古对珠延生太兰，太兰生布颜，布颜尽收乌拉部，于乌拉河岸洪泥处筑城称王。布颜生布干、博克多，布颜卒后，子布干承袭，布干贝勒卒后，子满泰袭位。

hadai gurun i wan han i hala nara，gurun i da gebu hūlun，amala hada gebungge ba de gurun tehe seme gurun i gebu be hada sehe，ulai gurun i beisei da mafa nacibului nadaci jalan i omolo. wan i mafa kesina dudu be ini uksun i badai darhan wara jakade，wan burulame tucifi，sibei aiman i hanci suiha gebungge hoton de tehe. wan i eshen wangju wailan geli burulame genefi，hadai aiman de ejen oho. amala hadai aiman facuhūnrafi，wangju wailan be waha manggi，wangju wailan i jui bolkon šejin amai bata be wafi ahūn wan be suiha hoton de ganafi uthai aiman de ejen obuha.

哈达国汗姓纳喇，名万，本呼伦族也，后因住哈达处，故名哈达，乃乌拉部彻彻木之子、纳齐卜禄第七代孙也。其祖克锡纳都督被族人巴岱达尔汉所杀，万遂逃住锡伯部绥哈城。其叔旺住外兰逃至哈达部，为部长。后哈达部叛，旺住外兰被杀，其子博尔坤杀父仇人，请兄万为部长。

哈达国万汗姓纳喇，国本名呼伦，后因国居哈达处，故国名哈达，乃乌拉国主始祖纳齐卜禄第七代孙也。万之祖克锡纳都督为族人巴岱达尔汉所杀，万逃出，居于锡伯部附近之绥哈城。万之叔旺住外兰又败走，成哈达部之主。后哈达部叛乱，旺住外兰被杀，旺住外兰之子博尔坤舍晋杀父之仇人，将其兄万自绥哈城迎来为部长。

wan hanciki be dailame goroki be dahabume etenggi oho manggi，wan enculeme han ofi，gurun i gebu be hada sehe. tere fonde wan han de yehe，ula，hoifa，manju gurun i hunehe goloi aiman dahafi. yaya weile be wan han de habšaname aisin menggun，ulin jodon benehe niyalma weile yargiyan i waka bicibe urunakū uru obume，aisin menggun，ulin jodon benehekū niyalma weile udu uru bicibe urunakū waka obume beideme.

万于是远者招徕，近者攻取，其势愈盛，遂自称哈达汗。彼时，叶赫、乌拉、辉发及满洲所属浑河部尽皆服之。凡有词讼，悉听处分，贿赂公行，是非颠倒，反曲为直。

万遂近者攻伐，远者招抚，强盛以后，乃称汗，国号哈达。彼时，叶赫、乌拉、辉发及满洲国浑河部俱服于万汗。凡有词讼皆告之，贿送金银财帛者，即便有过，必定判为是；未贿送金银财帛者，虽无过，必定断为非。

ulin de doosi ehe oshon ofi，ambasa gemu alhūdame golo golo de takūraha bade dabašame gohodome ulgiyan coko be gabtame wame， sain ulin，sain giyahūn indahūn be saha de uthai gaime，ulin buhe niyalma be sain，buhekū niyalma be ehe seme alaha de，wan han da dube be dacilarakū gisun be gaime，gurun be jobobume ofi ini baha doro ini beye de efujeme deribufi，irgen ambula uba šafi yehei gurun de dosika，neneme dahaha gurun gemu gūwaliyaka.

上既贪婪，下亦效尤，凡差遣人役侵渔诸部，但见鹰犬可意者莫不索取，得之即于万汗前誉之，稍不如意即于万汗前毁之。万汗不察民隐，惟听谮言，民不堪命，往往叛投叶赫，并先附诸部尽叛，国势渐衰。

上既贪财暴戾，臣下亦皆仿效，差遣人役，各处僭越，射杀猪鸡，但见好鹰良犬即取之，给财物者即于万汗前美之，不给者即毁之。万汗不察始末，但信谗言，致使国民受苦，自毁长城，百姓多叛，逃往叶赫，先附诸国皆反。

wan han akū oho manggi，jui hūrgan sirafi，goidahakū jakūci biya de akū oho，hūrgan beile akū oho manggi，deo kanggūru siraha，kanggūru beile akū oho manggi，deo menggebulu siraha.

万汗卒，子扈尔汉袭位，八月而卒，其弟康古噜袭之，康古噜卒，弟蒙格布禄袭之。

万汗卒，子扈尔汉袭位，不久，八月而亡。扈尔汉贝勒卒，弟康古噜袭之，康古噜贝勒卒，弟蒙格布禄袭之。

yehei aiman i da mafa menggo gurun i niyalma，hala tumet，jang gebungge bade tehe hūlun nara halai aiman be efulefi，terei babe salifi nara hala oho. amala yehe gebungge birai dalin de gurun tehe seme gurun i gebu be yehe sehe. da mafa singgen darhan，singgen darhan de banjihangge sirke minggatu, sirke minggatu de banjihangge cirgani, cirgani de banjihangge cukungge, cukungge de banjihangge taicu, taicu de banjihangge cinggiyanu, yangginu, cinggiyanu, yangginu yehei aiman be gemu dahabufi, ahūn deo emte hoton de tehe manggi, hadai gurun i niyalma ambula dahame jihe, tereci cinggiyanu, yangginu enculeme beile oho.

叶赫国始祖蒙古人，姓土默特，所居地名曰璋，灭呼伦国内纳喇姓部，遂居其地，因姓纳喇。后移居叶赫河，故名叶赫。始祖星根达尔汉生席尔克明噶图，席尔克明噶图生齐尔噶尼，齐尔噶尼生楚孔格，楚孔格生台楚，台楚生二子，长名清佳努，次名扬吉努，兄弟征服诸部，各居一城，哈达人多归之，兄弟遂皆称王。

叶赫部始祖乃蒙古国人，姓土默特，灭居漳地之呼伦纳喇姓部落，据其地，因姓纳喇。后因国居叶赫河岸，故国名叶赫。始祖乃星根达尔汉，星根达尔汉生席尔克明噶图，席尔克明噶图生齐尔噶尼，齐尔噶尼生楚孔格，楚孔格生台楚，台楚生清佳努、扬吉努，清佳努、扬吉努尽收叶赫部，兄弟各居一城，哈达国人多归之，于是清佳努、扬吉努皆称王。

daiming gurun i wan lii han taidzi taiboo hergen i lii ceng liyang gebungge amban hadai niyalma šusihiyeme benehe boro dobihi, sahaliyan seke, aisin menggun be alime gaifi, yehei gurun i cinggiyanu, yangginu juwe beile be k'ai yuwan hecen de jio, ejehe ulin bure seme jalidame gamafi, wan lii han i juwan juwe ci niowanggiyan bonio aniya, cinggiyanu, yangginu juwe beile dahame genehe, ilan tanggū cooha be guwan yei miyoo i dolo horifi gemu waha. tere juwe beile wabuha manggi, cinggiyanu beilei jui bujai, yangginu beilei jui narimbulu gurun be ejelefi beile oho.

甲申岁明万历十二年，宁远伯李成梁受哈达国贿，以赐敕书为由，诱清佳努、扬吉努至开原关王庙，并所带兵三百皆杀之。清佳努子布斋、扬吉努子纳林布禄各继父位。

大明国万历汗太子太保李成梁收受哈达人挑唆而贿送之青狐皮、黑貂皮、金银等，以赐敕书财物为名，诱清佳努、扬吉努二贝勒至开原城，甲申万历十二年，囚清佳努、扬吉努二贝勒及随兵三百于关爷庙，尽杀之。二贝勒被杀后，清佳努贝勒子布斋、扬吉努贝勒子纳林布禄各自据国为王。

daiming gurun i wan lii han i lii ceng liyang yehei gurun i juwe beile be wafi，uthai cooha gaifi，yehei gurun be dailame genefi，duka niyahan gebungge juwe gašan be afame gaiha. tere afara de coohai niyalma ambula koro bahara jakade，uthai cooha bederehe. wan lii juwan ningguci suwayan singgeri aniya，lii ceng liyang geli cooha gaifi，yehei gurun be dailame genefi，narimbulu beilei tehe dergi hecen be kafa afame，coohai niyalma ambula koro bahafi，afame muterakū，cooha bederehe.

后李成梁复率兵攻克都喀、尼雅罕二寨，汉兵亦损伤甚多。成梁又于戊子岁率兵攻纳林布禄东城，失利而回。

大明国万历汗属下李成梁既杀叶赫国二贝勒，即率军往征叶赫国，攻克都喀、尼雅罕二寨，此役兵士损伤甚多，遂即班师。戊子万历十六年，李成梁复率兵往征叶赫，围攻纳林布禄贝勒所居东城，损兵甚巨而不克，遂班师。

hoifa i gurun i da hala ikderi，sahaliyan ulai（sahaliyan ula helung giyang inu，terei da šanggiyan alin ci tucikebi）dalin de tehe nimaca aiman i niyalma. da mafa anggūli, singgūli sahaliyan ula ci gurime soki weceku be gajime jifi jaru gebungge bade tefi, jang gebungge bade tehe hūlun i gayangga tumetu gebungge niyalmai nara hala de dosime, abka de nadan ihan meteme nara hala oho.

辉发国本姓益克得哩，原系萨哈连乌拉江尼马察部人（萨哈连乌拉即混同江，一说黑龙江是也，此源从长白山发出）。始祖星古礼移居扎噜，后投纳喇姓噶扬噶、图墨图二人，杀七牛祭天，遂改姓纳喇（噶扬噶、图墨图所居地名曰璋，亦呼伦国人）。

辉发国本姓益克得哩，系居于萨哈连乌拉（萨哈连乌拉即黑龙江，此源从长白山出）岸之尼玛察部人。始祖安古礼、星古礼自萨哈连乌拉迁至扎鲁定居，后投靠居于漳地之呼伦国所属纳喇姓噶扬噶、图墨图二人，杀七牛祭天，成为纳喇姓。

singgūli de banjihangge liocen beicen, beicen de banjihangge nalingga, naikū wan, nalingga de banjihangge laha dudu, laha dudu de banjihangge gahacan dudu, gahacan dudu de banjihangge cinegen darhan, cinegen darhan de banjihangge wangginu, wangginu hoifai aiman be dahabufi, hoifai birai dalin i hūrki gebungge hada de hoton arafi tefi, gurun i gebu be hoifa sehe.

星古礼生二子，长名瑠臣，次名贝臣，贝臣生二子，长名纳领噶，次名鼐宽，纳领噶生拉哈都督，拉哈都督生噶哈禅都督，噶哈禅都督生齐讷根达尔汉，齐讷根达尔汉生旺吉努，旺吉努征服辉发部，于辉发河边呼尔奇山筑城居之，故名辉发。

星古礼生瑠臣、贝臣，贝臣生纳领噶、鼐宽，纳领噶生拉哈都督，拉哈都督生噶哈禅都督，噶哈禅都督生齐讷根达尔汉，齐讷根达尔汉生旺吉努，旺吉努收服辉发部，于辉发河岸呼尔奇山筑城居之，国名辉发。

tere fonde monggo gurun i cahar i jasaktu tumen han ini beye cooha jifi wangginu beilei tehe hoifa hoton be kafi afafi bahakū cooha bederehe. wangginu beile akū oho manggi，omolo baindari ini nadan eshen be gemu wafi hoifai gurun be emhun ejelefi beile oho.

彼时，蒙古察哈尔国土门扎萨克图汗自将来，围其城，攻不能克，遂回。旺吉努卒，孙拜音达哩杀其叔七人，自为辉发国王。

彼时，蒙古国察哈尔扎萨克图土门汗亲率兵来，围攻旺吉努贝勒所居辉发城，不克而回。旺吉努贝勒卒后，孙拜音达里尽杀叔父七人，独据辉发国为王。

nikan i daming gurun i wan lii han i juwan emuci sahahūn honin aniya niyengniyeri dulimbai biya de，manju gurun i suksuhu birai aiman i turun i hoton i nikan wailan gebungge niyalma wan lii han i taidzi taiboo hergen i lii ceng liyang gebungge amban be šusihiyefi，gure gebungge hoton i ejen atai janggin，š aji gebungge hoton i ejen ahai janggin be dailame，nikan wailan temgetuleme guwafulafi，lii ceng liyang guwangning，liyoodung ni cooha be gaifi juwe jugūn i dosime jifi. lii ceng liyang ini beye atai janggin i gurei hoton be kaha，liyoodung ni fujiyang ahai janggin i tehe šaji hoton be kame jidere be hoton i niyalma sabufi，dulga burulame nukcike，dulga niyalma faitabufi hoton de kabuha，liyoodung ni fujiyang ni cooha tere šaji hoton be afame gaifi，ahai janggin be wafi.

满洲国初苏克素护河部内图伦城有尼堪外兰者，于癸未岁万历十一年，唆构宁远伯李成梁攻克古埒城主阿太、沙济城主阿亥。成梁于二月率辽阳、广宁兵，与尼堪外兰约以号带为记，二路进攻。成梁亲围阿太城，命辽阳副将围阿亥城，城中见兵至，遂弃城遁，半得脱出，半被截困，遂克其城，杀阿亥。

癸未汉历大明国万历汗十一年二月[①]，满洲国苏克素护河部图伦城有名尼堪外兰者，挑唆万历汗太子太保李成梁征讨古勒城城主阿太章京、沙济城城主阿亥章京。与尼堪外兰约以号记后，李成梁率广宁、辽东兵分二路进攻，李成梁亲自围攻阿太章京之古勒城，命辽东副将围攻阿亥章京之沙济城。城中人见兵来，半数溃逃脱出，半数被截困城中，辽东副将攻克沙济城，杀阿亥章京。

lii ceng liyang de acanjifi atai janggin i gurei hoton be kaha. tere hoton i ejen atai janggin de manju gurun i taidzu sure beilei mafa □□□jui lidun baturu i sargan jui be buhe bihe. tere cooha jihe medege be manju gurun i taidzu sure beilei mafa□□□donjifi, ini omolo sargan jui be daiming ni cooha de gaiburahū seme ini duici jui□□□be gamame genefi gurei hoton de isinafi, lii ceng liyang ni cooha jing afara delimba de, jui□□□be hoton i tule ilibufi, ini beye hoton de dosifi omolo sargan jui be tucibufi gajiki seci, atai janggin unggirakū bisire de, jui □□□ ama be goidambi seme geli hoton de dosika. tereci lii ceng liyang gerei hoton be kafi afaci, tere hoton alin i ninggu de sahafi akdun ofi atai janggin cooha gaifi bekileme tuwakiyafi duka tucifi hoton bitumen afara cooha be sacime udu udu jergi waha. lii ceng liyang afame muterakū cooha ambula kokirabure jakade, nikan wailan be hafirame, si šusihiyefi gajifi mini cooha kokiraha seme jafaki sere de, nikan wailan golofi hendume, bi hūlame dahabume tuwara sefi hoton i niyalma baru jalidame hūlame, ere amba gurun i cooha jifi suwembe

① 满文“春天中间月份”，即二月。

sindafi genembio? coohai niyalma suwe atai be wafi daha, jihe coohai ejen i hendurengge atai be waha niyalma be uthai ere hecen de ejen obure sembi seme hūlara jakade. hoton dorgi niyalma akdafi, ini ejen atai janggin be wafi lii ceng liyang de dahaha. lii ceng liyang hoton i niyalma be jalidame tucibufi hehe juse ci aname gemu wara de, nikan wailan daiming ni cooha be šusihiyefi, manju gurun i taidzu sure beilei mafa □□□, ama□□□be emgi suwaliyame waha.

复与成梁合兵围古埒城，其城倚山险，阿太御守甚坚，屡屡亲出，绕城冲杀，围兵折伤甚多，不能攻克，成梁因数尼堪外兰谗构以致折兵之罪，欲缚之。尼堪外兰惧，愿往招抚。即至城边赚之曰："天朝大兵既来，岂有释汝班师之理？汝等不如杀阿太归顺，太师有令，若能杀阿太者，即令为此城之主。"城中人信其言，遂杀阿太而降。成梁诱城内人出，不分男妇老幼，尽屠之。阿太妻系太祖伯父礼敦之女，祖□□□闻古埒被围，恐孙女被陷，同子□□□往救之。既至，见大兵攻城甚急，遂令□□□候于城外，独身进城，欲携孙女以归，阿太不从。□□□候良久，亦进城探视，及城陷，被尼堪外兰唆使明兵并杀□□□父子。

与李成梁会，围攻阿太章京之古勒城，其城主阿太章京曾娶满洲国太祖淑勒贝勒祖父〈觉昌安〉① 之子礼敦巴图鲁女为妻，满洲国太祖淑勒贝勒祖父〈觉昌安〉闻兵来之消息，恐其孙女为大明兵所掳，于是率第四子〈塔克世〉② 至古勒城，时李成梁兵正攻城，遂令子〈塔克世〉立于城外，亲身入城欲带出孙女，阿太章京不从。子〈塔克世〉候父良久，遂复入城。李成梁围攻古勒城，其城倚山险，阿太章

---

① 觉昌安，满语"giocangga"，努尔哈齐祖父。
② 塔克世，满语"taksi"，努尔哈齐父。

京带兵坚守，屡出城门沿城砍杀进攻之兵，李成梁因不能克，兵士折伤甚多，指责尼堪外兰，曰："因尔挑唆带领，吾兵损伤甚巨，欲缚尔。"尼堪外兰惧，曰："吾呼投降试看若何。"遂计诱城中人，呼道："此大国之兵来，岂能放过尔等？兵士们，尔等不如杀阿太而降，来兵之将云，杀阿太者即令为此城之主。"城内人信其言，遂杀其主阿太章京，归附李成梁。李成梁诱城内人出，不分妇女、孩童，尽诛之，尼堪外兰挑唆大明兵，将满洲国太祖淑勒贝勒祖〈觉昌安〉、父〈塔克世〉一同杀害。

taidzu sure beile daiming gurun i ambasai baru mini mafa ama be umai weile akū ai turgunde waha seme gisurere jakade，daiming wan lii han taidzu sure beile de sini mafa ama be cohome waha weile waka endebuhe seme，ama mafai giran gūsin ejehe，gūsin morin benjihe，jai geli nememe dudu ejehe benjihe manggi.

后太祖告明国曰："祖、父无罪，何故杀之？"明覆曰："汝祖、父实是误杀。"遂以尸还，仍与敕书三十道、马三十匹，复给都督敕书。

太祖淑勒贝勒告大明国大臣曰："吾祖、父全无过错，何故杀之？"大明万历汗复太祖淑勒贝勒曰："汝祖、父为兵士所杀，实为无罪误杀。"遂将父、祖尸体并敕书三十道、马三十匹送还，复加送都督敕书。

sure beile hendume，mini mafa ama be wa seme šusihiyehe nikan wailan be jafafi minde gaji sere jakade，daiming gurun i niyalma hendume，sini mafa ama be cohome deribuhe weile waka endubuhe seme neneme gūsin ejehe，gūsin morin buhe，te geli dudu ejehe buhe，weile emgeri wajiha kai. uttu fudaraci，be nikan wailan de dafi giyaban gebungge bade hoton arafa bufi，nikan wailan be suweni manju gurun de han obumbi sere jakade，tere gisun de manju gurun i niyalma gemu akdafi nikan wailan de dahaha. sure beilei emu uksun i ninggutai sunja mafai juse omosi sure beile be wafi geli nikan wailan de dahaki seme tangse de gashūha. nikan wailan geli sure beile be inde daha sere jakade，sure beile hendume，nikan wailan si mini amai jušen i ton bihe sinde dahafi tanggū se bahambio seme korsome bisire de.

太祖曰："杀我祖、父者实尼堪外兰唆使之也，但执此人与我，即甘心焉。"边臣曰："尔祖、父之死，因我兵误杀，故以敕书、马匹与汝，又赐以都督敕书，事已毕矣。今复如是，吾即助尼堪外兰，筑城于嘉班，令为尔满洲国主。"于是国人信之，皆归尼堪外兰。其五祖子孙对神立誓，亦欲杀太祖以归之。尼堪外兰又迫太祖往附，太祖曰："尔乃吾父部下之人，反令我顺尔，世岂有百岁不死之人?"终怀恨不服。

淑勒贝勒曰："吾祖、父被杀，请执挑唆之尼堪外兰带与我。"大明国人曰："汝祖、父阵中无罪误杀，故以敕书三十道、马三十匹与汝，今又赐都督敕书，事已毕矣。若复如是，吾等即助尼堪外兰，筑城于嘉班处，令为尔等满洲国汗。"满洲国人皆信其言，归附尼堪外兰。淑勒贝勒同族之五祖子孙对神立誓，欲杀淑勒贝勒，归顺尼堪外兰。尼堪外兰又迫令淑勒贝勒归降，淑勒贝勒曰："尼堪外兰，汝原系吾父诸申，今反令我顺汝，岂得百岁耶?"怀恨不服。

nikan wailan daiming gurun i fušun šo hecen i hafan de beleme alafi suksuhu birai aiman i sarhū i hoton i ejen nominai ahūn gūwara gebungge niyalma be ura dure jakade，deo nomina suksuhu birai aiman i giyamuhū gašan i ejen gahašan hashū，jan ni birai gašan i ejen cangšu，yangšu ahūn deo gemu korsofi hebešeme mujakū niyalma be tuwame banjire anggala, aisin gioro halangga ninggutai beise be tuwame banjiki seme gisurefi, sure beile de dahame jifi, ihan wame abka de gashūrede, taidzu sure beilei baru duin amban hendume, membe yayaci neneme dahame jihe be gūnici, jušen ume obure, ahūn deo i gese gosime uji seme hendufi gashūha.

又苏克素护河部内萨尔浒部长卦喇被尼堪外兰谮于抚顺将官前，责治之，其弟诺密纳与本部内嘉木湖寨主噶哈善、沾河寨主常书、扬书俱忿恨，相议曰："与其仰望此等人，不如投爱新觉罗六王子孙。"议定，遂来附，杀牛祭天立誓。四部长告太祖曰："念吾等先众来归，毋视为编民，望待之如骨肉手足。"遂以此言对天盟誓。

尼堪外兰向大明国抚顺城官员诬告，责治苏克素护河部内萨尔浒城城主诺密纳之兄卦喇，诺密纳与苏克素护河部内嘉木湖寨寨主噶哈善及沾河寨寨主常书、扬书兄弟俱忿恨，相议曰："与其仰附此等人而生，不如仰赖爱新觉罗六王子孙而生。"遂来归附淑勒贝勒，杀牛祭天立誓。四大臣告太祖淑勒贝勒曰："念吾等先众来归，勿为诸申，望恩养如兄弟。"遂立誓。

taidzu sure beile mafa ama i karu be gaime, ini amai werihe juwan ilan uksin i nikan wailan be dailame deribuhe, taidzu sure beilei orin sunja se de sahahūn honin aniya juwari dulimbai biya de, nikan wailan be dailame cooha jurafi geneci. neneme gashūme dahaha sarhūi hoton i ejen nomina gebungge amban i deo naikade be taidzu sure beilei ilaci mafa soocangga ilacin i jui longdun šusihiyeme nikan wailan de daiming gurun i wan lii han dafi giyaban i gebungge bade hoton arafi bufi manju gurun de han obumbi, hadai gurun i wan han geli dahabi, taidzu sure beile de ainu dahaha seme šusihiyehe gisun be naikada ini ahūn nomina de alanafi，nomina gashūha gisun be ubaliyafi，taidzu sure beilei coohai boljohon i bade jihekū.

太祖欲报祖、父之仇，止有遗甲十三副，遂结诺密纳共起兵攻尼堪外兰，时癸未岁夏五月也，太祖年二十五矣。有三祖索长阿第四子龙敦唆诺密纳之弟鼐喀达曰："今明国尚欲助尼堪外兰筑城于嘉班，令为满洲主，况哈达万汗又助之，尔何故顺淑勒贝勒耶?"鼐喀达往告其兄，诺密纳遂背约不赴。

太祖淑勒贝勒欲报祖、父之仇，以其父遗甲十三副，始伐尼堪外兰。太祖淑勒贝勒年二十五时，癸未年五月①，起兵往征尼堪外兰。太祖淑勒贝勒三祖索长阿子龙敦挑唆先前盟誓归附之萨尔浒城城主诺密纳之弟鼐喀达曰："大明国万历汗助尼堪外兰筑城于嘉班，令为满洲国汗，哈达国万汗又助之，尔何故从淑勒贝勒耶?"鼐喀达以此挑唆之言往告其兄诺密纳，诺密纳遂背盟，不赴与太祖淑勒贝勒约兵之处。

tereci sure beile nikan wailan i turun i hoton be gaime genere de，nikan wailan serefi cooha irgen be werifi juse sargan be gamame giyaban gebungge bade genehe，taidzu sure beile tere turun i hoton be afame gaifi bederehe，tere fonde taidzu sure beile i cooha emu tanggū，uksin gūsin bihe.

太祖乃起兵往攻之，尼堪外兰在图伦城预知，遂遗军民，携妻子走嘉班，太祖兵不满百，甲仅三十副，克图伦而回。

于是淑勒贝勒往攻尼堪外兰之图伦城，尼堪外兰预知，遂遗兵民，携妻儿去往嘉班处，太祖淑勒贝勒攻取图伦城而归。彼时，太祖淑勒

① 满文"夏季中间月份"，即五月。

贝勒有兵一百，甲三十副。

bolori dulimbai biyade，taidzu sure beile geli cooha ilifi nikan wailan be dailame giyaban de genere de，sarhūi hoton i nomina naikade geli dorgidari niyalma takūrafi nikan wailan de alanafi，nikan wailan gašan be waliyafi daiming gurun i fušon šo hecen i šun dekdere ergi ho keo tai baru jase dosime burulame genere be taidzu sure beilei cooha dahalame geneci，daiming gurun i jase tuwakiyaha cooha tucifi nikan wailan be halburakū tantara be taidzu sure beilei cooha sabufi，daiming gurun i cooha dafi nikan wailan be afa seme kadalambi aise seme bederefi ing iliha. tere dobori nikan wailan i emgi burulaha boigon i niyalma ukame jifi，suwe ainu afaha akū? nikan wailan be daiming gurun i cooha halburkū tantaha seme alaha manggi，taidzu sure beile cooha bedereme jihe.

秋八月，太祖复率兵攻嘉班，不意诺密纳与弟鼐喀达暗遣人往报，尼堪外兰复弃城逃至抚顺所东南河口台，其守边军不容进边，正拦阻时，太祖追兵至，不料拦阻之故，疑为明兵助尼堪外兰来战，遂退兵扎营。是夜，有尼堪外兰部下一人投太祖，曰："尼堪外兰被明兵阻拦，不容入边，何故退兵也?"太祖乃还。

秋八月[1]，太祖淑勒贝勒复领兵往嘉班征伐尼堪外兰，萨尔浒城诺密纳、鼐喀达又暗中遣人往告尼堪外兰，尼堪外兰弃寨而逃，欲入大明国抚顺所城东河口台界，太祖淑勒贝勒兵追赶而去，大明国守边兵出，不容留尼堪外兰，正拦责时，太祖淑勒贝勒兵见之，疑为大明兵助尼堪外兰来战，遂退兵扎营。是夜，有尼堪外兰处败逃人户中一

① 满文"秋季中间月份"，即八月。

人逃来，告曰："汝等为何不战？大明兵不容尼堪外兰，拦责之。"太祖淑勒贝勒遂还师。

tereci taidzu sure beile nomina, naikada alanarakū bihe bici nikan wailan be bahambihe seme korsome bisire de, nomina, naikada taidzu sure beile be si hunehe iman i hanggiyai golo jakūmui golo be ume necire, minde dain dunggiya, bardai hoton be efulefi gaji, dunggiya, barda be efulerakū oci, simbe jai jecen i baru cooha yabuburakū sehe manggi. tere gisun de taidzu sure beile korsome bisire de, gahašan hashū, cangšu, yangšu gebungge ilan amban jili banjifi hendume, ere nomina be neneme efulerakū oho de, be gemu nomina de dahambi sehe manggi, taidzu sure beile gisun gaifi, nomina be efulere arga be toktobufi, nominai emgi acafi bardai hoton be dailaki seme cooha genefi.

恨曰："诺密纳、鼐喀达二人若不暗送消息，尼堪外兰必成擒矣。"正恨时，诺密纳、鼐喀达遣使来曰："浑河部杭嘉并扎库穆二处不许侵犯，其栋嘉与巴尔达二处乃吾仇敌，尔若攻破与我则已，不然吾当阻其边路，不容尔行兵。"太祖闻言愈恨之。时噶哈善与常书、扬书三人亦忿甚，谓太祖曰："若不先破诺密纳，吾等必附诺密纳矣。"太祖从言，遂阴定破诺密纳之计，阳与诺密纳合兵攻巴尔达城。

太祖淑勒贝勒曰："诺密纳、鼐喀达若不暗中相告，必擒尼堪外兰矣。"正恨时，诺密纳、鼐喀达遣使来曰："尔毋得侵犯浑河部之杭嘉、扎库穆处，若攻破吾之仇家栋嘉、巴尔达城，由我取之则已，不然则不容尔再往边界行兵。"太祖淑勒贝勒愈忿恨其言。时噶哈善、常书、扬书三大臣亦忿恨，曰："若不先破此诺密纳，吾等必尽附诺密纳矣。"太祖淑勒贝勒从其言，遂定破诺密纳之计，言欲与诺密纳合兵往攻巴尔达城。

taidzu sure beile argadame nomina baru suwe neneme afa seci, nomina ajirakū, taidzu sure beile geli hendume, suwe afarakū oci, be juleri afara, suweni gida jangkū be mende gaji sehe manggi. nomina arga de dosifi ini coohai niyalmai gida jangkū be gemu taidzu sure beilei cooha de bufi. sure beilei coohai niyalma tere gida jangkū be bahafi, uthai nomina aikade ahūn deo coohai niyalma be gemu wafi, sarhūi hoton be gaifi, cooha bederehe manggi. sarhūi hoton i burulame tucike niyalma dahame jidere jakade, tesei juse sargan be gemu bufi unggihe manggi. sarhūi hoton be dasafi, taidzu sure beile ci geli ubašaha.

太祖谓诺密纳曰:"尔兵可先攻。"诺密纳不从,太祖曰:"尔既不攻,可将盔甲器械与我兵攻之。"诺密纳不识其计,将器械尽付之。兵器既得,太祖执诺密纳、鼐喀达杀之,遂取萨尔浒城而回。其逃散之众有复归者,太祖尽还其妻孥,仍令居萨尔浒众修整其城,复叛。

太祖淑勒贝勒计诱诺密纳曰:"尔等可先攻。"诺密纳不从,太祖淑勒贝勒复曰:"尔等既不攻,我等先攻,尔等之枪刀当与我。"诺密纳中计,将其兵士之枪刀尽付太祖淑勒贝勒之兵。淑勒贝勒兵士既得枪刀,即尽诛诺密纳、鼐喀达兄弟及兵士,取萨尔浒城而回。后萨尔浒城逃出之人有来归者,尽还其妻儿,遣回修整萨尔浒城,复叛太祖淑勒贝勒。

tereci nikan wailan i uksun i niyalma, dahaha gurun gemu daiming gurun i han nikan wailan be manju gurun de ejen obufi giyaban i bade hoton arafi bure anggala, dain jifi bucere isifi jase dosici hono halburakū amasi tantame bošoho seme hendume, gemu ubašaha. tereci nikan wailan golofi ini juse hanciki ahūn deo emu udu niyalma be gamame，olhon gebungge ba de hoton arafi tehe.

尼堪外兰部族并先附之人相谓曰："尼堪外兰前为敌兵所逼，值垂亡之际，往奔明边尚尔不容，况肯筑城于嘉班，令为满洲主耶？足证前言皆诳吾辈耳。"遂叛之。尼堪外兰惧，携妻孥亲属，逃于法纳哈所属鄂勒珲，筑城居住。

尼堪外兰族人并先附国人皆云："大明国汗岂肯助尼堪外兰为满洲国主，筑城嘉班处，赐予人户？尼堪外兰前在阵中垂亡之际，欲入其边尚且不容，责退驱逐之。"遂皆叛。尼堪外兰惧，携其子并近支兄弟等数人，至鄂勒珲，筑城居住。

tereci taidzu sure beile ini emu emede banjiha non be gahašan hashū de bufi，meye obuha.

太祖以同母妹妻噶哈善。

太祖淑勒贝勒以同母妹妻噶哈善，（噶哈善）为其妹夫。

tereci taidzu sure beilei fiyanggū mafa boosi jui kanggiya，cokita，giošan ere ilan nofi hebe arafi hadai wan han i cooha be solifi，hunehe aiman i joogiya hoton i ejen lidai gebungge amban jugun jorime gajifi hadai gurun i cooha taidzu sure beilei harangga hūji gebungge gašan be sucufi gamafi olji dendeme iliha bade taidzu sure beilei amban šongkoro baturu，jai basun i gebungge niyalma juwe nofi ujulafi juwan juwe niyalma be gaifi amcanafi，holkon de dosifi hadai cooha be gidafi dehi niyalma be waha，gamara olji be gemu amasi baha.

六祖宝实之子康嘉与绰奇塔、觉善等同谋，请哈达国兵，令浑河部兆嘉城主理岱导引（理岱亦宗人），劫太祖所属之瑚济寨而去。至中途，甫分人畜，太祖部将硕翁科罗巴图鲁、巴逊领十二人追至其处，突然而入，敌兵遂败，杀四十余人，尽获所掠而回。(硕翁科罗，初名语班偏格，因其英勇超众，故名硕翁科罗巴图鲁。)

太祖淑勒贝勒幼祖[①]宝实之子康嘉与绰奇塔、觉善同谋，请哈达万汗兵，以浑河部兆嘉城城主理岱引路，袭取太祖淑勒贝勒所属瑚济寨而去。太祖淑勒贝勒遣大将硕翁科罗巴图鲁及巴逊二人为首，领十二人，追至彼等中途止步分俘虏处，突袭之，哈达兵败走，杀四十人，将所掠人畜尽数夺回。

taidzu sure beilei amba mafa desiku, jacin mafa liocan, ilaci mafa soocangga, ningguci mafa boosi ere duin mafai juse omosi acafi, taidzu sure beile be waki seme tangse de gashūfi taidzu sure beile be wame.

有长祖、次祖、三祖、六祖子孙同誓于庙，欲谋杀太祖。

太祖淑勒贝勒长祖德世库、二祖瑠阐、三祖索长阿、六祖宝实，此四祖子孙会合，于堂子立誓，欲杀太祖淑勒贝勒。

ninggun biya de farhūn dobori ulgiyan erin de, taidzu sure beilei tehe hoton de hūlhame tafanjire de, sure beile mujilen dengsiteme deduhe niyalma baibi ilifi olbo etufi beri ladu ashafi jangkū jafafi hoton i ninggude tafufi tuwaci, hūlha wan sindafi tafuki sere de, taidzu sure beile be safi, gemu amasi fekufi burulaha.

至夏六月晦暝之夜亥时，方竖梯登城，太祖心神不宁，因起著衣，带弓矢，持刀登城观之，贼见太祖立城上，皆坠城而遁。

六月一深夜亥时，贼偷登太祖淑勒贝勒所住之城，时淑勒贝勒心神不宁，自睡梦中起，着马褂，佩弓箭，执大刀，登城顶而视，贼正

---

① 即六祖。

欲放梯登城，见太祖淑勒贝勒，俱跳回而逃。

uyun biya de tulhun dobori，hūlha geli dosifi taidzu sure beilei booi hūwai juwe hashan be tukiyefi dosiki sere de，taidzu sure beilei booi tanggūha gebungge indahūn booi wargici ger sefi dergi de genembi，dergi ci ger sefi wargi de genembi. taidzu sure beile indahūn i asuki be donjifi，deduhe ba ci ilifi amba sargan jui，juwe haha jui be booi ho š oi horhoi fejile somifi，taidzu sure beile jangkū jafafi，esukiyeme hendume，tule jihengge ainaha niyalma? ainu dosirakū? suwe dosirakū oci bi tucimbi，suwe alime gaisu seme hendufi，fa i beren de jafaha jangkū fesin be tengkifi fa be tucire arame feshelefi uce be tucire de. hūlha golofi burulame genere de. taidzu sure beilei boo i pahai gebungge niyalma ini boo i fai jaka de deduhe be dartai gidalame wafi genehe.

九月内，贼乘夜阴晦，拔太祖住宅栅木潜入时，有犬名汤古哈四顾警吠，太祖觉之，将二男一女匿于柜下，乃执刀大呼曰："何处贼敢来相犯，汝不入，我即出，毋得退缩。"故将刀柄击窗有声，作由窗而出之势，仍由户出。贼见出势勇猛，皆遁去。时有部落帕海睡于窗下，被贼刺死。

九月一阴晦之夜，贼复潜入，拔太祖淑勒贝勒宅院木栅二根，正欲入时，太祖淑勒贝勒家中有犬名汤古哈，自家西面吠向东面，又自东面吠向西面，太祖淑勒贝勒闻犬之动静，从睡卧处起，将长女及二子藏于屋中角柜下。太祖淑勒贝勒执刀喝道："外面来者何人？为何不入？尔等不入，吾即出，尔等受死吧！"言毕执刀柄击窗框，作由窗出之势，仍踢门出，贼惊吓，溃逃而去。时太祖淑勒贝勒有包衣名帕海者睡于窗下，被突然刺死。

niowanggiyan bonio aniya aniya biya de，taidzu sure beile neneme hadai cooha be jugūn jorime gajiha，joogiyai hoton i lidai be dailame cooha genere de，nimanggi amba ofi，gaha gebungge dabagan haksan ofi dabaci ojirakū oho manggi，taidzu sure beilei eshete deote cooha bedereki seme tafulaci，taidzu sure beile hendume，lidai musei emu halai ahūn deo bime muse be wame hadai cooha be jugūn jorime gajiha seme marame，dabagan be sacime tangkan arafi，niyalma be ilhi ilhi ilibufi coohai morin be futa hūwaitafi tatame dababufi cooha bargiyafi，lidai hoton de isinaci.

甲申岁正月，太祖起兵征理岱，时值大雪，至噶哈岭，山险，兵难进，太祖之叔暨兄弟辈同劝回兵，太祖曰："理岱系我同姓，乃忍引他人害我，我岂甘心?"遂凿山为磴，鱼贯而上，将马以索系拽上岭，至理岱城下。

甲申年正月，太祖淑勒贝勒起兵征讨先前为哈达兵指路之兆嘉城理岱，时天降大雪，噶哈岭险峻不能越，太祖淑勒贝勒叔父及诸弟等同劝回兵，太祖淑勒贝勒不从，曰："理岱乃吾等同姓兄弟，竟指引哈达兵来杀吾等。"遂凿山为阶，令人列次而上，以绳拴战马拽过山岭，收兵，至理岱城。

taidzu sure beilei ilaci mafa soocanggai jui longdun cooha juraka inenggi dorgidari niyalma takūrafi lidai de alanafi，lidai serefi hoton de cooha bargiyafi，buren burdeme alime gaiha manggi. taidzu sure beilei coohai niyalma hendume，serehe ba de adarame afambi? bedereki seme hendure jakade. taidzu sure beile hendume，serere be same jifi ainu bederembi seme uthai tere hoton be kafi afame gaifi. lidai weile be guwebufi wahakū ujifi，cooha bederehe.

有三祖之子龙敦预差人报与理岱，理岱遂聚兵登城，张号待敌。太祖部众曰："城内有备，何以攻之，不如回兵。"太祖曰："我明知其有备，必无还理。"督兵攻城，即时克之。宥理岱之死而养之，遂回兵。

太祖淑勒贝勒三祖索长阿之子龙敦，于起兵之日暗中遣人往告理岱，理岱预先知觉，遂收兵于城，吹号待战。太祖淑勒贝勒兵士曰："有预知之处如何攻得？不如班师。"太祖淑勒贝勒曰："吾知其有预知而来，何为班师？"围攻其城，克之。赦理岱之罪，不杀而养之，遂回兵。

taidzu sure beilei banirke emei deo samjan gebungge niyalma be ineku longdun šusihiyeme sini non minde bikai，si mini emgi emu hebe ocina sehe manggi，samjan longdun i gisun de dosifi ini uksun i niyalma be gaifi jugūn tosofi，taidzu sure beile i meye gahašan hashū be waha. tere be taidzu sure beile donjifi meyei giran be ganaki seme cooha isabuci，uksun i ahūnte deote gemu emu hebei wafi yaya generakū oho manggi. taidzu sure beile ini udu gucu be gaifi geneki sere de.

龙敦唆萨木占曰（萨木占乃太祖庶母之弟）："尔妹见在我家，汝可与我同谋杀噶哈善（噶哈善，太祖妹夫）。"萨木占听其言，带领族人遮杀于路。太祖闻之，聚众往寻其尸，兄弟中皆与龙敦同谋，竟无同往者。太祖带数人往寻之。

龙敦又挑唆太祖淑勒贝勒继母弟萨木占曰："尔妹在吾处，尔可与我同谋。"萨木占听龙敦之言，率族人将太祖淑勒贝勒妹夫噶哈善拦路截杀。太祖淑勒贝勒闻之，欲聚兵取妹夫尸首，族中兄弟皆为同谋截杀者，无人同去。太祖淑勒贝勒率从者数人欲往。

nimalan hoton i uksun i eshen lengdun tafulame hendume，musei uksun i niyalma simbe ehe gūnirakū oci，sini meye be ainu wambihe? si ume genere，simbe yaka waki seme gūniha bi ayoo sehe manggi. taidzu sure beile uksin etufi morin yalufi，hecen i julergi hetu ala de genefi，beri tatame amasi julesi jilidame leofi，amasi gašan de jifi hendume，mimbe waki sere niyalma te tucinu seme hendufi，meyei giran be ganafi gajici，taidzu sure beile be waki sehe niyalma yaya geleme tucikekū，taidzu sure beile sadun halai meyei giran be ini boo de dosimbufi，ini etuhe etuku mahala gūlha be etubufi giran be dorolome sindaha.

族叔尼玛兰城主棱敦止之曰："族人若不怨汝，焉肯杀汝妹夫？汝且勿往，恐被人害。"太祖大怒，遂披甲跃马，登城南横岗，弯弓盘旋，复回城内，大呼曰："有杀吾者可速出！"族人皆惧，无敢出者，太祖取其尸，竟纳入室中，解衣服靴帽，厚葬之。

尼玛兰城族叔棱敦劝道："我等族人若不念汝之恶，为何杀汝妹夫？汝勿去，吾恐汝将遇害。"太祖淑勒贝勒遂披甲上马，往城南横岗而去，拉弓来回怒驰，复回寨中，曰："有欲杀我者今可出矣。"言毕取妹夫尸首，欲杀太祖淑勒贝勒之人皆畏惧不敢出，太祖淑勒贝勒将异姓亲戚妹夫尸首纳入家中，解其所穿衣服靴帽，将尸首以礼厚葬。

tere aniya juwari ujui biya de，taidzu sure beile emu dobori deduhe manggi，tule niyalma asuki be donjifi juse be jailabufi，beri sirdan jafafi jangkū ashafi fujin be tule genere arame ini beye be fujin de daldafi emu niyalmai gese obufi booi wargi hūlan i jakade genefi，fujin be tule genehe de arame tebufi boo de unggifi，sure beile ini beye tutafi tuwaci，abka luk seme tulhun ofi umai saburakū iniha bici. hūlha dosime jime hūlan i jakade isinjirengge，abka talkiyan talkiyafi talkiyan i elden de hūlhai hanci isinjiha be taidzu sure beile teni sabufi, jangkūi genceheleme tuhebifi booi niyalma be hūlafi gidame jafaha manggi.

四月内，太祖睡至夜半，闻门外有步履声，即起，佩刀执弓，将子女藏于僻处，令后故意如厕，太祖紧随，以后体蔽己身，潜伏于烟突侧，后即回室。是夜阴晦，忽电光一烛，见一贼将至，太祖以刀背击仆，喝令家人缚之。

是年夏四月[①]，一天夜间，太祖淑勒贝勒睡后，闻外面有人之动静，遂将子女藏起，执弓箭，佩长刀，令福金故意如厕，自己藏于福金身后，似一人状，至房屋西面烟筒处，福金故作如厕后即回室，淑勒贝勒留下观视，天忽阴晦，浑然不见，遂止步。贼入，至烟筒，天闪电，太祖淑勒贝勒借电光始见贼之将近，即以刀背击仆，呼包衣人压缚之。

booi loohan gebungge niyalma hendume, ere hūlha be jafafi ainambi? waki dere sehe manggi. taidzu sure beile dolo gūnime, ere hūlha be waci, hūlhai ejen minde iletuleme dain ombi, dain oci, mini cooha komso, taka iletulefi ainambi seme taidzu sure beile jortai hendume, ere hūlha ainci mini ihan hūlhame jihebidere seme henduhe manggi, tere hūlha jabume, bi ihan hūlhajiha mujangga sere jakade. loohan hendume, ere hūlha holtome hendumbi, cohome simbe wame jihebikai. ere be waki dere seci. taidzu sure beile ojirakū hendume, ihan hūlhame jihe mujangga oci, sindafi unggi seme, tere hūlha be sindafi unggihe.

家人洛汉等言："缚之何用？当杀之。"太祖暗思："贼必有主，若

---

① 满文"夏季的头月"，即四月。

杀之，其主必以杀人为名，加兵于我，自料兵少难敌。”乃佯言曰：“尔必来偷牛。”其贼答以偷牛是实，并无他意。洛汉又言：“此贼实害我主，诈言偷牛，可杀之，以戒后人。”太祖曰：“此贼实系偷牛，谅无别意。”遂释之。

包衣洛汉曰：“此贼缚之何为？当杀之。”太祖淑勒贝勒暗想：“若杀此贼，贼主必明目张胆来征我，若交战，我兵少，何必逞一时之强？”乃佯言曰：“此贼想是来偷我牛也。”贼答曰：“吾果真来偷牛。”洛汉曰：“此贼说谎，彼专来杀汝，宜杀之。”太祖淑勒贝勒不从，曰：“若果来偷牛，释之可也。”遂释之，遣回。

juwari dulimbai biya de，taidzu sure beile emu dobori deduci，booi emu hehe jun de tefi hiyabun dabure mukiyerelame umai dedurakū oho manggi，taidzu sure beile gūnime，ere hehe baibi ainu dedurakū tehebi arbun faijuma seme deduhe ba ci ilifi dolo foholon uksin etufi oilo hehesi cuba etufi，jangkū ashafi beri sirdan be gala de jafafi tule genere de arame boo ci tucifi hūlan i jakade ilifi tuwaci，hūwai dukai dalba de hashan akū funtuhu ba de hashan ci majige deken，niyalmai ujui adali sabufi，dacilame tuwaci abka tulhun ofi jai sabuhakū. sirdan solbifi iliha bici，abka geli talkiyan talkiyafi，talkiyan i elden de tuwaci，hūlha hanci isinjihabi，tere solbiha sirdan i gabtara jakade，hūlha mehume ubaliyafi meiren i jakai etuku kalumime goiha manggi，tere hūlha burulame sujure be taidzu sure beile bošome amcanafi gabtara jakade，hūlhai juwe bethe siderime goifi tuheke manggi，uju be jangkūi henceheleme liyeliyebufi jafafi huthufi tantara de.

五月，太祖夜宿，有侍婢不寐，在灶燃灯，忽燃忽灭，太祖见而疑之。乃著短甲于服内，持弓刀，作外便状，至烟突侧，见排栅空处隐隐有人形，露其首，恍惚不真，详视之，则无矣。时天色甚晦，忽有电光，见贼已逼近，遂发一矢，被贼躲过，中其肩衣而走，复追射一矢，穿贼两足，以刀背击其首，昏绝于地，遂缚之。

夏五月①一夜，太祖淑勒贝勒睡，家中一侍女坐于灶上点灯，时燃时灭，竟不睡。太祖淑勒贝勒默思，此女子何故不睡，见势可疑，遂自睡卧处起，内服短甲，外穿女褂，佩刀，手执弓箭，故作出恭状，自屋内出，至烟筒处立而观之，见院门旁木栅空缺处微微露出身影，状似人头，详视之，因天暗又不见。遂搭箭上弦，天又闪电，借电光一看，贼已逼近，即以上弦之箭射之，贼俯身躲过，中其肩衣，穿透之，贼败逃，太祖淑勒贝勒追射之，贼双足中箭仆倒于地，遂以刀背击贼首至昏厥，擒拿捆缚，责打之。

buya deote gucuse，booi niyalma gemu ere hūlha be tantara ainambi，waki dere seci，taidzu sure beile ojirakū hendume，ere be waha de erei ejen ini niyalma be waha seme iletu dain ofi musei jekui eye be gemu fetefi gamambi，jetere jeku akū oci musei jušen gemu ubašambi kai. jušen ubašaci musei beyei teile oho manggi，hoton be kaha de adarame eljembi? muse de sirdan udu bi? ere be waha de，gurun gemu muse be neneme dain deribuhe sembikai seme hendufi，jafaha isu gebungge hūlha be sindafi unggihe.

有弟兄亲族俱至，言挞之无益，不如杀之，太祖曰："我若杀之，其主假杀人为名，必来加兵掠我粮石，粮石被掠，部属缺食，必至叛散。部落散则孤立矣。彼必乘虚来攻。我等弓箭器械不足，何以御敌？又恐别部议我杀人启衅，不如释之为便。"遂纵之，其贼名义苏。

---

① 满文"夏季中间月份"，即五月。

诸幼弟从者及包衣人等咸曰："此贼挞之何为？当杀之。"太祖淑勒贝勒不从，曰："若杀之，其主必以杀其人为名，发兵来战，将吾等粮窖尽数掘走，若无吃食，吾等诸申皆反矣。诸申尽反，只余吾等自身，有人围城如何抵御？吾等箭有多少？若杀此贼，国人俱以为吾等先挑起战争也。"遂释拿获之贼名义苏者。

taidzu sure beile ninggun biya de duin tanggū cooha be gaifi ini meye be waha namjan，samjan，nesin，wanjigan be dailame genefi，mardun gebungge šancin be afara de，tere šancin alin i ninggude arafi haksan ehe ofi afara de ilan kalka be adafi ibeme gamafi，hafirahūn ba de isinaha manggi，emu kalka be juleri obufi，juwe kalka be amala obuha. hoton i hanci juwe dai dube de isiname ba geli hafirahūn ofi ilan kalka be siran siran i ilibufi afara de.

六月，太祖为噶哈善复仇，率兵四百往攻纳木占、萨木占、纳申、完济汉，直抵玛尔墩山下，见山势陡峻，乃以战车三辆并进，路渐隘，一车前进，二车随之。将近城下，路愈隘，令三车前后联络上攻。

六月，太祖淑勒贝勒领兵四百，往征杀其妹夫之纳木占、萨木占、讷申、完济汉。进攻玛尔墩山寨时，因其寨筑于山顶，形势险峻，乃以战车三辆并进，及至窄处，以一车前进，二车随之。将近城下，路又渐窄，遂以三车前后联络上攻。

hoton i niyalma wehe maktara，coban i denggere de julergi kalka garjafi，julergi kalkai cooha jai kalka de bederehe，jai kalka geli garjafi ilaci kalka de bederefi，afara coohai niyalma emu kalka de daldara šolo akū ofi gemu uju somime ukafi afame muterakū bisire de. taidzu sure beile hoton i juwe siden gidai maktaci isinara bade suksahai gese mukdehen de bethe dalime ilifi gabtara jakade，hoton i ejen nesin i dere goifi šan teri tucike，jai duin niyalma be gabtame tuhebuhe，tereci hoton i cooha amasi bederehe manggi.

城上飞石击之，复用木撞其车，前车被摧，后车相继，二车俱坏，众皆蔽身于一车之后，缩首不能上攻。太祖奋勇当前，距城丈许，乃蔽于木桩后，射一矢，正中纳申之面，直贯其耳，复射四人，俱仆，城上兵皆却。

城上人抛石、掷木杆击之，前车被毁，前车之兵撤回次车，次车复被摧毁，即撤回第三车，进攻之兵皆蔽于一车，毫无空隙，缩首而逃，不能上攻。时太祖淑勒贝勒距城一箭之地，隐足立于一大腿状之木桩后，射之，正中城主讷申之面，穿耳出，又射仆四人，于是城上兵皆却。

taidzu sure beile ini cooha be amasi bederebufi，hoton be kafi hoton i dorgi niyalma be muke gaiburakū ilan inenggi kafi afafi，duici dobori coohai niyalma be bethe niohušulebufi hada be tuhašame dosimbifi šancin be gaiha. tere šancin i ejen nesin，wanjigan burulame tucifi，jaifiyan gebungge bade genehe.

太祖令兵稍退，远围之，绝其汲路，进攻三日。至四日夜，密令兵跣足登山袭破之。纳申、完济汉弃城走界藩，遂取其城而回。

太祖淑勒贝勒令其兵退，围城，使城内人不得汲水，围攻三日，第四日夜，命兵士赤足越山而入，取其寨。寨主讷申、完济汉逃出，去往界藩。

tere fonde donggoi aiman i beise acafi hebedeme，neneme ninggutai beise hadai wan han de cooha baifi，muse be dailafi，ududu gašan be gamaha, te ninggutai beise hadai gurun de dain ohobi, ere ucuri ninggutai beise be dailaki seme sirdan be jabjan de hatafi bisire de. donggoi aiman i niyalma ceni dolo facuhūraha manggi.

时栋鄂部众部长相议曰："昔六王族众借哈达兵，掠我数寨，今彼与哈达国已成仇隙，我等乘此机会，宜往报仇。"遂以蟒血淬箭以备用。其后，部中自相扰乱。

彼时，栋鄂部诸部长会商，曰："昔六王族众借哈达万汗兵征伐吾等，夺数寨，今彼与哈达国已成仇，宜趁此机会征伐之。"遂以蟒血淬箭。后栋鄂部内乱。

taidzu sure beile donjifi ceni dolo dain oho ucuri dailaki seme hebešere de, geren ambasa tafulame encu golo de cooha geneci ojirakū, jabšaci sain, ufaraha de ainara sehe manggi, taidzu sure beile hendume, ere facuhūn i ucuri muse nenderakū ofi, tere aikabade hebe acafi dasame sain oho de, muse be geli dailambikai sehe manggi, geren ambasa gemu gisun dahaha.

太祖闻之，谓诸将曰："栋鄂部自乱，我辈宜乘时往攻。"诸将谏曰："兵不可轻入他人之境，胜则可，倘有疏失，奈何?"太祖曰："我不先发，倘彼重相和睦，必加兵于我矣。"众皆从之。

太祖淑勒贝勒闻之，议曰："宜趁其内乱之机征讨之。"众臣谏曰："兵不可轻去他部，侥幸得胜则好，倘有失误，又当如何?"太祖淑勒贝勒曰："我等若不趁此内乱之机，先发制人，倘若彼等相谋和好矣，必复来征吾等。"众臣皆从其言。

tereci uyun biya de, taidzu sure beile sunja tanggū cooha be gaifi donggoi aiman i ejen ahai bayan be dailame geneci, ahai bayan duin tanggū cooha be gaifi ini tehe hecen i duka yaksifi alime gaiha. taidzu sure beilei cooha ahai bayan i cigida hoton be kafi afame, hoton i matun, gašan i boo be gemu tuwa sindafi baha isika manggi, abka amban nimanggi nimarara jakade, afara be nakafi bedereme jidere de geren cooha be juleri unggifi, taidzu sure beile ini beye juwan juwe niyalma be gaifi, tuwai šanggiyan i dolo buksifi bisire de. hoton i niyalma jihe cooha bederehe seme cooha tucike, tere tucike cooha be taidzu sure beile buksiha baci holkon de tucifi amasi gidafi, duin niyalma be waha, juwe uksin baha, tereci cooha bedereme jidere de.

于九月内，太祖率兵五百，往攻栋鄂部长阿海，阿海聚兵四百，闭城以待。太祖兵至，围阿海所居吉达城，将城上悬楼并城外房屋尽焚之。城将陷，会大雪，遂罢攻，令兵先行，太祖带十二人伏于火烟笼罩之处。城内以为兵退，乃遣军出城，太祖突出，破其众，斩四人，获甲二副而回。

九月，太祖淑勒贝勒领兵五百，往征栋鄂部部长阿海巴彦，阿海巴彦率兵四百，闭其所居之城城门以待。太祖淑勒贝勒兵围攻阿海巴彦所居齐吉达城，放火尽焚城上悬楼及村中房舍。将要克城时，天降大雪，遂罢攻回师，令众兵先行，太祖淑勒贝勒亲率十二人埋伏于火烟之中。城中人以为来兵已撤，乃遣兵出，太祖淑勒贝勒忽从埋伏之地出，大败出城之兵，杀四人，获二甲，遂班师。

wanggiyai aiman i amban sunjacin guwanggun taidzu sure beile de acanjifi hendume, mimbe onggolo bai niyalma afaha bihe, beile cooha aisilafi mini batangga onggoloi niyalma be efuleki seme baiha manggi, taidzu sure beile emgeri jihe de ere golo be manabuki seme gūnifi, uthai sunjacin guwanggun de cooha dafi dobori dulime geneci. sunjacin guwanggun i ahūn i jui daidu mergen dorgidari niyalma takūrafi, onggolo de alanafi, onggoloi niyalma serefi cooha be gemu hoton de bargiyahabi.

时有完颜部内一人名逊扎秦光衮谒太祖曰："吾曾被翁鄂洛处人所擒，乞贝勒助一旅之师，为我雪仇。"太祖闻其言默思："吾既兴兵至此，当乘兹以勘定一方。"遂与逊扎秦光衮星夜前进。有光衮兄子岱度，密令人往送消息，翁鄂洛人知之，遂敛兵于城。

时完颜部大臣逊扎秦光衮会太祖淑勒贝勒，恳求曰："吾曾为翁鄂洛处人所擒，请贝勒出兵助我灭仇人翁鄂洛人。"太祖淑勒贝勒默思："吾既来，当破此地。"遂出兵助逊扎秦光衮，连夜前去。逊扎秦光衮兄长之子岱度墨尔根暗中遣人往告翁鄂洛人，翁鄂洛人知之，尽收兵于城。

taidzu sure beile cooha gaifi onggoloi hoton be afame gašan i boo hoton i matun be gemu tuwa sindafi. taidzu sure beilei beye boo i ninggu de tafafi mulu de aktalame yalufi hoton i dorgi niyalma be gabtara de, hoton i dorgi orguni gebungge niyalma gabtaha sirdan de taidzu sure beile i uju goifi saca fondojofi yali emu urhun daha. taidzu sure beile sirdan be tatame gaifi, tere sirdan i batai niyalma sujume genere be booi hūlan i juwe siden be arcame gabtafi, juwe suksaha siderime goifi sirdan i sasa tuheke.

太祖兵临城下，攻之，焚其悬楼并周城房屋。太祖登房，跨脊上，射城内之人，被城内鄂尔果尼一箭正中太祖首，透盔伤肉，深指许。太祖拔箭，见城内一人奔走于烟突僻处，太祖即以拔之箭射之，穿两腿，应弦而倒。

太祖淑勒贝勒率兵攻翁鄂洛城，放火尽焚寨中房舍并城上悬楼。

太祖淑勒贝勒亲上房顶，跨骑于屋脊上，射城中人，城内有名鄂尔果尼者射中太祖淑勒贝勒首，穿透盔甲伤肉，深约一指。太祖淑勒贝勒拔箭，见一敌人奔走于房屋烟筒之间，即以拔之箭射之，敌人双腿齐中箭而倒。

taidzu sure beile ujui feyei senggi eyeme bethei fatan de isinacibe, geli bedererakū jing afara de. tuwai šanggiyan i dolori loko gebungge niyalma daldame jifi, sure beile be gabtara jakade meifen goifi kiyab seme guwenme sirdan hadaha, taidzu sure beile ini meifen de hadaha sirdan be gocime gaici asui monggon hūsikū de sirdan fodorofi juwe watan banjifi yali juwe farsi dahame jihe.

太祖箭伤，血流至足，犹弯射不已。时一人名洛科，乘火烟暗发一矢，正中太祖项，镞卷如钩，拔出带肉两块（项下有锁子围领，矢中有声，镞分如双钩）。

太祖淑勒贝勒首伤之血流至足底，犹不退，只管攻战。有名洛科者隐于火烟中而来，射淑勒贝勒，正中其项，箭急如钉，太祖淑勒贝勒拔出钉于项上之箭（项下有锁子围脖，箭中之，生倒须钩二），带出肉两块。

taidzu sure beilei feye baha be ini coohai niyalma safi okdome jifi, booi ninggu de tafufi yarume gamaki serede, taidzu sure beile hendume, suwe ume jidere bata sererahū, bi elhei ebure seme hendufi, monggon i senggi gabtarai gese tucire babe emu galai šoforome jafafi beiri nikeme boo i ningguci elhei ebufi, juwe niyalma i meiren de nikefi jidere de gūwaliyašame tuheke, geren ambasa gemu gasandume. aituha manggi, feye be hūwaitaci senggi ilirakū gūwaliyandara aiturelame, aituha dari muke omime, emu inenggi emu dobori otolo senggi ilirakū, monggon i feye be sencehei gese hūwaitafi, jai inenggi honin erin de senggi teni iliha. tereci bahara isika hoton be waliyafi cooha bedereme jihe.

众见太祖被伤，俱登屋欲扶回，太祖曰："尔等勿得近前，恐敌知觉，待我从容自下。"项血涌出，太祖以手揾箭眼，拄弓下屋，伏二人肩上，昏仆于地，诸将懊悔不已。及复苏，将箭痕裹束，厚数寸，昼夜血犹不止，昏迷累次，每苏时辄饮水，至次日未时其血方止。于是弃将得之城而回。

其兵众见太祖淑勒贝勒受伤，遂来迎，登屋顶欲扶回，太祖淑勒贝勒曰："尔等勿来，恐敌知晓，待我从容自下。"一手揾项血喷射之处，拄弓自屋上从容而下，倚二人肩上，仆于地，众臣皆悔。及醒，将伤口拴住，血犹不止，昏迷复醒，如此数次，每醒即饮水，至一昼一夜，血仍不止，乃将项上伤口裹束，次日未时血流方止。于是弃将得之城而回。

卷二

tereci taidzu sure beile feye johiha manggi, cooha genefi onggolo i hoton be afame gaiha. geren ambasa taidzu sure beilei uju be gabtaha orgoni, meifen be gabtaha loko be bahafi waki sere de, taidzu sure beile onco mujilen i hendume, dain ofi afara de bata be etuki seme ini ejen i jalin de mimbe gabtahabidere, te minde oci mini jalin de gūwa be geli gabtarakū bio? enteke sain mangga haha dain afara de loho gida niru sirdan i dube de bucere be hono hairambi kai. mimbe gabtaha turgunde ainu wambi seme hendufi, orgoni, loko be wesimbufi ilata tanggū haha be kadalara nirui ejen hafan obuha.

太祖疮愈，率兵复攻翁鄂洛城，克之。众将欲杀鄂尔果尼、洛科，太祖曰："二人射我，乃锋镝之下各为其主，孰不欲胜？吾今释而用之，后或遇敌，彼岂不为我用命哉？此等之人，死于锋镝者犹当惜之，何忍因伤我而杀之也。"赐以牛录之爵（属三百人），厚养之。

太祖淑勒贝勒伤愈后，起兵攻克翁鄂洛城。众将擒得射太祖淑勒贝勒首之鄂尔果尼及射其项之洛科，欲杀之，太祖宥之，曰："二人因阵中作战欲胜敌，为其主而射我。今若为我用，岂不为我而射他人耶？此等人才，阵中死于刀枪弓箭之锋犹当惜之，何忍因射我而杀之。"赐鄂尔果尼、洛科为牛录额真，各辖三百丁。

niohon coko aniya niyengniyeri dulimbai biya de，taidzu sure beile orin sunja uksin susai niyalma be gaifi cooha genefi jaifiyan gebungge gašan be tabcilafi. gašan i niyalma serefi gemu barhiyafi，umai bahakū amasi bedereme jidere de，sarhū，jaifiyan，dunggiya，barda duin hoton i ejete acafi duin tanggū cooha be gaifi amcame jifi dahalame gabtame afahai jaifiyan i julergi tairan gebungge alai jakade isinjime. amcara coohai ejen nesin，bamuni yafahan cooha ci juleri colgorofi tucike be taidzu sure beile sabufi morin be dabkime amasi emhun dosifi nesin be saciki sere de，nesin neneme jabdufi taidzu sure beile be sacire de taidzu sure beilei jafaha šusiha lasha genehe manggi，taidzu sure beile nesin i meiren be lasha sacime morin ci tuhebufi，forgošome uthai bamuni be gabtame morin ci tuhebuhe. tere juwe amban wabure jakade，amcara cooha uthai bederefi iliha.

乙酉年二月，太祖率五十人、甲二十五副掠界藩寨。不意界藩寨预知，已有备，竟无所获。回兵时，有界藩、萨尔浒、栋佳、巴尔达四城部长会兵四百追射至界藩南太兰之野（太兰，岗名）。讷申、巴穆尼二人当先追至，太祖一见，即单身拨马，欲斩讷申，讷申先以刀断太祖鞭，太祖奋力一刀挥讷申肩背为两段，随转身射巴穆尼于马下。众兵见二人死，俱退却而立。

乙酉年春二月①，太祖淑勒贝勒率五十人、甲二十五副，起兵往掠界藩寨。寨中人预知而皆收，竟无获而返。回兵时，萨尔浒、界藩、栋佳、巴尔达四城城主会合，率兵四百追射至界藩南太兰之野。时追兵之主讷申、巴穆尼从步兵前抄出，太祖淑勒贝勒见之，鞭马而返，只身入，欲斩讷申，讷申先砍断太祖淑勒贝勒所握之鞭，太祖淑勒贝

① 满文“春季中间月份”，即二月。

勒斩断讷申肩，讷申坠马而亡，遂转身射巴穆尼，亦坠马而亡。追兵见二人被杀，即撤退而立。

taidzu sure beile i coohai niyalma alame，musei coohai morin gemu šadaha bi，te ainambi? taidzu sure beile hendume，suwe gemu morin ci ebufi yafahalafi gabtaha sirdan be baire arame beri igen i nimanggi be feteme morin be yarhūdame elhei genefi ere meifehe be dabaha manggi，morin de dabsun muke meleme，musi omibume ergembu，bi ere uba de bata be sartabume buksifi bisire seme hendufi. coohai niyalma be gemu juleri unggifi.

我军曰："马俱疲弱，为之奈何?"太祖曰："众可下马，佯以弓梢拂雪作拾箭状，徐徐引马而退，待过岭，以盐水炒面饮马，解其疲，我自殿后为疑兵计。"言毕，令兵先行。

太祖淑勒贝勒兵众告曰："吾等战马俱疲，奈何?"太祖淑勒贝勒曰："尔等皆下马步行，佯以弓梢推雪作寻箭状，徐徐引马而去，越过此岭后，以盐水炒面饮马，令其安歇，吾埋伏于此，滞敌断后。"言毕，令兵先行。

taidzu sure beile ini beye nesin，bamuni tuheke bade genefi iliha manggi，nesin bamuni fejergi coohai niyalma hūlame hendume，si te genecina，waha niyalmai yali be jembio? be giran be gaiki dere sehe manggi，taidzu sure beile hendume，mimbe akabuha nesin be arkan seme bahafi waha，ere yali be jeci inu ombikai sefi，tereci amasi bederefi.

太祖立于斩讷申处，讷申部众呼曰："人已死，何不去，欲食其肉耶?汝回，我辈欲收主尸。"太祖言："讷申系我仇，幸得杀之，肉亦可食。”言讫遂回。

太祖淑勒贝勒立于讷申、巴穆尼仆地之处，讷申、巴穆尼部下兵士呼道：“尔速离去，欲食死人之肉耶？吾等欲收尸。”太祖淑勒贝勒曰：“我幸得杀仇人讷申，食此肉亦可。”言毕遂返。

šadaha morin i cooha be goro genekini seme，nadan niyalma be gaifi saca sabubume buksiha de arame iliha be nesin i cooha niyalma sabufi hūlame，sini buksiha be be sahabi，wahai dele wacihiyame waki sembio seme henduhe manggi，tereci taidzu sure beile šadaha morin be emken waliyahakū gemu gajime cooha bederehe.

欲令疲弱之兵远行，乃率七人将身隐僻处，露其盔，似伏兵之势。讷申部众又呼曰：“汝有伏兵，吾等知之矣。二主已被杀，犹欲尽杀吾等耶?”于是太祖全其羸马而回。

欲令疲倦之马兵远行，乃率七人露出盔甲，作有埋伏状。讷申兵士见之，呼道：“吾等已知汝有埋伏。上已被杀，仍欲尽杀吾等耶?”于是太祖淑勒贝勒将羸马一个不少，全数带回，班师。

juwari ujui biya de，taidzu sure beile yafahan morin i sunja tanggū cooha be gaifi jecen i aiman be dailame genre de，bisan bisafi，geren cooha be bederebufi，olboi cooha susai uksin i cooha gūsin uhereme jakūnju cooha be gaifi dabcilame genere de. giyaha gebungge ba de tehe sukū laihū gebungge niyalma dorgidari alanafi tomoho，janggiya，barda，sarhū，jaifiyan ere sunja hoton i cooha gemu emu bade acafi bisire de.

四月，太祖率马步兵五百征哲陈部，时大水，令兵回，止带绵甲五十人、铁甲三十人进掠。有嘉哈部长苏库赉呼密令人报与托漠河、章佳、巴尔达、萨尔浒、界藩五城知之，遂合兵一处。

夏四月，太祖淑勒贝勒率马步兵五百往征哲陈部，时洪水泛滥，遂令众兵班师，只带绵甲兵五十、盔甲兵三十，共八十兵往掠。居于嘉哈处名苏库赉呼者暗中遣人往告托漠河、章佳、巴尔达、萨尔浒、界藩，此五城之兵遂合于一处。

taidzu sure beilei amala karun sindaha nenggude janggin dain i cooha be sabufi，taidzu sure beile be amcame alanara de，taidzu sure beile be sahakū duleme genefi. taidzu sure beile amala karun bi seme amargi be tuwahakū genere de，dain i cooha holkon de isinjiha. tuwaci jakūn tanggū cooha jaifiyan i hunehe bira de emu dube，julergi alin de emu dube iliha bi.

有后哨章京能古德一见敌兵，即飞报，不意误失太祖处。太祖恃有后哨，亦不深备，不期敌兵忽至。太祖见其兵阵于界藩、浑河直至南山，约八百余。

太祖淑勒贝勒后哨能古德章京见敌兵，追报太祖淑勒贝勒，未得见乃过。太祖淑勒贝勒以为有后哨，遂不守后，时敌兵忽至。观之，有八百兵立于界藩之浑河直至南山。

tere cooha be sabufi，nimalan i sunjaci mafa boolanggai omolo jacin sangguri golofi etuhe uksin be sufi gūwa de etubuhe manggi. taidzu sure beile hendume，suwe ahūn deo i dolo gašan i niyalma de dule manggani，geren cooha be sahade geleme etuhe uksin be sufi，gūwa de etubumbinikai seme jilidame hendufi，ini beye tu jafafi juleri dosire de，batai cooha alime gaifi umai aššarakū oho manggi，taidzu sure beile morin ci ebufi morin be amasi bošome unggifi.

有扎亲、桑古哩二人（宝朗阿之孙也）见敌兵，大恐，解其甲与人。太祖怒曰："汝等平昔在家，每自称雄于族中。今见敌兵，何故心怯，解甲与人?"言讫，自执旗先进，见敌兵不动，遂下马，将马逐回。

尼玛兰第五祖宝朗阿之孙扎亲、桑古哩见敌兵，大惊，解其所穿盔甲与人。太祖淑勒贝勒怒曰："尔等兄弟在寨内原本强悍，今见众敌，竟畏惧而解甲与人。"言讫，亲自执旗先进，敌人按兵不动，太祖淑勒贝勒遂下马，将马驱回。

taidzu sure beile ini beye，deo murhaci，booi yambulu，uringga duin nofi yafahalafi gabtame hūsutuleme kūthūme afame，batai orin isime niyalma be tuhebufi，tere jakūn tanggū cooha be gidaha. tere jakūn tanggū cooha taidzu sure beilei duin niyalmai horon be alici ojirakū uthai burulafi，jaifiyan i hunehe birai muke de fekuhe. taidzu sure beile halhūn de fancafi saca sufi，uksin i tohon be suci goidambi seme tadume lashalafi beye be ergembume tehe bici，amargi coohai ambasa teni isinjifi. te dosifi saciki sere jakade，taidzu sure beile jili banjifi jabuhakū bifi.

率弟穆尔哈齐并二家人延布禄、武凌噶四人奋勇步射，直入重围，混杀敌兵二十人，遂败其兵。八百人不能抵当，皆涉浑河而走。时太祖战酣甚疲，喘息不定，卸其兜鍪，遂解甲不及，以手断其扣。正憩时，后之兵将方至。众曰："乘此势可追杀之。"太祖怒而不应。

太祖淑勒贝勒与其弟穆尔哈齐并包衣延布禄、武凌噶四人奋勇步射，混战，杀敌二十人，败八百敌兵。其八百兵不能抵挡太祖淑勒贝勒四人之勇，遂败走，涉界藩之浑河水而逃。太祖淑勒贝勒酷热难当，欲卸其头盔，不及解开盔甲之扣，即扯断之。正休憩时，后方兵将方至，曰："今宜入阵砍杀。"太祖淑勒贝勒怒而不答。

batai cooha bira doome burulame cargi cikin de isiname, taidzu sure beile beye majige ergefi saca etufi cooha be gaifi geli dosifi dehi sunja niyalma be waha. taidzu sure beile ini beye deo murhaci juwe nofi bata be bošome dube tucime amcame genefi, jaifiyan i haksan hafirahūn girin hadai ninggu de ilifi tuwaci, batai burulaha cooha tofohon isime niyalma tere girin hada be tafume jidere be sabufi, taidzu sure beile bata be saburahū seme sacai sonokton be gaifi beye be daldame tefi alime gaifi.

敌兵已渡浑河，太祖稍息，重整盔甲，率兵追杀四十五人。与穆尔哈齐追至界藩，有一险隘山名吉林，立于其上，见败兵十五人来奔此山，太祖恐敌见之，去其盔缨，隐身而待。

敌兵渡河败逃，已至对岸矣，太祖淑勒贝勒稍事休息，戴上头盔，复领兵入战，杀敌四十五。太祖淑勒贝勒与其弟穆尔哈齐二人追赶敌人，立于界藩一险峰名吉林之顶，见败兵近十五人来奔吉林峰，太祖淑勒贝勒恐敌见之，取下盔缨，隐身而待。

taidzu juleri jidere emu niyalma be ishun dara mokso gabtame tuhebuhe, deo murhaci geli emu niyalma be gabtame tuhebufi, jai gūwa be gemu hada de gūlabume waha. tereci cooha bargiyaha manggi. taidzu sure beile hendume, enenggi duin niyalma jakūn tanggū cooha be gidahangge inu abka aisilafi etuhe dere seme hendufi, cooha bedereme jihe.

先射为首一人，中其腰，仆地，穆尔哈齐又射死一人，余皆坠崖而死。太祖收兵，曰："今以四人败八百众，实天助之也。"全胜而回。

太祖射中先来一人之腰，仆地而亡，其弟穆尔哈齐又射杀一人，余者皆坠崖而死。于是收兵，太祖淑勒贝勒曰："今以四人败敌八百，乃天助也。"班师。

bolori dubei biya de，taidzu sure beile cooha genefi suksuhu aiman i antu gūwalgiya be afame gaifi，hoton i ejen nomhon be wafi cooha bederehe.

九月内，太祖率兵往攻安图瓜尔佳寨（苏克素护河部所属），破之，杀其寨主诺谟珲而回。

秋九月[①]，太祖淑勒贝勒起兵往攻苏克素护河部安图瓜尔佳，克之，杀城主诺谟珲，班师。

fulgiyan indahūn aniya，juwari dulimbai biya de，taidzu sure beile cooha genefi，hunehe aiman i boihon šancin be afame gaiha.

丙戌年五月内，太祖攻克贝欢寨（浑河部所属）。

丙戌年夏五月[②]，太祖淑勒贝勒起兵攻浑河部贝欢寨，克之。

bolori ujui biya de，taidzu sure beile cooha genefi jecen i aiman i tomohoi hoton be kafi afara de，abka akjan darifi taidzu sure beilei coohai juwe niyalma goifi bucere jakade，afara be nakafi cooha bederheme jihe. jai mudan geli cooha genefi tere hoton be dahabufi.

七月内，太祖率兵环攻托漠河城（哲陈所属），时暴雷震死二人，遂罢攻而回。后招服之。

秋七月[③]，太祖淑勒贝勒起兵围攻哲陈部托漠河城，时天雷震死太祖淑勒贝勒兵中二人，遂罢征而回。后又起兵招服之。

tereci uthai taidzu sure beile cooha gaifi batangga nikan wailan be

---

① 满文“秋季的末月”，即九月。
② 满文“夏季中间月份”，即五月。
③ 满文“秋季的头月”，即七月。

dailame dobori dulime andarki dain i aiman be duleme genefi, nikan wailan i tehe olhon i hoton be afame gaiha. tere fonde nikan wailan hoton de akū bihebi.

乘便往攻仇人尼堪外兰，沿途诸部皆是仇敌，星夜越近，攻鄂勒珲城，克之。时尼堪外兰不在城中。

于是太祖淑勒贝勒乘势率兵往征仇家尼堪外兰，连夜越过邻近诸敌部而去，攻克尼堪外兰所居鄂勒珲城。彼时，尼堪外兰不在城中。

tere hoton i tulergi gašan i dehi niyalma hoton de dosime jabduhakū ofi, hehe juse be bargifi, emu yacin olbo jafu boro etuhe niyalma ujulafi genere be taidzu sure beile sabufi, nikan wailan dere seme tašarame dehi niyalma de uthai emhun dosifi batai niyalmai gabtaha sirdan de tunggenderi goifi halbai fejergideri hafu tucike, uhereme gūsin feye bahatala bedererakū, kūthūme afame jakūn niyalma be gabtame waha, emu niyalma be sacime tuhebufi, geren be wame samsibufi, bedereme jifi.

初，城外有四十余人，不及进城，带妻子逃走，为首一人穿青绵甲，戴毡帽，太祖见之，疑是尼堪外兰，单身直入四十人中，内一人射太祖胸旁，从肩后露镞，共中伤三十处。太祖不怯，犹奋勇射死八人，复斩一人，余众皆散。

城外寨中有四十人不及进城，携妻儿而走，为首一人着青色绵甲，戴毡帽，正行时，太祖淑勒贝勒见之，疑是尼堪外兰，遂只身入四十人中，敌中一人所射之箭正中其胸，从肩胛骨下穿出。共伤三十余处，犹不退，混战中射杀八人，砍死一人，杀散众人，乃回。

tere olhon i hoton de jifi bihe, juwan uyun nikan be waha. feye bahafi weihun jafaha ninggun nikan de goiha sirdan be gemu dosi tantame hadafi，taidzu sure beile hendume，nikan wailan gebungge niyalma be jafafi gaji，nikan wailan be jafafi burakūci，suweni daiming be dailambi seme hendufi unggifi. cooha bederehe.

鄂勒珲城内有汉人十九名，亦杀之。又捉中箭伤者六人，太祖复深入其箭，令带箭往南朝传信："可将仇人尼堪外兰送来，不然我必征汝矣。"遂回。

鄂勒珲城内原有汉人十九名，亦杀之。活捉中箭伤者六人，太祖淑勒贝勒将所刺之箭俱向内击，曰："可将尼堪外兰捉拿送来，不然必征汝大明。"言罢遣去，遂班师。

daiming gurun i hafasa elcin takūrame hendume，han de dosika niyalma jafafi bure kooli bio? si jifi wacina seme henduci. taidzu sure beile hendume，suwende we akdahabi? suwe mimbe jalidambikai sehe manggi. daiming ni niyalma hendume，sini beye ume jidere，cooha be komso unggi，be nikan wailan be sini cooha de afabure sehe manggi. taidzu sure beile jaisa gebungge niyalma be ejen arafi dehi niyalma be unggihe manggi. nikan wailan sabufi tai de tafuki sere de，daiming ni niyalma tai de sindaha wan be gaifi，nikan wailan be taidzu sure beilei jaisai cooha de afabufi waha.

明边吏遣使言："尼堪外兰既入中国，岂有送出之理？尔可自来杀之。"太祖曰："汝言不足信，莫非诱我入耶？"使者又言："若不亲往，可少遣兵去，即将尼堪外兰与汝。"太祖令斋萨带四十人往索之。及至，尼堪外兰一见，即欲登台趋避，而台上人已去其梯，尼堪外兰遂被斋萨斩之而回。

大明国官员遣使曰："岂有将入明边者捉拿送出之理？尔可自来杀

之。”太祖淑勒贝勒曰：“汝言孰信？必是汝等设计诱我。”明人曰：“汝勿亲往，可少遣兵来，吾等将尼堪外兰交与汝兵。”太祖淑勒贝勒遂以斋萨为额真，带四十人往。尼堪外兰见之，欲登台，明人已去登台之梯，尼堪外兰遂为太祖淑勒贝勒之斋萨兵斩杀。

tereci taidzu sure beile de sini mafa amai weile be endebuhe seme，daiming gurun i wan lii han aniya dari menggun jakūn tanggū yan gecuheri tofohon bume weile wajiha.

明国因前误杀太祖父、祖，自此，每年与银八百两、蟒缎十五匹，通和好焉。

大明国万历汗因误杀太祖淑勒贝勒之祖、父，自此，每年与银八百两、蟒缎十五匹，以了其事。

fulhūn ulgiyan aniya，taidzu sure beile šoli anggaci hūlan hadai šun dekdere julergi giyaha birai juwe siden i ala de ilarsu hoton sahafi，yamun leose tai araha.

丁亥年，太祖于硕里口、呼兰哈达下东南河二道，一名嘉哈、一名硕里加河中一平山筑城三层，启建楼台。

丁亥年，太祖淑勒贝勒于硕里口至呼兰哈达东嘉哈河中间岗上筑城三层，建衙署楼台。

ninggun biyai orin duin i inenggi，gurun i doro be toktobume，ehe facuhūn hūlha holo be nakabume šajin kooli be ilibuha. taidzu sure beile cooha gaifi，jecen i aiman i artai be dailame genefi. artai šancin be afame gaifi，hoton i ejen artai be waha.

六月二十四日，定国政，凡作乱窃盗欺诈悉行严禁。又率兵征哲陈部阿尔泰，克其山城，杀之。

六月二十四日，定国政，立法令，凡恶乱盗伪悉行禁止。太祖淑勒贝勒率兵往征哲陈部阿尔泰，克其山城，杀城主阿尔泰。

jakūn biya de，taidzu sure beile eidu baturu de cooha afabufi bardai hoton be afame gaisu seme unggihe. eidu baturu taidzu sure beilei hese be alifi cooha jurafi geneci，hunehe bira bisafi dooci ojirakū oho mang-gi，coohai niyalmai monggon de siran siran i futa hūwaitafi tatame bira be doofi. eidu baturu emu udu siliha gucu be gaifi dobori dosifi，bardai hoton be afame wan sindafi tafuka. hoton i dorgi niyalma uthai okdofi afara de，eidu baturu hoton i keremu de aktalame yalufi afame，susai isime feye bahacibe bedererakū，jing buceme afara jakade，hoton i dorgi niyalma gemu samsime burulaha，tereci etehe hūsun i uthai hoton be gaifi，cooha bederehe.

八月内，令额亦都巴图鲁领兵取巴尔达城。额亦都承命前进，至浑河，时水泛涨不能渡，遂以绳连军士之颈拽而渡之。额亦都领壮士数人，夜竖梯攻之。及登城，城上人迎敌，额亦都跨城垛而战，中伤约五十处，犹死战不退，城中人遂皆溃走，即乘势取其城而回。

八月，太祖淑勒贝勒令额亦都巴图鲁领兵往攻巴尔达城。额亦都巴图鲁承太祖淑勒贝勒谕旨起兵，至浑河，时河水泛涨不能渡，遂以绳索拴连兵士脖项拉扯渡之。额亦都巴图鲁领精壮者数人，夜入，放梯登巴尔达城。城内人立即迎战，额亦都巴图鲁跨城垛而战，中伤约五十处，犹不退，只管死攻，城内人皆溃散败走，遂乘势取城而回。

taidzu sure beile cooha gaifi，jahai gebungge amban be dailame genefi，dung ni hoton be afame gaifi，hoton i ejen jahai be dahabufi gajiha.

太祖领兵往攻洞城，克之，招降其城主扎海而回。

太祖淑勒贝勒率兵往征扎海，克洞城，招降城主扎海。

suwayan singgeri aniya duin biya de，hadai gurun i wan han i jui hūrgan beilei amin jeje gebungge sargan jui be ini ahūn daišan beile taidzu sure beile de sargan benjire de. taidzu sure beile dung ni gebungge bade okdome genefi，bigan de tefi aliyame bisire de.

戊子年四月，有哈达国万汗孙女阿敏哲哲（扈尔汉贝勒女也），其兄代善送妹与太祖为妃。亲迎之，至于洞（地名），坐旷野以待。

戊子年四月，哈达国万汗子扈尔汉贝勒女阿敏哲哲被其兄代善送与太祖淑勒贝勒为妻。太祖淑勒贝勒迎至洞地，坐旷野以待。

emu niyalma jebele ashafi morin yalufi，sure beilei julergi be duleme genere be taidzu sure beile safi，ashan i ambasai baru fonjime，ere ainaha niyalma? ashan i ambasa alame，julergi dunggoi goloi aiman de ereci gabtara mangga niyalma akū，gabtara mangga niowenggiyen serengge ere inu seme alaha manggi. taidzu sure beile niowenggiyen be hūlabufi gabta sehe manggi，niowenggiyen morin ci ebufi，ini beri sirdan be jafafi gajime jihe. taidzu ini juleri bisire fodoho moo be niowenggiyen be gabtabure jakade，gabtaha sunja sirdan de dergi fejergi be ilan da goibuha，juwe da ufaraha.

时一人乘马带弓矢过于前，太祖讯左右为谁，左右对曰："栋鄂部人，名钮翁金，善射，本部无出其右者。"太祖遂令人唤至，时对面一柳，相距百余步，令射之。钮翁金即下马，挽弓射五矢，止中三矢，上下不一。

时一人骑马配弓自淑勒贝勒前过，太祖淑勒贝勒见之，问左右侍臣此为何人，侍臣告曰："栋鄂部无有比此人善射者，此乃善射之钮翁金是也。"太祖淑勒贝勒命人唤钮翁金来射，钮翁金下马，执其弓箭而来。时太祖前有一柳树，即令钮翁金射之，共射五箭，上下不一，三中二失。

taidzu sure beile ini beye sunja sirdan gaifi gabtara jakade，gemu emu ba be goibuha. geren gemu genefi tuwaci，sunja sirdan emu to i šurdeme hadahabi. tere sunja sirdan be emu tairan i sacime gaiha. gabtaha baci tere fodoho moo tanggū okson fuceme bi. tereci daišan beile ini non be benjifi dorolome amba sarin sarilame gaiha.

太祖连发五矢皆中，众视之，五矢攒于一处，相去不过五寸，凿落块木而五矢始出。代善同妹至，太祖设宴成礼，遂纳之。

太祖淑勒贝勒亲射五箭，俱中，众皆往视，五箭钉于一处，周围不过一拃，凿落树之一轮方取出五箭。射箭之地距柳树百余步。后代善贝勒送妹至，以礼大宴而娶之。

tere fonde suwan i bai ejen solgo gebungge amban ini harangga jušen irgen be gaifi，dahame jihe manggi，terei jui fiongdon be uju jergi amban obuha.

时有苏完之部长（苏完，地名也）索尔果率本部军民归，太祖以其子费英东为大臣。

彼时，苏完之部长索尔果率其所属诸申、百姓来归，太祖淑勒贝勒以其子费英东为头等大臣。

jai geli donggo i aiman i ejen jece bayan i omolo hohori gebungge amban ini harangga jušen irgen be gaifi dahame jihe manggi，taidzu sure beile ini amba sargan jui nunje gege be bufi, hojihon obufi, uju jergi amban obuha.

又，栋鄂部部长克彻孙何和里亦率本部军民归，太祖以长公主嫩哲妻之，授以大臣之职。

又，栋鄂部部长克彻巴彦孙何和里率所属诸申、百姓来归，太祖淑勒贝勒以长女嫩哲格格妻之，纳为婿，又授为头等大臣。

yargū i gašan i hūlahū gebungge amban ini ahūn deo i uksun i niyalma be wafi, jušen irgen be gaifi dahame jihe manggi, taidzu sure beile terei jui hūrgan be ini gioro hala de dosimbufi, jui seme ujifi, uju jergi amban obuha.

又，雅尔古部长扈拉瑚杀兄弟族众，率军民来归，将其子扈尔汉赐姓觉罗，为养子，亦授大臣之职。

雅尔古寨寨主扈拉瑚杀其兄弟族众，率诸申、百姓来归，太祖淑勒贝勒赐其子扈尔汉觉罗姓，纳为养子，授为头等大臣。

tuttu golo goloi ambasa be elbime dahabure, šurdeme gurun be dailame wacihiyara. tereci manju gurun ulhiyen i etuhun hūsungge oho. tere fonde daiming gurun i wan lii han de aniya dari elcin takūrame hūwaliyasun doroi sunja tanggū ejehei ulin be gaime. gurun ci tucire genggiyen tana, orhoda, sahaliyan boro fulgiyan ilan hacin dobihi seke, silun yarha tasha lekerhi hailun ulhu solohi hacin hacin i furdehe be beye de etume. fušun šo, cing ho, kuwan diyan, ai yang duin duka de hūda hūdašame ulin nadan gaime. manju gurun bayan wesihun oho.

太祖遂招徕各部，环满洲而居者皆为削平，国势日盛。与明国通好，遣使往来，执五百道敕书，受年例金币。本地所产，有明珠、人参、黑狐、元狐、红狐、貂鼠、猞狸猕、虎、豹、海獭、水獭、青鼠、黄鼠等皮，以备国用。抚顺、清河、宽甸、叆阳四处开口互市交易，以通商贾。因此，满洲民殷国富。

如此，太祖淑勒贝勒招徕各部，尽降环满洲诸部，满洲国自此日盛。彼时，与大明国万历汗每年遣使通好，执五百道敕书，受财物。国中所产，有明珠、人参以及黑青红三色狐、貂、猞猁狲、豹、虎、海獭、水獭、青鼠、黄鼠等各类皮毛，收备己用。于抚顺、清河、宽甸、叆阳四门通商互市，得取钱财。因此，满洲国富。

da de taidzu sure beile yehei gurun de genehe de，yehei yangginu beile taidzu sure beilei banjiha arbun wesihun i cira be takafi，ini ajige sargan jui be mutuha manggi. taidzu sure beile de bure sere jakade. sure beile hendume，minde buki seci，sini amba sargan jui be bi yabuki sehe manggi. yangginu beile hendume，mini amba sargan jui be sinde hairame burakūngge waka，tere jui mujilen sinde acarakū. mini ajige sargan jui arbun fiyan encu，ainci sini mujilen de acabumbi sehe manggi. taidzu sure beile tere ajige sargan jui be yabume toktoho.

初，太祖如叶赫，其国主扬吉努见其相貌非常，言："我有小女堪为君配，待长缔姻。"太祖曰："若缔姻，吾愿聘汝长女。"扬吉努答云："我非惜长女不与，恐不可君意。小女容貌奇异，或者称佳偶耳。"太祖遂聘之。

初，太祖淑勒贝勒如叶赫国，叶赫扬吉努贝勒见太祖淑勒贝勒相貌尊贵，言俟其小女长成后，欲许配太祖淑勒贝勒。淑勒贝勒曰："若欲许配与我，我愿聘汝长女。"扬吉努贝勒曰："吾非怜惜长女而不与，恐此女不合汝意。吾小女容貌奇异，或合汝意。"太祖淑勒贝勒遂聘其小女。

yangginu beile akū oho manggi，amala jui narimbulu beile suwayan singgeri aniya uyun biya de，ini non be taidzu sure beile de sargan benjire de，taidzu sure beile beise ambasa be gaifi okdome genefi，amba sarin sarilame dorolome gaiha，tere fujin sure han i eme inu.

扬吉努故后，子纳林布禄于是年九月内亲送妹于归，太祖率诸王大臣迎之，大宴成婚，即天聪皇帝母也。

扬吉努贝勒故后，子纳林布禄贝勒于戊子年九月，送其妹与太祖淑勒贝勒为妻，太祖淑勒贝勒亲率诸贝勒大臣往迎，大宴以礼娶之，此福金即淑勒汗母也。

tere aniya taidzu sure beile cooha gaifi wanggiyai hoton be dailame，dongsingga gebungge ba be duleme yamji genere de，abka ci toi gese amba usiha gehun eldefi tuhere jakade，coohai niyalma morin gemu urhūha. tereci cooha julesi dosime genefi，wanggiyai hoton be afame gaifi，hoton i ejen daidu mergen be waha.

是年，太祖率兵攻完颜城，夕过栋兴阿地，忽天陨一星，其大如斗，光芒彻地，众马皆惊。兵至完颜城，克之，杀部长岱度墨尔根。

是年，太祖淑勒贝勒率兵征讨完颜城，过栋兴阿地方，时天色已晚，天坠一星，大如斗，光芒明亮，兵马俱惊。其后，大军前进，攻克完颜城，杀城主岱度墨尔根。

sohon ihan aniya，taidzu sure beile joogiyai hoton i ejen ninggucin janggin be dailame cooha genefi hoton i jakade buksifi bisire de，tere hoton i cooha tanggū niyalma tucike manggi，taidzu sure beilei buksiha cooha sacime dosika akū，gabtame dosire de hoton ci tucike tanggū niyalma taidzu sure beilei iliha ba be bireme hoton i baru dosime genere be sure beile emhun tanggū niyalma de dosifi，uyun niyalma be sacime wafi，tere cooha be facabufi hoton de dosimbuhakū.

己丑年，太祖率兵往攻兆佳城部长宁古亲章京。太祖伏兵兆佳城下，城内兵百余出，遇伏兵射之，敌兵直冲太祖所立之处，欲奔入城，太祖独入百人中，手刃九人，余众四散，未得进城。

己丑年，太祖淑勒贝勒起兵往征兆嘉城城主宁古亲章京，伏于城下，时城内有兵百余人出，太祖淑勒贝勒伏兵不砍杀，但射之，城内所出百人直冲太祖所立之地，欲奔入城，太祖只身杀入百人中，斩杀九人，敌兵四散，未得入城。

tereci hoton be kafi afame，duici inenggi bahara isika manggi，coohai niyalma bata be tuwarakū，olji temšeme jamrara be taidzu sure beile safi，ini etuhe uksin be sufi naihū gebungge amban de etubufi coohai niyalma olji temšeme musei dolo wandurahū tafulame nakabu seme hendufi unggihe，naihū genefi olji temšere niyalma be tafularakū，ini beye geli olji temšere de. taidzu sure beile geli bartai gebungge niyalma de ini etuhe olbo be etubufi bata nukcire isika，mini uksin gana seme unggifi. bartai geli olji temšeme bisire de.

围四日，其城将陷，我兵稍懈，四出掳掠牲畜财物，喧哗争夺，太祖见之，解甲与大将鼐护，曰："我兵争此微物，恐自相残害，尔往谕禁之。"鼐护至，不禁人之掳掠，亦随众掠之。太祖将己绵甲复与巴尔太，令往取鼐护铁甲来，以备城内冲突。巴尔太复随众掳掠。

围攻城四日，将克之，兵士不顾敌而掠人畜，喧闹争夺，太祖淑勒贝勒见之，解所穿盔甲与大臣鼐护，曰："兵士争夺人畜，恐内里残杀，尔往劝止。”言讫遣去。鼐护去后，不劝止争夺人畜者，亦随众争夺人畜。太祖淑勒贝勒复解所穿绵甲与巴尔太，曰：“恐敌暴动，取回吾之盔甲。”言毕遣去。巴尔太又复争夺人畜。

batai cooha juwan niyalma tucifi，taidzu sure beilei uksun i deo wangšan be batai cooha fahafi aktalame yalufi gidai tokoki serede，taidzu sure beile sabufi，uksin olbo akū niyereme dosifi，wangšan be aktalame yaluha niyalma be juwe yasai siden be gabtame tuhebufi，wangšan be tucibuhe. tereci hoton be afame gaifi，hoton i ejen ninggucin janggin be wafi，cooha bederehe.

忽城内十人突出，有族弟旺善被敌压倒于地，跨其身，将以枪刺之，太祖一见，身无甲胄，挺身驰往，发一矢中敌面额，应弦而死，救起旺善。克其城，杀宁古亲而回。

时敌兵十人出，太祖淑勒贝勒族弟旺善被敌兵压倒跨骑，将以枪刺之，太祖淑勒贝勒一见，身无盔甲、绵甲，轻身入，射中跨骑旺善之人双眼中间，应弦而死，救出旺善。随后克城，杀城主宁古亲章京而回。

šahūn gūlmahūn aniya，taidzu sure beile šanggiyan alin i aiman i yalu giyang ni golo de cooha unggifi，tere golo be wacihiyame gaifi gajiha.

辛卯年，太祖遣兵攻长白山鸭绿江部，尽克之而回。

辛卯年，太祖淑勒贝勒遣兵攻白山鸭绿江部，尽克之。

tereci yehei narimbulu beile ini ildangga，baishan juwe amban be manju gurun i taidzu sure beile de elcin takūrafi hendume，emu gisungge gurun de ula，hada，yehe，hoifa，manju sunja han geli banjire doro bio? gurun sinde ambula，minde komso，sini elmin，jakūmu ere juwe golo be emken gaji sehe manggi. taidzu sure beile hendume，bi seci manju gurun，suwe seci hūlun gurun，suweni hūlun gurun ambula seme bi gaji seci ombio? mini manju gurun ambula seme sinde buci，morin ihan waka kai，gurun be geli dendeme buhe doro bio? doro jafaha ambasa suwe meni meni beise be tafulame hendurakū，ehe derakū niyalma gese suweni beye aiseme jihe seme hendufi unggihe.

时叶赫国主纳林布禄遣部下伊勒当阿、拜斯汉二人来谓太祖曰："乌拉、哈达、叶赫、辉发、满洲总一国也，岂有五王之理？尔国人众，我国人寡，可将额勒敏、扎库木二处择一让我。"太祖答云："我乃满洲，尔乃呼伦，尔国虽大，我不得取，我国虽大，尔亦不得取。况国非牲畜可比，焉有分给之理？尔等皆执政之臣，不能竭力谏主，奈何腼颜来相告耶？"言毕令回。

时叶赫纳林布禄贝勒遣伊勒当阿、拜斯汉二使来谓满洲国太祖淑勒贝勒曰："乌拉、哈达、叶赫、辉发、满洲乃一国也，岂有立五汗之理？尔国人众，我国人寡，可将汝之额勒敏、扎库木二处之一让与我。"太祖淑勒贝勒曰："我为满洲国，尔为呼伦国，尔呼伦国大，我岂得取耶？我满洲国大，尔即来分，国非牛马，岂有分给之理？尔等皆执政大臣，却不谏主，奈何似厚颜无耻之人而来耶？"言罢令回。

jai yehe，hada，hoifa ilan gurun i beise acafi，yehei narimbulu beilei nikari，tuldei，hadai menggebulu beilei daimbu，hoifai baindari beilei alamin janggin be elcin takūrafi. taidzu sure beilei sarilara dulimbade，yehei tuldei gebungge niyalma tehe baci ilifi hendume，beile sini efu emu gisun hendufi unggihe bi sinde alaci aikabade jili banjifi mimbe koro arambi ayoo. taidzu sure beile hendume, sini mujilen i hendure gisun waka, sini ejen i gisun be alambidere, tede ainu simbe koro arambi? ehe gisun oci, sini gese niyalma be unggifi sini ejen i juleri karu ehe gisun be hendumbidere sehe manggi.

叶赫、哈达、辉发三国会议，各遣使来，叶赫主纳林布禄差尼喀哩、图尔德，哈达国主蒙格布禄差岱穆布，辉发国主拜音达哩差阿拉敏。比至，太祖宴之。内图尔德起，向太祖曰："我主有命，遣我来言，欲言，又恐触怒见责。"太祖曰："尔主之言与尔无干，何为责汝？如彼以恶言来，我亦以恶言往。"

再，叶赫、哈达、辉发三国国主相会，叶赫纳林布禄贝勒遣尼喀哩、图尔德，哈达蒙格布禄贝勒遣岱穆布，辉发拜音达里贝勒遣阿拉敏章京为使来。太祖淑勒贝勒设宴，席间，叶赫图尔德从坐处起身，曰："贝勒，汝额驸有一言遣我来言，若相告，恐怒而责我。"太祖淑勒贝勒曰："又非尔内心所言，将尔主之言告之，何为责汝？若是恶语，吾亦差似尔之人往尔主前恶语相报。"

tuldei hendume, sini efui hendurengge, sini gurun be dendeme gaji seci burakū, daha seci daharakū, muse juwe gurun dain oci, sini usin i ujan de bi genefi ilici ombidere, mini usin i ujan de si jifi ilici ombio seme hendumbi.

图尔德曰："昔索地不与，令投顺不从，两国若成仇隙，只有我兵能践尔境，谅尔兵敢履我地耶？"

图尔德曰："汝额驸云，欲分汝国而不与，欲令投顺而不从，吾二国若成仇，吾可去尔地界踩踏，尔岂能来我地界践踏耶？"

tere gisun de, taidzu sure beile ambula jili banjifi lashaha seleme be tucibufi juleri tukiyehe dere be faksa sacifi hendume, yehei efute suwe ya dain de juwe morin jurceme juwe niyalmai saca galaktun sihatala sacirame afaha? juwe ajige juse gacuha temšeme becunure gese hadai menggebulu daišan i ceni dolo facuhūraha fonde, sini dailaha gese oihori ainu gūnimbi? sini usin tehereme jase furdan jafahabio? bi inenggi geneci ojorakū oci, dobori genefi sini usin i ujan de ilifi jihe de geli ainambi, sini angga ai tuttu bardanggi? mini ama be nikan waci, minde gūsin ejehe gūsin morin be holbofi giran i emgi benjihe, jai geli tehei gaijara dzo dudu ejehe benjiihe, terei amala lung hū jiyanggiyūn sere amba ejehe benjifi, aniya dari jakūn tanggū yan menggun, tofohon gecuheri be kemuni gaimbi. sini ama be nikan waha kai, sini amai giran si bahao seme hendufi.

太祖闻言大怒，掣刀断案，曰："尔主弟兄何当亲与人交马接刀，碎烂甲胄，经此一战耶？昔蒙格布禄、代善叔侄自相扰乱如二童争骨(满洲儿童每掷骨为戏，故云云)，尔等乘乱袭取，何故视我如彼之易也？尔地四周果有边垣之阻耶？吾即昼不能往，夜亦能至彼处，尔其奈我何，徒张大言胡为乎？昔我父被明国误杀，与我敕书三十道、马三十匹，送还灵榇，坐受左都督敕书，续封龙虎将军大敕一道，每年输银八百两、蟒缎十五匹。汝父亦被明国所杀，其尸骸汝得收取否？"

太祖淑勒贝勒闻言大怒，拔出佩刀，前举，砍断桌子，曰："叶赫诸额驸，尔等孰人于阵中二马相向，二人相搏，斩碎头盔亮袖耶？哈达蒙格布禄、代善彼等内乱时，如两小儿争骨，尔等何故视我如征伐彼等之易也？尔地果有边栅乎？吾日间不得往，夜间亦可至尔地界踏踩，尔又奈我何，口出妄言胡为乎？吾父为汉人所杀，与我敕书三十道、马三十匹，与尸首一并送回，又坐受左都督敕书，后送龙虎将军大敕书，每年收银八百两、蟒缎十五匹。汝父亦为汉人所杀，汝得收其尸首否?"

tere gisun be bithe arafi alinca baksi be unggime ere bithe be gamafi, yehei juwe beilei juleri gemu hūla, si geleme hūlarakū oci, tubade enteheme bisu, mini jakade ume jidere seme hendufi unggihe. tere gisun be yehei bujai beile donjifi, alinca baksi be oktome niyalma unggifi ini boo de gamafi, bithe be tuwaki sehe manggi.

遂书前言,遣阿林察复之,谕之曰:"尔到彼处,当面诵之,若惧而不诵,即住于彼处,勿复见我。"嘱毕令行。时布斋贝勒预知,接至家,欲视其书。

遂书其言,遣阿林察巴克什执此书,诵于叶赫二贝勒面前,曰:"尔若畏惧不念,即永住于彼处,毋得回吾处。"言毕令行。其言为叶赫布斋贝勒闻之,遣人将阿林察巴克什迎至家中,欲视其书。

alinca baksi bithe be tucibufi gemu hūlaha manggi, bujai beile hendume, ere bithe be bi tuwaci tetendere, mini deo narimbulu de ume tuwabure sehe manggi. alinca baksi hendume, mini beile ere bithe be tuwaburakū oho de, mimbe ume jidere seme henduhebi. bujai beile hendume, mini deo i gisun i ehe de sini beile korsofi henduhe mujangga kai, mini deo tuwaha de simbe koro ararahū seme hendufi, bithe be ini gala de gaifi buhekū, tereci alinca baksi bedereme jihe.

阿林察将书当面朗诵,布斋曰:"此书我已知之,何必送与吾弟?"阿林察曰:"我主曾命对二主面诵,若止见贝勒,难复主命。"布斋曰:"吾弟出言不逊,汝主恨之诚是,但恐见此书,怒责汝也。"言毕乃收其书,阿林察遂回。

阿林察巴克什取出文书诵读后,布斋贝勒曰:"吾既视此书,不必再令吾弟纳林布禄视之。”阿林察巴克什曰：“我主曾言，此书若不令视之，吾不得回。”布斋贝勒曰：“吾弟语恶，汝主恨之诚是，但恐吾弟见之而责汝。”言讫以手执书不还，阿林察巴克什遂回。

tere fonde šanggiyan alin i aiman i jušeri，neyen juwe goloi niyalma acafi，yehei cooha be gajifi，sure beilei dergi dubei yecen i gebungge amban i tehe dung ni gebungge gašan be sucufi gamaha. tere be geren ambasa donjifi，taidzu sure beile i leosei dele tehe bade dosifi alara jakade，taidzu sure beile hendume，sucukini alin i hafu bira eyembio? bira doome tuwa dambio? musei emu gurun i niyalma encu gurun i yehe de dayafi muse be dailambidere，birai muke inu wasihūn eyembi，jušeri，neyen juwe goloi niyalma atanggi bicibe muse de ombikai seme henduhe.

时满洲长白山所属珠舍哩、讷殷二路同引叶赫兵，将满洲东界叶臣所居洞寨劫去。太祖正坐楼上，诸将闻而告之，太祖曰：“任伊劫去，岂有水能透山、火能逾河之理？珠舍哩、讷殷是我同国，乃敢远附异国之叶赫劫掠我寨，盖水必下流，珠舍哩、讷殷二部终为我有矣。”

彼时，白山部珠舍哩、讷殷二路人会合，引叶赫兵，将淑勒贝勒东界叶臣所居洞寨袭取而去。时太祖淑勒贝勒坐于楼上，众臣闻听此事，入而告之，太祖淑勒贝勒曰：“任彼等取之，水能透山耶？火能渡河耶？吾等同国之人岂能依附异国叶赫而征伐吾等，盖水必下流，珠舍哩、讷殷二路人终将为吾等所有也。”

sahahūn meihe aniya，yehe gurun i bujai beile，narimbulu beile，manju gurun i sure beile be cende dahara akū seme hadai menggebulu beile，ulai mantai beile，hoifai baindari beile duin gurun i cooha acafi ninggun biya de cooha jifi, taidzu sure beile i hūbca gebungge gašan be sucufi gamaha manggi.

癸巳年，叶赫国主布斋、纳林布禄贝勒因太祖不顺，纠合哈达国主蒙格布禄、乌拉国主满泰、辉发国主拜音达哩四国兵马，于六月内劫去瑚卜察寨。

癸巳年，叶赫国布斋贝勒、纳林布禄贝勒因满洲国淑勒贝勒不顺，遂与哈达蒙格布禄贝勒、乌拉满泰贝勒、辉发拜音达里贝勒四国合兵，于六月发兵而来，劫去太祖淑勒贝勒所属瑚卜察寨。

taidzu sure beile uthai cooha genefi, hadai cooha ini boo de isinaha. dobori yafahan cooha be andala buksibufi, komso cooha genefi hadai fulgiyaci gebungge gašan be karu sucufi gajire de. hadai cooha fulgiyaci gašan i dubede amcanjiha manggi, taidzu sure beile amcaha cooha be bedererahū yafahan i coohai buksiha bade gamaki seme gūnifi ini coohai niyalma be gemu juleri unggifi, ini beye amala fiyanjilafi yarkiyame gamara de.

太祖即率兵追之，时哈达兵已归，我兵直抵其国。是夜，太祖以步兵伏于中途，少带兵从，亦取哈达国富尔佳齐寨而回。时哈达国追兵至富尔佳齐寨，太祖欲诱敌至伏兵处，恐追兵复回，乃令兵前行，独身为殿以诱之。

太祖淑勒贝勒即发兵往，时哈达兵已回至家中。是夜，太祖淑勒贝勒以步兵伏于中途，带兵少许，亦取哈达富尔佳齐寨而回。哈达兵追至富尔佳齐寨边，太祖淑勒贝勒欲诱追兵至步兵埋伏处，乃令兵士俱先行，独身断后以诱之。

batai cooha uthai latunjifi ilan niyalma adafi taidzu sure beile be sacime jimbi, julergi de emu niyalma loho dargiyafi alime gaihabi. sure beile gūnime, amargi ilan niyalma sacici hūwanggiyarakū, julergi niyalma yasa saciha de, dere yasa gala goimbi seme, julergi niyalma be gabtaki seci jebele ergi de bifi ici akū ofi morin i meifen i dabali gabtara jakade, morin i hefeli goifi tuilame genehe.

于是敌兵追至前，一人举刀迎之，后三人并马来战。太祖自思："后追者三人无妨，若前一人迎面劈来，恐伤面目。"欲射之，时敌在右，不便于射，因转弓过马首，射中敌人马腹，其马惊跃。

敌兵即来犯，三人并阵来砍太祖淑勒贝勒，前有一人举刀迎之。太祖暗思："后之三人来砍无妨，若前一人迎面劈来，恐伤面目及手。"欲射在前之人，时敌在右，射杀不顺，因越马项而射，正中马腹，其马惊跑而去。

julergi niyalma be gabtara šolo de amargici ilan niyalma sasari sacinjire de, yaluha morin bakjalame fekure de, sure beile beye urhufi ici ergi bethei jalan enggemu de tafi arkan seme tomsome yalufi, hadai menggebulu beilei yaluha morin be gabtame tuhebuhe manggi, menggebulu beilei booi taimbulu gebungge niyalma morin ci ebufi, ini yaluha morin be menggebulu beile de bufi i yafahan sujume tucike. tereci sure beile ilan morin i niyalma, orin yafahan i niyalma be gaifi amasi jurceme dosifi, tere cooha be gidafi juwan juwe niyalma be waha, ninggun uksin, juwan jakūn morin baha, tereci cooha bederehe.

后三人乘太祖发矢之会，一齐杀来，太祖马惊，几坠，幸右足扳鞍，仅得复骑，发一矢，射蒙格布禄马仆地，其家人泰穆布禄将自马与主乘之，泰穆布禄步奔而回。太祖仍率马兵三人、步兵二十余迎之，败其敌众，杀兵十二人，获甲六副、马十八匹而回。

后三人乘太祖淑勒贝勒射前人之机，一齐砍来，淑勒贝勒坐骑惊跃，身倾几坠，右足为马鞍所绊，复骑上马，又射杀蒙格布禄贝勒所骑之马，蒙格布禄贝勒包衣泰穆布禄下马，将所骑之马与蒙格布禄贝勒，自己步奔而出。后淑勒贝勒率马兵三人、步兵二十人返回作战，败敌兵，杀十二人，获甲六副、马十八匹而回。

tere aniya uyun biya de, yehei gurun i bujai beile, narimbulu beile, hadai gurun i menggebulu beile, ulai gurun i mantai beilei deo bujantai beile, hoifai gurun i baindari beile, amargi nūn i korcin i monggoi gurun i unggadai beile, manggūs beile, minggan beile, sibei aiman, gūwalca i aiman, manju gurun i šanggiyan alin i jušeri goloi ejen yulengge, neyen i goloi ejen seowen, seksi uheri uyun halai gurun acafi, ilan jugūn i cooha jimbi seme donjifi, taidzu sure beile urikan gebungge niyalma be dergi golo de karun gene seme unggihe.

九月内，叶赫国主布斋、纳林布禄，哈达国主蒙格布禄，乌拉国布占泰（满泰弟也），辉发国主拜音达哩，嫩河蒙古科尔沁国主翁阿岱、莽古、明安，锡伯部，卦勒察部，珠舍哩路主裕楞额，讷殷路主搜稳、塞克什，九国兵马会聚一处，分三路而来。太祖闻之，遣兀里堪东探。

是年九月，叶赫国布斋贝勒、纳林布禄贝勒，哈达国蒙格布禄贝勒，乌拉国满泰贝勒弟布占泰贝勒，辉发国拜音达里贝勒，北嫩河科尔沁蒙古国翁阿岱贝勒、莽古斯贝勒、明安贝勒，锡伯部，卦勒察部，满洲国长白山珠舍哩路主裕楞额，讷殷路主搜稳、塞克什，共九姓国会合，兵分三路而来。太祖淑勒贝勒闻之，遣兀里堪往东路打探。

urikan karun geneme sure beilei tehe hecen ci emu tanggū bai dubede isinafi, emu dabagan be dabara de geren gaha urikan i julergi be ladurame jamarame julesi unggirakū, amasi bederehe de, gaha meni meni fakcafi ekisaka jaikambi. gaha jailaha seme geli julesi geneki seci, geren gaha geli dere yasa be ladurame jamarame unggirakū ofi, urikan amasi bederefi gaha heturehe be sure beile de alaha manggi.

约行百里，至一山岭，乌鸦群噪，不容前往，回时则散。再往，群鸦扑面，兀里堪遂回，备述前事。

兀里堪去探，行至距淑勒贝勒所居城一百里处，越过一岭，群鸦于其面前争扯吵闹，不容前行，回时则群鸦各自离散，静默而避。于群鸦避后再行，则又至面前争闹，不容前行。兀里堪遂回，将群鸦拦截之事告知淑勒贝勒。

taidzu sure beile urikan be jaka gebungge bai jugūn be genefi hunehe goloi ergide karun tuwana seme unggihe. urikan karun genefi, yamji tuwaci, batai cooha hunehe birai amargi de isinjifi ing ilifi, geren cooha buda arame dabuha tuwai elden abkai usihai adali sabumbi. tere cooha buda jefi dobori dulime šaji gebungge dabagan be dabame jidere be toktome tuwafi feksime jifi, sunjaci ging ni uju de isinjifi, taidzu sure beile de batai amba cooha isinjiha seme alara jakade.

太祖曰："可从扎喀向浑河探之。"及至，夕见浑河北岸敌兵营火如星密，饭罢即起行，过沙济岭。兀里堪探的，飞报太祖，言敌国大兵将至，时近五更矣。

太祖淑勒贝勒令兀里堪从扎喀启程，往浑河方向打探。兀里堪去探，夜晚视之，敌兵已至浑河北岸扎营，众兵做饭点燃之火光，观之如天上之星，敌兵饭后，连夜越过沙济岭。兀里堪探得，飞奔回来，刚至五更时到达，报告太祖淑勒贝勒敌人大军已至。

taidzu sure beile hendume，yehei cooha be enenggi jimbi，cimari jimbi seme donjiha，te isinjiha nikai. muse dobori farhūn de cooha juraci gurun durgembi，gereke manggi juraki. musei coohai ejete geren ambasa de alana seme gemu alanaha. tere siden de，sure beile amgaha manggi.

太祖曰："人言叶赫国不日兵来，今果然也。我兵夜出，恐城中人惊，待天明出兵。传谕诸将。"言毕复寝。

太祖淑勒贝勒曰："闻叶赫兵今日来，明日来，今果来矣。吾等若深夜起兵，恐国人震动，俟天明起程可也。将此传谕诸将及众臣。"俱传谕后，淑勒贝勒即安寝。

gundai fujin hetebufi hendume，beile si liyeliyehebio? golohobio? uyun aiman i gurun acafi cooha jihebi seci si ainu amgambi? sure beile hendume，gelere niyalma de amu isinjimbio? geleci bi ainu amgambi? yehei cooha ilan golo be dosime enenggi jimbi，cimari jimbi seme donjifi，mini dolo jobombihe，te isinjiha seme donjifi，mini dolo sulakan oho. yehe de aika bure weile bifi，burakū kiyangdulaha bici，abka mimbe wakalambi seme jobombidere. meni meni gurun be bargiyafi，abkai keside baibi banjire niyalma be buyerakū，uyun aiman i gurun acafi，umai weile akū niyalma be gidašame waki seme cooha jici，abka cembe wakalarao seme gūnimbi kai seme hendufi，beye be ergembume amgafi.

衮代皇后推醒太祖曰："今九国兵马来攻，何故盹睡，是昏昧耶？抑畏惧耶？"太祖曰："畏敌者必不安枕，我不畏彼，故熟睡耳。前闻叶赫兵三路侵我，来期未的，我心不安，今日已到，我心始定。我若有欺骗处，天必罪我，我当畏之。我承天命各守国土，彼不乐我安分，反无故纠合九部之兵欺害无辜之人，天岂佑之?”言讫复睡，以息精神。

衮代福金唤醒太祖，曰：“贝勒，尔昏昧耶？惧怕耶？言九部会兵而来，尔何故盹睡耶?”淑勒贝勒曰：“畏惧者能安睡乎？若是畏惧，吾安得睡？叶赫兵三路侵入，云今日来，明日来，吾心忧虑。今闻已至，吾心乃畅也。吾若有罪于叶赫则已，不然，何愁天将责我？叶赫不悦承天恩各守国土安分之人，乃合九部之国，发兵欺害无辜者，天必责彼等也。”言讫乃睡，以息精神。

gereke manggi，buda jefi，cooha jurandara de，beise ambasa be gaifi tangse de hengkilere de，neneme emu jergi niyakūrafi hengkilefi iliha，jai jergi niyakūrafi jalbarime，dergi abka dekdere šun fejergi na eiten endure weceku，□□□bi daci yehei gurun de umai weile akū banjiha，baibi banjire niyalma be yebelerakū waki seme cooha jidere be abka beideme sambi dere seme jalbarifi hengkilefi iliha. ilaci jergi niyakūrafi jalbarime，batai uju be fusihūn obu，mini uju be wesihun obu，mini coohai niyalmai jafaha šusiha be ume tuhebure，yaluha morin be ume buduribure，eršeme wehiyeme yabubu seme ilan jergi hengkilefi.

天明饭毕，率诸王大臣谒庙，再拜，祝曰：“天地三光万灵神祇，我□□□与叶赫本无事故，今彼引兵攻我，惟天鉴察。”又拜，祝曰：“愿天令敌垂首，佑我奋扬。兵不遗鞭，马无颠踬。”

天明饭毕，率诸贝勒大臣叩拜堂子，先跪一次，起后复跪，祷曰：“上天下地三光万灵神祇，我〈努尔哈齐〉素与叶赫无仇，叶赫不悦无辜安分守常之人，发兵欲来杀我，惟天鉴之。”祷毕叩头，起，三跪而祷曰：“愿天佑我，令敌首下垂，我首高昂，吾兵士所执之鞭不落，所骑之马不绊倒。”如此跪拜三次。

tereci cooha jurafi geneme tokso gebungge gašan i birai dogon de ilifi，coohai niyalmai galaktun manggon hūsikū be sufi，gemu weri，gala monggon goifi buceci bucekini，musei beye kušun oci，bata be adarame bahafi etembi，musei beye sula oci，dain be etembi dere seme hendufi，coohai niyalmai galaktun monggon hūsikū be gemu werifi.

叩祝毕，率兵至托克索寨，立于津渡处，谕之曰："尔等可尽解臂手顿项留于此，若伤肱伤颈，唯命是听，不然身受拘束，难以胜敌，我兵轻便，必获全胜矣。"众遵令尽解之。

后起兵而去，行至托克索寨，立于津渡，曰："传谕兵士解护袖护脖，皆留于此，若手脖受伤，听天由命，吾等若身体受束，安得败敌？若身体轻便，必能胜敌。"众兵士遂解护袖护脖，俱留下。

tereci genefi jaka gebungge bigan de isinaha manggi，jakai hoton tuwakiyaha ejen naihū，santan gebungge juwe amban jifi alame，cooha muduri erin de isinjifi，jakai hoton be kafi afame tuwafi，afara be nakafi bederefi hejigei hoton de afanaha，jihe cooha dembei geren seme alara jakade，coohai niyalma gemu cira aljafi bisire de.

行至扎喀处，有城守鼐护、山坦来告曰："叶赫兵辰时已到，围攻扎喀关，见势不能克，往攻赫济格城，敌兵甚多。"众皆失色。

至扎喀之野，扎喀城城守鼐护、山坦二臣来告，曰："叶赫兵辰时已至，围攻扎喀城，见势不下，乃罢攻，转攻赫济格城，来兵极多。"兵士俱大惊失色。

jakai hoton de bihe langtari gebungge niyalma amala jifi，beile aba seme hūlafi，musei cooha udu bi seme hendufi，jugūn i dalbai alin i dele tafufi coohai baran be tuwafi hendume，jihe cooha geren seci，musei cooha inu geren, julge daiming gurun be dailara fonde, daiming gurun i cooha alin bigan i jalu ilihangge be musei juwe ilan tanggū cooha uthai gidambihe, musei gurun i niyalma silhi ehe, fahūn mangga, ere cooha be urunakū gidambi, ere cooha be gidarakū ohode, langtari mimbe wa seme hendure jakade, geren cooha niyalma donjifi, mujiilen majige tohoroho.

有扎喀一人名郎塔哩后至，呼曰："贝勒何在？我兵见有几何？"言讫登山望敌形势，向太祖曰："若以来兵为多，我兵亦不少，昔与明国交战，彼兵漫山遍野，我兵二三百尚败其众，今我兵有胆气，骁勇，必败此兵，若不胜，我甘军法。"于是众心稍安。

扎喀城有名郎塔里之人后至，呼道："贝勒何在？吾兵几何？"言毕，登路旁山顶，望敌兵形势，曰："若云敌兵多，我兵亦多，昔攻大明国时，吾二三百兵即败大明漫山遍野而立之兵，我国人有胆气，骁勇，必败此兵，若不败此兵，杀我郎塔里可也。"众兵闻之，心稍安。

tereci sure beile hendume, jihe cooha bedereme geneci, yamji afaki, deduci, cimari afaki seme karun unggifi. tuwanaha niyalma jifi alame, cooha dedume morin de ulebure orho jeku juwembi, ing ni tehereme jase jafambi seme alaha manggi, taidzu sure beile tubade dedume ing iliha.

太祖遣人往探，曰："来兵若欲回，今晚即击之，否则，明日再战。"哨探报："敌兵扎立营寨，搬运粮草。"太祖亦安营。

淑勒贝勒曰："来兵若欲回，吾等今夜即攻，若彼等住下，则明日再战。"乃遣人打探，哨探回报："敌兵搬运粮草，扎立营寨而宿矣。"太祖遂于彼处安营而宿。

tere yamji yehei coohai emu niyalma ukame jihe alame, yehei bujai beile, narimbulu beilei cooha emu tumen, hadai menggebulu beile, ulai bujantai beile, hoifai baindari beilei cooha emu tumen, monggo i korcin i unggadai beile, manggūs beile, minggan beile, sibe, gūwalcai cooha emu tumen, uheri ilan tumen bi seme alaha manggi, geren cooha geli cira ehe oho.

是晚，叶赫营中一人逃来，曰："叶赫布斋贝勒、纳林布禄贝勒兵一万，哈达蒙格布禄贝勒、乌拉布占泰贝勒、辉发拜音达哩贝勒兵一万，蒙古科尔沁翁阿岱贝勒、莽古斯贝勒、明安贝勒、锡伯部、卦勒察兵一万，共兵三万。"我兵闻之，又皆失色。

是夜，一叶赫兵逃来，告曰："叶赫布斋贝勒、纳林布禄贝勒拥兵一万，哈达蒙格布禄贝勒、乌拉布占泰贝勒、辉发拜音达里贝勒拥兵一万，蒙古科尔沁翁阿岱贝勒、莽古斯贝勒、明安贝勒、锡伯、卦勒察拥兵一万，共三万。"众兵又惊慌失色。

sure beile hendume, geren coohai niyalma suwe ume joboro, bi suwembe jobobume afaburakū. muse bai akdun be gaime ilifi, jihe cooha be yarkiyame ganafi, ce afanjici muse alime gaifi afaki, yarkiyara de jiderakū oci, muse gemu yafahalafi duin dere arame faidafi, elhei dosime afanaki. tere acamjame jihe cooha uju geren, enteke acamjaha uju geren cooha de coohai niyalma anahūnjame juleri afarakū urunakū beisei beye juleri gaifi dosimbi, muse ilihai alime gaifi afaha de, ini juleri gaifi dosika beise i beye emke juwe tuheke de, tere cooha uthai burulambi kai. musei cooha udu komso bicibe, emu hūsun i afaha de urunakū etembi seme hendufi.

太祖曰："尔众无忧，我不使汝等至于苦战。吾立险要之处，诱彼来战，若来时，吾迎而敌之，诱而不来，吾等步行，四面而列，徐徐进攻。来兵部长甚多，杂乱不一，谅此乌合之众退缩不前，领兵前进者必头目也，吾等即接战之，但伤其一二头目，彼兵自走。我兵虽少，并力一战，可必胜矣。”

淑勒贝勒曰：“众兵士，尔等勿忧，吾不令尔等苦战。吾等立险要之地，引诱来兵，彼若来攻，吾即迎战，若引诱不来，吾等皆步行，四面分列，徐徐进攻。彼凑集之兵，首领众多，如此乌合之众，兵士必相互推诿，畏缩不前，诸贝勒必定前攻，吾等且立以待之，若伤其前攻之一二贝勒，敌兵即败走。我兵虽少，合力一攻，必定得胜。”

tere dobori dedufi，jai cimari erde cooha juraka. yehei cooha hejigei hoton be nenehe inenggi afaci bahakū ofi，jai inenggi geli afarade，taidzu sure beile isinafi，hejigei hoton i bakcilame gurei alin i ninggui akdun sain ba de cooha faidafi，gūsa gūsai cooha gaifi afara beise ambasa be teisu teisu afabufi belheme wajiha manggi，eidu baturu de tanggū cooha adabufi yarkiyame unggihe，eidu baturu yarkiyame genehe be yehei cooha sabufi，hejigei hoton be afara be nakafi，cooha bargiyafi afanjiha manggi. manju i cooha ilihai alime gaifi，emu jergi gidafi，uyun niyalma be waha，yehei cooha emu jergi bederefi.

次日平明起兵。叶赫兵先攻赫济格城未下，是日又攻，时太祖兵到，立阵于古埒山险要之处，与赫济格城相对，令诸王大臣等各率固山兵，分头预备。布阵已完，遣额亦都领兵一百挑战。叶赫见之，遂不攻城，收兵来敌。满洲兵一战杀九人，叶赫兵稍退。

是夜安歇，次日清晨起兵。叶赫兵因日前攻赫济格城不下，是日又攻，时太祖淑勒贝勒至，列阵于赫济格城对面古勒山顶险要之地，令诸贝勒大臣各领固山兵，预备完毕。遣额亦都巴图鲁领兵一百诱敌，额亦都遂去。叶赫兵见之，罢攻赫济格城，收兵来战。满洲兵立而迎战，一战败之，杀九人，叶赫兵稍退。

jai dasame yehei bujai beile，gintaisi beile，korcin i monggoi ilan beile i cooha be gaifi emu babe šorgime afame，yehei bujai beile juleri gaifi afame dosifi，yaluha morin moo de afafi tuheke manggi，manju gurun i coohai utan i gebungge niyalma sujume dosifi bujai beile be aktalame yalufi gidalame waha manggi，yehei cooha gidabufi. bujai beile i wabuha be safi，yehei beise gemu songgocoro jakade，acafi jihe coohai beise ambula golofi，gemu silhi meijefi，meni meni cooha be tuwarakū，jugūn jugūn i samsime burulaha.

有布斋、锦台什及科尔沁三贝勒领兵合攻一处，时布斋先入，所骑之马被木撞到，有满洲一卒名武谈即向前骑而杀之，其兵大败。叶赫贝勒等见布斋被杀，皆痛哭，其同来贝勒等大惧，并皆丧胆，各不顾其兵，四散而走。

又叶赫布斋贝勒、锦台什贝勒、科尔沁蒙古三贝勒合兵攻一处，叶赫布斋贝勒先攻入，所骑之马为树桩绊倒，时满洲国有名武谈者奔去，跨骑于布斋贝勒身上，刺杀之，叶赫兵大败。叶赫贝勒等见布斋贝勒被杀，皆痛哭，同来诸贝勒大惧丧胆，各不顾其兵，四散而逃。

monggoi korcin i minggan beile i yaluha morin lifafi tuhenefi morin i enggemu etuhe fakūri be gemu waliyafi，bontoho morin yalufi arkan seme burulame tucike. sure beile cooha be sindafi sacime wame，nuhaliyan sangga de jalume sahame tuhebume，hadai gurun i caiha gašan i julergi wehe yuwen de isitala bošome wafi. tere dobori jugūn be gūsu futa gocime tuwakiyafi，burulame genere niyalma be ambulu waha.

明安马被陷，弃鞍赤身，体无片衣，骑骣马脱出。太祖纵兵掩杀，尸满沟渠，杀至哈达国柴河寨南渥黑运之处。是夜，结绳拦路，杀败兵甚众。

蒙古科尔沁明安贝勒所骑之马被陷，仆地，尽弃马鞍及所穿裤子，骑骣马逃出。淑勒贝勒纵兵掩杀，尸满沟渠，追杀至哈达国柴哈寨南渥黑运处。是夜，拉绳拦路守之，杀败兵甚多。

jai inenggi emu niyalma ulai bujantai beile be weihun jafafi huthufi gajifi，sure beile de alame，bi emu niyalma be bahafi waki seci，mimbe ume wara，joligan gaisu sere jakade，bi huthufi gajiha seme taidzu sure beilei juleri niyakūrabuha. sure beile fonjime，si ainaha niyalma? tere niyalma jabume，mimbe warahū seme geleme alahakū，bi ulai gurun i mantai beilei deo bujantai，waci ujici beile sini ciha seme hendume hengkilehe manggi. taidzu sure beile hendume，suweni uyun aiman i gurun acafi umai weile akū niyalma be waki seme cooha jihe，abka suwembe wakalafi，sikse inenggi bujai beile be bahafi waha，tere inenggi baha bici，simbe wambihe. minde emgeri dere acaha niyalma be adarame wara? wahaci ujihe gebu dele，gaiha ci buhe gebu dele sere seme hendufi，huthuhe futa be sufi silun i dahū etubufi ujihe.

次日，一人生擒布占泰跪见太祖曰：“我得此人，欲杀之，彼自呼毋杀，许与赎资，因此缚来。”太祖问曰：“尔何人也?”其人叩首答曰：“我畏杀，未敢明言，我乃乌拉国满泰之弟布占泰，今被擒，生死只在贝勒。”太祖曰：“汝等会九部之兵，欺害无辜，天厌汝等，昨日布斋已经杀死，彼时若得汝，亦必杀矣。今既来见，岂肯杀汝?语云：‘生人之名胜于杀，与人之名胜于取。’”遂释其缚，赐猞狸狲裘，养之。

次日，一人生擒乌拉布占泰贝勒，捆缚带来，跪见淑勒贝勒曰：“我得一人，欲杀时，彼呼勿杀我，我给赎罪银，遂将其捆缚带来。”淑勒贝勒问曰：“尔何许人也?”其人答曰：“我因畏杀而未相告，我乃乌拉国满泰贝勒弟布占泰，或杀或养任凭贝勒处置。”言讫叩头。太祖淑勒贝勒曰：“汝等九部会兵，欲杀全无罪过之人，是故天责汝等，昨日布斋贝勒已被杀，是日若得汝，必已杀之。已与我相见之人为何杀死？养人之名胜于杀，与人之名胜于取。”言罢解捆缚之绳，赐穿猞猁狲裘，恩养之。

tere cooha be gidaha de，duin minggan niyalma waha，ilan minggan morin emu minggan uksin baha. tereci manju gurun i horon tumen bade algika.

是战也，杀其兵四千，获马三千匹、盔甲千副。满洲自此威名大震。

败敌后，杀四千人，获马三千匹、甲一千副。满洲国自此威名远扬。

tere cooha de，jušeri goloi ejen yulengge janggin dafi jidere jakade，taidzu sure beile juwan biya de，cooha unggifi，jušeri golo be dahabufi gajiha.

初，珠舍哩部长裕楞额章京曾协九部兵来，故太祖十月内，遣兵招服之。

珠舍哩路主裕楞额章京曾助九部兵来，故太祖淑勒贝勒于十月内，遣兵招服之。

tereci neyen i goloi seowen，seksi nadan gašan i niyalma be bargiyafi fodoho gebungge alin i šancin de tehe manggi. anagan i omšon biya de, taidzu sure beile eidu baturu, g'ag'ai jargūci, šongkoro baturu ilan amban de minggan cooha unggifi, neyen i fodohoi šancin be kafi, inenggi dari afame, ilaci biya de hoton be afame gaifi seowen, seksi be wafi cooha bederehe.

又讷殷部搜稳、塞克什二人聚七村人，据佛多和山而居。太祖于闰十一月，命额亦都、噶盖扎尔固齐、硕翁科罗三人领兵一千，围佛多和山，日往攻击，三月而下，斩搜稳、塞克什，即日回兵。

时讷殷路搜稳、塞克什二人聚七寨之人，居佛多和山寨。闰十一月，太祖淑勒贝勒命额亦都巴图鲁、噶盖扎尔固齐、硕翁科罗巴图鲁三大臣领兵一千，围攻讷殷之佛多和山寨，每日进攻，三月拿下，杀搜稳、塞克什，班师。

niowanggiyan morin aniya amargi korcin i monggo gurun i minggan beile sunja tatan i kalkai loosa beilei elcin yabume deribuhe manggi. tereci ba bai monggo gurun i beisei elcin lakcarakū yabuha.

甲午年，蒙古科尔沁部明安贝勒、喀尔喀部劳萨贝勒始遣使往来。于是蒙古各部长遣使往来不绝。

甲午年，北科尔沁蒙古国明安贝勒、五部喀尔喀劳萨贝勒始遣使来。自此，蒙古各国国主遣使往来不绝。

niohon honin aniya ninggun biya de, taidzu sure beile cooha genefi, hoifai baindari beilei dobi hoton be afame gaifi, hoton i ejen kecungge, sumengge juwe amban be wafi cooha bederehe.

乙未年六月，太祖领兵伐辉发部拜音达哩贝勒，克取多壁城，斩守将克充格、苏蒙格二人而回。

乙未年六月，太祖淑勒贝勒率兵往攻辉发拜音达里贝勒之多壁城，克之，杀城主克充格、苏蒙格二人，班师。

fulgiyan bonio aniya juwe biya de，daiming gurun i wan lii han i emu hafan solho gurun i juwe hafan juwe tanggū niyalma be gaifi jidere de，taidzu sure beile coohai niyalma de uksin etubufi culgame tucifi，taidzu sure beilei beye mio hongko gebungge bade okdofi acafi amba hecen de gajifi doroi gisun gisurefi unggihe.

丙申年二月内，明国遣官一员，高丽国亦遣官二员，从者共二百人来，太祖令部兵尽甲，亲迎至妙洪科地界，接入大城，以礼相待，公事毕，辞别而去。

丙申年二月，大明国万历汗遣官一员，高丽国遣官二员，率二百人来，太祖淑勒贝勒令兵士皆穿盔甲出，亲迎至妙洪科地方，会之，接入大城，以礼相谈，言毕乃回。

neneme dain de jafaha ulai gurun i mantai beilei deo bujantai beile be duin aniya ujifi，fulgiyan bonio aniya nadan biya de，ini ulai gurun de sindafi unggire de，taidzu sure beilei tulkun hūwangjan，bolkon fiyanggū gebungge juwe amban beneme genehe.

先阵中所擒布占泰恩养四载，至是七月，太祖欲放归，令图尔坤煌占、博尔坤斐扬古二人护送。

先阵中所擒乌拉国满泰贝勒弟布占泰贝勒恩养四载，丙申年七月，太祖欲放归乌拉国，令图尔坤煌占、博尔坤斐扬古二臣护送。

bujantai beile ini gurun de isinara onggolo，bujantai beilei ahūn mantai beilei ama jui ini gurun i suwayan siran gebungge bade jase jafame ulan feteme genefi，tere gašan i juwe hehe be ama jui emte gajifi dedure de, tere juwe hehei eigete dobori dosifi, mantai beilei ama jui be waha. tereci bujantai beile isinaha inenggi, mantai beilei eshen hingniya beile gurun de ejen ojoro be temšeme bujantai beile be waki sere de, bujantai beile be beneme genehe taidzu sure beilei tulkun hūwangjan, bolkon fiyanggū juwe amban bujantai beilei boo uce duka be jafafi tuwakiyame tehe manggi, hingniya beile bujantai beile be wame mutehekū ofi, yehede dosime genehe. tereci bujantai beile ulai gurun de ejen ome toktoho manggi, tulkun hūwangjan, bolkon fiyanggū amasi jihe.

未至其国，时布占泰兄满泰父子二人往所属苏斡延锡兰处修边凿壕，父子淫其村内二妇，其夫夜入，将满泰父子杀之。及布占泰至日，满泰叔父兴尼雅贝勒谋杀布占泰，欲夺其位，其护送二大臣保守门户甚严，不能加害，于是兴尼雅投叶赫而去。布占泰遂继兄位，为乌拉国主，护送二人辞回。

未至其国，先，布占泰贝勒兄满泰贝勒父子往所属苏斡延锡兰处扎边挖壕，父子奸污寨中二女子，二女子之夫夜入，杀满泰父子。布占泰贝勒至日，满泰贝勒叔父兴尼雅贝勒为夺国主之位，欲杀布占泰贝勒。太祖派去护送布占泰贝勒之图尔坤煌占、博尔坤斐扬古二臣把守布占泰贝勒房门甚严，兴尼雅贝勒不能杀之，遂奔叶赫。其后，布占泰贝勒成为乌拉国主，图尔坤煌占、博尔坤斐扬古辞回。

tere aniya jorgon biya de, ulai bujantai beile taidzu sure beile be juwe jergi ujihe ama kai seme hendume, ini non hūnai gebungge sargan jui be taidzu sure beilei deo šurgaci beile de benjire de, okdofi amba sarin sarilame gaiha.

十二月，布占泰感太祖二次再生恩犹父子，将妹滹奈送太祖弟舒尔哈齐贝勒为妻，即日设宴成配。

是年十二月，乌拉布占泰贝勒言太祖淑勒贝勒为其再生父，送其妹滹奈与太祖淑勒贝勒弟舒尔哈齐贝勒为妻，迎之大宴成婚。

fulahūn coko aniya，yehe，hada，ula，hoifa acafi taidzu sure beile de elcin takūrafi hendume，meni waka de cooha gidabuha gebu bijaha，ereci amasi muse dasame acafi jui bume urun gaime sain banjiki. yehei buyanggū beilei non be taidzu sure beile de bure，gintaisi beilei sargan jui be taidzu sure beile i jacin jui daišan beile de bure sehe manggi. morin de enggemu hadala tohofi uksin saca acifi jafan beneme ihan wame genefi.

丁酉年，叶赫、乌拉、哈达、辉发同遣使曰：“因吾等不道，以至于败兵损名，今以后，吾等更守前好，互相结亲。”于是，叶赫布扬古妹欲与太祖为妃，锦台什女欲与太祖次子代善贝勒为妻。太祖乃备鞍马、盔甲等物以为聘礼，更杀牛设宴。

丁酉年，叶赫、哈达、乌拉、辉发同遣使谓太祖淑勒贝勒曰：“吾等非是，故败兵损名，从今往后，吾等重归于好，互结姻亲，相好而生。”于是叶赫布扬古贝勒妹欲与太祖淑勒贝勒，锦台什贝勒女欲与太祖次子代善贝勒。乃备鞍马、盔甲等物行聘，更宰牛而去。

abka de šanggiyan morin wafi giranggi be šofi，senggi emu moro，boihon emu moro，arki emu hūntaha，yali emu moro dobofi，ula，yehe，hoifa，hada siran siran i gashūme，ereci amasi jui bume urun gaime sain banjirakū oci，ere senggi gese senggi tucime，ere boihon i gese boihon de ucubume，ere giranggi gese šarame bucekini. ere gisun de isibume，jui bume urun gaime sain banjici，ere yali be jeme，arki be omime, aniya se ambula bahame banjikini seme gashūha manggi, manju gurun i taidzu sure beile gashūme, suwe jui bume urun gaime gashūha gisun de isibume sain banjici wajiha, ere gisun de isiburakū ohode, bi ilan aniya otolo tuwambi, sain banjirakū oci, dailambi seme hendume gashūha.

宰白马，削骨，设酒一盅，肉一碗，血、土各一碗，歃血会盟。四国相继而誓，曰："自此以后，若不结亲和好，似此屠牲之血，揉踏之土，剐削之骨而死。如践盟和好，食此肉，饮此酒，福寿永昌。"誓毕，太祖亦誓，曰："汝等应此盟言则已，不然，吾待三年，果不相好，必统兵伐之。"

宰白马，削骨，血一碗，土一碗，酒一盅，肉一碗，祭天。乌拉、叶赫、辉发、哈达相继而誓，曰："从今往后，若不互结姻亲，相好而生，即似此血出，土埋，骨暴而死。若践行誓言，互结姻亲，相好而生，则食此肉，饮此酒，得福寿延年。"誓毕，满洲国太祖淑勒贝勒誓曰："汝等若践行此言，互结姻亲，相好而生则已，吾观三年，倘不践行此言，相好而生，必起兵伐之。"

tuttu gashūha gisun be yehei narimbulu beile gūwaliyafi, sure beile de weilengge monggo gurun ci sosafi muhaliyan i gebungge niyalmai gajire dehi morin be durime gaifi, muhaliyan be jafafi morin i ejen monggo de buhe. jai bumbi seme gisurehe, gintaisi beilei sargan jui be monggoi kalkai tatan i jaisai beile de buhe.

后，蒙古得罪，太祖命穆哈连伐之，获马四十匹，时纳林布禄背盟，将所获尽夺之，仍擒穆哈连送与蒙古。又将锦台什之女与蒙古喀尔喀部斋赛贝勒结亲。

后，叶赫纳林布禄贝勒背盟，时淑勒贝勒命穆哈连劫掠获罪之蒙古国，得马四十匹，纳林布禄复夺之，擒穆哈连，送与马之主人蒙古。又将太祖所聘锦台什贝勒女与蒙古喀尔喀部斋赛贝勒为妻。

tereci sure beilei sindafi unggihe ula i gurun i bujantai beile，mantai beilei sargan duduhu fujin i jafaha sirin i maitu be yehei narimbulu beile de beneme elcin takūrafi. sure beilei harangga warkai aiman i anculakū，dorgi birai goloi lotun，gasitun，wangginu ere ilan uju i niyalma be bume yehei elcin be gamafi，anculakū dorgi birai golo be dahabuha.

其布占泰亦因与叶赫通，将满泰妻都都祜氏所珍铜锤遣使送与纳林布禄。又将满洲所属瓦尔喀部内安楚拉库、内河二处路长罗屯、噶什屯、旺吉努三人许献叶赫，请其使而招服之。

乌拉国布占泰贝勒自淑勒贝勒处释回后，将满泰贝勒妻都都护福金所藏铜锤遣使送与叶赫纳林布禄贝勒。又将淑勒贝勒所属瓦尔喀部之安楚拉库、内河路首领罗屯、噶什屯、旺吉努三人许献叶赫，引其使降安楚拉库、内河二路。

suwayan indahūn aniya，taidzu sure beile ini ahūngga jui cuyeng taiji，fiyanggū deo bayara taiji，g'ag'ai jargūci，fiongdon jargūci de emu minggan cooha be afabufi，aniya biya de warkai aiman i anculakū golo be dailame unggifi，dobori dulime genefi，anculakū golo be sucufi，orin funceme gašan be gaifi，tere goloi ba bai gašan be gemu dahabufi gajiha. sure beile，jui cuyeng taiji be tukiyeme hūng baturu，deo bayara taiji be tukiyeme joriktu seme gebu buhe.

戊戌年正月，太祖命幼弟巴雅喇台吉、长子褚英台吉与噶盖、费英东扎尔固齐等领兵一千，征安楚拉库，星夜驰至，取其屯寨二十处，其余尽招服之，获人畜万余而回。于是赐褚英台吉名洪巴图鲁，巴雅喇台吉名卓礼克图。

戊戌年，太祖淑勒贝勒命长子褚英台吉、幼弟巴雅喇台吉及噶盖扎尔固齐、费英东扎尔固齐领兵一千，正月起程，往征瓦尔喀部安楚拉库路，星夜前去，袭安楚拉库路，取二十余寨，此路各处屯寨皆招服之。淑勒贝勒遂赐子褚英台吉洪巴图鲁名号，赐弟巴雅喇台吉卓礼克图名号。

tere aniya，hadai gurun i menggebulu beilei tehe hecen i amargi birgan de senggi eyehe. jorgon biya de，ulai gurun i bujantai beile ilan tanggū niyalma be gaifi ujihe ama seme taidzu de hengkileme jihe manggi，taidzu sure beile ini deo šurgaci beilei sargan jui esitai gege be sargan bufi，susai uksin，juwan ejehe fudeme bufi，dorolome benehe.

是年，哈达蒙格布禄贝勒所居城北有血自溪流。十二月，布占泰不忘其恩，带从者三百人来谒，太祖以弟舒尔哈齐贝勒女额实泰妻之，盔甲五十副、敕书十道，以礼往送。

是年，哈达国蒙格布禄贝勒所居城北有血自溪流。十二月，乌拉国布占泰贝勒率三百人来叩谢太祖再生父之恩，太祖将其弟舒尔哈齐之女额实泰格格与其为妻，陪送盔甲五十副、敕书十道，以礼往送。

卷三

sohon ulgiyan a niya aniya biya de，dergi mederi weji i aiman i hūrgai goloi wangge jangge gebungge juwe amban tanggū niyalma be gaifi sahaliyan，šanggiyan，fulgiyan ilan hacin i dobihi sahaliyan，šanggiyan seke benjime，taidzu sure beile de hengkileme jihe. tereci weji i aiman i hūrgai goloi niyalma aniya dari hengkileme jime，bojiri gebungge amban ujulafi sargan gaiki sere jakade，gurun i ambasai ninggun sargan jui be ujulaha ninggun amban de sargan bufi，niyalmai mujilen be elbihe.

己亥年正月，东海窝集部内瑚尔哈路二路长王格、张格率百人来贡土产黑白红三色狐皮、黑白二色貂皮。自此，窝集瑚尔哈部内所居之人每岁入贡，其中，路长博济哩等六人乞婚，太祖以六大臣之女配之，以抚其心。

己亥年正月，东海窝集部瑚尔哈路王格、张格二臣率百人送黑白红三色狐皮、黑白貂皮来贡太祖淑勒贝勒。自此，窝集部瑚尔哈路人每年来贡。以大臣博济里为首之人乞婚，太祖以国中大臣之六女妻为首六臣，以抚人心。

juwe biya de，taidzu sure beile monggo bithe be kūbulime manju gisun i araki seci，erdeni baksi，g'ag'ai jargūci hendume，be monggoi bithe be taciha dahame sambi dere，julgeci jihe bithe be te adarame kūbulibumbi seme marame gisureci. taidzu sure beile hendume，nikan gurun i bithe be hūlaci，sara niyalma sarkū niyalma gemu ulhimbi，monggo gurun i bithe be hūlaci，bithe sarkū niyalma inu gemu ulhimbi kai，musei bithe be monggorome hūlaci，musei gurun i bithe sarkū niyalma ulhirakū kai. musei gurun i gisun i araci adarame mangga，encu monggo gurun i gisun adarame ja seme henduci.

时满未有文字，文移往来必须习蒙古书，译蒙古语通之。二月，太祖欲以蒙古字编成国语，巴克什额尔德尼、噶盖对曰："我等习蒙古字，始知蒙古语，若以我国语编创译书，我等实不能。"太祖曰："汉人念汉字，学与不学者皆知，蒙古之人念蒙古字，学与不学者亦皆知，我国之言写蒙古之字，则不习蒙古语者不能知矣。何汝等以本国言语编字为难，以习他国之言为易耶？"

二月，太祖淑勒贝勒欲更蒙古字以编满洲语。额尔德尼巴克什、噶盖扎尔固齐拒曰："吾等习蒙古字，然后知晓其义。古来之文字今如何更改？"太祖淑勒贝勒曰："汉人念汉字，识与不识者皆知，蒙古人念蒙古字，不识字者亦知，吾等文书以蒙古语念，则不识蒙古语者不知矣。何汝等以编我国文字为难，以学他国蒙古之语为易耶？"

g'ag'ai jargūci，erdeni baksi jabume，musei gurun i gisun i araci sain mujangga，kūbulime arara be meni dolo bahanarakū ofi marambi dere. taidzu sure beile hendume，a sere hergen ara，a i fejile ma sindaci，ama wakao？ e sere hergen ara，e i fejile me sindaci，eme wakao？ mini dolo gūnime wajiha，suwe arame tuwa ombi kai seme emhun marame monggorome hūlara bithe be manju gisun i kūbulibuha. tereci taidzu sure beile manju bithe be fukjin deribufi manju gurun de selgiyehe.

噶盖、额尔德尼对曰：“以我国之言编成文字最善，但因翻编成句吾等不能，故难耳。”太祖曰：“写阿字，下合一玛字，此非阿玛乎（阿玛，父也）？额字下合一默字，此非额默乎（额默，母也）？吾意决矣，尔等试写可也。”于是自将蒙古字编成国语。颁行创制满洲文字自太祖始。

噶盖扎尔固齐、额尔德尼巴克什答曰：“若能编成吾国文字最善，然改造文字吾等心知不能胜任，故辞耳。”太祖曰：“写一阿字，下置一玛字，此非阿玛乎？写一额字，下置一么字，此非额么乎？吾意已决，汝等试写观之。”于是自将蒙古文改编成满洲语。太祖淑勒贝勒始创满洲文字，颁行满洲国。

ilan biya de，aisin menggun feteme urebume，sele wereme urebume deribuhe.

三月，始炒铁，开金银矿。

三月，始开金银矿，冶铁。

tere fonde，hadai gurun i menggebulu beile，yehei narimbulu beile de dain ofi eljeci eterakū seme，menggebulu beile ini ilan jui be manju gurun i taidzu sure beile de damtun benjifi cooha baiha manggi，taidzu sure beile ini fiongdon jargūci，g'ag'ai jargūci juwe amban de juwe minggan cooha be afabufi hadai gurun de dame cooha tebume unggihe. terebe yehei narimbulu beile donjiifi，daiming gurun i k'ai yuwan hecen i tungse de bithe jafabufi，hada de unggifi manju gurun i dame jihe coohai ambasa be jafafi，sini damtun benehe ilan jui be jolime gaifi，juwe minggan cooha be geme wa，tuttu oho de sini gaji sehe sargan jui be sinde sargan bure，musei juwe gurun dasame acafi sain banjiki sere jakade.

是时，哈达国蒙格布禄与叶赫国纳林布禄因隙构兵，力不能敌，蒙格布禄以三子与太祖为质乞援，太祖命费英东、噶盖二人领兵二千往助。纳林布禄闻之，遂令明之开原通事赍书与蒙格布禄，曰："汝执满洲来援之将，挟赎质子，尽杀其兵，如此，汝昔日所欲之女吾即与之为妻，二国仍旧和好。"

彼时，哈达国蒙格布禄贝勒与叶赫纳林布禄贝勒相战，因不能胜，蒙格布禄贝勒送其三子与太祖为质借兵，太祖遣大将费英东扎尔固齐、噶盖扎尔固齐二人领兵二千往助哈达国。叶赫纳林布禄贝勒闻之，遣大明国开原城通事执书往哈达，曰："尔擒满洲国援兵之将以赎为人质之三子，尽诛其二千兵，如此，汝欲娶之女即与之为妻，吾二国重归于好。"

hadai menggebulu beile tere gisun de dosifi, yehei niyalma be daiming gurun i k'ai yuwan hecen de boljofi, ini juwe sargan be unggifi gisurehe be taidzu sure beile donjifi, uyun biya de hadai gurun be dailame cooha genere de. taidzu sure beilei deo šargaci beile hendume, mimbe emu dain de juleri afabume tuwacina sehe manggi, taidzu sure beile ini deo de minggan cooha be afabufi, juleri afara de obufi cooha geneme hadai gurun de isinaha manggi.

蒙格布禄依言，约叶赫人于开原，令二妻往议。太祖闻之，九月发兵征哈达。太祖弟舒尔哈齐贝勒曰："可令我为先锋，试看若何。"太祖命领兵一千前进，行至哈达国。

哈达蒙格布禄贝勒依其言，与叶赫人约于大明国开原城，遣二妻往议。太祖淑勒贝勒闻之，九月起兵征哈达国。太祖淑勒贝勒弟舒尔哈齐贝勒曰："可令我为先锋一战，试看若何。"太祖淑勒贝勒命其弟领兵一千，为前锋，行军至哈达国。

hadai gurun i cooha hecen tucifi okdoko，terebe juleri afara de obuha šurgaci beile sabufi afarakhū cooha ilifi，taidzu sure beilei baru hendume，batai cooha tucifi okdoko bi sehe manggi，taidzu sure beile hendume，ere hoton de cooha akū seme jihebio? sini cooha jaila seme hendufi. taidzu sure beile cooha gaifi dosime genere de，deo i julergi minggan cooha jugūn be dalime yaksime ilifi šolo baharakū，hoton i hishame geneme hoton i dergi niyalma gabtara de，coohai niyalma ambula feye baha.

哈达兵出城拒之，舒尔哈齐按兵不战，向太祖曰："有兵出城迎敌。"太祖曰："此来岂为城中无备耶?"怒叱舒尔哈齐贝勒曰："汝兵向后。"即欲前进，时舒尔哈齐贝勒兵尚阻路，遂绕城而行，城上发矢，军中伤者甚多。

哈达国兵出城迎战，前锋舒尔哈齐贝勒按兵不战，向太祖淑勒贝勒曰："有敌兵出城迎战。"太祖淑勒贝勒曰："此来岂为城中无兵耶?汝兵且回避。"太祖淑勒贝勒正欲带兵入城，其弟在前之兵千名阻路，不得空隙，遂绕城而行，城上人射之，军中兵士伤者甚多。

tereci uyun biyai ice nadan i inenggi，hadai hoton be afame gaiha，hadai gurun i ejen menggebulu beile be yangguri gebungge amban gidame weihun jafafi，taidzu sure beile de alanjire jakade，taidzu sure beile ume wara seme hendufi，menggebulu beile be ganabufi niyakūrabufi acame wajiha manggi，taidzu sure beile ini beyede etuhe sekei mahala yarhai dehelen be etubufi ujihe. tereci hadai gurun i ba bai hecen hoton be gemu dahabufi，coohai niyalmai dain i agūra be umai gaihakū，irgen i ai ai jaka be necihekū，eigen sargan be faksalahakū，yooni boigon arafi gajime cooha bederehe. tereci hadai gurun umesi gukuhe.

至初七日，攻得其城，有大臣扬古利擒蒙格布禄来报，太祖曰："勿杀。"招至前跪见毕，太祖以己之貂帽及豹裘赐而养之。哈达国所属之城尽招服之，其军士器械、民间财物、父母妻子俱秋毫无犯，收其国而回。自此，哈达国遂亡。

九月初七日，克哈达城，有大臣名扬古利者败哈达国主蒙格布禄贝勒，活捉之，来报太祖淑勒贝勒。太祖淑勒贝勒曰："勿杀。"令将蒙格布禄贝勒带来，跪见毕，太祖淑勒贝勒以己所穿之貂皮帽及貂裘赐而养之。于是尽服哈达国各处城池，其军士兵器未取掠，百姓之物丝毫未犯，夫妇未分，尽编为户带回。自此，哈达国亡。

taidzu sure beile menggebulu beile de ini sargan jui be bufi，ini bade unggiki seme bisire de，menggebulu beile taidzu sure beilei hūwai dorgi sula hehe de latufi，taidzu sure beilei soorin be duriki seme gurun i amban g'ag'ai jargūci de hebe araha be serefi，menggebulu beile，g'ag'ai i jargūci，latuha hehe be gemu waha.

后太祖欲以女与蒙格布禄为妻，放还其国，适蒙格布禄淫恶不法，又与噶盖通谋，欲篡位，事泄，蒙格布禄、噶盖与通奸女俱伏诛。

太祖淑勒贝勒欲以其女与蒙格布禄贝勒为妻，放归其地，时蒙格布禄贝勒与太祖淑勒贝勒院内苏拉女子通奸，又与国中大臣噶盖扎尔固齐密谋，欲夺太祖淑勒贝勒龙位，事泄，蒙格布禄贝勒、噶盖扎尔固齐、通奸女子俱被处死。

šahūn ihan aniya aniya biya de，taidzu sure beile menggebulu beile de bumbi seme gisurehe ini sargan jui manggūji gege be menggebulu beilei jui urgūdai de bufi, hojihon obuha. daiming gurun i wan lii han taidzu sure beilei banjire be yebešerakū, si hadai gurun be ainu efulefi gamaha, te bicibe urgūdai be ini bade amasi unggi seme ergelehe manggi, taidzu sure beile wan lii han i gisun de eterakū, ini jui hojihon jušen irgen be hadai bade tebume unggihe manggi.

辛丑年正月，太祖将莽古吉公主与蒙格布禄子武尔古岱为妻。明万历帝不喜，使人来告曰："汝何故破哈达，掳其人民？今可令武尔古岱复国。"太祖乃勉从其言，仍令武尔古岱带其人民而还。

辛丑年正月，太祖淑勒贝勒将许与蒙格布禄贝勒之女莽古吉格格嫁与蒙格布禄贝勒子武尔古岱为妻，以为婿。大明国万历汗对太祖不悦，勒令曰："汝何故破哈达国而取之？今可令武尔古岱回其地。"太祖淑勒贝勒勉从万历汗之言，遣其婿携诸申、百姓回哈达居住。

yehei gurun i narimbulu beile monggoi cooha be gaifi ududu jergi sucufi gamara jakade, taidzu sure beile daiming gurun i wan lii han i baru sini gisun i mini baha hadai gurun be ini bade amasi unggifi tehbuhe, hadai gurun be yehei niyalma kemuni sucufi gamambi, mini baha gurun be yehe de ainu salibumbi seme gisureci, daiming gurun i wan lii han umai donjirakū. tereci hadai niyalma jeku akū yuyume daiming ni k'ai yuwan hecen i niyalma de jeku baici buhe akū, juse sargan booi aha morin ihan be uncafi jeku gaifi jeke. tuttu ojoro jakade, taidzu sure beile mini baha gurun be ainu facabumbi seme hadai gurun be gemu bargiyafi gajiha.

后叶赫纳林布禄率蒙古兵频侵哈达，太祖告明万历帝曰："吾已从命，令武尔古岱还国矣，今叶赫国率兵屡次侵掠，何故以吾所获之国受制于叶赫?”明万历帝不听。时哈达国饥，人皆无食，向明之开原城祈粮不与，各以妻子、奴仆、牲畜易而食之。太祖见此流离，仍复收回。

后叶赫国纳林布禄贝勒屡次引蒙古兵侵扰，太祖淑勒贝勒告大明国万历汗曰：“吾从汝命，遣哈达国汗还其地而居，然叶赫国人犹侵犯哈达国，何故以吾所得之国受制于叶赫?”大明国万历汗不听。后哈达国人无食吃，闹饥荒，向大明开原城乞食，不与，乃易妻子、包衣阿哈、马牛为粮而食之。太祖淑勒贝勒见此情形，曰：“吾所得之国为何如此散乱?”遂尽收哈达国。

tere aniya manju gurun i taidzu sure beile ini isabuha gurun be dasame，ilan tanggū haha be emu niru obufi，niru tome ejen sindaha. terei onggolo dain dailara aba abalara de，geren komso be bodorakū，uksun uksun i gašan gašan i yabumbihe. da de manju gurun i niyalma aba abalame，aba sarambihe de，niyalma tome niru jafafi juwan niyalma de emu ejen sindafi，tere juwan niyalma be kadalame，meni meni teisu be jurcerakū yabumbihe，tere sindaha niyalma be nirui ejen sembihe. tuttu ofi，kadalara hafan i gebu uthai nirui ejen toktoho.

是年，太祖将所聚之众每三百人内立一牛录额真管属。前此凡遇行师出猎，不论人之多寡，照依族寨而行。满洲人出猎开围之际，各出箭一枝，十人中立一总领，属九人而行，各照方向，不许错乱，总领呼为牛录（汉语大箭）额真（额真，汉语主也），于是以牛录额真为官名。

是年，满洲国太祖淑勒贝勒治其所聚之国人，每三百丁为一牛录，每牛录设一额真。此前，每遇行师出猎，不论人之众寡，依族寨而行。始，满洲国人出猎，开围之时，每人执箭一支，十人设一额真，以辖此十人，各守职分而行，设立之人呼为牛录额真，因此，管辖官之名即定为牛录额真。

omšon biya de, ulai gurun i mantai beilei abahai gebungge sargan jui be ini eshen bujantai beile taidzu sure beile de sargan benjire de, dorolome okdofi, amba sarin sarilame gaiha.

十一月内，乌拉国布占泰送满泰之女（名阿巴海）与太祖为妃，太祖以礼迎之，大宴成婚。

十一月，乌拉国满泰贝勒女阿巴亥被其叔布占泰贝勒送与太祖淑勒贝勒为妻，太祖淑勒贝勒以礼迎之，大宴而娶之。

ulai gurun i bujantai beile yehei bujai beile i sargan jui be gaiki seme gisurefi, monggoi korcin i minggan beilei sargan jui be geli gaiki seme gisurefi, juwan morin de enggemu hadala tohofi, juwan uksin saca acifi, seke silun i dahū juwan, jibca juwan, ninggun temen, aisin juwan yan, menggun juwan yan jafan bufi. minggan beile bahame jabdufi, sargan jui be burakū ojoro jakade, bujantai beile girufi, taidzu sure beile de geli sargan gaiki seme ambasa be unggifi baime hendume, mimbe dain de jafafi ujifi, ulai gurun de ejen obufi, jui be sargan buhe. ama amha de donjibuha akū, yehe monggo de sargan gaiki seme gisurefi, monggo jafan gaime jabdufi, jui be buhekū kiyangdulaha。ujihe dahame mini waka be gūnirakū, te emu jui be buhe de, sini juwe jui be gaifi, aniya dari jurceme hengkileme yabure seme baime gisurehe manggi. sahahūn gūlmahūn aniya, taidzu sure beile ini deo šurgaci beilei sargan jui onje gege be geli ulai bujantai beile de bume, ambasa be takūrafi, dorolome benehe.

布占泰先聘叶赫布斋之女，后又聘蒙古科尔沁明安之女，以盔甲十副，貂裘、猞狸狲裘共十领，羊裘十领，金银各十两，骆驼六只，马十匹，鞍鞊俱备，为聘礼。明安受其礼，食言不与，布占泰耻之，仍欲聘太祖之女，遂遣使求于太祖曰："昔擒我于阵中，留养之，令为乌拉国主，以女妻我。前未经岳丈知，曾以币物聘叶赫并蒙古之女，蒙古受礼而悔亲。岳丈既恩我，若宥我不告之罪，再结一亲，递相往来。"太祖允之，又以弟舒尔哈齐贝勒女娥恩哲，至癸卯年遣大臣以礼往送为婚。

乌拉国布占泰贝勒先聘叶赫布斋贝勒之女，又聘蒙古科尔沁明安贝勒之女，备马十匹，鞍辔俱备，盔甲十副，貂皮、猞猁狲裘十领，皮袄十件，骆驼六只，金十两，银十两为聘礼。明安贝勒得聘礼而不与女，布占泰贝勒受辱后，仍欲娶太祖淑勒贝勒之女，遂遣大臣来求，曰："昔擒我于阵中，恩养之，令为乌拉国主，嫁女与我为妻。我未告闻岳父，聘叶赫、蒙古女，蒙古受礼，恃强放赖而不与女。岳父恩养我，若不计我之过，今嫁一女与我，吾娶汝二女，当每年来谒。"癸卯年，太祖淑勒贝勒又以其弟舒尔哈齐贝勒之女娥恩哲格格与乌拉国布占泰贝勒为妻，遣大臣以礼往送。

manju gurun i taidzu sure beile ini tehe hūlan hadai julergi ala ci gurifi，mafai tehe susu suksuhu bira giyaha bira juwe siden i hetu ala de gurifi，hecen sahafi tehe. hecen weilere alban i niyalma de ihan honin ambula wafi ilan jergi sarilaha.

后，太祖从呼兰哈达南岗移于赫图阿拉处（赫图阿拉在苏克素护、加哈二河之间，乃祖居也），筑城居住，宰牛羊，三次犒赏夫役。

满洲国太祖淑勒贝勒自所居呼兰哈达南岗迁至苏克素护河与加哈河间之祖籍赫图阿拉，筑城而居，大宰牛羊，三次设宴，犒赏筑城夫役。

tere aniya，taidzu sure beilei dulimbai haji amba fujin nimeme manggalaha manggi，fujin ini eme be ganafi acaki sere jakade，taidzu sure beile fujin i eme emhe be jio seme yehe de elcin takūraha manggi，yehei narimbulu beile ini eme be unggihe akū，ini booi nantai gebungge niyalma be unggihe manggi.

是年，中宫皇后疾笃，思母一会，太祖遣人至叶赫往请，后兄纳林布禄阻之，止令家人南太来。

是年，太祖淑勒贝勒钟爱之中宫大福金病危，福金欲见其母，太祖淑勒贝勒遂遣使往叶赫，请福金母来。叶赫纳林布禄贝勒不令母来，只遣包衣南太来。

taidzu sure beile hendume，suweni yehei efute umai weile akū，mini hūbca gebungge gašan be sucufi gamaha，amala uyun halai gurun be gaifi mimbe waki seme cooha jihe. yehe，hada，ula，hoifa suweni neneme dain jihe be suwe wakalame，mini baru urun gaime jui bume sain banjiki seme abka de šanggiyan morin wame senggi some. tuttu gashūha gisun be suweni yehei beise gūwaliyafi，bumbi seme gisurehe sargan juse be mende buhekū，gemu monggo de buhe. te jui nimeku bahafi delheme yadame eme de acaki seci acaburakū oci，suwe ainaha seme mini baru sain banjirakū nikai. tuttu sain banjirakūci，bi suwende ainu somime gisurembi，te musei juwe gurun dasame dain ome wajiha，bi suweni yehei bade hoton arafi，suweni gurun be dailambi seme hendufi，nantai be amasi unggihe.

太祖曰：“我未获罪于舅前，掠我户布察寨，后率九国兵来侵我，汝叶赫、哈达、乌拉、辉发因前加兵侵我，曾自任其非，各许互相结亲，宰白马已当天盟誓。今汝叶赫背前盟，将我所聘之女另与蒙古，今尔妹病笃，永诀之际，欲母一见，汝不容相会，是与我断好矣。既如此，我何必讳言，自今后两家已成敌国，我将筑城汝地，日为仇杀。”言讫，令南太回。

太祖淑勒贝勒曰：“我未获罪于汝叶赫额驸等，袭取我瑚卜察寨，后率九国兵来杀我。又，叶赫、哈达、乌拉、辉发汝等因前来犯而自责，对我各许互结姻亲，相好而生，杀白马歃血对天盟誓。汝叶赫诸贝勒背盟，我已聘之女不与，俱另与蒙古。今女病危，永别之际欲会母，汝不容相会，是汝等与我断好矣。既已断好，我何必对汝讳言，今我二国已复成仇，我将筑城于汝叶赫之地，征伐汝国。”言毕，令南太回。

tere aniya bolori uyun biya de，manju gurun i taidzu sure beilei dulimbai amba fujin nimeme urihe. fujin i hala nara，gebu monggojeje，yehei gurun i yangginu beilei sargan jui，juwan duin se de taidzu sure beile de holboho. banjin fiyan saikan，jaluka biyai adali，hojo bime banin mujilen onco，urgun ujen ginggun，sure mergen gisun dahasu，saišaha seme balai urgunjerakū，ehe gisun be donjiha seme，da banin i urgun i fiyan be gūwaliyandarakū，angga ci ehe gisun tucirakū，haldaba saišabukū be yebelerakū，acuhiyan koimali be sai š arakū，hetu weile facuhūn gisun be donjirakū，mujilen be wacihiyame taidzu sure beilei gūnin de acabume，daci dubentele sain be akūmbufi，ufaraha endebuhe ba akū.

九月内，中宫皇后薨。后姓纳喇，名孟古哲哲，乃叶赫国扬吉努贝勒之女，年十四，适太祖。其面如满月，仪范端淑，器量宽洪，庄重恭俭，聪颖柔顺，见逢迎而心不喜，闻恶言而色不变，口无恶言，耳无妄听，不悦委曲谗佞辈，适合太祖之心始终如一，毫无过失。

是年秋九月，满洲国太祖淑勒贝勒中宫大福金薨。福金姓纳喇，名孟古哲哲，乃叶赫国扬吉努贝勒女也，年十四岁时，与太祖淑勒贝勒成婚。其面容姣好，俊美如满月，且心性宽和，庄重恭谨，聪慧柔顺，遇矜夸而心不喜，闻恶言而色不变，口不出恶语，不悦谄媚、挑唆、奸诈之辈，不听粗乱之言，心悉合太祖淑勒贝勒之意，贤惠始终如一，毫无过失。

taidzu sure beile haji fujin ofi delheme yadame，fujin i takūraha duin sain hehe be dahabuha，morin tanggū ihan tanggū wame，nadan waliyaha. taidzu sure beile emu biya funceme arki nure omirakū，yali jeterakū，inenggi dobori akū songgome，giran be hūwai dolo sindafi sinagalame ilan aniya oho manggi，giran be hūwa ci tucibufi，niyaman alin gebungge munggan de eifu be sindaha.

太祖深为悼惜，将四婢殉之，宰牛马各一百致祭，斋戒月余，日夜思念，痛泣不已，将灵停于院内三载，方葬于尼雅满山。

太祖淑勒贝勒因钟爱之福金永辞，以随侍福金之四婢殉之，宰马一百、牛一百，祭七日，太祖淑勒贝勒不饮酒、不食肉月余，日夜痛哭，灵柩停于院内三载，方自院内移出，于尼雅满山修陵葬之。

tereci taidzu sure beile haji fujin eme be acaki seci unggihe akū de korsofi，niowanggiyan muduri aniya aniya biyai ice jakūn i inenggi，yehe be dailame cooha jurafi，juwan emu de yehei jang，akiran gebungge juwe hoton be afame gaifi，tere goloi nadan gašan be gaiha，juwe minggan olji be bahafi cooha bederehe.

于是太祖恨叶赫不令母子相会之仇，遂于甲辰年正月初八日率兵往攻，十一日至叶赫国二城，一曰璋，一曰阿奇兰，俱克之，收二城七寨人畜二千余，即班师。

于是太祖淑勒贝勒因钟爱之福金欲会母而不允，心生怨恨，于甲辰年正月初八日起兵往征叶赫，十一日，攻克叶赫之璋、阿奇兰二城，取其所属七寨，获人畜二千而回。

niohon meihe aniya ilan biya de，hecen i tulergi be šurdeme amba hecen sahaha，alban i niyalma de ihan honin wafi suja jergi sarilaha.

乙巳年三月，于城外复筑大郭，宰牛羊犒赏夫役五次。

乙巳年三月，于城外筑大郭围之，宰牛羊犒赏夫役五次。

julge daci daiming gurun de orhoda uncambihe de madabufi usihin uncame，daiming gurun i hūdai niyalma jortai gaijarakū ohode，orhoda niyambi seme ebšeme uncame ofi，hūda ambula baharakū bihe. taidzu sure beile bujufi walgiyafi uncaki seci，beise ambasa marame bujufi adarame walgiyambi seci，taidzu sure beile emhun walgiyafi olhoho manggi，elhei uncame deribufi，hūda ulin ambula bahame oho.

曩时，卖参与明国，以水浸润，明人嫌湿推延，国人恐水参难以耐久，急售之，价又甚廉。太祖欲煮熟晒干，诸臣不从，太祖不徇众言，遂煮熟徐徐发售，果得价倍常。

昔时，售参于大明国生利，以湿参而售，大明国商人故意设法拖延，国人恐参腐烂，遂急卖，价甚廉。太祖淑勒贝勒欲煮熟晒干后再售，诸贝勒大臣不从，言煮熟后安得晒干，太祖淑勒贝勒自将参煮熟晒干后始徐徐发售，价大增。

tere aniya monggoi kalkai bayot tatan i darhan baturu beilei jui enggeder taiji orin morin benjime hengkileme jihe manggi，taidzu sure beile hendume，dain i gurun be duleme bahaki seme jihebidere seme hendufi, ambula šangname bufi unggihe.

是年，蒙古喀尔喀巴约特部达尔汉贝勒之子恩格德尔台吉进马二十匹来谒，太祖曰："越敌国而来者，不过有所希图而已。"遂厚赏之。

是年，蒙古喀尔喀巴约特部达尔汉巴图鲁贝勒之子恩格德尔台吉进贡马二十匹来谒，太祖淑勒贝勒曰："越敌国而来者，必有所图。"遂厚赏之，令回。

fulgiyan orin aniya jorgon biyade, ineku enggeder taiji monggo gurun i sunja tatan i kalkai geren beisei elcin be gajime temen morin benjime hengkileme jifi. taidzu sure beile be tukiyeme kundulen han sehe. tereci babai monggo lakcahakū aniya dari hengkileme yabuha.

丙午年十二月，恩格德尔又引蒙古喀尔喀部五贝勒之使进驼马来谒，尊太祖为昆都仑汗（即汉语恭敬之意）。从此，蒙古朝贡不绝。

丙午年十二月，恩格德尔台吉又率蒙古国五部喀尔喀诸贝勒之使进贡驼马来谒，尊太祖淑勒贝勒为昆都仑汗。自此，蒙古各处每年朝贡不绝。

fulahūn honin aniya, dergi mederi warkai aiman i fio gebungge hoton i ts'emtehe gebungge amban taidzu kundulen han de hengkileme jifi hendume, be bai goro de dalibufi ulai gurun de dahafi, ulai bujantai beile membe ambula jobobumbi, meni boigon be ganame yabu sehe manggi, taidzu kundulen han ini deo šurgaci beile, ahūngga jui hūng baturu beile, jacin jui daišan beile, uju jergi amban fiongdon, hūrgan hiya de ilan minggan cooha be afabufi, fio hoton i boigon be ganame unggihe.

丁未年，东海瓦尔喀部斐优城主策穆特赫谒太祖，曰："吾地与汗相距路遥，故顺乌拉国主布占泰贝勒，彼甚苦虐吾辈，望往接吾等眷属以便来归。”太祖令弟舒尔哈齐与长子洪巴图鲁贝勒、次子代善贝勒与大将费英东、扈尔汉等率兵三千往斐优城搬接。

丁未年，东海瓦尔喀部斐优城城主策穆特赫来谒太祖昆都仑汗，曰：“吾地甚远且阻，遂顺乌拉国，乌拉布占泰贝勒苦虐吾等，望取吾人户来归。”太祖昆都仑汗遣其弟舒尔哈齐贝勒、长子洪巴图鲁贝勒、次子代善贝勒、头等大臣费英东、扈尔汉辖领兵三千，往斐优城取人户。

tulhun dobori dulime genere de，amba tui ninggude abkai genggiyen siren giltahūn eldeke be sabufi，geren beise ambasa ferguweme tu be jafafi bišume tuwaci umai akū，tukiyehe manggi，geli gehun eldembi. šurgaci beile hendume，ajigenci han ahūn be dahame dailame，ya bade cooha yabuha akū，enteke sabi be sahakū，ere ehe sabi bidere，cooha amasi bedereki sehe manggi. han i juwe jui hendume，sain ehe oci，inu emgeri sabi jorime wajiha，muse aibabe saha seme cooha bederembi? bederehe de，han ama muse de jai cooha afabufi yabuburakū kai seme hendufi marame genefi.

是夜阴晦，忽见旗有白光一耀，众王大臣尽皆惊异，以手摩之，竟无所有，竖之复然。舒尔哈齐贝勒曰：“吾自幼随征，无处不到，从未见此奇怪之事，想必凶兆也。”欲班师。洪巴图鲁、代善二王曰：“或吉或凶，兆已见矣，果何据而遂欲回兵？此兵一回，吾父以后勿复用尔我矣。”言讫，率兵强进。

连夜出发，时见大旗顶有天降亮光一道，诸贝勒大臣皆惊异，执旗抚摸而视，竟无，举之，复有亮光一道。舒尔哈齐贝勒曰：“吾自幼从汗兄征战，何处行军不至，从未见此兆，想必凶兆也。”欲退兵。汗之二子曰："或吉或凶，皆已见矣，我等据何知之而退兵？果退兵，父汗再不会付兵我等矣。"言讫，坚持前进。

fio hoton de isinafi, fio hoton i šurdeme babai gašan gašan be gemu bargiyafi, sunja tanggū boigon be juleri neneme jurambume, hūrgan hiya de ilan tanggū cooha be adabufi, hūrgan hiya boigon be dalime neneme jidere de. ulai gurun i bujantai beile emu tumen cooha be unggifi jugūn tosoho be hūrgan hiya sabufi, alin i ninggude jase jafafi, sunja tanggū boigon be emu tanggū cooha be tuwakiyabufi, niyalma takūrafi amargi coohai beise de alaname unggihe. tere dobori, ulai gurun i tumen cooha manju gurun i hūrgan hiyai juwe tanggū cooha alin i emte ergi de bakcilame ing ilifi deduhe.

至斐优城，收四周屯寨约五百户，先令费英东、扈尔汉领兵三百护送。不意乌拉国布占泰发兵一万截于路，扈尔汉见之，将五百户眷属扎营于山巅，以兵百名看守，一面驰报众贝勒，一面整兵二百占山列营，与敌兵相持，经一夜。

至斐优城，尽收斐优城周围各寨，令五百人户先行起程，以扈尔汉辖率兵三百护送。时乌拉国布占泰贝勒发兵一万截于路，扈尔汉辖见之，遂扎边于山顶，以一百兵看守五百人户，并遣人往报后面领兵诸贝勒。是夜，乌拉国一万兵与满洲国扈尔汉辖二百兵各据山之一边对垒，扎营而宿。

jai cimari, manju gurun i juwe tanggū cooha de ulai gurun i tumen cooha afanjiha manggi, manju gurun i coohai ing ci yangguri gebungge amban okdome tucifi, juleri gaifi hūsutuleme afafi, ulai coohai nadan niyalma be waha, manju gurun i emu niyalma wabuha, ulai cooha nadan niyalma wabure jakade，amasi bederefi bira be doofi ing de tafafi olhome latunjirakū，juwe cooha bakcilame ing ilifi bisirede.

次日，乌拉兵来战，大将扬古利率众奋力交锋，杀乌拉兵七人，我兵止伤一人。敌兵退回，渡河，登山，畏惧无复敢来，两军扎营相持。

次日，乌拉国一万兵来战满洲国二百兵，满洲国大将扬古利自军营出而迎之，率众奋力交锋，杀乌拉兵七人，满洲国只损一人。乌拉兵因被杀七人，遂退回，渡河，登山，畏惧不敢来战，两军扎营对峙。

manju gurun i amargi ilan beilei cooha tere inenggi honin erin de isinjifi，ulai cooha be sabufi，hūng baturu beile，daišan beile ahūn deo morin šusihalame jilidame hendume，babai dain be dailame dahabuha han ama boo de tehebidere，han ama de banjiha juwe juse be jihebi，musei coohai niyalma suwe ume joboro，ere bujantai muse de dain genehe de，muse jafafi monggon de sele futa hūwaitafi ujifi ulai gurun de amasi sandafi unggifi ejen obuha niyalma kai，jalan goidaha akū bi，beye halahakūbi，bujantai musei gala ci tucikebidere，abkai galaci tucikebio? ere cooha be geren seme ume gūnire，muse de abkai gosime buhe amba horon，ama han i algimbuha amba gebu bi，ere cooha be urunakū gidambi seme henduhe manggi，geren coohai niyalma gemu fafuršame jili banjifi，buceme afaki seme jabufi.

是日未时，三王率兵齐至，见之，洪巴图鲁、代善二王策马奋怒曰：“吾父素善征讨，今虽在家，吾二人领兵到此，尔众毋得忧惧，布占泰曾被我国擒捉，铁索系颈，免死而主其国，年时未久，布占泰犹然，是人其性命从吾手中释出，岂天释之耶？尔勿以此兵为多，天助我国之威，吾父英名夙著，此战必胜。”众皆曰：“吾等愿效死力。”

是日未时，满洲国后援三贝勒兵至，见乌拉兵，洪巴图鲁贝勒、代善贝勒兄弟策马怒曰："汗父素善征讨，今虽在家，其亲生二子我等来此，吾之兵士汝等勿忧，此布占泰乃吾国擒于阵中，以铁索拴脖，恩养之，释回乌拉国，令为国主之人，年时未久，身犹未变，布占泰从吾等手中释出，岂从天之手中释出耶？勿以敌兵为多，上天助我威武，父汗英名远扬，必大败此兵。"众兵皆奋发，答曰："愿誓死奋战。"

tere bira be doofi，hūng baturu beile，daišan beile ahūn deo sunjata tanggū cooha be gaifi alin i wesihun juwe jurgan i sacime afame dosifi ulai cooha be uthai gidafi sacime gamara de. daišan beile ulai cooha be gaifi jihe ejen bokdo beile be morin i dergici uthai sacai corho be hashū galai gidame jafafi sacime waha. tere dain de，bokdo beilei ama jui be wafi，cangju beilei ama jui，hūribu beile ilan nofi be gemu weihun jafaha，ilan minggan niyalma be waha，sunja minggan morin，ilan minggan uksin baha. tere cooha be gidara de，šurgaci beile sunja tanggū cooha be gaifi alin i dade iliha，juwe beile bata be gidafi sacime gamara de，šurgaci beile teni amala amcame sidende emu amba alin be šurdeme adame genefi batai cooha be ambula bahafi wahakū.

遂奋勇渡河，洪巴图鲁、代善二王各领兵五百，二路登山而战，直冲入营，乌拉兵遂败。有博克多贝勒被代善王左手捉其盔顶杀之，其子亦被杀，生擒常住父子并胡里布，杀兵三千，获马五千匹，甲三千副。时追杀败兵之际，舒尔哈齐贝勒原率五百兵落后，立于山下，至是方驱兵前进，又被大山所阻，及绕山而来，未得掩杀大敌。

遂渡河，洪巴图鲁贝勒、代善贝勒兄弟领兵五百，分二路登山，入战厮杀，乌拉兵立时溃败。代善贝勒以左手自马上抓住乌拉领兵之主博克多贝勒盔缨，杀之。此一战，杀博克多贝勒父子，生擒常住贝勒父子及胡里布贝勒三人，杀兵三千，获马五千，得甲三千。破敌时，舒尔哈齐贝勒领五百兵立于山脚，至二贝勒败敌砍杀之际，舒尔哈齐贝勒方自后赶来，中为一大山所阻，及绕山而来，未得大肆杀敌。

tere cooha gidaha inenggi gehun galaka abka iliha andande tulhušefi，amba nimanggi nimarame beikuwerefi，ulai coohai feye bahafi uksin saca be waliyafi burulame genere niyalma ambula geceme bucehe.

是日晴明，霎然阴云大雪，其被伤敌兵冻死甚多。

败敌之日，晴明之天霎时阴晦，降大雪，甚寒，乌拉兵中受伤丢盔弃甲败走者冻死甚多。

tereci cooha bedereme isinjiha manggi，taidzu kundulen han deo beile de darhan baturu seme gebu buhe，ahūngga jui hūng baturu beile be amba dain de ujulafi juleri dosika dain be gidaha seme argatu tumen seme gebu buhe，jacin jui daišan beile ulai coohai ejen bokdo beile be waha，ahūn i sasa adafi dosika dain be gidaha seme guyeng baturu seme gebu buhe.

及班师，太祖赐弟舒尔哈齐名为达尔汉巴图鲁；褚英奋勇当先，赐名为阿尔哈图图们；代善与兄并力进战，杀博克多，赐名为古英巴图鲁。

及班师，太祖昆都仑汗赐弟贝勒达尔汉巴图鲁名号；长子洪巴图鲁贝勒大战中奋勇当先，因赐阿尔哈图图们名号；次子代善贝勒与兄并战败敌，杀乌拉兵主博克多贝勒，赐名古英巴图鲁。

tere cooha de cangšu gebungge amban, necibu gebungge hiya be afabuha juwe beile ci fakcafi tanggū cooha be gaifi darhan baturu beilei emgi iliha, juleri gaifi afahakū, bata be bahafi waha akū seme wara weile araha manggi, darhan baturu beile hendume, ere juwe amban be waci, mini beye inu bucehe gese kai seme baire jakade, wara be nakafi, cangšu de tanggū yan i weile gaiha, necibu de kadala seme buhe jušen be gemu gaiha.

常书、纳齐布二将负太祖所托，不随两贝勒进战破敌，领兵百名与达尔汉贝勒立于一处，因定以死罪。达尔汉巴图鲁恳曰："若杀二将，即杀我也。"太祖乃宥其死，罚常书银百两，夺纳齐布所属人民。

领兵大将常书、讷齐布辖，与二贝勒离，率兵百名与达尔汉巴图鲁贝勒立于一处，不上前作战，未得杀敌，遂定死罪。达尔汉巴图鲁贝勒乞曰："若杀二将，即杀我也。"乃免其死罪，罚常书银百两，尽夺讷齐布所辖诸申。

sunja biya de, taidzu kundulen han fiyanggū deo joriktu beile, ujulaha amban eidu baturu, fiyongdon jargūci, hūrgan hiya de emu minggan cooha be afabufi dergi mederi weji i aiman be dailame unggifi, hesihe, omoho suru, fenehe tokso tere ilan golo be gemu gaifi, juwe minggan olji gajiha.

五月，太祖令幼弟卓礼克图贝勒、大将额亦都、费英东、扈尔汉辖等率兵一千，往征东海窝集部，取赫席赫、鄂谟和苏噜、佛讷赫三处，获人畜二千而回。

五月，太祖昆都仑汗遣幼弟卓礼克图贝勒、头等大将额亦都巴图鲁、费英东扎尔固齐、扈尔汉辖领兵一千，往攻东海窝集部，取赫席赫、鄂谟和苏噜、佛讷赫托克索三路，俘获人畜二千。

uyun biyai ice ninggun de，usiha ci siren tucifi šun dekdere ergi hoifai gurun i teisu sumapi，jakūn dobori sabufi nakaha. jai geli šun tuhere ergide usiha ci siren tucifi emu biya funceme bihe. tere fonde hoifai gurun i baindari beilei uksun i ahūn deo i niyalma yehei gurun i narimbulu beile de ubašame genere jakade，gašan i niyalma geli ubašaki seme gisurere be baindari beile donjifi，taidzu kundulen han de cooha baime ini nadan amban i juse be damtun benjire jakade，taidzu kundulen han emu minggan cooha be baindari beile de dame unggihe manggi.

九月六日夜，有气从星出，向东直冲辉发国，七八夜方没。又有气自西方从星出，月余方没。时辉发国拜音达里贝勒族众多投赴叶赫，其部属亦有叛谋，拜音达里闻之，以七臣之子为质，借兵于太祖，太祖以兵一千助之。

九月初六日，有气从星出，对东边辉发国释放，八夜而不见。又有气自西从星出，持续月余。彼时，辉发国拜音达里贝勒族人叛，往投叶赫国纳林布禄贝勒，寨中人亦谋叛，拜音达里贝勒闻之，送七大臣之子为质，借兵于太祖昆都仑汗，太祖昆都仑汗遂遣兵一千往助之。

yehei narimbulu beile geli baindari beile be šusihiyeme，sini damtun benehe juse be amasi gaisu，minde ubaš ame jihe sini ahūn deo i niyalma be gemu bederebure sere jakade，baindari beile tere gisun de akdafi，bi manju，yehe juwe gurun i siden de banjire seme hendufi，ini damtun benjihe nadan amban i juse be gemu amasi gamafi，ini beye de banjiha jui be yehei narimbulu beile de damtun unggihe.

有纳林布禄赚拜音达里曰："尔若撤回所质之人，吾即反尔投来族众。"拜音达里信其言，乃曰："吾将安居于满洲、叶赫之间矣。"遂撤回七臣子，复以子与纳林布禄为质。

叶赫纳林布禄贝勒复挑唆拜音达里贝勒，曰："尔若撤回送为人质之子，吾即尽还尔叛投吾处之兄弟族人。"拜音达里贝勒信其言，乃曰："吾将安居于满洲、叶赫二国之间矣。"遂尽撤送为人质之七大臣子，以其亲生子送与叶赫纳林布禄贝勒为质。

yehei narimbulu beile inde ukame genehe baindari beilei ahūn deo i niyalma be bederebuhekū oho manggi, baindari beile ini ambasa be unggifi, taidzu kundulen han i baru hendume, bi yehei narimbulu beilei holtoho gisun de dosika bihe, te bicibe han sinde akdafi banjiki, sini cangšui jui de bumbi sehe sargan jui be minde gaji sehe manggi, taidzu kundulen han cangšui jui de bumbi sehe sargan jui be bure nakafi baindari beile de bure sehe.

纳林布禄竟不反其族众。拜音达里复遣其臣告太祖曰："曩者误信纳林布禄赚言，今仍欲倚汗为生，乞将汗女先欲许常书之子者，赐我为婚。"太祖遂息常书之议而许之。

叶赫纳林布禄贝勒竟不返叛逃其地之拜音达里贝勒兄弟族人。拜音达里贝勒遣其臣谓太祖曰："吾误信叶赫纳林布禄贝勒谎言，今仍欲倚汗为生，请将汝女许配常书子者赐我为妻。"太祖昆都仑汗遂止常书之聘，将欲许常书子之女许配拜音达里贝勒。

baindari beile geli gūwaliyapi gaimbi sehe sargan jui be gaijarakū oho manggi, taidzu kundulen han elcin takūrafi hendume, si neneme yehe de dafi juwe jergi cooha jihe, te mini jui be gaimbi sefi geli ainu gūwaliyaka? baindari beile jilidame, mini yehe de bisire jui be baha manggi, sini jui be gaifi, sini ici ojoro seme hendume babe bekileme ilarsu hoton araha, yehe de damtun benehe jui be amasi gamaha manggi, taidzu kundulen han geli elcin takūrafi, sini yehe de bihe jui be baha kai, te ainambi sehe manggi, baindari beile babe bekileme jabdufi, uthai gūwaliyaka manggi.

后拜音达里背盟不娶。太祖遣使谓之曰:"汝曾助叶赫二次加兵于我,今又聘吾女而不娶,何也?"拜音达里饰词以对,曰:"吾曾质子于叶赫,俟质子归,吾即往娶,与尔合谋矣。"随将城垣修筑三层以自固,质于叶赫之子亦撤回。于是太祖复遣使曰:"今质子已归,汝意又何如也?"拜音达里恃城垣已固,遂绝亲。

后拜音达里贝勒又背约,未娶所聘之女。太祖昆都仑汗遣使曰:"尔先前二次助叶赫兵来,今已聘吾女,何故背约?"拜音达里贝勒愠对:"待吾赎回质于叶赫之子,即娶汝女,与汝一心。"随之筑三层城垣以自固,撤回质于叶赫之子。太祖复遣使曰:"尔质于叶赫之子已归,今又如何?"拜音达里贝勒恃其地已固,遂负约。

taidzu kundulen han cooha gaifi hoifai gurun be dailame, uyun biyai ice uyun de jurafi, juwan duin de isinafi, hoifai hoton be kafi afame gaifi hoton i ejen baindari beilei ama jui geren cooha be wafi, irgen be dahabufi cooha bederehe, hoifai gurun tereci umesi gukuhe.

太祖即于九月九日率兵往伐其国,十四日兵到,即时克之,杀拜音达里父子,屠其兵,招服其民,遂班师,辉发国从此灭矣。

太祖昆都仑汗即于九月初九日率兵往伐辉发国,十四日至,围攻辉发城,克之,杀城主拜音达里贝勒父子及众兵,招服百姓而回,辉发国从此灭矣。

suwayan bonio aniya ilan biya de, taidzu kundulen han ini jui argatu tumen beile deo i jui amin taiji de sunja minggan cooha be afabufi unggifi ulai gurun i ihan alin genbungge hoton be kafi afame gaifi，emu minggan cooha be waha，ilan tanggū uksin bahafi，olji gajime cooha bedereme jidere de. ulai bujantai beilei cooha monggoi korcin i unggadai beilei cooha acafi tucifi ulai hoton ci orin bai dubede ilifi，aldangga tuwafi afaci ojoro cooha waka seme gisurefi bederehe.

戊申年三月，太祖令子阿尔哈图图们及侄阿敏台吉领兵五千，往乌拉部围宜罕山城，克之，杀千余人，获甲三百副，尽收人畜而回。时乌拉布占泰与蒙古科尔沁翁阿岱贝勒合兵，出乌拉城约二十里，见我兵之势难敌，遂回。

戊申年三月，太祖昆都仑汗遣其子阿尔哈图图们贝勒、弟之子阿敏台吉率兵五千，围攻乌拉国宜罕山城，克之，杀一千人，得三百盔甲，尽收人畜而回。时乌拉布占泰贝勒、蒙古科尔沁翁阿岱贝勒合兵，出乌拉城二十里而立，遥望之，见势不能胜，遂议回师。

tere aniya，taidzu kundulen han daiming gurun i wan lii han i baru sain banjiki seme geren ambasa i baru hendume，ehe be gūnici emu inenggi andan de，sain doro be udu udu jalan de baici baharakū sere，muse daiming gurun i emgi abka na de akdulafi sain banjiki seme gisurefi，hodung ni bai liyoodung hecen i fujiyang，fušun šo hoton i wang bei ioi guwan i emgi acafi，wehe de folome bithe arafi，abka de šanggiyan morin wafi gashūha，tere gashūha bithe i gisun，han i jase be nikan manju yaya hūlhame dabaci，dabaha niyalma be saha niyalma waki，safi warakūci，waha akū niyalma de sui isikini. ere gisun be daiming gurun aifuci，daiming han i guwangning ni dutan，dzung bing guwan，liyoodung ni dooli，fujiyang，k'ai yuwan i dooli，ts'anjiyang ere ninggun amban yamun i hafansa de ehe sui isikini. manju aifuci，manju de ehe sui isikini seme wehei bithe be jasei jakarame baba de ilibuha gashūha.

是年，太祖欲与明国和好，谓群臣曰："俗言一朝为恶而有余，终身为善而不足，今欲与明国昭告天地，以通和好。"言毕，遂会辽阳副将、抚顺所备御，宰白马祭天刻誓辞于碑，曰："各守两国边境，敢有窃逾者，无论满洲与汉人，见之即杀，若见而不杀，殃及于不杀之人。明国若负此盟，广宁巡抚、总兵、辽阳道、副将、开原道、参将等官必受其殃。若满洲国负此盟，满洲必受其殃。"誓毕，沿边立碑以为记。

是年，太祖昆都仑汗欲与大明国万历汗修好，谓众臣曰："欲为恶，一日即成，欲为善，几世而不得，今欲与大明国昭告天地，以通和好。"遂会河东地方辽东城副将、抚顺所王备御官，刻字于石碑，宰白马祭天，立誓，誓词曰："汉人、满洲各守边界，见有偷越者即杀，若见而不杀，不杀之人即罹罪。大明国若背约，大明汗之广宁巡抚、总兵官、辽东道、副将、开原道、参将此六臣衙门之官员俱罹罪。若满洲食言，则满洲将罹罪。"沿边界立下石碑。

tere fonde ulai bujantai beile ini ihan alin i hoton be gaiha de golofi, elcin yabume deribufi uyun biya de bujantai beile dasame sain ofi banjiki seme yehei narimbulu beile i susai niyalma be jafafi taidzu kundulen han i elcin de bufi gemu waha. tereci bujantai beile ambasa be takūrafi baime, bi duin sunja jergi gashūha gisun be gūwaliyafi han ama de ehe ofi umai dere akū, han ama i beye de banjiha emu jui be minde sargan buci bi enteheme akdafi banjiki sehe mangg. taidzu kundulen han ini beye de banjiha mukusi gege be geli sargan bume, ambasa be takūrafi dorolome benehe.

布占泰见其宜罕山城被克，大惧，遣使往来，欲守前好，于九月擒叶赫五十人付太祖之使杀之。自此，布占泰遣其臣来求曰："吾累次背盟，获罪于恩父，诚无颜面，若得恩父之女与我为妻，吾永赖之。”太祖复将生女穆库什公主妻之，遣侍臣以礼仪往送。

彼时，乌拉布占泰贝勒因其宜罕山城被克，大惧，始遣使往来。九月，布占泰贝勒欲重归于好，执叶赫纳林布禄贝勒五十人与太祖昆都仑汗使者，俱诛之。其后，布占泰贝勒遣大臣来求曰：“吾四五次背盟，获罪于汗父，全无颜面，若得汗父一亲生女与我为妻，吾将永世倚汗为生。”太祖昆都仑汗复将亲生女穆库什格格与其为妻，遣大臣以礼送往。

sohon coko aniya juwe biya de，manju gurun i taidzu kundulen han daiming gurun i wan lii han de bithe unggime，solho i jasei jakarame tehe warka aiman i niyalma gemu miningge kai，tere be baicafi minde bu secina seme habšaha manggi，wan lii han solhoi wang de elcin takūrafi，gemu baicabufi minggan tucibufi unggihe.

己酉年二月，太祖遣使致书于明国曰：“邻朝鲜境瓦尔喀部众皆吾所属，有入朝鲜者可传谕查与。”于是明万历帝遣使谕朝鲜国，查千余户归之。

己酉年二月，满洲国太祖昆都仑汗致书大明国万历汗，讼曰：“沿朝鲜边界所居之瓦尔喀人皆我所属，请清查彼等与我。”万历汗遣使朝鲜国王，谕令尽皆清查，查出千余户遣归。

jorgon biya de，manju gurun i taidzu kundulen han hūrgan hiya de emu minggan cooha afabufi dergi mederi weji i aiman i huye i holo be dailame unggifi，guye i golo be gemu gaiha，juwe minggan olji bahafi gajiha. hūrgan hiya be tere huye i golo be dahabufi gajiha seme uksin saca morin šangnafi，darhan hiya seme gebu buhe.

十二月，太祖命扈尔汉辖领兵一千征东海窝集部所属瑚叶路，克之，获人畜二千而还。因有功，赏扈尔汉辖盔甲、马匹，仍赐名达尔汉辖。

十二月，满洲国太祖昆都仑汗遣扈尔汉辖领兵一千征东海窝集部瑚叶路，尽克之，得人畜二千。扈尔汉辖因招服瑚叶路有功，赏盔甲、马匹，赐名达尔汉辖。

tere fonde taidzu kundulen han de dahaha dergi mederi weji i aiman i suifun i goloi tulen i gebungge amban be ineku weji i aiman i yaran i goloi niyalma gamaha manggi.

时窝集部内绥芬路长图楞乃夙附太祖者，被本部雅兰路人掳去。

彼时，归附太祖之东海窝集部绥芬路路长图楞为本部雅兰路人掳去。

šanggiyan indahūn aniya omšon biyade，taidzu kundulen han eidu baturu de emu minggan cooha be afabufi unggifi dergi mederi weiji i aiman i namdulu，suifun，ningguta，nimaca ere duin goloi amban kanggūri，kakduri，anggū，minggatu，uluka，sengge，nakari，tangsungga，yekšu be gemu dahabufi. boigon be juleri jurambufi，eidu baturu cooha gaifi amasi bedereme genefi，yaran i golo be sucufi gemu gaifi，emu tumen olji gajime，cooha bederehe.

庚戌岁十一月，太祖命额亦都领兵一千往窝集部内那木都鲁、绥芬、宁古塔、尼马察四路，将其路长康古礼、喀克笃礼、昂古、明噶图、乌鲁喀、僧格、尼喀里、瑭松噶、叶克书等尽招服之。令其举家先赴满洲，复领兵击雅兰路，获人畜万余而回。

庚戌年十一月，太祖昆都仑汗遣额亦都巴图鲁领兵一千往东海窝集部，将那木都鲁、绥芬、宁古塔、尼玛察四路路长康古礼、喀克笃礼、昂古、明噶图、乌鲁喀、僧格、尼喀里、德松噶、叶克书等尽皆招服。令其人户先行起程，额亦都巴图鲁率兵返，袭雅兰路，尽取之，得人畜一万而回。

šahūn ulgiyan aniya juwe biya de，taidzu kundulen han gurun i dorgi sargan akū yadara joboro niyalma be gemu baicafi，minggan funcere niyalma de sargan buhe，hehe isirakū ofi，ku i ulin be tucibufi，sargan bahakū niyalma de sargan gaisu seme buhe，irgen gemu urgunjehe.

辛亥年二月，太祖查本国寒苦旷夫千余，皆给配，中有未得者发库财与之，令其自娶，于是民皆大悦。

辛亥年二月，太祖昆都仑汗清查国人中穷苦无妻者千余人，配以妻，因女子不足，遂出国库财物，令未得妻者自娶，民皆大悦。

nadan biyade，taidzu kundulen han ini jui abatai taiji fiongdon jargūci šongkoro baturu de emu minggan cooha afabufi unggihe，tere cooha genefi dergi mederi weji i aiman i urgucen，muren juwe golo be sucufi gemu gajiha.

七月，太祖命子阿巴泰台吉、费英东、硕翁科罗等领兵一千，讨窝集部内乌尔古宸、木伦二路，皆取之。

七月，太祖昆都仑汗遣其子阿巴泰台吉与费英东扎尔固齐、硕翁科罗巴图鲁领兵一千，往征东海窝集部乌尔古宸、木伦二路，皆取之。

jakūn biyai juwan uyun de，taidzu kundulen han i emu emei deo darhan baturu beile akū oho，dehi jakūn se bihe. darhan baturu beile de banjihangge amin，jasaktu，tulun，jaisanggū，jirgalang，fiyanggū ninggun haha jui.

八月十九日，太祖同胞弟达尔汉巴图鲁薨，年四十八岁。生六子，长曰阿敏，次曰扎萨克图，三曰图伦，四曰斋桑古，五曰济尔哈朗，六曰篇古。

八月十九日，太祖昆都仑汗同母弟达尔汉巴图鲁贝勒薨，年四十八。达尔汉巴图鲁贝勒生阿敏、扎萨克图、图伦、斋桑古、济尔哈朗、费扬古六子。

tere fonde dergi mederi hūrga i aiman i jakūta bai niyalma taidzu kundulen han de dahaha manggi，gūsin uksin buhe，tere uksin be gamafi weji i aiman i sahaliyan i bai niyalma de bufi，moo de nerebufi gabtabuha. jai geli ulai gurun i bujantai beile inde daha seme benehe boso be alime gaiha manggi.

时东海瑚尔哈部内扎库塔处居民来附，太祖赐甲三十副。此民将所赐之甲送与窝集部内萨哈连处居人，披于木上射之。又受乌拉国布占泰招抚布匹。

彼时，东海瑚尔哈部扎库塔处人来归太祖昆都仑汗，赐其盔甲三十副。此人带回三十副盔甲，即送与窝集部萨哈连处人，披于树上射之。又受乌拉国布占泰贝勒为招抚而送之布匹。

jorgon biya de，han i hojihon hohori efu，eidu baturu，darhan hiya ere ilan amban de juwe minggan cooha afabufi weji i aiman i hūrgai golo be dailame genefi jakūtai hoton be ilan inenggi kafi，daha seci daharakū ofi afame，hoton de dosifi，emu minggan niyalma be waha，juwe minggan olji baha，terei šurdeme golo be dahabufi tulešen， erešen gebungge amban sunja tanggū boigon be dalime gajiha.

十二月，命何和里额驸、额亦都、达尔汉辖三人领兵二千，征瑚尔哈路，围扎库塔城三日，招之而不服，遂拔其城，杀兵一千，获人畜二千，相近各路皆招服，将图勒伸、额勒伸二路长及人民五百人户收之而回。

十二月，汗之婿何和里额驸、额亦都巴图鲁、达尔汉辖三大将领兵二千，往征窝集部瑚尔哈路，围扎库塔城三日，因招之不服，遂攻入城，杀一千人，得人畜二千，尽服周围各路，将图勒伸、额勒伸二臣及五百人户带回。

sahaliyan singgeri aniya，taidzu kundulen han monggo gurun i korcin i minggan beilei sargan jui be sain seme donjifi，elcin takūrafi gaiki sere jakade，minggan beile ini sargan jui be da eigen ci hokobufi，ini yehe de dafi uyun halai gurun i cooha jihe fonde bontoho morin yalufi burulame tucike orici aniya，ini sargan jui be benjire de，taidzu kundulen han dorolome okdofi amba sarin sarilame gaiha.

壬子年，昔蒙古科尔沁部明安贝勒尝从叶赫九部兵来，战败乘骣马逃回，至是已二十年矣。太祖闻其女颇有淑范，遣使欲娶之。明安贝勒遂拒他部之请，送其女来，太祖以礼亲迎，大宴成婚。

壬子年，明安贝勒昔助叶赫，随九国兵来，骑骣马败逃出，已二十年矣。太祖昆都仑汗闻蒙古国科尔沁明安贝勒之女贤，遣使欲娶之。明安贝勒遂令其女辞去原夫，送与太祖，太祖昆都仑汗以礼迎接，大宴而娶之。

tere fonde，ulai gurun i bujantai beile geli gūwaliyafi，manju gurun i taidzu kundulen han de dahaha weji i aiman i hūrgai golo be juwe jergi sucufi gamaha，jai taidzu kundulen han i yabufi jafan buhe yehei gurun i bujai beilei sargan jui be gaimbi seme gisurehe，han i buhe sargan jui onje gege be yordoho. tere be donjifi，taidzu kundulen han ambula korsofi，uyun biyai orin juwe de geren cooha be gaifi ulai gurun be dailame juraka，orin uyun de cooha isinafi. taidzu kundulen han suwayan sara tukiyefi laba bileri fulgiyeme tungken can dume amba cooha ulai birai bitumen generede.

时布占泰复背盟，掠太祖所属窝集部内瑚尔哈路二次，及欲娶太祖所定叶赫国布斋贝勒之女，又以骲箭射太祖侄女娥恩哲。太祖闻之大怒，遂于九月二十二日领大兵往征之，二十九日至乌拉国。太祖张黄盖，鸣鼓乐，沿乌拉河岸而行。

时乌拉国布占泰贝勒复背盟，袭归顺满洲国太祖昆都仑汗之窝集部瑚尔哈路二次，又欲娶太祖昆都仑汗行过聘礼之叶赫国布斋贝勒之女，且以骲箭射汗所嫁之女娥恩哲格格。太祖昆都仑汗闻之大怒，九月二十二日，率大军起程征讨乌拉国，二十九日兵至。太祖昆都仑汗张黄盖，吹号击鼓，大军沿乌拉河前进。

ulai bujantai beile cooha gaifi hecen ci tucifi okdome jifi ulai birai dalin de ilifi tuwaci，manju gurun i cooha uksin saca giltarjame，niyalma tasha i adali，morin muduri adali horon hūsun gelecuke，ulai coohai niyalma sabufi gemu golofi afara mujilen akū.

布占泰领兵出城迎敌，至河边，见满洲兵盔甲鲜明，兵马雄壮，众皆失色，无斗志。

乌拉布占泰贝勒领兵出城迎战，立于乌拉河岸而观，满洲兵盔甲明亮，人如虎，马似龙，威武有力，乌拉兵见之，俱大惊，无作战之胆。

tereci taidzu kundulen han ulai birai dalin be bitume wasifi, ebergi dalin i sunja hoton be afame gaifi, ulai gurun i bujantai beilei tehe amba hecen i wargi dukai teisu juwe bai dubei birai bajargi gin jeo gebungge hoton be geli afame gaifi ing iliha.

太祖遂沿河岸而下，克其五城，直抵于河西岸距布占泰居城二里，克其金州城，安营。

于是太祖昆都仑汗沿乌拉河岸而下，克此岸五城，又克正对乌拉国布占泰贝勒所居大城西门二里处河彼岸之金州城，安营。

juwan biyai ice inenggi, taidzu kundulen han abka de ihan wafi tu weceme tucifi tuwaci, šun dekdere ergi ci abka ci šanggiyan lamun siren sumafi, ulai amba hecen i amargi de hadahabi. tubade ilan dedume babai jeku be tuwa sindame manabume bisire de. ulai bujantai beile inenggi oci cooha gaifi hecen ci tucifi birai dalin de bakcilame ilimbi, dobori oci hecen de dosifi dedumbi.

十月初一日，太祖出营以太牢告天祭旗，忽见东南有气青白二色，直冲乌拉城北。我兵屯留三日，遣兵四出，尽焚其粮。乌拉兵昼则出城对垒于河边，夜则入城歇息。

十月初一日，太祖昆都仑汗宰牛告天祭旗，出而观之，天东南有白蓝二气出，直冲乌拉大城北。满洲兵于彼处驻军三日，纵火尽焚各处粮仓。乌拉布占泰贝勒昼则率兵出城对垒于河岸，夜则入城休息。

taidzu kundulen han i juwe jui mangūltai beile, □□□beile bira be doofi afaki seci, han hendume, suwe muke be oilori waidara adali ume gisurere fere be heceme gisure cina, amba moo be uthai bilaci bijambio? suhei sacime giyatarame narhūn obufi bilaci bijambi dere. teherehe amba gurun be emu mudan de wacihiyaki seci wajimbio? tulergi gurun be gemu argiyame gaiki amba hecen i funcefi tulergi gurun gemu gaibufi, aha wajici ejen adarame bimbi? jušen wajici beile adarame banjimbi seme hendume oho akū, tere ninggun hoton be gemu efulefi, boo jeku be gemu tuwa sindafi bedereme jime, folha gebungge dogonde ing iliha manggi.

太祖二子莽古尔泰贝勒、□□□贝勒欲渡河击之，太祖曰："不然，汝等出言毋若浮面取水之易也，须探其底里耳。欲伐大木岂能骤折？必以斧斤伐之，渐至微细，然后能折。相等之国欲一举取之，岂能尽灭乎？且将所属城郭尽削平之，独存其都城，如此则无仆何以为主？无民何以为君？"遂毁所得六城，焚其房谷，回至富尔哈河安营。

太祖昆都仑汗二子莽古尔泰贝勒、〈皇太极〉贝勒欲渡河攻之，汗曰："汝等勿言如浮面舀水之易也，须尽其底里耳。大树岂能骤折耶？须以斧伐之，渐侵至细密，方能折。同等大国岂能骤得耶？须尽数削平外围城郭，只留大都，倘外围城郭皆平，则无奴何以为主？无诸申何以为贝勒？"遂毁所得六城，纵火焚房舍粮食，回至富尔哈津安营。

ulai bujantai beile ubahai baturu be unggifi weihude tefi jifi weihui dele ilifi hūlame hendume, ama han korsofi jili banjifi cooha jihebidere, ama han i jili banjihangge bederehe kai, emu gisun be hendufi genere biheo seme hūlafi, ilan mudan elcin takūršame gisurefi. bujantai beile ninggun amban be gaifi weihude tefi birai dulimbade jifi ilifi weihui dele niyakūrafi hengkilefi hūlame hendume, ulai gurun ama han sini gurun kai, jeku be tuwa sindara be nakara biheo seme hengkileme baiha manggi.

布占泰令吴巴海巴图鲁乘舟而来，立于舟上，呼曰："恩父汗兴兵，无非乘怒而来，今恩父之怒已息，可留一言而去。”如此遣使三次，布占泰又亲率六将乘舟来至河中，于舟上顿首呼曰：“乌拉国即恩父之国也，焚粮之火可息乎？”

乌拉布占泰贝勒遣吴巴海巴图鲁乘小舟来，立于舟上，呼道：“父汗因怒兴兵而来，今父汗气已消，可留一言而去。”如此遣使三次。布占泰贝勒又率六大臣乘舟来至河中，于舟上跪叩恳求，呼道：“乌拉国即父汗之国也，焚粮之火可息乎？”

taidzu kundulen han giltari uksin etufi amba šanggiyan suru morin yalufi beise ambasa be gaifi geren coohai juleri tucifi bira de morin i hefeli deri olome ilifi den jilgan i jilidame hendume，bujantai simbe bi dain de jafafi wara beyebe ujifi sindafi unggifi ulai gurun de ejen obuha，mini ilan sargan jui be sinde sargan buhe，abka be den na be jiramin seme nadan jergi gashūha gisun be gūwaliyafi，mini harangga hūrgai golo be juwe jergi sucufi gajiha，mini jafan bume yabuha yehei sargan jui be bujantai si durime gaimbi seme gisurehe，jai geli mini sargan jui be yordoho，mini juse be encu gurun de genefi ejen fujin ofi banjikini seme buhe dere，simbe yordokini seme buhe biheo? mini jui ehe weile araci minde alanjicina，abka ci wasika aisin gioro halai niyalma de gala isika kooli be si tucibu，tanggū jalan be sarkū dere，juwan jalan ci ebsi si sarkū bio? mini aisin gioro halangga niyalma de gala isika kooi bici，bujantai si uru okini，mini cooha jihengge waka mujangga，gala isika kooli akū oci，bujantai si ai turgun de mini jui be yordoho? ere yordoho gebu be bi tunggen de tebeliyefi tembio? buceci gamambio? julgei niyalmai henduhengge gebu bijara anggala girangge bija sehebi.

太祖披明甲，乘白马，率诸王大臣直出众军前，至河中水及马腹，厉声曰："布占泰先擒汝于阵中，已死之身吾养之，释为乌拉国主，仍以三女妻之。今欺蔑皇天后土，背七次盟言，掳吾所属瑚尔哈路二次，又欲强娶吾已聘叶赫之女，又以骲箭射吾女，吾将女嫁汝异国，原为匹偶，曾令汝以骲箭射之乎？若吾女所为不善，当来告我，天生爱新觉罗人曾被谁责辱？汝试言之，百世以前汝或不知，十世以来汝岂不知？脱有之则汝射之为是，我兵之来诚非，若其无之，尔何故射吾女？此受辱之名我将匿之于心乎？抑将徒抱于九泉乎？语云：'宁销其骨，莫毁其名。'吾非乐于举兵，闻射吾女，故亲举兵来。"

太祖昆都仑汗披亮甲，乘白马，率诸贝勒大臣出众军前，涉水至河中，水及马腹而立，厉声曰："布占泰汝为我阵中所擒，当杀之身恩养之，令为乌拉国主，吾之三女皆与汝为妻。天高地厚，汝七次背盟，两次袭瑚尔哈路。布占泰汝又欲夺娶我所聘叶赫女，又以骲箭射吾女，吾嫁女与汝异国，原为汗之福金，曾令汝以骲箭射之乎？吾女倘作恶有罪，汝当来告我，天生吾爱新觉罗氏人，有为人责之理乎？汝试指出，百世之前或不知，十世以来汝岂得不知？若吾爱新觉罗氏人有被责之理，布占泰汝为是，吾兴兵来诚为非；若无被责之理，布占泰汝何故以骲箭射吾女？此为骲箭射之名，吾藏于心乎？死而带去乎？古人云：'宁销其骨，莫毁其名。'吾不乐兴兵，但闻吾女被射，故因怒亲率兵来。"

ulai bujantai beile jabume, musei ama jui be ehe okini seme niyalma belembi dere, sini jui be yordoro sini yabuha sargan jui be bi gaimbi seme gisurehe bici, dele abka bi, bi mukei dele ilihabi, mukei ejen muduri han adambio? tere gisun gemu tašan kai. bujantai beilei amban labtai jargūci geli sirame jabume, han sini enteke korsoho ba bici, emu niyalma be elcin takūrame fonjicina sehe manggi.

布占泰对曰："或者人以谗言令吾父子不睦，若果射汝女，欲娶汝婚，上有天在，吾今在水上，龙神亦鉴之，似此谗言皆虚妄耳。"布占泰部将拉布太扎尔固齐继言曰："汗有此怒，盍遣一使来问。"

乌拉布占泰贝勒答曰："乃有人诬陷，欲使吾父子交恶也，若果以骲箭射汝女，欲娶汝所聘之女，上有皇天，吾今立于水上，水之主龙王亦作陪，彼言皆虚妄耳。"布占泰贝勒之臣拉布太扎尔固齐继对曰："汗若有此怒，可遣一使来问。"

taidzu kundulen han hendume, labtai sini gese niyalma minde akūn? mini jui be yordoho be si akū sembio? mini yabuha sargan jui be durime gaiki sehengge be tašan sembio? tašan oci, bi yargiyalame fonjimbi dere, yargiyan bade bi ainu fonjimbi? ere bira geli juhe jafarakū kooi bio? bi sinde te emgeri ilinjirakū doro bio? labtai si mini loho be alime gaime mutereo seme henduhe manggi, buhantai beile golofi, labtai be jai ume jabure seme nakabuha manggi.

太祖曰："拉布太，我部下岂无似汝之人？汝尚以射吾女为无此事，娶吾婚为妄言耶？若事有不实，须再问，事已的矣，何以问为？此河安有不结冰之日？吾兵岂有不复临之理？彼时汝能当吾之刀乎？"布占泰大惊，止拉布太勿言。

太祖昆都仑汗曰："拉布太，吾岂无似汝之人？汝言以骲箭射吾女为无有耶？欲强娶吾所聘女子为妄言耶？若有不实，吾当询之，果为事实，何必问之？此河焉有不结冰之理？吾今岂有不复来之理？拉布太，汝能受吾之刀乎？"布占泰贝勒大惊，止拉布太勿再答。

bujantai beilei deo karkama baime hendume, han onco be gūnici, emu gisun be toktobufi genere biheo? han hendume, mini jui be yordoho akū, mini yabuha sargan jui be gaiki sehengge akū tondo seci bujantai sini juse, ambasa i juse be damtun benjihe de si tondo mangga, juse be damtun benjirakū oci bi sinde akdarakū seme hendufi amasi bedereme ing de jifi, ulai gurun i dolo uhereme sunja inenggi indefi cooha bedereme jiderede, ulai birai dalin i olhon tung gebungge bai imahū gebungge hada i ninggu de moo i hoton arafi emu minggan cooha be werifi cooha bederehe.

布占泰弟喀尔喀玛哀恳曰："汗若宽大其度，请决一言而行。"太祖曰："尔果未射吾女，娶吾婚，可将汝子并大臣之子为质，方见其真，不然，吾不信也。"言毕遂回营。在乌拉国存五日，至乌拉河边，于鄂勒珲通处伊玛呼山上，以木为城，留兵一千而回。

布占泰贝勒弟喀尔喀玛求曰："汗若宽大其度，请决一言而行。"汗曰："布占泰，尔若忠直，果未射吾女，不欲娶吾所聘之女，可送汝子并大臣之子为质，汝之忠直方为真，若不送子为质，吾不信汝。"言毕遂回营。驻于乌拉国内五日，乃班师，至乌拉河岸鄂勒珲通处伊玛呼山上，以木筑城，留兵一千而回。

jorgon biyade, abkai siren ulai gurun i ergici tucifi, manju gurun i taidzu kundulen han i tehe booi julergi leosei julerki be duleme hūlan hadai juleri isinaha bihe. tereci taidzu kundulen han emu aniya otolo ulai bujantai beile be sain ojoroo seme tuwaci, bujantai beile ini sahaliyan gebungge sargan jui, cokinai gebungge haha jui jai juwan nadan amban i juse be yehe damtun benefi, taidzu kundulen han i yabuha yehei sargan jui be gaimbi, taidzu kundulen han i juwe sargan jui be den hashan i boo de horimbi seme donjifi, sahahūn ihan aniya aniya biyade, manju gurun i taidzu kundulen han geren cooha be gaifi ulai gurun be dailame amba cooha juraka.

十二月，有白气起，自乌拉国越太祖宫楼南，直至呼兰山。自此，太祖以布占泰或有和好之意，延及一年，又闻布占泰欲将女萨哈连、男绰启鼐及十七臣之子送叶赫为质，娶太祖所聘之女，又欲囚太祖二女。癸丑年正月亲率大兵往征之。

十二月，天有气自乌拉国出，越满洲国太祖昆都仑汗屋前楼阁南，直至呼兰山前。自此，太祖昆都仑汗延及一年，试观乌拉布占泰贝勒有无和好之意，闻布占泰贝勒欲送其女萨哈连、子绰启鼐及十七臣之子与叶赫为质，娶太祖昆都仑汗所聘叶赫女，又欲囚太祖昆都仑汗二女于高栅房内。遂于癸丑年正月亲率大军起程往征乌拉国。

ulai bujantai beile juwan jakūn i inenggi ini juse be yehe de damtun beneme jurambi serede，juwan nadan i inenggi taidzu kundulen han i amba cooha isinafi，ulai gurun i sunjatai hoton be afame gaifi，cooha julesi dosifi godoi hoton，omoi hoton be gaifi ing iliha. jai ineng ulai bujantai beile ilan tumen cooha gaifi okdome fulha gebungge hoton be duleme jihe manggi，taidzu kundulen han i coohai beise ambasa genefi afaki seci，taidzu kundulen han tafulame，amba gurun i dain be uthai wacihiyaki seci wajimbio seme neneme jihe mudan de henduhe gisun i adali irgebume henduhe manggi.

布占泰拟十八日送子与叶赫为质，太祖大兵十七日已至，攻取孙扎泰城，领兵前进，克郭多、鄂谟二城，屯兵。次日，布占泰率兵三万，越富尔哈城迎敌，太祖部下领兵诸王大臣欲抵敌，太祖止之，曰：“岂有伐大国能遽使之无子遗乎?”仍将前谕之言复申之。

乌拉布占泰贝勒十八日欲起程送子往叶赫为质，十七日，太祖昆都仑汗大军已至，攻克乌拉国孙扎泰城，大军前进，取郭多、鄂谟二城，安营。次日，乌拉布占泰贝勒率兵三万，越富尔哈城而来，太祖昆都仑汗之领兵诸贝勒大臣欲往战，太祖昆都仑汗止之，曰：“大国交战，岂能欲速成即成耶?” 仍将前谕之言复申之。

taidzu kundulen han i jui guyeng baturu beile, deo i jui amin beile, amban fiongdon jargūci, hohori efu, darhan hiya, eidu baturu šongkoro baturu ere sunja amban geren beise gemu fafuršame hendume, ai argai bujantai cooha be hecen ci tucibure sehe bihe, ere beleni tala de tucike cooha be afarakū oci, jai booci cooha tucifi ainambi? jai coohai agūra be dasaha morin be tarhūbuha seme ai baita? bujantai yehei sargan jui be gaime jabduha manggi, tere koro gicuke be ainambi? jai amala dailaha seme ai tusa? akta be tarhūlafi cooha be dasafi jihe dahame afaki dere sehe manggi.

太祖子古英巴图鲁、侄阿敏及费英东、何和里额驸、达尔汉辖、额亦都、硕翁科罗等奋然曰：“初恐布占泰不出城，尚议设计赚之，今彼兵既出，舍此不战兴兵何为？厉兵秣马何用？布占泰倘娶叶赫女，其辱当何如？后虽征之无益矣。今人强马壮既至此，可与一战。”

太祖昆都仑汗子古英巴图鲁贝勒、弟之子阿敏贝勒、大将费英东扎尔固齐、何和里额驸、达尔汉辖、额亦都巴图鲁、硕翁科罗巴图鲁，此五大臣及诸贝勒皆奋然曰：“先时尚议以何计引布占泰兵出城，今若不攻彼既出之兵，则兴兵何为？厉兵秣马何用？布占泰若得娶叶赫女，其辱又当何如？后复伐之，又有何益？今既兵强马壮至此，可与一战。”

taidzu kundulen han hendume, juwe gurun i amba dain acafi afaci urunakū mini beye mini ujihe juse sunja amban muse juleri gaifi afambi, aikabade musei ujulaha beise ambasai beye emken juwe tuherahū seme hairambi dere, mini beye de geleme tafularangge waka. abkai keside mini beye ajigan ci tanggū minggan cooha de emhun dosifi gabtame sacime kūthūme afame yabume seme jilidame hendufi, afaci afaki yabu, mini uksin saca gaji seme gaifi etuki seme ilire jakade, coohai beise ambasa geren coohai niyalma gemu afarakū ayoo seme dolo jobome isafi donjime bihengge afambi sere jakade, dur seme geren gemu urgunjere jilgan abka akjandara na aššara gese coohai niyalma gemu uksin saca etume wajiha manggi.

太祖曰："两国兵连，必吾与诸王及五大臣身先之，但惜诸王大臣等恐有一二见伤，非为吾身怯惧而止之也。"乃怒而言曰："蒙皇天眷助，吾自幼于千百军中孤身突入，弓矢相交，兵刃相接，不知几经鏖战，今既欲战，即当战。"言毕，遂披甲进战。其诸王、大臣、军士惟恐不战，正疑虑间，及闻进战，皆欣跃，欢声如雷，震动天地，军士尽甲。

太祖昆都仑汗曰："两国大军相会而战，必是吾与吾子、五大臣率先攻之，倘吾等为首之贝勒大臣有一二人倒下，甚是可惜，非为吾自身惧怕而劝止。蒙天眷佑，吾自幼于千百军中孤身独入，几经射杀混战。"乃怒而言曰："今欲战即战，取吾盔甲来。"即服之而立。领兵诸贝勒大臣及众兵士唯恐不战，正心忧间，及闻进战，皆欣悦，欢声如雷，震动天地，兵士尽甲。

taidzu kundulen han bata be gidara hecen be gaijara arga be geren cooha de tacibume hendume, aikabade abkai keside bata be gadaha manggi etehe hūsun i uthai duka be durifi hecen be gaiki seme tokto-bufi. tereci cooha aššafi geneci. bujantai beile ilan tumen cooha be gaifi fulhai hoton be duleme jifi，coohai niyalma be yafahalabufi faidafi alime gaiha，manjui cooha ulai cooha hanci tanggū okson i dubede morin ci ebufi yafahalafi ibeme genefi afara de.

太祖决破敌下城之策，谕军士曰："倘蒙天佑，能败敌兵，可乘势夺门取城。"遂前进。布占泰率三万兵步行，列阵以待，两军相距百步，满洲兵亦下马进战。

太祖昆都仑汗授败敌克城之计，谕曰："若蒙天佑而败敌，当乘势夺门取城，即可平定。"于是大军行进。布占泰贝勒率兵三万，越富尔哈城而来，兵士步行，列阵待战，满洲兵、乌拉兵相距百步，满洲兵亦下马步行进战。

taidzu kundulen han tuwaci，juwe coohai gabtara sirdan edun furgime nimanggi nimarara adali，hibsui ejen ilha juweme deyerei gese afandure sukdun abka de sujunahabi，han mujilen dosorakū ini beye geli sacime dosika. manjui coohai beise ambasa geren cooha hūsutuleme afara jakade，ulai cooha uthai gidabufi，juwan i dolo ninggun nadan bucehe，funcehe cooha uksin saca coohai agūra be waliyafi duin ici samsime burulaha. manju i cooha etehe hūsun i deyerei gese genefi，duka be durifi hecen be gaifi.

太祖见两军之矢如风发雪落，声如群蜂，杀气动天，心中奋甚，遂杀入。诸王、大臣、军士皆奋勇冲击，乌拉兵遂败，十损六七，其余抛戈弃甲，四散而逃。满洲兵乘势飞奔夺门，遂取其城。

太祖昆都仑汗见两军发矢如风发雪落，声如群蜂，杀气冲天，汗心按捺不住，亲身入战。满洲领兵诸贝勒大臣及众军士奋力攻战，乌拉兵立时溃败，十伤六七，余兵抛戈弃甲，四散而逃。满洲兵乘胜飞奔而去，夺门克城。

manju i han hecen de dosifi hecen i šun tuhere ergi duka leosei dele tafafi tehe bici. ulai bujantai beile tanggū isirakū gidabuha cooha be gaifi hecen i baru ebšeme jici，hecen be aifini gaifi tu kiru tukiyehe bi，bujantai beile ambula golofi，teni burulaki serede. guyeng baturu beile emu baksan i siliha cooha be gaifi heturehe，bujantai beile terei horon be alici ojirakū burulafi，dahaha cooha amba dulin wabuha，funcehe cooha fakcafi samsime burulaha，bujantai beile arkan seme tucifi burulame yehei gurun de genehe.

太祖登城，坐西门楼上。时布占泰领败兵不满百奔城而来。其城早已被克，上竖太祖旗帜，遂大惊，及奔回，被古英巴图鲁领一旅精兵截之，布占泰见势不能敌，遂冲突而走。折兵大半，余皆溃散，布占泰仅以身免，投叶赫国去。

满洲汗入城，登西门楼上而坐。时乌拉布占泰贝勒率败兵不及百人，急奔城而来。城已被克，上竖小旗，布占泰贝勒大惊，方欲逃走，为古英巴图鲁贝勒领精兵一旅截住，布占泰贝勒见势不能敌，遂败走。随兵折伤大半，余皆溃散，布占泰贝勒仅以身脱出，投叶赫国去。

morin uksin saca coohai agūra toloci wajirakū baha，tereci ulai gurun i babai hecen hoton gemu dahaha. juwan inenggi indeme，gung baha jiyanggiyūn sa geren cooha de šangname bufi. ulai cooha afafi burulame tucifi amasi juse sargan be baime dosika niyalma de ini juse sargan aha be yooni bufi，tumen boigon arafi，tereci funcehe olji be geren cooha de dendeme bume wajifi cooha bedereme jihe，tereci ulai gurun umesi gukuhe.

获马匹、盔甲、器械无算，乌拉国所属城邑皆归附。存兵十日，升赏有功将士。乌拉兵败后，有觅妻子投来者，尽还其眷属，约万家，其余人畜散与众军，即回兵，乌拉国自此灭矣。

获马匹、盔甲、兵器无数，招服乌拉国各处城池。驻兵十日，封赏有功将士。乌拉兵败出后，有归觅妻儿投来者，皆还其妻儿、奴仆，编为民户，约万数，其余人畜分与众兵，遂班师，乌拉国自此灭矣。

卷四

taidzu kundulen han geren beise ambasa i baru hendume, gurun i banjire doro de mujilen tondo hebe akdun šajin fafun cira sain. akdun hebe be efulere, šajin fafun be heoledere, tenteke niyalma doro de baitakū, gurun de hutu kai. mini gisurehe gisun gemu uru ombio? ai-ka bade fudasihūn gisun oci beise ambasa suwe dere ume banjire. emu niyalmai gūniha anggala suweni geren i gisun uru akū doro bio? bah-anaha babe beise ambasa suwe hafulame hendu sehe.

太祖谓诸王大臣曰:“为国之道,心贵忠,谋贵密,法令贵严。至于泄密谋,慢法令者,无益于至道,乃国之祟也。吾所言果皆是欤?若有拂戾处,汝等勿面从。一人之智虑几何?汝等之言岂无切当处,宜各尽言所知。”

太祖昆都仑汗谓诸贝勒大臣曰:“国家生存之道,在于心忠、谋密、法令严。至于毁密谋、怠法令者,则无益于道,乃国之鬼祟也。吾所言皆是乎?倘有不是之言,诸贝勒大臣汝等莫顾颜面。一人之智虑几何?汝等众人之言岂无是之理?有见识之处,诸贝勒大臣汝等宜谏之。”

taidzu kundulen han yehei gurun de elcin takūrame dain de jafafi wara beye be ujifi mini ilan jui be buhe hojihon bujantai minde ehe dain oci, bi korsome dailafi ulai gurun be efulehe, suwende genehe bujantai be minde gaji seme ilan jergi takūraci, yehei gintaisi beile, buyanggū beile, bujantai be buhekū oho manggi.

太祖遣使如叶赫国，言："布占泰阵中被擒，应伏诛，吾养之，连妻以三女，因与我为仇，故怒而征之，乃破其国，身投汝地，当献与我。"如此遣使三次，叶赫国锦台什、布扬古贝勒不与。

太祖昆都仑汗遣使如叶赫国，曰："布占泰阵中被擒，应伏诛之身吾恩养之，以三女妻之为婿，布占泰反与我为仇，故怒而征之，破乌拉国，彼身投汝地，请将其与我。"如此遣使三次，叶赫锦台什贝勒、布扬古贝勒不与。

taidzu kundulen han uyun biyai ice ninggun de, duin tumen cooha be gaifi yehei gurun be dailame juraka, tere cooha jurandara medege be ukanju neneme genefi yehe de alanafi jang, gidangga i goloi niyalma be gemu bargiyafi gamahabi, usui hoton i niyalma be mama tucimbi seme bargiyafi gamahakū bi.

太祖于九月初六日，领兵四万征叶赫。时有逃者将声息预闻于叶赫，叶赫遂收璋、吉当阿二处部众，独乌苏城有痘疫未曾收去。

九月初六日，太祖昆都仑汗领兵四万起程征叶赫。时有逃人将大军起程声息预告知叶赫，叶赫遂尽收璋、吉当阿路之人，乌苏城之人因出痘而未收。

manju gurun i taidzu kundulen han i cooha isinafi, usui hoton be kafi hūlame hendume, hoton i niyalma suwe dahambi seci daha, daharakū oci afame gaimbi sehe manggi. hoton i niyalma hendume ujimbi seci dahaki, suweni ere weji moo, eyere mukei gese geren cooha jorgon biya de sabure nimanggi juhei gese uksin saca de meni hoton i niyalma adarame eljembi seme hendume. tere hoton i santan，hūsimu gebungge juwe amban hoton i duka be neifi dahame jifi，han de hengkileme acaha manggi. aisin i hūntahan de arki tebufi omibufi，han i etuhe ilan tana sindame šerin hadaha mahala，etuku bufi etubuhe.

太祖兵至，围乌苏城，招谕之，曰："城中军民降则已，不然必攻取之。"城中人曰："若养之则降，况大国师众如林，不绝如流，盔甲鲜明如三冬冰雪，吾等焉敢抗拒?"言讫，守将伞坦、扈实木二人开门出降，叩见。太祖以金杯赐酒，将所戴东珠金佛帽并衣赐之。

满洲国太祖昆都仑汗兵至，围乌苏城，呼曰："城中人等，尔等若降则已，不然即攻取之。"城中人曰："若养之即降，况汝等兵如密林流水，甲如十二月之冰雪，吾城中人如何抗得?"言讫，城中伞坦、扈实木二臣开城门出降，叩见汗毕。太祖以金杯盛酒赐饮，将所戴镶有东珠三只、钉有金佛之帽并衣赐之。

tereci jang ni hoton，gidanggai hoton，usui hoton，yahai hoton，hersui hoton，hodun i hoton，kabcilai hoton，ogidai hoton，uherime amba ajigen juwan uyun gašan i boo jeku be gemu tuwa sindafi，usui hoton i dahaha ilan tanggū boigon be gajime cooha bederehe.

其璋城、吉当阿城、乌苏城、雅哈城、赫尔苏城、和敦城、喀布齐赉城、鄂吉岱城，大小共十九处，尽焚其房谷，遂收乌苏降民三百户而回。

其璋城、吉当阿城、乌苏城、雅哈城、赫尔苏城、和敦城、喀布齐赉城、鄂吉岱城，大小共十九寨，放火尽焚其房谷，携乌苏城降民三百户而回。

tereci yehei gurun i gintaisi beile，buyanggū beile，manju gurun i taidzu kundulen han be ehecume daiming gurun i wan lii han de ambasa be unggifi habšame manju gurun, hada, hoifa, ula ilan gurun be dailame efulefi gemu gaiha, te mini yehe be dailame wacihiyafi baba i gurun be baha manggi, suweni daiming gurun be dailafi liyoodung ni hecen be gaifi ini beye tembi, k'ai yuwan, tiyei ling ni babe gaifi morin i adun ulebumbi sembi seme alara jakade.

是时，锦台什、布扬古使其臣谮太祖于明万历帝，曰："哈达、辉发、乌拉已被尽取矣，今复侵吾地，欲削平诸部，然后侵汝明国，取辽阳为都城，开原、铁岭为牧地。"

是时，叶赫国锦台什贝勒、布扬古贝勒诽谤满洲国太祖昆都仑汗，遣大臣往大明国万历汗处告状，曰："满洲国破哈达、辉发、乌拉三国，尽取之，今复伐吾叶赫，欲尽得诸部后，伐汝大明国，取辽东城以自住，取开原、铁岭为牧马场。"

wan lii han akdafi, manju gurun i taidzu kundulen han be yehei gurun be ume dailara, mini tafulara gisun be gaifi yehe be dailarakū oci, mimbe dere banime nakaha seme gūnire, mini gisun be gaijarakū yehe be dailaha de, bi inu atanggi bicibe mimbe dailambi seme hendume, iogi ma ši nan, jeo dai ci, poo, miyoociyang sindara emu minggan cooha be unggifi, yehe i gurun i juwe hoton de tuwakiyame tebuhe.

明万历帝信之，遣使来谓太祖曰："自今汝勿侵叶赫国，若肯从吾言，是存我和好，若不从吾言，后必有侵我之日。"遂遣游击马时楠、周大岐，带枪炮手一千，卫叶赫二城。

万历汗信其言，谓满洲国太祖昆都仑汗曰："今汝勿侵叶赫国，若听吾谏劝之言不伐叶赫，则是给吾颜面，心存和好，若不听吾言而伐叶赫，后必有侵吾之日。"乃遣游击马时楠、周大岐，领枪炮手一千，驻守叶赫国二城。

tere be manju gurun i taidzu kundulen han donjifi ini beye daiming gurun i fušun šo hecen de bithe benehe, tere bithe i gisun, meni manju gurun i dain, dade yehe, hada, ula, hoifa, monggo, sibe, gūwalca uyun halai gurun acafi daiming gurun i wan lii han i orin emuci sahahūn meihe aniya cooha jihe bihe, tere jihe cooha be abka wakalafi bi etehe. yehei dergi hoton i bujai beile wabuha, ulai bujantai beile weihun jafabuha. terei amala šanggiyan morin be wafi senggi be some, jui bume urun gaime sain banjiki seme, wan lii han i orin sunja ci fulahūn coko aniya dasame gashūme acaha. tere gisun be yehe gūwaliyafi, bumbi sehe sargan jui be burakū bi, jai mini ujihe ulai gurun i bujantai minde ehe ofi, bi dailafi cooha be waha, gurun be gemu bi baha, burulame emhun tucifi genehe bujantai beye be burakū ofi, bi yehe be dailambi kai. amba daiming gurun be, bi ai weile de dailambi seme bithe arafi, taidzu kundulen han ini beye daiming gurun i fušun šo hoton de bithe beneme geneme.

太祖闻之，修书曰："吾国兴兵，原为叶赫、哈达、乌拉、辉发、蒙古、锡伯、卦勒察九国，于癸巳年会兵侵我，上天罪彼，故令我胜。于时杀叶赫布斋，生擒乌拉布占泰。至丁酉年复盟，宰马歃血，互结婚姻，以通前好。后叶赫负盟，将原许之女悔亲不与，布占泰乃吾所恩养者，因与我为仇，伐之，杀其兵，得其国，彼身投叶赫，又留而不发，故欲征之。吾与大国有何故，乃侵犯乎?"书毕，亲赍诣抚顺所。

满洲国太祖昆都仑汗闻之，修书与大明国抚顺所城，书曰："吾满洲国兴兵，原为叶赫、哈达、乌拉、辉发、蒙古、锡伯、卦勒察九姓国会师，于癸巳大明国万历汗二十一年来侵我，上天责彼兵，故吾胜。杀叶赫东城之布斋贝勒，生擒乌拉布占泰贝勒。至丁酉万历汗二十五年复盟，宰白马歃血，互结姻亲，以通和好。后叶赫背誓，原许吾之女不与。又乌拉国布占泰贝勒系吾恩养，因与吾交恶，伐之，杀其兵，取其国，彼只身逃出，投叶赫，叶赫不肯交出布占泰，吾遂伐之。吾与大国有何故，而伐之耶?”书毕，太祖昆都仑汗亲赍诣大明国抚顺所城。

orin sunja i inenggi gure gebungge bigan de isinaha manggi，cimari erde šun tucime gūlmahūn erin de šun i juwe dalbaci duka arame fulgiyan niowanggiyan siren sucufi hanci dahalame yabumbi. tere siren be safi，taidzu kundulen han geren be gaifi abkai tere siren de hengkilehe manggi，dahara siren ilifi tutaha. tereci genefi fušun šo hoton de orin ninggun i cimari muduri erin de isinaha manggi，fušun šo hoton i iogi hafan lii yung fang ilan bai dubede okdofi morin i dele gala tukiyeceme acafi giyoocan de ebufi bithe bufi goidahakū tere erin de uthai bedereme jihe.

于二十五日，至一旷野处，名古呼，卯时日出，两旁如门，青赤二色祥光垂照，随行不已。太祖一见，遂率众拜之，其光乃止。二十六日辰时，至抚顺所，游击李永芳出三里外迎之，马上拱揖，接入教军场，将书与之，不移时即还。

二十五日，至一旷野处，名古勒，次日卯时日出，日两旁如门，有青红二光出，于附近随行。太祖昆都仑汗一见，遂率众对天拜之，其随行之光乃止。二十六日晨辰时，行至抚顺所城，抚顺所游击官李永芳迎至三里外，马上拱揖会见，至教场下马，将书与之，不多时即还。

niowanggiyan tasha aniya duin biya de, daiming gurun i wan lii han ini beiguwan siyoo be jyi be holtome amba hafan arafi kiyoo de tefi jakūn niyalma be tukiyebufi, han i bithe de hengkile seme horon sindame gelebume hacin hacin i ehe gisun i julgei ufaraha jabšaha kooli be bithe arafi gisurere de. taidzu kundulen han hendume, sini gelebure bithe de bi ainu hengkilembi seme, ehe gisun de ehe gisun, sain gisun de sain gisun karulame gisurefi, tuwahakū unggihe.

甲寅年四月，明万历帝遣守备萧伯芝来，诈称大臣，乘八抬轿，作威势，强令拜旨，述书中古今兴废之故，种种不善之言。太祖曰："虚言恐吓，何为下拜？善言善对，恶言恶对。"竟不览其书，令之回。

甲寅年四月，大明国万历汗遣其备御官萧伯芝诈称大臣，坐八抬大轿，作威恐吓，令拜旨，种种恶言，述书中古时得失之理。太祖昆都仑汗曰："汝恐吓之书，何为下拜？恶言恶对，善言善对。"竟不览，令之回。

duin biyai tofohon de monggo gurun i jarut tatan i jongnon beile ini sargan jui be taidzu kundulen han i jacin jui guyeng baturu beile de sargan benjire de guyeng baturu beile okdome genefi dorolome amba sarin sarilame gaiha.

四月十五日，蒙古扎噜特部钟嫩贝勒，送女与太祖次子古英巴图鲁贝勒为婚，贝勒亲迎，大宴，以礼受之。

四月十五日，蒙古国扎鲁特部钟嫩贝勒，送女与太祖昆都仑汗次子古英巴图鲁贝勒为妻，古英巴图鲁贝勒往迎，以礼大宴娶之。

orin de monggo gurun i jarut tatan i neici han i non be taidzu kundulen han i ilaci jui manggūltai beile de sargan benjire de manggūltai beile okdome genefi dorolome amba sarin sarilame gaiha.

二十日，蒙古扎噜特部内齐汗，送妹与太祖三子莽古尔泰贝勒为婚，贝勒亲迎，大宴，仍以礼受之。

二十日，蒙古国扎鲁特部内齐汗，送妹与太祖昆都仑汗三子莽古尔泰贝勒为妻，莽古尔泰贝勒往迎，以礼大宴娶之。

monggo gurun i korcin i manggūs beilei sargan jui be taidzu kundulen han i duici jui□□□beile de sargan benjire de，□□□beile okdome genefi hoifai gurun i tehe hūrki hadai hoton i bade acafi dorolome amba sarin sarilame gaiha.

蒙古科尔沁莽古思贝勒，送女与太祖四子□□□贝勒为婚，贝勒迎至辉发国扈尔奇山城处，大宴，以礼受之。

蒙古国科尔沁莽古思贝勒，送女与太祖昆都仑汗四子〈皇太极〉贝勒为妻，〈皇太极〉贝勒迎至辉发国扈尔奇山城处，以礼大宴娶之。

taidzu kundulen han omšon biya de sunja tanggū cooha be unggifi dergi mederi julergi weji i aiman i yaran，sirin juwe golo be sucufi，dahaha juwe tanggū boigon，emu minggan olji gajiha.

十一月，遣兵五百，征东海之南窝集部雅兰、西林二路，收降民二百户、人畜一千而回。

十一月，太祖昆都仑汗遣兵五百，袭东海之南窝集部雅兰、西林二路，收降民二百户、人畜一千而回。

jorgon biya de monggo gurun i jarut tatan i eljige beilei sargan jui be taidzu kundulen han i jui degelei taiji de sargan benjire de，degelei taiji okdome genefi dorolome amba sarin sarilame gaiha.

十二月，蒙古扎噜特部额尔济格贝勒，送女与太祖子德格类台吉为婚，台吉亲迎，设宴，以礼受之。

十二月，蒙古国扎鲁特部额尔济格贝勒，送女与太祖昆都仑汗子德格类台吉为妻，德格类台吉往迎，以礼大宴娶之。

niohon gūlmahūn aniya aniya biya de, monggo gurun i korcin i konggor bielei sargan jui be taidzu kundulen han i beye de sargan benjire de dorolome okdofi amba sarin sarilame gaiha.

乙卯年正月，蒙古科尔沁部孔果尔贝勒，送女与太祖为妃，迎接，设大宴，以礼受之。

乙卯年正月，蒙古国科尔沁孔果尔贝勒，送女与太祖昆都仑汗为妻，以礼迎接，大宴娶之。

ilan biyai orin jakūn i cimari abka gerenggele tasha erin de abkai boco sohon sorofi, niyalma i cira gemu soroko bihe, han yamun de tucifi tehe manggi, muduri erin de genggiyen oho.

三月二十八日寅时，天有黄色，人面映之皆黄，太祖升殿，至辰时方明。

三月二十八日晨寅时，天色发黄，人面亦皆映黄，汗出衙门而坐，至辰时方明。

duin biya de hecen i šun dekdere ergi ala de, fucihi syi, ioi hūwang ni miyoo, juwan ilmun han i miyoo, uheri nadan amba miyoo arame deribufi ilaci aniya šanggaha.

四月，于城东阜上建佛寺、玉皇庙、十王殿，共七大庙，三年乃成。

四月，于城东阜上始建佛寺、玉皇庙、十王庙，共七大庙，三年乃成。

tere fonde daiming gurun i wan lii han guwangning hecen i dzung bing guwan hergen i jang ceng yen be jase bitume tuwa seme unggifi jang ceng yen jase bitume tuwafi，amasi bederehe manggi，manju gurun de tungse dung guwe yen be takūrafi hendume meni jasei tulergi suweni tehe babe mini ba obumbi，te ice wehei bithe ilibumbi，suweni caiha，fanaha，sancara ere ilan goloi tariha jeku be ume gaijara，suweni jecen i bai irgen be bargiyafi gurun i tehe babe amasi bedereme te seme takūraha manggi.

是时，明万历帝命广宁总兵张承荫巡边，张承荫奉命巡边回，遣通事董国荫曰："今欲更立石碑，以汝居处为吾地，其柴河、抚安、三岔三处所种之田勿获，可收汝人民退居。"

是时，大明国万历汗遣广宁城总兵张承荫沿边巡视，张承荫巡边回，遣通事董国荫谓满洲国曰："今将立新碑，以吾边外汝居处为吾地，汝之柴哈、法纳哈、三岔喇三路所耕之粮勿收，可收汝边民退居。"

taidzu kundulen han hendume，meni ududu jalan halame tehe boo，tariha usin be waliya seme gisurerengge，suweni mujilen gūwaliyafi gisurembi dere. bi donjici，julgei mergesei henduhengge，mederi muke debenderakū，han i mujilen gūwaliyandarakū sehebi，han i mujilan gūwaliyafi，jasei tulergi yehe de dafi，mini jasei jakade tehe irgen i tariha jeku be gaiburakū bedere seci，han i gisun be maraci ombio? taifin doro be buyerakū，ehe be gūnifi，mini ajige gurun majige joboci， sini amba gurun inu ambula jobombidere，mini ai ambula gurun，bi bederebure，sini amba gurun be si adarame bargiyame mutebumbi? dain oci bi emhun joborakū kai，sini gurun be amban，cooha be geren seme mimbe gidašambi kai. amba gurun be ajigen obuci，ajige gurun be amba obuci gemu abkai ciha kai. sini emu hecen de tumen cooha teci，sini gurun dosorakū，minggan cooha teci，hecen i niyalma，cooha gemu minde olji ombikai seme hendure jakade. tungse dung guwe yen ere gisun jaci amban kai seme hendufi genehe. tereci wan lii han babe durime jasei tule ududu bade wehei bithe ilibunjiha.

太祖曰："吾世世祖居耕种之地，今令弃之，想尔心变，故出此言也。吾闻古人云：'海水不溢，王心不变。'帝今反常，护助叶赫，吾国所种之田，又不容收获而令退居，帝言自不可违，然不愿治平而顿起恶念，吾小国若受小害，汝大国自受大害矣。吾非大国，欲退即退，试看汝大国何以收拾？若成仇，敌非吾一身之患，汝以兵众国大欺凌我也。然大国成小，小国成大，皆出于天。汝若一城屯兵一万，城自烦扰，若止屯兵一千，城中军民皆为吾俘物矣。"通事董国荫曰："此言太过矣。"遂去。自此，明国遂侵占疆土，立石碑于边外甚多。

太祖昆都仑汗曰："吾累世祖先所居之房舍、所耕之田地，今令弃之，想尔心已变矣，故出此言。吾闻古人云：'海水不溢，王心不变。'今汗心已变，助边外之叶赫，令吾边民耕种之粮不得收获而退居，汗之言可违乎？然不悦治平之道而顿起恶念，吾小国若受小苦，汝大国亦将受大苦。吾非大国，欲退即退，试观汝大国何以收？若成仇，非吾一身受苦也，汝以国大兵众欺凌我等。然大国成小国，小国成大国，全凭天意。汝若一城屯兵一万，国不能耐，若一城屯兵一千，城中军民俱为吾之俘虏也。"通事董国荫曰："此言太过矣。"言罢乃去。自此，万历汗四处侵夺，于界外立石碑数处。

ninggun biya de taidzu kundulen han i beye de bumbi seme jafan gaiha yehei buyanggū beilei non be monggoi kalkai bagadarhan beilei jui manggūldai taiji de bumbi seme donjifi，geren beise ambasa hendume，mesei jafan be yabuha sargan jui be，yehe te monggo de buci tereci koro ai bi，tere sargan jui be monggo de bume jabdunggala，muse cooha geneki，bume jabduci benere onggolo hoton be kafi afame gaifi gajiki. gūwa buya beise de yabuha sargan jui geli waka kai，han i beye de yabuha sargan jui be monggo de bure be donjifi，muse baibi tehei gūwa de adarame gaibufi unggimbi，muse cooha geneki dere seme mitandume gisureci.

六月，初，叶赫布扬古以妹许太祖，受其聘礼，又欲与蒙古喀尔喀部莽古尔岱台吉（乃巴哈达尔汉子也），诸王大臣曰：“闻叶赫将汗聘之女欲与蒙古，可恨者莫过于是，当此未与之先，可速起兵，若已与之，乘未嫁时，攻其城而夺之。况此女汗所聘者，非诸王可比，既闻之，安得坐视他适?”皆力谏兴兵不已。

六月，闻太祖昆都仑汗所聘叶赫布扬古贝勒之妹，将与蒙古喀尔喀巴哈达尔汉贝勒子莽古尔岱台吉，诸贝勒大臣力谏曰：“叶赫欲以汗所聘之女与蒙古，可恨者莫过于是，我等宜当此女未与蒙古之际兴兵，若已与之，乘送与之先，围攻其城而夺之。况汗所聘之女，非其他小王所聘之女也，今与蒙古，吾等既闻之，岂可白白坐视其为他人所娶?宜兴兵往。”

han hendume，gūwa aika amba weilei turgun de，dain cooha geneci acambidere sargan jui be gūwade bure turgun de，cooha geneci acarakū，tere baibi banjiha sargan jui waka. tere sargan jui turgun de，hada，hoifa，ula ilan gurun efujehe，tere sargan jui babai gurun be efuleme oforo acabume dain dekdebume wajifi. te yehe de nikan dafi yehei sargan jui be muse de buburakū, monggo de bubume, yehe be efujekini seme amba dain arame ere weile be uttu korsobume monggo de burengge kai. muse hūsun tucime dailafi tere sargan jui be bahafi gajiha seme aniya goidame bisirakū bucembi, elemangga jobolon gasacun ombi. yaya de buhe seme tere sargan jui inu aniya ambula banjirakū, gurun be efuleme dain arame akūmbuha, te bucere erin isika seme henduci.

太祖曰:"或有大事可加兵于彼,以违婚之事兴兵则不可。盖天生此女非无意也,因而破坏哈达、辉发、乌拉,使各国不睦,干戈扰攘至此。明国助叶赫,令其女不与我而与蒙古,是破坏叶赫,酿大变,欲以此事激我忿怒,故如是也。今尽力征之,虽得此女,谅不久而亡,反成灾患。无论聘与何人,亦不能久,启衅流祸已极,死期将至矣。"

汗曰:"他人倘有大过,可兴兵往,因其许女与他人之故而兴兵则不可。此女非无故而生,因此女之故,毁哈达、辉发、乌拉三国,此女损毁各国,挑拨战争。今汉人助叶赫,令其女不与我而与蒙古,是毁叶赫,挑起大仇,欲以此事激我愤怒故而与蒙古也。吾等若出力征伐,虽得此女,谅此女不久即亡,反成苦怨。无论与何人,此女亦不能久活。破坏国家、挑起战争至极,今死期将至矣。"

beise ambasa dahūn dahūn i marame cooha geneki sehe manggi. han hendume, bi cooha geneki seme jili banjici, suwe tafulaci acambi kai. mini yabuha sargan jui be gūwa de gaibuci, bi korsorakū doro bio? bi korsoro babe sindafi gūwai beye siden i niyalma ofi, cooha nakaki seme tafulaci, suwe ainu uttu weilei ejen bata ofi, mimbe gasabume marambi? sargan jui be gaijara ejen bi korsorakū bade, suwe mujakū korsofi ainambi? korsombi seme suweni gisun be gaifi cooha geneci ojirakū，suwembe tafulara seme hendufi，cooha jurambi seme isabuha morin be gemu amasi bederebufi nakaha.

诸王大臣反复谏之，必欲兴兵。太祖曰："吾以怒而兴师，汝等犹当谏之。况吾所聘之女为他人娶，岂有不憾之理？予尚释然于中，置之度外，劝以息兵，汝等反苦为坚请，令吾生怒，何也？聘女者不憾，汝等深憾，何为？岂因此遂从汝等之言乎？汝等且止。"言毕，令调到人马皆回。

诸贝勒大臣一再拒绝，意欲出兵。汗曰："吾因怒而欲兴兵，汝等犹当劝止。吾所聘之女为他人娶，岂有不恨之理？吾尚释恨，置之度外，劝以息兵，汝等如此挑起主仇，令吾生恨，何也？吾女被娶，吾尚不恨，汝等深恨，何为？若因恨而从汝等之言兴师则不可，汝等且止。"言毕，令起程之兵、调集之马皆退回。

tere sargan jui be monggo de bufi emu aniya i onggolo yala goidahakū bucehe. geli beise ambasa han i baru hendume，tere sargan jui be han i beye de bumbi seme gisurefi gūsin ilan se bahatala orin aniya otolo asaraha sargan jui be，daiming gurun i wan lii han cooha unggifi yehe de tuwakiyame tefi，yehei gintaisi buyanggū，wan lii han de ertufi monggo de buhe，te muse nikan be dailaki seme gisureci.

其女聘与蒙古，未及一年果亡。诸王大臣奏曰："此女迄今三十三岁，已受聘二十年矣。被明国遣兵为叶赫防卫，叶赫遂倚其势，转嫁蒙古，今可征明国。"

其女嫁与蒙古，未及一年果亡。诸贝勒大臣复奏曰："此女三十三岁，聘与汗已二十年矣。大明国万历汗遣兵驻守叶赫，叶赫锦台什、布扬古倚仗万历汗，将其转嫁蒙古，今吾等可征汉人。"

han geli ojirakū hendume, nikan cooha ini jase be tucifi yehe de dafi tuwakiyame tehe be abka toktome tuwakini, aniya ambula goidakini yehe muse encu gurun kai, nikan abkai fejergi gurun de i ejen sembi, ejen oci gubci gurun de gemu uhereme ejen dere, mini canggi de ainu emhun ejen? waka uru be duilefi beiderakū bodofi darakū, balai uttu hūsun durime, abka de eljere gese. abkai wakalaha yehe de dafi cooha tuwakiyame teci tekini, suwe ume ebšere. muse te nikan be dailaci musei uru de abka muse be gosimbi kai, abka gosici muse ainci bahambi kai. baha seme tere olji niyalma ulha de ai ulebumbi? muse de jekui ku akū kai. dailafi baha seme baha niyalma ulha de ulebure anggala, musei fe niyalma hono bucembi kai. ere siden de musei gurun be neneme bargiyaki, babe bekileme jase furdan jafaki, usin weilefi jekui ku gidame gaiki seme hendufi, dain deribuhekū.

太祖不允，曰："明国以兵卫叶赫，自有天鉴之，任彼悠久。满洲与叶赫均一国也，明国自以为君临天下，是天下共主，何独于我满洲一国不审是非，恃势横加侵夺，如逆天然？叶赫乃天不佑之国也，既遣兵为之卫，吾且听之，汝等急何为也？若征明国合乎天，天自佑之，天既佑，则可得矣。但我国素无积储，虽得其人畜，何以为生？无论不足以养所得人畜，即本国之民且匮乏矣。及是时先治其国，固疆圉，修边关，务农事，裕积贮。"遂不动兵。

汗仍不允，曰："汉兵出其边界，援叶赫，为之驻守，天自鉴之，任彼年久。叶赫乃吾等另一满洲国也，汉人自诩为天下列国之主，若为主，则是列国共主，何故为我满洲一国之主？不辨是非，不为谋划，倚势侵夺，似逆天也？彼助天谴之叶赫，遣兵驻守，且听其驻守，汝等莫急。今吾等若征汉人，吾等为是，天自佑之，天若佑之，吾等想是可得也。然得之，俘获之人畜如何喂养？吾等粮窖无粮矣。伐而得之，无论不足以养所得人畜，即吾等旧人尚且饿死矣。此间，须先收国，固疆，扎边，务农事，裕积贮。”遂不兴兵。

tereci emu nirui juwan ta haha，duite ihan be tucibufi sula bade alban i usin tarime jekui ku gidaha. tere jeku be ejeme gaijara，salame burede juwan ninggun amban，jakūn bithesi be sindaha.

乃谕各牛录每十人出牛四只，于旷野处屯田，造仓积粮。于是设仓官十六员、吏八员，执掌出入。

于是一牛录每十丁出牛四头，于旷野处屯田，储粮。设大臣十六、笔帖式八，掌粮食之征收及支出。

juwan biyai ice duin i inenggi aba genefi muki gebungge bade dedufi，jai cimari genere de ice sunja i inenggi gūlmahūn erin de abka de šun i juwe dalbaci fulgiyan niowanggiyan siren šun i teisu šanggiyan lamun siren ilan jurgan i gocifi duka arafi han be hanci dahalame bihe manggi，han geren be gaifi tere siren de hengkilehe manggi，tereci dahalara siren nakaha.

十月初四日出猎，宿于穆奇，次日卯时，日两旁有青赤色祥光，又对日有青白光三道，绕日似门，随太祖而行，太祖率拜之，其光遂止。

十月初四日出猎，宿于穆奇，次日清晨行进，初五日卯时，日两旁有青红二光，对日又现白蓝光三道，作门状，随汗近处而行，汗率众拜之，随行之光遂止。

omšon biya de taidzu kundulen han，juwe minggan cooha unggifi dergi mederi weji i aiman ci wesihun，ehe kuren be dailame genefi gūnaka kuren i niyalma be daha seci daharakū ofi，cooha faidafi buren burdeme ilarsu ulan be fekume dabafi jase be tatame efulefi hoton be afame gaifi jakūn tanggū niyalma be waha，tumen olji baha，dahaha niyalma be sunja tanggū boigon arafi gajime cooha bederehe.

十一月，太祖遣兵二千征窝集部东额赫库伦城（木城名），至固纳喀库伦，招之不服，遂吹螺布兵，拆其栅，越三层壕，攻取其城，杀人八百，俘获万余，收降五百户而回。

十一月，太祖昆都仑汗遣兵二千往征东海窝集部以东之额赫库伦，固纳喀库伦人招之不降，遂列兵吹号，越三层壕，毁其边，夺其城，杀八百人，获人畜万余，编降人为五百户带回，班师。

han ambasai baru hendume，julgei kooli be donjici，mujilen tondo onco be dele sehebi，bi gūnici onco tondo mujilen ci dele akū. ambasa suweni niyaman hūncihin be duleme gūwa mujakū niyalma be adarame tukiyere seme ume gūnire，fulehe be ume tuwara，mujilen onco tondo sain be tuwame tukiyeki dere，giran be ume tuwara，erdemu be tuwame amban obuki dere. doro dasara de emu bade baitalaci ojoro niyalma aibide bi，doro de aisilaci ojoro niyalma bici，tere be uthai tukiyeki dere seme henduhe.

太祖谓群臣曰："语云，心贵正大，予尝思之，心之所贵者莫过于正大也。卿等荐人，勿曰吾何故使疏者反逾亲也，切莫拘根基，择心术正大者荐之，莫因仕族之多辄为援引，择有才者举之。在位凡为政，得一材一艺犹难，但可以资政之人，即荐之可也。"

汗谓诸臣曰："闻古之理，心贵公正宽大，吾思心之贵者莫过于公正宽大也。诸臣尔等勿忖吾何故逾亲而举他人耶，勿视根，心宽且忠直之贤者即荐之；勿视祖，有才智者即举之。为政之时，得一材一艺犹难，但可以资政之人，即荐之可也。”

han abalame genefi, abka nimarafi galaka manggi, orho moo i ongka i nimanggi de etuku usihimbi seme etuku be hetere jakade. han be dahame yabure buyanggū gebungge hiya, yakamu gebungge niyalma safi ai akū banjimbi seme etuku be hairame hetembi, abalaki yabucina seme juwe nofi jendu gisurere be, han donjifi injeme hendume, minde etuku akū seme heterengge waka, nimanggi de usihibufi ai bahambi? ere etuku be nimanggi de usihibure anggala, suwende ice uthai buci eheo? usihibufi ehe obufi buhede saiyūn? mini hairandarangge suweni geren i jalinde kai seme henduhe.

太祖出猎，时天降雪已霁，恐草木之浮雪濡衣，将衣撷之。时有随太祖者布扬古辖、雅喀木二人见之，乃私谓曰：“何所不有而惜此衣，盍进猎也?”太祖闻之，笑曰：“吾非为无衣而惜之，但沾濡无益耳。与其濡于雪，曷若以新者赐汝等，岂不美哉？以濡雪之衣赐汝，何美之有？吾所惜者，为汝等惜也。”

汗出猎，雪过天晴，恐草木之浮雪濡衣，遂将衣卷起。随行之布扬古辖、雅喀木见之，暗中相谓曰：“何所不有，尚惜此衣而卷起，且欲行猎耶?”汗闻之，笑曰：“吾非因无衣而卷之，任雪濡衣有何益耶？与其任雪濡湿此衣，不如以新衣赐汝等。以濡雪之衣赐汝等，何美之有？吾实为汝众人惜之也。”

han ambasai baru hendume, abka sindaci han, han sindaci ambasa kai. ambasa suwe afabuha gebu be gūnime gurun i doro de baitalaci acara sain niyalma be saci ume gidara, gurun de ai hacin i baita akū? sain niyalma ambula oci teisu teisu baita de afabuki dere. gurun i doro dasara，geren cooha be kadalara de amban komso oci aibide isinambi? dain de baturu niyalma oci gung šang buki，gurun i doro dasara de tusa arara tondo sain niyalma oci，ton de dosimbufi doro de aisilabuki，julgei banjiha jabšaha ufaraha sain kooi be sara niyalma oci，sara sain kooli be alabume baitalaki，sarin de baitangga niyalma oci sarin de baitalaki. golo goloi buya gašan ci aname baicacina seme henduhe.

太祖谓群臣曰："天作之为君，君命之为臣。卿等当念所任之职，有能理国政者，知之则勿隐，今国事殷繁，须多得贤人，各任之以事。倘治国统军者少，则济事几何？若有临阵英勇者，用以治军；有干国忠良者，用以佐理国政；有博通古今者，用以讲古今；有才堪宴宾客者，用以宴宾客。各处搜罗可也。"

汗谓诸臣曰："天设之，汗也；汗设之，臣也。诸臣尔等当念所任之职，见有可堪理政者，勿隐，国家何事无有？贤人若多，则各任以相称之职。倘治国统军者少，则济事几何？临阵英勇者，赐之以功赏；益于理政忠直贤良者，使其入编，辅助国政；通晓古时生存得失之理者，用以讲论所知之理；善于宴客者，用以宴客。可于各处及小寨中遍寻之。"

han ini juse geren beisei baru tacibume hendume，sain tondo niyalma be tukiyerakū wesimburakū oci，sain tondo niyalma ai de yendembi? ehe niyalma be wasimburakū warakū oci，ehe niyalma ai de isembi? bahara be ume nemšere，tondo be nemše，ulin be ume gūnire erdemu be gūni，abkai fejile banjire amba gurun i doro de，tondo erdemu ci dele ai bi. mini dolo daci tondo be elerakū banjiha，juse suwembe ejekini seme taciburengge ere inu seme henduhe.

太祖训诸王曰："贤者不举，则贤者何由而进？不肖者不退，则不肖者何由而惩？汝等宜秉忠直，切勿贪婪，均平之大道莫过于忠直。吾夙好忠直，从来未慊，汝等当留心。”

汗训谕其子及诸贝勒曰：“贤良忠直者若不举荐、升任，则贤良忠直者何由兴？为恶者若不降黜、处死，则为恶者何所惧？尔等当勿贪所得而贪忠直，勿念财物而念才德，天下大国生存之道莫过于忠直与才德。吾内心素好忠直，从不知足，诸子尔等宜谨记，此乃吾所训谕者也。”

han hendume, yooni sain erdemungge niyalma udu bi? emu niyalmai beye emu jaka be bahanaci, emu jaka be bahanarakū, emu bade sain oci, emu bade ehe. dain de baturu niyalma, gašan de banjire de baitakū moco, gašan de banjire de baitangga niyalma dain de baitakūngge geli bi kai seme niyalmai teisu acara be tuwame weile de afabuha.

又曰：“全才者有几？夫一人之身，才技有长短，处事亦有工拙。有临阵之勇者，于理国则拙而无用；有治事之才者，于从军则亦无用矣。自是任用，皆随其才。”

汗曰：“全才者有几？一人若得一物，必失另一物；若一处为好，另一处则为恶。临阵英勇者，于理国则钝拙无用；善于理国者，于作战则又无用矣。故应视各人之才，任以相应之事。”

taidzu kundulen han baba be toktobufi ilan tanggū haha de emu nirui ejen, sunja niru de emu jalan i ejen, sunja jalan de emu gūsai ejen, gūsai ejen i hashū ici juwe ashan de emte meiren i ejen sindaha.

太祖削平各处，于是每三百人立一牛录额真，五牛录立一甲喇额真，五甲喇立一固山额真，固山额真左右，立梅勒额真。

太祖昆都仑汗平定各处，每三百丁立一牛录额真，五牛录立一甲喇额真，五甲喇立一固山额真，固山额真左右各设一梅勒额真。

dade suwayan，fulgiyan，lamun，šanggiyan duin boco tu bihe，duin boco tu be kubume jakūn boco tu obufi，uheri jakūn gūsa obuha. dain cooha tucike de，ba onco oci jakūn gūsa teksileme adafi jakūn jurgan i jalan si sindafi yabumbi. ba hafirahūn oci jakūn gūsa emu jurgan i si sindafi yabumbi. coohai niyalma be jilgan jamaraburakū，encu jalan，encu gūsa de facuhūn yabuburakū. dain cooha be acafi afara te golmin jiramin uksin etuhe gida jangkū jafaha niyalma be juleri afabume weihuken sirata uksin etuhe gabtara mangga niyalma be amargici gabtame dosimbume siliha sain cooha be morin ci ebuburakū，encu ilibufi hūsun hamirakū jobošoro bade dame afabume.

原旗有黄白蓝红四色，将此四色镶之为八色，成八固山。行军时，若地广，则八固山并列，队伍整齐，中有节次。地狭，则八固山合一路而行，节次不乱。军士禁喧哗，行伍禁纷杂。当兵刃相接之际，披重铠、执利刃者，令为前锋，披短甲（即两截甲也）、善射者，自后冲击，精兵立于别地相机，勿令下马，势有不及处，即接应之。

原有黄红蓝白四色旗，将四色旗镶之为八色旗，成八固山。作战出兵时，若地宽，则八固山齐列为八路队伍而行；若地窄，则八固山并为一路而行。军士禁喧哗，不同甲喇、固山不可混乱行进。当兵刃相接之际，披重甲、执枪刀者，令为前锋，披轻甲、善射者，自后射击入攻，精兵不令下马，立于别处，见力有不及处，即接应之。

etere anabure，arga bodogon be doigon de tulbime，afaha dari urunakū eteme，hecen hoton be gaiha，talai cooha be gidaha manggi， amban coohai gung gebu be yargiyalame ilgame weilengge niyalma be niyaman hūncihin seme dere banirakū, urunakū š ajin i gamame, gungge niyalma be bata kimun seme gūnirakū, urunakū š angname wesimbume. cooha baitalarangge enduri gese ofi, amban cooha meni meni gung gebu be tucibuki seme dailambi coohalambi sehe de urgunjeme, hecen hoton be gaijara de neneme tafara be temšeme, talai cooha be afara de juleri dosiki seme fafuršame, horon hūsun amban, akjan talkiyan i adali, edun su i gese dartai andan de etembi.

预划胜负谋略，战无不胜。克城破敌之后，功罪皆当其实，有罪者即至亲不贳，必以法治；有功者即仇怨不遗，必加升赏。用兵如神，将士各欲建功，一闻攻战，无不忻然，攻则争先，战则奋勇，威如雷霆，势如风发，凡遇战阵，一鼓而胜。

预度胜负谋略，每战必胜。克城败敌之后，验实分辨将士功名，有罪者即亲戚亦不念，必依法治之；有功者即仇家亦不念，必升赏之。用兵如神，将士各欲建功名，闻听出兵征战，皆欣然，攻城时争先攀登，遇敌时奋勇前攻，威如雷霆闪电，势如旋风，顷刻得胜。

gurun i doro dasara weile beidere de sunja amban, juwan jargūci be sindafi. han ini beye sunja inenggi dubede urunakū yamun de tucifi abka de hiyan dabufi gurun be tacibure sain gisun i jabšaha ufaraha kooli bithe hūlabufi. yaya weile be neneme juwan jargūci duilefi, sunja amban de alambi, sunja amban beidefi beise de alambi, tuttu geren i toktobufi habšara niyalma be han ini juleri niyakūrabufi, neneme ilan jalan i beidehe gisun be alabufi, geli gisun dalibuhabi ayoo seme habšara niyalma de dacilame kimcime fonjifi weilei waka uru be yargiyalafi tuttu beideme ofi dergi ambasa dalime baharakū, fejergi buya niyalmai gisun urunakū hafuname.

又立理国政听讼大臣五员，扎尔固齐十员。太祖五日一朝，当天设案焚香，以善言晓谕国人，宣上古成败之语。凡事扎尔固齐先审理，次达五大臣，五大臣鞫问，再达诸王，如此循序问达，令讼者跪于太祖前，先闻听讼者之言，犹恐有冤抑者，更详问之，将是非剖析明白，以直究问，故臣下不敢欺隐，民情皆得上达矣。

设理国政听讼大臣五名，扎尔固齐十名。汗五日必上朝，焚香祭天，以善言晓谕国人，宣得失之理。凡事先由十扎尔固齐听讼，再报五大臣，五大臣审问后，上报诸贝勒，如此，俟众人定后，令告状者跪于汗前，先报告三审讼词，又恐有隐瞒，遂核问告状者，验实是非。如此审判，故上之诸臣不敢隐，下之小民之言必能达。

erdemu genggiyen šajin fafun tob seme，sakdasa be dorolome，tondo sijirhūn be tukiyeme，acuhiyan koimali be bederebume，akū yadahūn de bume ujime，dobori inenggi akū doroi jalin de kiceme jobome ofi，abkai gūnin de acafi，niyalmai mujilen gemu urgun ofi manju gurun ambula dasafi. hūlha holo be deriburakū，jugūn de tuheke jaka be gidarakū，ejen de hūlame bumbi，ejen tucirakū oci yamun de lakiyafi takabumbi. adun ulha be usin i jeku be bargiyaha manggi，alin bigan de cihai sindafi niyalma necirakū. tuttu gurun i doro toktoro jakade，geren beise ambasa hebešefi amba gebu be hūlame han i doro be toktobuki seme bithe arafi.

太祖聪明睿智，法度精详，敬老尊贤，黜谗远佞，恩及无告，为国事日夜忧勤，上体天意，下合人心，于是满洲大治。欺诈不生，拾物不匿，必归其主，若不得其主，悬于公署令认识之。五谷收获毕，纵牲畜于山野，莫有敢窃害者。因是，诸王大臣会议，恭上尊号，遂表闻于太祖。

太祖贤德睿智，法度公正，礼敬长者，举公正忠直之人，退挑唆狡诈之辈，施舍恩养贫者，为国事勤勉忧虑，昼夜不分，故合天意，人心皆悦，于是满洲国大治。盗伪不生，路上拾遗而不匿，唤其主归之，其主未出，则悬于衙门令认领之。田谷收获毕，纵牲畜于山野，无人侵犯。当此国政大定之时，诸贝勒大臣会议，恭上尊号，将汗定国政之事书为文字。

han i susai jakūn se de fulgiyan muduri aniya aniya biyai ice de niowanggiyan bonio inenggi jakūn gūsai beise ambasa geren be gaifi amba yamun de isafi jakūn dere arame faidafi，han yamun de tucifi soorin de tehe manggi，jakūn gūsai beise ambasa geren be gaifi niyakūraha，jakūn amban faidan ci tucifi julesi ibefi niyakūrafi bithe be tukiyeme jafafi alibuha manggi，han i juwe ergi ashan de iliha adun hiya erdeni baksi okdome genefi bithe be alime gaifi，erdeni baksi han i hashū ergi ashan de ilifi tere bithe be hūlame geren gurun be ujire genggiyen han sefi，aniyai gebu be abkai fulingga sehe. tereci genggiyen han soorin ci ilifi abka de hiyan dabufi beise ambasa be gaifi ilan jergi niyakūrafi uyun jergi hengkilefi han amasi bederefi soorin de tehe manggi，geren beise ambasa meni meni gūsa be gaifi se baha seme hengkilehe.

丙辰岁正月朔，甲申，八固山诸王率众臣聚于殿前排班，太祖升殿，诸王大臣皆跪，八大臣出班，进御前，跪呈表章，太祖侍臣阿敦辖、额尔德尼巴克什接表，额尔德尼立于太祖左，宣表，颂为列国沾恩英明皇帝，建元天命。帝于是离座，当天焚香，率诸王大臣三叩首毕，升殿，诸王大臣各率固山叩贺正旦。时帝年五十八矣。

太祖年五十八，丙辰年正月初一，甲申，八固山诸贝勒大臣率众聚于大殿，排为八班。太祖升殿，坐于龙座，八固山诸贝勒大臣率众跪，八大臣出列前趋，跪呈表章，太祖两旁侍立之阿敦辖、额尔德尼巴克什接表，额尔德尼巴克什立于汗之左，宣表，颂为恩泽列国之英明汗，年号天命。英明汗遂自龙座起，当天焚香，率诸贝勒大臣三跪九叩毕，汗回座，诸贝勒大臣各率固山叩贺正旦。

daiming gurun i jasei jakai irgen aniya dari jase tucifi manju gurun i bade menggun feteme，orhoda gurume，hūri，megu，sanca baime，moo sacime jing nungnere be manju gurun i taidzu genggiyen han donjifi hendume，enteke facuhūn be nakakini seme daiming gurun i baru wehei bithe ilibume abka de šanggiyan morin wame gashūha bihe，te daiming gurun i jecen i irgen musei babe nungnehe oho，han i jase be hūlhame tucifi muse waha seme weile akū kai seme hendufi. ninggun biya de darhan hiya be unggifi jase tucifi butame jihe niyalma be ucaraha ucaraha bade susai funceme waha.

明国边民每年越边窃采满洲参、矿、果、木等物，扰害无已。一日，帝曰："昔与明国立碑宰马结盟，原为杜其混扰，今明之边民累扰吾地，吾杀潜越禁边者亦不为过。"遂于六月，遣达尔汉辖将越边窃物之人，遇则杀之，约有五十余。

大明国边民每年出边，掘满洲国之银，采挖人参，寻松菇、木耳，伐木，时常侵扰。满洲国英明汗闻之，曰："昔为杜其混扰，曾与大明国立碑，宰白马祭天立誓，今大明国边民侵吾地已甚，吾等杀此越边之贼当无过矣。"遂于六月遣达尔汉辖将出边采捕者遇即杀之，五十余人。

tere fonde gangguri，fanggina gebungge juwe niyalma be daiming gurun i guwangning hecen de ice dutan jihebi sere, acana seme unggihe. guwangning ni dutan lii ui han, gangguri, fanggina dahame genehe uyun niyalma be jafafi sele futa hūwaitafi, manju gurun i taidzu genggiyen han de niyalma takūrafi hendume, meni niyalma jase tucici suwe jafafi benjicina, ainu waha? taidzu genggiyen han hendume, wehei bithe ilibume gashūre de, han i jase be dabame tucike niyalma be safi warakūci, warakū niyalma de sui isikini seme gashūha bihe kai, tere gisun be ainu daburakū? uttu durime gisurembi seci. daiming gurun i niyalma ojorakū, suweni ujulafi meni niyalma be waha darhan hiya be gaji bi wambi, tuttu akū oci ere weile badarambi seme jing šerime gisurerede.

时帝闻广宁新任巡抚至，乃遣纲古里、方吉纳二人往见之。巡抚李维翰将纲古里、方吉纳并从者九人各以铁索系之，仍差人至满洲谓帝曰："吾民出边，汝当解还，安得遽杀之？"帝曰："昔竖碑盟言，若见越禁边者不杀，殃及于不杀之人，今何负前盟，而如是强为之说？"使者曰："不然，但将首杀吾民者达尔汉辖执与抵罪则已，不然此事难寝甚。"以言挟之。

时太祖遣纲古里、方吉纳二人往会大明国广宁城新任巡抚。广宁巡抚李维翰执纲古里、方吉纳及从者九人，以铁索拴之，差人谓满洲国太祖英明汗曰："吾人出边，汝等擒之当送还，何故杀之？"太祖英明汗曰："昔曾立碑文誓曰，若见出边者而不杀，不杀之人即罹罪。此言何故不算而如是强词夺理耶？"大明国人曰："不然，将汝首杀吾民者达尔汉辖执与我杀之则已，不然此事大矣。"以言挟之。

taidzu genggiyen han marame gisureci. daiming gurun i niyalma hendume, ere weile be dele donjifi gidaci ojirakū kai, suwende ai weilengge niyalma akū? tere be meni jasei jakade gajifi niyalma de tuwabume wa，ere weile wajiki sehe manggi. taidzu genggiyen han daiming de jafabuha juwan emu niyalma be bahaki seme，yehei gurun ci jafafi gajifi loo de horiha juwan niyalma be daiming ni fušun guwan furdan i jase de gamafi waha manggi，daiming gurun i jafaha gangguri fanggina sebe sindafi unggihe.

帝不从。使者曰："此事已闻于上，乃不容隐者，汝国岂无罪人乎？盍将此等人献之边上，杀之以示众，此事遂息。"帝欲图明国所拘十一人还，即于狱中取自叶赫所掳十人，解至抚顺所杀之，明国遂将所拘十一人放归。

太祖英明汗不从。大明国人曰："此事已奏闻于上，不可隐矣，尔处岂无罪犯耶？将此等人带于吾边境，杀以示众，此事遂息。"太祖英明汗欲得大明国所执之十一人，即将自叶赫所掳囚于狱之十人，带往大明抚顺边口杀之，大明国遂将所执纲古里、方吉纳等人释回。

manju gurun i taidzu genggiyen han，darhan hiya，šongkoro baturu juwe amban de juwe minggan cooha be afabufi，dergi mederi sahaliyan i aiman be dailame unggihe. darhan hiya，šongkoro baturu han i hese be alime gaifi，nadan biya i juwan uyun de cooha jurame genefi，ulgiyan gebungge bira de isinafi，juwe tanggū weihu sacifi，muke olhon juwe jugūn i dosifi，birai amargi birai julergi uhereme gūsin ninggun gašan be gaifi. sahaliyan ula i bira i julergi dalin i fodorogon i gebungge gašan de ing iliha.

帝遣达尔汉辖、硕翁科罗二将领兵二千，征东海萨哈连部。二将承命，于七月十九日起兵，行至兀尔简河，造船二百只，水陆并进，取沿河南北寨三十有六。至萨哈连江南岸佛多罗衮寨安营。

满洲国太祖英明汗遣达尔汉辖、硕翁科罗巴图鲁领兵二千，征东海萨哈连部。达尔汉辖、硕翁科罗巴图鲁承旨，于七月十九日起兵，行至兀尔简河，造舟二百，水陆二路并进，取河北、河南共三十六寨。至萨哈连江南岸佛多罗衮寨安营。

tere sahaliyan ula yaya aniya om š on biya i tofohon，orin de juhe jafambihe，songgari ula omšon biya i juwan，tofohon de juhe jafambihe. tere aniya juwan biya i ice de，cooha genehe darhan hiya，šongkoro baturu tuwaci，sahaliyan ula wa ba juhe jafahakūbi，tehe gašan i teisu bira onco juwe ba bi，hetu lasha kiyoo caha gese，onco ninju okson juhe jafahabi. cooha i ambasa geren cooha gemu ferguweme hendume，yargiyan i abka aisilafi kiyoo cahabikai seme urgunjeme tere ba be cooha doofi，sahaliyan i aiman i juwan emu gašan be gaifi，amasi cooha bedereme ineku babe doome jici juhe gemu efujehebi. terei wargi jaka geli nendehe adali juhe afahabi，tere babe cooha doome bedereme jihe manggi juhe gemu sindafi an i jafara om š on biya de jai dasame juhe jafaha. tereci indahūn takūrara golo，nooroi golo，sirahin i golo ere ilan golo i dehi amban be dahabufi，cooha bederefi omšon biyai ice nadan de han i hecen de isinjiha.

初，萨哈连江每年十一月十五、二十中间方结冰，松阿里河十一月初十、十五中间方结冰。是年十月初一日，达尔汉辖、硕翁科罗二人兵至其处，见萨哈连江水未结，独对寨之处河宽二里，横结水桥一道，约六十步。将士皆奇之，忻然相谓曰："此实天助一桥也！"领兵渡之，取萨哈连部内寨十一处，及兵复回，其冰已解矣。迤西又如前结冰一道，已渡，冰复解。后至十一月，应时始结。又招服音达珲塔库喇喇（即役犬处也）、诺垒、实喇忻三处路长四十人，遂回兵，至十一月初七日入城。

萨哈连江每年十一月十五日至二十日间结冰，松阿里江十一月初十日至十五日间结冰。是年十月初一日，达尔汉辖、硕翁科罗巴图鲁领兵至，见萨哈连江未结冰，唯对寨之处河宽二里结冰，似横结水桥，宽六十步。领兵之将及众兵皆奇之，欣然曰："实乃天助之桥也！"大军遂于此处渡之，取萨哈连部内十一寨，及兵回，仍欲由此渡之，其冰已尽融矣。西边又如前结冰，大军从彼处渡过后，冰复融化。十一月时，复结冰如旧。其后，招服音达珲塔库喇喇、诺垒、实喇忻三路四十长，班师，十一月初七日至汗城。

abkai fulinggai taidzu genggiyen han i jai aniya fulahūn meihe, aniya biya de monggo gurun i korcin i minggan beile ini sargan jui be benjihe, ningguci aniya acame jimbi seme donjifi, aniya biya i ice jakūn de, han ini beye, fujisa, geren beise ambasa be gaifi, emu tanggū bai dubede fulgiyan gebungge ala de okdome genefi, morin dele minggan beile be tebeliyeme acaha, tere ala de acaha doroi amba sarin sarilame wajiha manggi, minggan beile ini gajiha temen juwan, morin emu tanggū, ihan emu tanggū be han de jafaha. juwan emu de minggan beile be gajime han hecen de dosika, han minggan beile be kunduleme inenggi dari ajige sarin, emu indeme amba sarin sarilame emu biya tebufi, dehi boigon i niyalma, uksin dehi, suje ulin ai jaka be eletele bufi gūsin bai dubede emu dedume fudefi unggihe.

丁巳，天命二年正月，初，帝纳蒙古明安贝勒女已六年，至是，闻其来见，于初八日与皇后率诸王大臣迎至百里外富尔简阿拉处（即红岗也)，接见于马上，随宴讫。明安贝勒以骆驼十只、马牛各一百奉献。至十一日入城，每日小宴，越一日大宴，留一月，赠礼至厚，与人四十户、甲四十副，及段匹财物，送三十里外，一宿而还。

丁巳，天命太祖英明汗二年正月，蒙古国科尔沁明安贝勒嫁女已六年矣，闻其来见，正月初八日，汗亲与福金率诸贝勒大臣，迎至百里外富尔简阿拉岗处，与明安贝勒抱见于马上，会于此岗，以礼设大宴。宴讫，明安贝勒以所带骆驼十、马一百、牛一百献于汗。十一日，引明安贝勒入汗城，汗敬明安贝勒，每日小宴，越一日大宴，留居一月，赠人户四十、甲四十及绸缎财物，各物均足赐之，送至三十里处，一宿而还。

juwe biya de monggo gurun i kalkai bayot tatan i enggeder taiji de taidzu genggiyen han i deo darhan baturu beilei sargan jui sundai gege be bufi hojihon obuha.

二月，以皇弟达尔汉巴图鲁郡主逊戴，与蒙古喀尔喀巴约特部恩格德尔台吉为妻。

二月，以太祖英明汗弟达尔汉巴图鲁贝勒女逊岱格格，与蒙古国喀尔喀巴约特部恩格德尔台吉为妻。

tere aniya, duin tanggū cooha be dergi mederi jakarame tefi daharakū samsifi bisire gurun be gaisu seme unggifi, dergi mederi dalin i samsifi tehe irgen be gemu gaifi. mederi tun de akdafi daharakū bihe irgen be jahai doofi gemu gaifi cooha bedereme jihe.

是年，遣兵四百，沿东海地界收取散居未服诸部，至日，遂将东海岸散居之民尽取之。其负岛险不服者，乘小舟进取之而回。

是年，遣兵四百，沿东海收服散居未服诸部，遂尽取东海岸散居之民。有恃海岛之险不服者，以小舟渡河尽取之而回。

suwayan morin abkai fulinggai taidzu genggiyen han i ilaci aniya, aniya biyai juwan ninggun i cimari, tuhere biya i dulin ba be hafu suwayan genggiyen siren gocika bihe. tere siren onco juwe c'yi, golmin biya ci wesihun ninggun da, fusihūn juwe da funceme bihe. tere siren be safi, han beise ambasai baru hendume, suwe te ume kenehunjere, mini dolo gūnime wajiha, ere aniya bi ainaha seme nakarakū daiming gurun be urunakū dailambi seme henduhe.

戊午，天命三年，正月十六日晨，有黄青二色气，直贯月中。此光约宽二尺，月之上约长三丈，月之下约丈余。帝见之，谓诸王大臣曰："汝等勿疑，吾意已决，今岁必征明国。"

戊午，天命太祖英明汗三年，正月十六日晨，有黄青二光出，直坠月中。此光宽二尺，月之上长三丈，月之下丈余。汗见之，谓诸贝勒大臣曰："今汝等勿疑，吾意已决，今岁无论如何，必征大明国。"

tere fonde neneme dahabuha indahūn takūrara golo nooroi golo sirahin i golo ere ilan golo i dehi amban meni meni juse sargan be gaifi tanggū boigon be gajime jimbi seme donjifi, han jidere ambasa be yalukini seme emu tanggū morin, jetere jaka beneme okdobufi, juwe biya de isinjiha. tere dahame jihe ambasa de jergi bodome hafan obufi, buya niyalma ci wesihun gemu sargan, aha, morin ihan, tere boo, usin etuku tetun agūra ai ai jaka be jalukiyame buhe.

时闻原服音达珲塔库喇喇三处路长四十人，率家属部众约百余户来归，帝遣人以糇粮往迎，复以马百匹令来官乘之，二月内方至。其归顺路长，列等赐职，俱给妻奴、牛马、房田、衣物。

时闻先前招服之音达珲塔库喇喇、诺垒、实喇忻三路四十长，各携妻儿，率百户来归，汗命人送马一百匹及食粮往迎，令来官骑之，二月方至。其来降之长列等授官，自小民至贵族，俱给妻奴、马牛、房田、衣、器械，凡什物皆足赐之。

han hendume，daiming gurun de mini korsohongge nadan amba koro bi，tereci funcehe buya koro be ya be hendure，daiming gurun be dailaki seme beise ambasa i emgi hebdeme toktofi，hecen be afara wan arara moo sacire be geren be ulhirahū seme beisei morin horire guwan arara moo saci seme hūlafi，nadan tanggū niyalma be unggifi，wan arara moo sacibuha.

帝曰："朕与明国成衅，有七大恨，此外小忿难枚举矣。今欲征明国。"因预与诸王大臣划策，若明修攻具，恐泄机于众，乃以盖诸王马院为名，遂遣人七百伐攻具之木。

汗曰："吾与大明国有七大恨，此外小恨不胜枚举，今欲伐大明国。"因与诸贝勒大臣议定，伐木造攻城之梯，不令众人知之，乃以造诸贝勒马厩为名伐木，遣七百人伐造梯之木。

ilan biya de，uksin saca coohai agūra be dasa，morin tarhūbu seme hūlaha，wan arara moo be daiming ni tungse aika baita de jime sahade sererahū seme morin horire heren arabuha.

三月，传谕催喂马匹，整顿盔甲器械，其攻具之木，虑明之通事或有事来见，恐泄其机，遂用以盖马房。

三月，传令修兵器，育肥马，恐造梯之木为明之通事或有事前来者发觉，遂用以盖马厩。

duin biya de han cooha gaifi yabure beise ambasa de coohai arga be tacibure bithe wasimbuha，tere bithe de henduhe gisun，taifin doro de tondo dele，dain cooha de beye be suilaburakū，cooha be joboburakū，mergen faksi arga bodogon dele. dain i cooha komso，musei cooha geren oci，cooha be sabuburakū nuhaliyan dalda bade somime buksifi komso tucifi yarkiyame gana. yarkiyame ganaha de jici，musei arga de tuhembi serengge tere kai，yarkiyame ganara de jiderakūci，hecen pu i goro hanci be dacilame tuwa，hecen pu goro oci，tede isitala bošome saci，hanci oci，tere hecen de dositala duka be fihebume saci. dain i cooha geren musei emu gūsa，juwe gūsai cooha de ucaraci，daci hanci ume latubure，doigonci bederefi musei geren cooha be baime acanju，geren cooha batai coohai bisire baru baime acana. juwe ilan bai cooha acafi seole，bigan de acaha cooha de afara šajin ere inu.

四月，帝颁攻战之策，谕领兵诸王大臣曰："平时以正为上，军中以智巧谋略、不劳己、不顿兵为上。若我众敌寡，我兵不令之见，须伏于隐僻处，少遣兵诱之。诱而来，是中吾计，若诱而不来，详察其城邑之远近，相距若远，即尽力追袭，近则直抵城门，使自拥塞而掩杀之。倘我兵止一二固山，遇敌兵之众，勿令近我，即退待大兵，然后寻敌所在。若止二三处兵，须酌量之，此乃遇敌野战之法也。

四月，汗降旨晓谕领兵诸贝勒大臣用兵之计，旨云："太平之道，以忠正为上，阵中以不劳己、不顿兵、智巧之谋为上。若敌寡我众，我兵不令之见，匿于洼地埋伏，少遣兵出以诱之。若诱而来，则正中吾计，若诱而不来，则探视其城邑远近，若城邑远，即追袭之，城邑近，则使其充盈城门而斩杀之。倘敌兵众，吾一二固山兵遇之，则勿使之近，预先撤退，寻吾大军会合，然后大军往寻敌兵所在。若止二三处兵相会，则当虑之，此乃旷野遇敌作战之法也。

hecen hoton oci，bahara bade cooha be latubu afabu，baharakū ba oci, daci ume latubure, afafi baharakū bedereci gebu ehe. musei cooha be suilaburakū dain be eteci, mergen faksi arga bodogon unenggi coohai ejen serengge tere kai, cooha be jobobume suilabume dain be etehe baha seme tere ai tusa? dain dailara cooha coohalara de museingge be gūwa de gaiburakū dain be eteci, tere yaya ci dele.

"至于攻城，当观其势，势可下，则令兵攻之，否则勿攻，倘攻之不拔而回，反损名矣。夫不劳兵力而克敌者，是擅智巧谋略，诚为三军之主帅，若劳兵力，虽胜何益？当征战之际，最上者，莫过于不损己兵，而能胜敌者也。

"至于攻城，若可得则令兵士力战，若不得则勿战，攻之不得而退，则损名矣。夫不劳兵而胜者，是擅智巧谋略，诚为统兵之将也，若劳兵而胜，虽得之何益耶？当征战用兵之际，不损兵而获胜，此乃最上者也。

emu niru de juwete wan arabufi orita uksin i cooha be tucibufi hecen de afabu, boo ci tucike inenggi ci, boo de isinjitala cooha i niyalma meni meni niru i tu ci ume fakcara, tu ci fakcaha niyalma be jafafi dacilame fonji. sunja niru i ejen, han i tacibuha šajin fafun i gisun be geren de tacibume alarakū ci, sunja niru i ejen de emu morin, niru i ejen de emu morin gaimbi, sunja niru i ejen, niru i ejen henduci donjirakū fakcafi yabuci, yabuha niyalma be wambi. sunja niru i ejen, nirui ejen yaya niyalma ai ai weile be afabure de, beye muteci afabure weile be alime gaisu, muterakū ci afabure weile be ume alime gaijara, si muterakū bime alime gaici, sini emu beyei jalin de waka kai, tanggū niyalma be kadalara niyalma oci, tanggū niyalma i baita tookambi, minggan cooha be kadalara niyalma oci, minggan niyalmai baita tookambikai, tere baita serengge, gurun i amba baita kai.

“每牛录作二云梯，派甲兵二十名以备攻克。自出兵日，至班师日，各军勿得离本牛录旗，违者执之，详问其由。若五牛录之主不申法令于众，罚五牛录主及本牛录马各一匹；若谕之不听，即杀梗令之人。五牛录主与牛录等，凡所委托之事，若能胜其任，则受委托，若不能胜，则勿受，不能胜任而强为之者，其关系非止一身，若率百人，则误百人之事，率千人，则误千人之事，须知此事乃国之大事也。

“每牛录造梯二，出甲兵二十，用以攻城。自离家之日至归家之日，兵士勿离各自牛录之旗，若有离旗者，执之详询。若五牛录之主不申汗所谕法令于众，即罚五牛录之主马一匹，本牛录之主马一匹；若五牛录之主及牛录之主申之不听，离散而行，即杀此行之人。五牛录之主与牛录之主凡付何事与何人，能胜任则受之，不能胜任则勿受，尔若不能胜任而受之，其关系非止尔一身矣，若为管理百人者，则误百人之事，若为管理千人者，则误千人之事，此所言之事，乃国之大事也。

hecen hoton de afara de, neneme emken juwei dosika be daburakū, neneme emken juwe dosici koro bahambikai, neneme dosifi feye baha seme šangnarakū, bucehe seme gung burakū. hecen be efuleme nenehe niyalma be neneme dosika de arambi, neneme efuleme wajiha niyalma gūsai ejen de alanju, tehereme afara niyalma gemu efuleme wajiha manggi, gūsai ejen buren burde, buren i jilgan be donjiha de, ba ba de afara niyalma gemu sasa dosi seme bithe wasimbuha.

“至于攻克城邑，有一二先进者不足取，若一二先之，必致伤，如此者虽见伤不行赏，即殒身不为功。其首拆城者即为首功，可报固山额真录之，待环攻之人俱拆毕，然后固山额真吹螺，令各处兵并进。”此谕。

“攻城之际，有一二先入者不算，若一二人先入，必致伤，其先入而受伤者不得赏，身死者不论功。其先拆城者论为先入者，可将先拆者报固山额真，待环攻之人俱拆毁毕，固山额真吹号，闻号声时，各处攻伐之人并进。”此谕。

manju gurun i genggiyen han daiming gurun be dailame yafahan morin i juwe tumen cooha be gaifi duin biyai juwan ilan de tasha inenggi meihe erin de juraka. tere jurandara de，abka de habšame araha bithe i gisun，mini ama mafa daiming han i jasei orho be bilahakū，boihon sihabuhakū，baibi jasei tulergi weile de dafi，mini ama mafa be daiming gurun waha，tere emu.

四月十三壬寅，巳时，帝将步骑二万征明国，临行，书七大恨告天曰：“吾父、祖于明国禁边，寸土不扰，一草不折，秋毫未犯，彼无故生事于边外，杀吾父、祖，此其一也。

四月十三寅日，巳时，满洲国英明汗率步骑二万起程征大明国，临行，作书告天曰：“吾父、祖于大明国边界，不折一草，不扰寸土，大明国平白生事于边外，杀我父、祖，此一恨也。

tuttu wacibe，bi geli sain banjire be buyeme wehei bithe ilibume，daiming，manju yaya han i jase be dabaci，dabaha niyalma be saha niyalma waki，safi warakū oci，warakū niyalma de sui isikini seme gashūha bihe. tuttu gashūha gisun be gūwaliyafi，daiming ni cooha jase tucifi yehe de dafi tuwakiyame tehebi，tere juwe koro.

“虽有祖、父之仇，尚欲修和好，曾立石碑盟曰：明国与满洲皆勿越禁边，敢有越者，见之即杀，若见而不杀，殃及于不杀之人。如此盟言，明国背之，反令兵出边卫叶赫，此其二也。

“虽有父、祖之仇，吾犹与之修好，立碑文誓曰：大明与满洲皆勿越境，见越境之人即杀之，若见而不杀，不杀之人即罹罪。如此誓言，大明背之，明兵出境援卫叶赫，此二恨也。

jai cing ho ci julesi giyang dalin ci amasi aniya dari daiming gurun i niyalma hūlhame jase tucifi，manju i ba be durime cuwangname nungnere jakade，da gashūha gisun bihe seme jase tucike niyalma be waha mujangga，tuttu waha manggi，da gashūha gisun be daburakū，ainu waha seme guwangning de takūrame genehe mini gangguri，fanggina be jafafi sele futa hūwaitafi mimbe albalame mini juwan niyalma be gamafi jase de wa seme wabuha，tere ilan koro.

“自清河之南，江岸之北，明国人每年窃出边，入吾地侵夺，我以盟言杀其出边之人，彼负前盟，责以擅杀，拘我往谒巡抚者纲古里、方吉纳二人，挟令吾献十人于边上杀之，此其三也。

“又，清河以南，江岸以北，大明国人每年偷出边界，侵夺满洲之地，吾援誓词所言，果杀出边之人，既杀，彼以誓词不算，责问何故杀之，执吾遣往广宁之纲古里、方吉纳，以铁索拴之，迫令吾献十人于边上杀之，此三恨也。

jase tucifi cooha tuwakiyame tefi，mini jafan buhe sargan jui be monggo de buhe，ere duin koro.

“遣兵出边为叶赫防卫，致使我已聘之女转嫁蒙古，此其四也。

“遣兵出边驻守，致使我已聘之女转与蒙古，此四恨也。

udu udu jalan halame han i jase tuwakiyame tehe caiha，fanaha，sancara ere ilan golo i manju i tarifi yangsaha jeku be gaiburakū，daiming gurun i cooha tucifi bošoho，tere sunja koro.

“将吾世守禁边之钗哈（即柴河）、山齐拉（即三岔）、法纳哈（即抚安）三堡耕种田谷，不容收获，遣兵逐之，此其五也。

“令吾世守边境之柴哈、法纳哈、三岔喇三路满洲耕种之粮，不容收获，大明兵出而逐之，此五恨也。

jasei tulergi abkai wakalaha yehe i gisun be gaifi ehe gisun hendume bithe arafi niyalma takūrafi mimbe hacin hacin i koro arame girubuha，tere ninggun koro.

“边外叶赫，是获罪于天之国，乃偏听其言，遣人责备，书种种不善之语以辱我，此其六也。

“听信边外天责之叶赫所言，遣人责备，书种种恶语以辱我，此六恨也。

hada i niyalma yehe de dafi minde juwe jergi cooha jihe bihe，bi karu dailara jakade，abka hada be minde buhe，abkai buhe hada be daiming han geli hada de dafi mimbe ergeleme ini bade unggi seme unggihe，mini unggihe hada i niyalma be yehe i cooha ududu jergi sucufi. abkai fejile yaya gurun i niyalma ishunde dailambikai，abkai wakalaha niyalma anabumbi bucembi，abkai urulehe niyalma etembi banjimbi kai. dain de waha niyalma be weijubure，baha olji be bederebure kooli bio? abkai sindaha amba gurun i han seci，gubci gurun de gemu uhereme ejen dere，mini canggi de ainu emhun ejen? neneme hūlun gemu emu ici ofi，mimbe dailaha，tuttu dain deribuhe，hūlun be abka wakalaha，mimbe abka urulehe，ere daiming han abka de eljere gese abka i wakalaha yehe de dafi，waka be uru，uru be waka seme ainu beidembi?

tere nadan koro. ere daiming gurun mimbe gidašaha girubuha ambula ofi bi dosorakū, ere nadan amba koro de dain deribumbi seme bithe arafi abka de hengkileme bithe deijihe.

“哈达助叶赫侵吾二次，吾返兵征之，哈达遂为我有，此天与之也。明国又助哈达，必令反国，后叶赫将吾所释之哈达掳掠数次。夫天下之国互相征伐，合天心者胜而存，逆天意者败而亡。死于锋刃者使更生，既得之人畜令复返，此理果有之乎？天降大国之君，宜为天下共主，何独构怨于我国？先因呼伦部（即前九部）会兵侵我，我始兴兵，因合天意，天遂厌呼伦而佑我也。明国助天罪之叶赫，如逆天然，以是为非，以非为是，妄为剖断，此其七也。欺凌至极，实难容忍，故以此七恨兴兵。”祝毕，拜天焚表。

“哈达人援叶赫，曾二次兴兵于我，吾报复伐之，天赐哈达与我。大明国又助哈达，迫令吾将天赐之哈达返还其地，吾所释之哈达人数次为叶赫袭取。夫天下各国互相征伐，天谴之人则败而亡，天佑之人则胜而生也。岂有令阵亡者生、俘获者还之理？天设大国之汗，乃各国共主也，何独为吾国之主耶？因先前呼伦沆瀣一气来征我，如此兴兵，天责呼伦而佑我，大明汗似与天争，援天谴之叶赫，以非为是，以是为非，何故如此审判耶？此七恨也。因大明国欺辱太甚，吾不能忍，遂以此七大恨兴兵。”写罢，拜天焚书。

genggiyen han geren coohai beise ambasai baru hendume, bi ere dain be buyeme deribuhengge waka, mimbe ujungga nadan koro dere, buya koro be ya be hendure, koro ambula ofi dain deribuhe. dain de baha olji niyalmai etuhe etuku be ume sure, hehe be ume ušatara eigen sargan be ume faksalara, iselere de buceci bucekini, iselerakū niyalma be ume wara seme geren de š ajilame ejebume hendufi. cooha jurandara de, han beise geren coohai ejete be gaifi, tungken dume buren burdeme laba bileri fulgiyeme tangse de hengkilefi, amba cooha jurafi, gure gebungge bade isinafi ing ilifi deduhe.

帝又谓诸王大臣曰："此兵吾非乐举，首因七大恨，余难尽言矣，凌迫已极，故兴此兵。然阵中所得之人，勿剥其衣，勿淫其妇，勿离其夫妻，拒敌者杀之，不拒敌者勿妄杀。"谕讫，遂与诸王暨领兵诸将等，鸣鼓乐，谒玉帝庙而行，营古呼处，宿之。

英明汗谓领兵诸贝勒大臣曰："此兵吾非乐举，首因七大恨，小恨难尽言矣，苦怨甚深，故而兴师。然阵中所俘之人，勿剥其所穿之衣，勿淫其女子，勿离其夫妻，抗拒者死则死矣，不拒者勿杀。"对众申法纪毕，汗率诸贝勒暨领兵之将，击鼓鸣乐，叩谒堂子，大军起程，至古勒处，安营而宿。

jai inenggi amba cooha juwe jugūn i dosime hashū ergi duin gūsai cooha be dung jeo, magendan be gaisu seme unggihe, ici ergi duin gūsai ing ni cooha jakūn gūsai siliha bayarai cooha be han beise gaifi fušun guwan furdan be dosime geneme, wahūn omoi gebungge bigan de dedume ing iliha.

次日，分二路进兵，令左翼四固山兵取东州、玛根丹二处，亲与诸王率右翼四固山兵及八固山拜雅喇（即精锐内兵也），取抚顺，行至斡珲鄂谟之野，安营而宿。

次日，大军分二路行进，令左翼四固山兵取东州、玛根丹，汗与诸贝勒率右翼四固山兵及八固山精锐巴雅喇，向抚顺关行进，至斡珲鄂谟之野，安营而宿。

tere yamji han monggo gurun i beile enggeder efu sahalca gurun i amban sahaliyan efu juwe hojihon i baru julgei aisin han i banjiha kooli be alafi hendume，julgeci ebsi banjiha han beisei kooli be tuwaci，beye suilame dailanduha gojime，yaya enteheme han tehengge inu akū，te bi ere dain be deribuhengge，han i soorin be bahaki，enteheme banjiki seme deribuhengge waka. ere daiming gurun i wan lii han mimbe korsobuha ambula ofi，bi dosorakū dain deribuhe seme henduhe.

是晚，帝将先朝金史讲与恩格德尔额驸（原系蒙古）、萨哈连额驸（原系察哈尔国臣），乃曰："朕观自古为君者，身经征战之苦，皆未得永享其尊，今兴此兵，非欲图大位而永享之，但因明国累构怨于朕，难再容忍，故不得已而兴师也。"

是晚，汗向二婿蒙古国贝勒恩格德尔额驸、萨哈尔察国臣萨哈连额驸讲论古时金汗生存之道，曰："观自古为汗、为贝勒者，虽身经征战之苦，然无人得永保汗位，今吾兴此师，非欲图汗之龙位而永享之，但因大明国万历汗苦吾太深，吾不能忍，遂兴师耳。"

tere inenggi dobori abka ser seme agara galandara oho manggi，han geren beise ambasa i baru hendume，ere aga de cooha dosici ojirakū，bedereki sehe manggi. amba beile hendume，muse daiming gurun i emgi tutala aniya sain banjifi，ini ehe de te dain deribufi cooha ilifi aššame jabdufi jasei jakade isinjifi cooha bedereci，muse jai daiming gurun i baru sain banjimbio? dain ombio? cooha iliha be we gidambi，abka agaci muse i cooha i niyalmai beye de nereku bi，beri sirdan de gemu yaki ucika bi，ai usihirahū seme jobombi? ere agarangge daiming gurun i niyalma be dulba obume，musei cooha dosire be sereburakū agambi kai，ere aga muse de sain，daiming gurun de ehe kai sehe manggi. han tere gisun be saišafi，cooha yabu seme dobori ulgiyan erin de cooha teni aššarangge abka uthai gehun galafi biya tucike. tereci dobori dulime fušun guwan furdan i jase be geren cooha teisu teisu dosifi, onco tanggū bai dube adafi, tu kiru šun be dalifi.

是夜，忽晴忽雨，帝谓诸王大臣曰："阴雨之时，不便前进，可回兵。"大王曰："与明国和好久矣，今因其不道故成仇隙，兴师已至其境，若回兵，吾等更与明国和好乎？抑为敌耶？且兴兵之名，谁能隐之，天虽雨，吾军有雨衣，弓矢各有备雨之具，更虑何物沾濡乎？且天降之雨乃懈明国之人，使不意吾进兵，此雨有利于我，不利于彼。"帝善其言，于夜亥时传令军士方起行，云开月霁。众兵分队，连夜进抚顺边，兵布百里，旌旗蔽空。

是夜，天时降细雨时晴，汗谓诸贝勒大臣曰："雨中进军不便，可回兵。"大贝勒曰："吾等与大明国相好已数年矣，今因其恶方兴师，兵已行至其边，若退兵，吾等欲与大明国修好乎？抑为敌乎？兴师之事，孰能隐，天虽雨，吾兵身有斗篷，弓箭皆有罩，何忧沾湿乎？此雨使大明国人无知，不意吾进军也，此雨乃于吾等有利，于大明国有害也。"汗嘉许其言，是夜亥时方令大军起行，天霎时晴明月出。于是众兵连夜各入抚顺关边口，队列宽百里，旌旗蔽日。

tofohon i cimari, daiming gurun i fušun šo hecen be kame generede, emu niyalma jafafi bithe jafabufi fušun šo hecen i iogi hafan lii yung fang be daha seme takūraha. tere bithei gisun, suweni daiming gurun i cooha jase tucifi, yehei gurun de dame tehe turgunde, bi te daiming gurun be dailambi, fušun šo hecen i ejen iogi hafan si afaha seme eterakū kai, bi simbe dahaha manggi, te uthai julesi šumilame dosiki sembi, si daharakū oci, mini dosirengge tookambi kai, si afarakū dahaha de, sini kadalaha cooha irgen be acinggiyarakū, kemuni sini fe doroi ujire. si ai jaka be ambula bahanara niyalma kai, sini anggala mujakū niyalma be inu tukiyefi jui bufi sadun jafafi banjimbi, simbe sini da banjihaci geli wesimbufi, mini uju jergi ambasai gese ujirakū doro bio? si ume afara, afaci mini coohai niyalma i gabtaha sirdan simbe takambio? yasa akū sirdan de goici bucembi kai. hūsun isirakū bade daharakū afaci, bucehe seme ai tusa? okdome tucifi dahaci, mini cooha dosindarakū sini kadalaha cooha be si yooni bahafi bargiyambi kai. mini cooha dosika de, hecen i juse hehe golofi samsimbikai. tuttu oci, doro ajigen ombikai. si aikabade mini gisun be ume akdarakū ojoro, bi sini ere emu hecen be baharakū oci, ere cooha ilimbio? ufaraha manggi, jai aliyaha seme ai tusa? hecen i dorgi amba ajigan hafasa cooha irgen suwe hecen nisihai dahaci juse sargan niyaman hūncihin fakcarakū ohode, suwende inu amba urgun kai. dahara daharakū be suwe inu ambula seolehede sain kai. emu majige andan i jili de mende akdarakū, ere weile be ume efulere, daha seme bithe buhe manggi.

至十五日晨，往围抚顺城，执一人赍书与游击李永芳，令之降。书曰："因尔明国兵助叶赫，故来征之，量尔抚顺游击，战亦不胜，今欲服汝，辄深向南下，汝设不降，误我前进。若不战而降，必不扰尔所属军民，仍以原礼优之。况尔乃多识见人也，不特汝然，纵至微之人犹超拔之，结为婚姻，岂有不超升尔职，与吾大臣相齐之理乎？汝勿战，若战，则吾兵所发之矢，岂有目能识汝乎？倘中则必死矣。力既不支，虽战死亦无益，若出降，吾兵亦不入城，汝所属军民皆得保全。假使吾兵攻入城中，老幼必致惊散，尔之禄位亦卑薄矣。勿以吾言为不足信，汝一城若不能拔，朕何以兴兵为？失此机会，后悔无及。其城中大小官员、军民等，果举城纳降，父母、妻子、亲族俱不使离散，是亦汝等之福也。降与不降，汝等熟思，慎勿以一朝之忿而不信，遂失此机也。”

十五日晨，往围大明国抚顺所城，擒一人，遣其执书，招降抚顺所城游击官李永芳。书曰：“因尔大明国兵出边援叶赫国，为之驻守，吾今征大明也，抚顺城主游击官，汝攻之不可胜矣，吾招服汝后，即继续深入，汝若不降，误我前进。汝若不战而降，汝所辖兵民不动，仍以原礼养之。汝为何事不知之人耶？即至微之人亦举荐之，嫁女结亲，岂有不以汝为长，复升汝职，与吾头等大臣相齐之理乎？汝勿战，若战，则吾兵所射之箭，岂能识汝耶？倘为无眼之箭射中，必亡矣。力既不支，倘不降而战，虽死何益？若出迎而降，吾军不入城，汝所辖之军皆得保全。倘吾军入城，城中孩童、女子必惊吓四散，如此，尔之官位不保矣。勿以吾言为不足信，汝一城吾若不可得，何以兴兵为？失此机会，复悔何益？倘城内大小官员、兵士、百姓汝等阖城投降，则子女、妻子、亲戚俱不使离散，是亦汝等大福也。降与不降，汝等当深为思虑，勿因一时之忿而不信，勿坏此事，宜降。”将书送去。

hecen i ejen iogi lii yung fang doroi etuku etufi dahambi seme hoton i julergi duka de ilifi gisurembime，ini coohai niyalma be afara aika jaka be dagilara be sabufi，manju i cooha hecen de wan sindafi afame，emu erin hono oho akū hecen de uthai tafaka manggi，lii yung fang teni dahame doroi etuku etuhei morin yalufi hecen ci tucike manggi. gūsai ejen adun gebungge amban gajime jifi han de acabure de，lii yung fang morin ci ebufi niyakūrame acarade，han morin i dele ishun gala tukiyeceme doro araha. tere hecen i dorgi niyalma afara de waburengge wabuha，hecen be baha manggi，ume wara seme šajilafi gemu ujihe.

李永芳览毕，衣冠立南城上，言纳降事，又令城上备守具。满洲兵见之，遂竖云梯以攻，不移时，即登城，永芳衣冠乘马，方出城降。固山额真阿敦引之，永芳下马跪见，帝于马上拱手答礼。其攻城相敌时死者死，城已克，乃传令勿杀，皆抚之。

城主游击李永芳着礼服，立于城南门，言纳降事，又令其兵士备办攻伐之具。满洲兵见之，遂竖梯攻城，不移时即登城，李永芳始降，衣冠骑马出城。固山额真阿敦引之来见，李永芳下马跪见，汗于马上向其拱手作礼。城内人作战时死者死矣，克城后，严令勿杀，皆养之。

fušun šo，dung jeo，magendan ere ilan hoton，buya pu tai gašan uhereme sunja tanggū funceme gaifi，cooha bargiyafi meni meni dosika bade deduhe，han i beye fušun šo hecen de deduhe. juwan ninggun de duin minggan cooha be fušun šo hecen be efule seme werifi. geren cooha bedereme fušun šo hecen i šun dekdere ergi bigan de babai cooha acafi amasi bedereme jase tucifi giyaban gebungge bigan de coohai ing ilifi，geren ambasa coohai niyalma de gung bodome šangnafi gūsin tumen olji be geren cooha de dendeme bufi，dahaha niyalma be emu minggan boigon araha.

此举下抚顺、东州、玛根丹三城，台堡五百余，乃收兵，各于所进之处安歇，帝驻抚顺。十六日，留兵四千拆抚顺城。大兵回至抚顺城东旷野处，会各营兵出边，至嘉班安营，论功行赏，将所得人畜三十万散给众，其降民编为一千户。

取抚顺所、东州、玛根丹三城，及小堡台寨共五百余，乃收兵，各于所进之处安歇，汗驻抚顺所城。十六日，留兵四千拆抚顺所城。众兵班师，于抚顺所城东旷野处会各处兵而回，出边，至嘉班安营，诸将士均论功行赏，将三十万人畜分与众兵，其降人编为一千户。

jai šangdung，sansi，hodung，hosi，jo jeo，hang jeo，i jeo jakūn golo ci hūda jifi fušun šo hecen de bihe juwan ninggun niyalma de jugūn de jetere menggun ambula bufi，nadan amba koro gisun i bithe be jafabufi amasi sindafi unggihe. fušun šo hecen be efule seme werihe duin minggan cooha isinjiha manggi，ninggun tumen cooha be dahabuha boigon i niyalma baha olji be gamame，juleri jurambufi boode unggihe. han i beye beise ambasa duin tumen cooha be gaifi，ing gurime daiming gurun i baru genefi jasei hanci ing iliha.

有山东、山西、涿州、杭州、易州、河东、河西等处商贾十六人，皆给路费，书七恨之言付之，令归。其拆城兵四千亦至，遂令兵六万，率降民及所得人畜，前行归国。帝与诸王大臣领兵四万移营，复临明国边安营。

又有自山东、山西、河东、河西、涿州、杭州、益州等处来抚顺所城经商者十六人，俱多给路费，令执七大恨之文回，释之。其留下拆城之四千兵既至，遂遣六万兵，率降民及所得人畜，先行归家。汗与诸贝勒大臣率四万兵移营，往大明国去，于近边处扎营。

orin emu de cooha bedereme，han i beye jase ci orin bai dubede siyeri gebungge bigan de isinjifi teni ing iliki sere de，daiming gurun i guwangning hecen be tuwakiyaha ejen dzung bing guwan hergen i jang ceng yen，liyoo yang hecen be tuwakiyaha fujiyang hergen i po ting siyang，hai jeo hecen be tuwakiyaha ts'anjiyang hergen i pu ši fang，manju gurun i amba cooha jase be dosifi fušun šo，dung jeo，magendan be gaifi golo be wacihiyaha seme donjifi，emu tumen cooha be gaifi ebšeme jici，manju gurun i cooha bedereme genefi jase tucikebi，dahalame yarkiyame tuwaki seme genere de.

二十一日，帝回兵，距边二十里，至谢哩甸，方欲安营，广宁镇守张承荫、辽阳副将颇廷相、海州参将蒲世芳，闻满洲大兵尽取抚顺等处，领兵一万急追，时满洲兵已出边，明国兵不敢逼近，但蹑后观视。

二十一日，汗回师，至距边二十里处名谢哩之野，方欲扎营，时大明国广宁守城之主总兵官张承荫、辽阳城守副将颇廷相、海州城守参将蒲世芳，闻满洲国大军入边，取抚顺所、东州、玛根丹地方，削平诸部，遂领兵一万急趋，时满洲兵已回师出边，乃蹑后引诱观视。

tere cooha jidere be manju i karun i niyalma sabufi deyerei gese feksime jifi，amba beile，□□□beile de alanjire jakade，juwe beile coohai niyalma be gemu uksilebufi okdome genefi jasei jakade ilifi karun i niyalma be han de alana seme unggihe. karun i niyalma genefi han de alara jakade，han hendume，tere cooha musede afanjirakū，manju gurun i jihe cooha be bošome jase tucibuhe seme ini han de holtome jabuki seme jihebi，muse i cooha be aliyarakū. amba beile，□□□beile i cooha be ili seme erdeni baksi be takūrafi han i gisun be juwe beile de alanara jakade.

侦探飞报大王、四王，二王闻之，令兵尽甲，迎至边，随报帝。帝曰："彼兵非来与我为敌，盖欲诈称追吾兵出边，以诳其君耳，必不待我兵也。"乃遣额尔德尼巴克什令二王停兵。

满洲哨探见敌兵来，飞奔而回，报大贝勒、〈皇太极〉贝勒，二贝勒令兵士皆披甲往迎，立于边口，遣哨探报汗。哨探去，告之汗，汗曰："此兵非来战我，其来但为诳其汗，谎称追满洲国来兵而出边耳，必不待吾兵。"乃遣额尔德尼巴克什令大贝勒、〈皇太极〉贝勒停兵。

juwe beile cooha gaifi jase jakade ilifi, han de amasi takūrame, musei cooha be aliyaci afaki, aliyarakū oci i burulaha kai. tuttu aliyarakū burulaci muse uncehen de dosifi saciki, tuttu akū muse ekisaka amasi bedereci, muse be aliyahakū geleme genehe sembikai sehe manggi. han tere gisun be mujangga seme hendufi, geren cooha be gaifi geneci.

二王奉命屯兵于边上，复回报曰："彼兵若待，我兵则战，若不待，必自走矣。吾欲乘势袭其后，不然我兵默默而回，彼必以我为怯，不敢战也。"帝然之，遂帅大兵前进。

汗之言告知二贝勒后，二贝勒领兵立于边界，遣人回报汗曰："彼若待，吾兵则战，若不待，其必走也。若不待而走，吾等欲追其尾而斩杀之，不然吾等默默撤回，彼必言吾等畏惧不敢战而走矣。"汗然之，遂率兵前进。

daiming guruni cooha alin i ninggude ilan bade ilan ing ilifi ulan fetefi poo miyoociyang be faidafi ilihabi. tere faidan de manju gurun i jakūn gūsai cooha faidafi bireme dosinara de. neneme wesihun daha edun, coohai hanci isiname edun uthai forgošome buraki toron tucime, daiming ni coohai baru gidame daha. daiming ni cooha poo miyoociyang emdubei sindame afara de, manju i cooha gabtame sacime afame dosire jakade, daiming ni cooha manju i coohai horon be alime gaici ojirakū, uthai burulaha, manju i cooha daiming gurun i ilan ing ni cooha be uthai gidafi hetu undu cirume tuhebufi. dzung bing guwan jang ceng yen, fujiyang po ting siyang, ts'anjiyang pu š i fang, sunja iogi, ciyandzung badzung susai funceme waha. dehi bade isitala bošome unduri tuhebume wafi cooha bederehe, tere cooha juwan i dolo emke juwe tucike，uyun minggan morin，nadan minggan uksin，coohai agūra ambula baha.

明国兵分三处据山险，掘壕列火器安营。八固山列阵冲击。初风自西起，及兵临时，其风骤转向敌营，明国兵连放火炮，我兵奋勇射之，杀入其营，锐不可当，明国兵遂败，三营皆破，死者伏尸相枕，杀总兵、副将、参游及千把总等官共五十余员，追杀四十里，死尸络绎不绝，敌兵十损七八，获马九千匹，甲七千副，器械无算。

大明国兵据山顶，分三处立三营，掘壕沟，列置火炮。满洲国八固山兵列阵冲击。初风自西起，及兵近时，风向骤转，扬起飞尘，朝大明国兵方向压去，大明国兵屡屡放炮，满洲兵射杀攻入，明兵不能抵挡满洲兵威，立时溃逃，满洲兵遂败大明国三营之兵，死者横竖相枕，杀总兵官张承荫、副将颇廷相、参将蒲世芳、游击五、千总把总五十余，沿途追杀四十里而回，敌兵仅十之一二脱出，得马九千、甲七千及兵器甚多。

tere afara de manjui dubei coohai niyalma juwe bucehe. tereci bedereme jifi jasei jakade ing ilifi，coohai beise ambasa juleri dosika hūsun tucime afaha be jergi bodome，feye baha coohai niyalma be feyei ujen weihuken be tuwame šangname bufi.

是阵中，满洲止折小卒二名。回至边安营，论诸王大臣奋勇前进者，列等升之，稽三军被伤之轻重以赏之。

是阵中，满洲止折二卒。回至边安营，将领兵诸贝勒大臣奋勇前进、出力攻伐者，列等升之，军中士卒被伤者，视伤势轻重以赏之。

orin ilan de coohai bedereme，siyeri gebungge bigan de isinjifi ing ilifi deduhe. tere yamji šun tuhere ergi ci šun dekdere baru hetu lasha sahaliyan lamun siren gocika bihe.

二十三日，兵宿于谢哩甸。是晚，自西向东有青黑气二道，横亘天上。

二十三日班师，至谢哩之野，安营而宿。是夜，自西向东有黑蓝二光横结天上。

tereci bedereme jifi orin ninggunde amba hecen de dosika. fušun šo hecen ci dahabufi gajiha minggan boigon i niyalmai ama jui ahūn deo eigen sargan be faksalahakū, dain de samsifi acahakū niyaman hūncihin, booi aha be boode jifi gemu baicafi acabume bufi. tere boo tarire usin takūrara ihan morin, jetere jeku eture etuku, ujire ujima, tetun agūra ai ai jaka be yooni jalukiyame bufi. ini daiming gurun i kooli amba ajigan hafan sindafi, lii yung fang de bufi kadalabuha, han ini jui abatai taiji de banjiha sargan jui gege be lii yung fang de sargan bufi omolo hojihon obufi, dzung bing guwan hergen buhe.

二十六日还国，所得降民千户，父子、兄弟、夫妇俱无离散，至于六亲失散者，查给伊亲；奴仆失散者，查归本主。又与房田、牛马、衣食、牲畜、器皿等物。仍照明国设大小官属，令李永芳统管，将皇子阿巴泰贝勒郡主妻之，升为总兵。

于是班师而回，二十六日入大城，自抚顺所城招服带回之千户人，其父子、兄弟、夫妻俱无离散，查阵中亲戚失散者，俱使其相会；包衣阿哈失散者，俱还之。又赐住房、耕田、使唤之牛马、所食之粮、所穿之衣、饲养之牲畜、器械，凡什物皆足赐之。仍照大明国之例，设大小官员，与李永芳统管，汗以其子阿巴泰台吉亲生女格格与李永芳为妻，使为孙女婿，赐总兵官衔。

卷五

anagan i duin biyai orin juwe de，nadan amba koroi gisun be bithe arafi daiming han i lu taigiyan i juwe hūdai niyalma，k'ai yuwan i emu niyalma de bithe jafabufi daiming han de takūrafi unggihe.

闰四月二十二日，遣鲁太监下商人二名、开原人一名，书七大恨付之，令回国。

闰四月二十二日，遣大明汗之鲁太监下商人二名、开原人一名，书七大恨付之，令回大明汗处。

manju gurun i genggiyen han ini beye geren beise ambasa be gaifi，daiming gurun be dailame，sunja biyai juwan nadan de amba cooha jurafi，juwan uyun de jase dosifi fu an pu，hūwa boo cung，san ca a pu，amba ajigen uhereme juwan emu pu be afame gaifi. orin de ts'ui san tun pu be dahabuha，tere šurdeme duin pu i niyalma be daha seci daharakū ofi，afame gaifi. amba cooha san ca a pu de ing ilifi，ninggun dedume geren coohai niyalma de šangname bufi，baha olji be neigen icihiyame dendefi，olji be juleri jurambufi boo de unggihe.

五月十七日，帝率诸王大臣统军征明国，至十九日进边，克抚安堡及花豹冲、三岔儿大小共十一堡。二十日，招服崔三屯，其周围有四堡民招之不服，遂攻取之。大兵营于三岔儿堡留六日，犒赏三军，均分所得人畜，先令兵送人畜归国。

满洲国英明汗亲率诸贝勒大臣征大明国，五月十七日大军起程，十九日进入边口，攻克抚安堡、花豹冲、三岔阿堡大小共十一堡。二十日，招服崔三屯堡，其周围四堡人因招之不服，遂攻取之。大军于三岔阿堡安营，驻六日，犒赏诸军，均分所得人畜，分毕，命人先送人畜回。

geren cooha amasi dosifi fu an pu，hūwa boo cung，san ca a šurdeme jeku be juweme eye feteme ing ilifi bisire de. orin jakūn i cimari erde abka talman talmafi，hūlmahūn erin i dulimbai ke de abka ci fulgiyan，niowanggiyan，šanggiyan siren gocifi，ing ni juwe ergi dalbade hadafi，dergi ninggu muheliyen duka ofi cooha julesi yabure de，coohai amala emu ujan，juleri emu ujan isinafi，geren cooha be dahame bifi tofohon bai dube ci nakaha. tere šurdeme jeku be juweme wacihiyafi cooha bederehe.

又传令众军沿屯搜掘粮窖，运毕，安营。二十八日晨，大雾，卯时有青赤白三色气，自天垂于营之两旁，上圆似门，及起营时，气之两头坠于军之前后，相随十五里方散。

众军复入，运抚安堡、花豹冲、三岔阿周围粮谷，掘其地窖，安营。二十八日晨，天降大雾，卯时中刻，天现红青白三色光，垂于营两旁，上圆似门，及大军前行时，其光坠于军之前后两头，随众军行十五里乃止。周围粮谷运毕，大军乃回。

ninggun biyai orin juwe de，daiming gurun i guwangning hecen i dutan neneme bithe jafabufi unggihe emu niyalma，emu tungse jai sunja niyalma uheri nadan niyalma be takūrafi isinjifi hendume，muse juwe gurun acaki seci, sini dailafi gamaha emu udu niyalma be benjime, sini niyalma be takūra. tere gisun de genggiyen han hendume, mini dailafi baha emu niyalma be ainu bederebumbi? mimbe udu seci, suwembe dailafi gajiha niyalmai dele aisin menggun, suje gecuheri nememe bume aca, mimbe waka seci, bi acarakū, kemuni dailambi seme hendufi unggihe.

六月二十二日，广宁巡抚遣通事一名，从者五名，及前送书者共七人，来言两国修好，令送还所掳之人。帝曰："吾征战所得者，虽一人何可还哉？若以我为是，于所得之外更加金帛方和；若以我为非，我则不和，征伐如故。"令来使回。

六月二十二日，大明国广宁巡抚遣前令执书回者一人、通事一人及其余五人共七人至，曰："吾两国修好，将汝征战所掳之人送回，吾亦将汝之人释归。"英明汗曰："吾征战所得者，虽一人岂可送回？若以我为是，于征伐汝等所掳之人外，加送金银、绸缎、蟒缎方和；若以我为非，我则不和，征伐如故。"言讫令回。

manju gurun i taidzu genggiyen han ini beye geren beise ambasa be gaifi, daiming gurun be dailame, nadan biyai orinde, amba cooha jurafi, yahū guwan furdan be dosifi, cing ho hecen be kafi afara de, cing ho hecen be tuwakiyaha fujiyang hafan dzeo cu hiyan tumen cooha be gaifi hecen be akdulame tuwakiyafi, minggan funcere poo sindame, gabtame wehe fungkū maktame afara de, manjui cooha uthai hecen be efulefi, wan sindafi tafame, gida jangkū be jailabume bireme fekume dosire jakade, hecen i duin derei cooha gemu burulafi, manjui cooha hecen be bahafi fujiyang hafan dzeo cu hiyan i beye tumen cooha be gemu waha, i du ciyang, giyan cang juwe hoton i hafan irgen gemu hoton waliyafi burulaha. tere cing ho hecen be baha manggi, jiyanggiyūn cooha de gung budome šangnafi, amba cooha aššafi liyoodung ni baru dosi genefi juwe dedufi tereci amasi cooha bederefi, i du ciyang, giyan cang juwe hoton be efulefi, tere šurdeme jeku be gemu juwefi cooha bederehe.

七月二十日，帝率诸王大臣统大兵征明国，入鸦鹘关，环攻清河。其城守副将邹储贤领兵一万固守，其中炮手约千余，兼滚木矢石齐下，满洲兵拆城，竖梯攻之，不避锋刃跃入，四面兵皆溃，其城遂拔。将邹储贤及兵众俱杀之，一堵墙、硷场二城官民弃城走。遂论功行赏毕，起兵向辽阳行二日，复撤回，拆一堵墙、硷场二城，将周围之粮运尽，方班师。

满洲国太祖英明汗亲率诸贝勒大臣伐大明国，七月二十日大军起程，入鸦鹘关，围攻清河城。时清河城守副将邹储贤领兵一万固守，约千人放炮，掷石，滚木击之，满洲兵立时拆城，竖梯登之，避刀枪跃入，城上四面兵皆溃，满洲兵遂克城。杀副将邹储贤及兵士万余，一堵墙、硷场二城官民皆弃城而逃。克清河城后，将士皆论功行赏毕，大军行进，向辽东进发，行二日，复回，拆一堵墙、硷场二城，将周围粮谷运尽，方回师。

cing ho be gaiha inenggi, daiming gurun i fujiyang ho ši hiyan sunja minggan cooha gaifi, ai yang ni ba be tucifi, manju gurun i weji dolo tehe ice donggo gebungge gašan be sucufi nadan haha, hehe juse uheri tanggū isime wafi cooha bederehe.

当克清河之日，有明国副将贺世贤领兵五千出叆阳，掳满洲山林所居新栋鄂寨，杀七人及妻子共约百余而去。

当克清河城之日，有大明国副将贺世贤领兵五千出叆阳，袭满洲国山林内所居新栋鄂寨，杀男子七人及女子、孩童共约百余而去。

manju gurun i taidzu genggiyen han hunehe bira jaifiyan i birai acaha giyamuhū gebungge bai toksoi jeku be dure de，narin，yendei gebungge juwe niyalma be ejen arafi，tacibume hendume，inenggi oci jeku be bošome dubu，dobori oci，mujakū bade akdun alin de jailafi，julergi alin de emu dobori deduci，amargi alin de emu dobori dedu，dergi alin de emu dobori deduci，wargi alin de emu dobori dedu，dain i ba de olhoba serebe niyalma ci dele akū seme tacibufi afabuha.

时秋成，帝命纳邻、音德二人率四百众往嘉木湖收获（嘉木湖在浑河、界藩河之间），戒之曰："昼则督农收刈，夜则避于山险处，当今宿南山，明宿北山，今宿东山，明宿西山，于受敌之处而能谨慎者斯为贵矣。"

满洲国太祖英明汗以纳邻、音德二人为主帅，往浑河与界藩河间之嘉木湖托克索收粮，戒之曰："昼则督收粮，夜则避于山险处，南山宿一夜，北山宿一夜，东山宿一夜，西山宿一夜，受敌之处谨慎者为最上。"

narin，yendei han i gisun be jurcefi dobori jailafi deduhekū，daiming gurun i cooha i karun i niyalma juwe ilan jergi hūlhame tuwanjifi，uyun biyai ice duin de daiming gurun i dzung bing guwan lii žu be cooha unggifi narin i jeku dure duin tanggū niyalma de afanjifi nadanju niyalma be wafi gerendere onggolo uthai cooha bederehe，ilan tanggū gūsin niyalma burulame tucike. narin yendei be han i gisun be jurcehe seme weile arafi，narin i boigon be gemu talaha，yendei boigon be hontoholome talaha. karun sindaha yegude be dain i cooha jici sahakū seme， terei boigon be ilan ubu sindafi emu ubu be šajin de gaiha，juwe ubu be yegude de buhe.

纳邻、音德违帝命，被明之侦探潜窥数次，至九月初四日，总兵李如柏遣兵乘夜直抵收获处，杀七十人，未曙而回，其余三百三十人得脱。帝定二人违命之罪，籍纳邻之家，音德家产半没入官。又以叶古德侦探不明籍其家三分之一。

纳邻、音德违命，夜宿不避，为大明国哨探窥视二三次，九月初四日，大明国总兵官李如柏遣兵来袭纳邻收粮之四百人，杀七十人，天明前即回，其三百三十人得脱。遂定纳邻、音德违命之罪，籍纳邻全部家产，籍音德半数家产。哨探叶古德因敌兵来而不知，将其家产分为三份，一份依法籍没，两份留与叶古德。

taidzu genggiyen han beise ambasai baru hendume，daiming gurun de dain ofi，muse dorgi bade tefi cooha yabuci，dergi dubede tehe coohai niyalmai morin，ba goro ofi suilambi，morin be jecen i bade adulaki，daiming gurun i baru wasihūn ibefi，jaifiyan i bade hoton arafi teki seme hebešeme toktofi. hecen sahara ba be dasafi，wehe jerguwen be isabume wajifi. abka beikuwerehe manggi，hecen sahara be taka nakaha.

帝与诸王大臣议曰："今与明国为敌，我国居处与敌相远，其东边军士途路更遥，行兵之时，马匹疲苦，可将马牧于近边地，西近明国，于界藩处筑城。"议定，遂经营基址，收聚木石。因天渐寒且止。

太祖英明汗谓诸贝勒大臣曰："今与大明国成仇，吾等内地驻军若行进，东边驻军之马因路遥而受苦，可将马牧于近边处，西近明国，于界藩处筑城。"议定，乃修治城基，收聚石木。后因天渐寒且止。

uyun biyai orin sunja de daiming gurun i fušun šo hecen i amargi hūi an pu i ba be tabcilame cooha dosifi niyalma ambula waha, minggan olji baha, tere baha olji ilan tanggū haha be daiming gurun i fušun guwan furdan de wafi, emu niyalma de bithe jafabufi sindafi unggihe. tere bithei gisun, mini tondo uru be daburakū, afambi seci, cooha boljofi jase tucifi, juwan tofohon dedume, hoton hecen be efuleme afacina. tuttu akūci, mini tondo uru be uru arame ulin bume weile wajicina. amba gurun i han i cooha buyarame hūlhame mini usin weilere aha ba tanggū waci, suweni usin weilere aha be bi minggan waha, suweni daiming gurun i usin be hecen i dolo weilembio seme bithe arafi, tere bithe gamara niyalmai juwe š an be faitafi unggihe. tereci cooha amasi bedereme jidere de.

九月二十五日，遣兵略会安堡，斩杀甚众，得人畜一千，有屯民三百斩于抚顺关，留一人割双耳令执书回。其书曰："若以我为非理，可约定战期出边，或十日，或半月，攻城决战。若以我为合理，可纳金帛以图息事。尔大国乃行窃盗，袭杀吾农夫一百，吾将杀汝农夫一千，且汝国能于城内业农乎？"遂回兵。

九月二十五日，掠大明国抚顺所城北会安堡，兵入，杀人甚多，得人畜一千，中有男丁三百斩于大明国抚顺关，留一人令执书回。书曰："若以我之忠直、是为非理而欲战，则约定战期，出边，或十日，或十五日，毁城攻战。若以我之忠直、是为合理，可纳金帛以息事。大国之汗纵兵行窃，杀我务农事之奴一百，我将杀汝务农事之奴一千，汝大明国田地能于城内耕作乎？"书罢，割执书者双耳，遣回，遂回师。

orin uyun i cimari tasha erin de šun dekdere julergi hošoi ergi na ci šanggiyan siren tucifi abka de hadaha, tere siren amba jangkū i adali, dube ergi narhūn hotohon bihe，golmin gūsin da，muwa juwe da bihe. juwan biyai juwan emu de sunjaci ging ni dube de，tere šanggiyan siren i šun dekdere ergi usiha ci onco emu da šanggiyan siren tucifi dube ergi daiming gurun i baru bihe. tere na ci tucike šanggiyan siren，usiha de siren tucike，duici inenggi juwan duin i cimari ci jai sabuhakū. juwan emuci siren tucike usiha，dobori dari nadan usihai baru gurime geneme orin uyun i inenggi sabufi nadan usihai uncehen i dubei emu usihai amargi be duleke，tereci jai sabuhakū.

至二十九日寅时，东南有一道白气，自地冲天，形如大刀，约长十五丈，宽丈余。十月十一日五更时，东南更有白气自星出，约宽五尺，直冲明国，至十四日后不见。其出气之星，每夜向北斗渐移，至二十九日，直越北斗柄，自此以后不见。

二十九日晨寅时，东南角有白气一道，自地起，直冲向天，形似大刀，边尾细密，长十五丈，粗丈余。十月十一日五更末，东南更有白气自星出，宽一丈，边尾直冲大明国方向。其地出之白气，至星出气第四日，十四日晨不复见。十一日出气之星，每夜向北斗七星渐移，二十九日，越北斗七星尾，自此不复见。

juwan juwe de，dergi mederi goloi hūrgai aiman i nakada gebungge amban ujulafi tanggū boigon be gajime dahame jimbi seme donjifi，juwe tanggū niyalma be okdome unggifi gajime jime orin de isinjiha，taidzu genggiyen han yamun de tucifi tehe manggi，dahame jihe hūrgai aiman i niyalma han de hengkileme acame wajiha manggi，amba sarin sarilafi. enteheme boigon gajime jihe niyalma be emu ergi de，boigon gajihakū ini bade amasi genere niyalma be emu ergi de ilibufi，boigon gajime ujulafi jihe jakūn amban de aha juwanta juru，morin juwanta，ihan juwanta, tuweri eture gecuheri burgiyen i jibcan dahū, bolori eture gecuheri goksi kurume, duin erin de eture etuku, tere boo tarire usin ai ai jaka be gemu neigen jalukiyame buhe.

十二日，闻东海瑚尔哈部长纳喀达率民百户来降，命二百人迎之，二十日至。上升殿，降众见毕，设宴。将举家来归者列一处，有遗业而来欲还家者另立一处，其为首八人各赐男妇二十口，马十匹，牛十只，冬衣蟒缎、皮裘、大褂，秋衣蟒袍、小褂，四季衣服俱备，及房田等物。

十二日，东海瑚尔哈部部长纳喀达为首率百户来降，太祖闻之，遣二百人迎接，二十日至。太祖英明汗升殿坐定，来降之瑚尔哈部人叩见汗毕，大宴之。令携家户而来者立于一边，未携家户欲还其地者立于一边，其携家户为首来归之部长八人各赐奴十对，马十匹，牛十头，冬衣蟒缎、皮袄、皮罩，秋衣蟒袍、小褂，四季衣物，及房舍耕田，凡什物均足赐之。

tere buhe be safi, ini bade amasi genembi sehe niyalma genehekū ambula tehe, tere tehe niyalma genere niyalma de jasime, gurun i coohai niyalma muse be dailame wafi olji araki ulin bahaki seme gūnimbini, han i mujilen gurun be elbime niyalma be isabufi ujifi gucu obuki seme gūnimbini, muse be uttu ujimbi seme gūnihakū, musei bade bisire ahūn deo i niyalma be gemu gajime jio seme jasifi unggihe.

其欲还者见之，留而不去者甚多，乃附信与还家者曰："满洲军士欲杀吾等，图我人畜财物，汗以抚聚人民为念，收为臣仆，不意施恩至此，吾土所居弟兄眷属，可皆率之来。"

其欲还者见所赐，不去而留居者甚多，留居者付信与还者曰："满洲国军士欲征杀吾等，为俘虏，图财物，汗以安国聚抚人民为念，收为臣仆，不承想恩养吾等至此，吾土所居兄弟眷属，皆可率之来。”

jorgon biyai ice juwe de，neneme sindafi unggihe juwe niyalma be guwangning ni ging liyoo yang hao，lii gi hiyo gebungge niyalma de adabufi takūrafi isinjiha.

十二月初二日，辽东经略杨镐遣承差李继学同前放还者二人至。

十二月初二日，广宁经略杨镐遣李继学同先前释回者二人至。

manju gurun i abkai falingga taidzu genggiyen han i sohon honin duici aniya aniya biyai ice juwe de，taidzu genggiyen han yehei gurun be dailame genere de. amba beile de juwan ninggun amban，sunja minggan cooha afabufi daiming gurun i cooha be alime jakai furdan be tuwakiyame unggihe. taidzu genggiyen han beise ambasa be gaifi amba cooha jurafi yehei gurun de isinafi，ice nadan de amba cooha dosifi，keite gebungge hoton，niyahan gebungge gašan be gidame tabcin sindafi yehei gurun i tehe amba hecen i šun dekdere ergi duka de juwan bai dube de isinafi，hecen de dosime genere niyalma ulha be gemu gaifi，hecen ci juwan bai tulergi gašan i boo be gemu tuwa sindaha，amba ajigen orin funceme gašan. nuktere monggoi morin ulha bahafi，cooha bargiyafi bedereme yehei gurun i amba hecen ci ninju bai dube de ing ilifi deduhe.

己未，天命四年，明万历四十七年，正月初二日，征叶赫。令大王率将十六员，兵五千，于扎喀关防御明国。自将诸王大臣统大军起行，初七日深入叶赫界，自克伊特城尼雅罕寨，略至叶赫城东十里，将投城人畜皆截取之，十里外所居屯寨大小二十余处，尽焚之。又取蒙古所牧生畜（此蒙古乃附叶赫者），乃收兵，离城六十里安营。

己未，满洲天命太祖英明汗四年，正月初二日，太祖英明汗征叶赫国。令大贝勒领大臣十六员、兵五千御大明国军，驻守扎喀关。太祖英明汗亲率诸贝勒大臣领大军起程，至叶赫国，初七日纵大军深入，自克伊特城尼雅罕寨掠至叶赫国所居大城东门十里处，将投城人畜俱劫去，自城十里外村寨房舍俱放火焚之，大小二十余寨。又移营取蒙古之马牛，乃收兵回，至距叶赫国大城六十里处安营而宿。

tere cooha dosika inenggi, yehei niyalma ebšeme elcin takūrafi daiming gurun i k'ai yuwan hecen i dzung bing guwan ma lin de alanafi, ma lin donjihai uthai cooha gaifi yehe de dame jifi, yehei coohai emgi acafi afaki seme, yehe i hecen ci dehi bai dube de tucifi tuwaci, manju gurun i cooha i horon hūsun amban, afame mutere cooha waka seme olhome afaha akū amasi bederehe. tereci manju gurun i taidzu genggiyen han cooha bedereme jihe.

当进兵之日，叶赫遣使往开原总兵马林处告急，林遂领兵来助，与叶赫合兵一处，出城四十里，见我兵势重，惧不能敌而退。帝亦班师。

当进军之日，叶赫人遣使急报大明国开原城总兵官马林，马林闻之，即率兵助叶赫而来，与叶赫合兵欲战，出城四十里观之，见满洲国军士势强，惧不能敌，遂不战而退。满洲国太祖英明汗亦班师。

manju gurun i taidzu genggiyen han orin juwe de, neneme jihe daiming gurun i elcin lii gi hiyo, emu tungse be amasi takūraha, bithei gisun, han liyoodung ni niyalma be wakalame jase tucike niyalma be amasi bederebure, mimbe uruleme mini nadan koro be sume minde wang ni gebu buci dain nakarakū ainaha? mini fe šang, fušun šo hecen i sunja tanggū ejehe，k'ai yuwan hecen i minggan ejehe be mini coohai niyalma de buo，mini beye，mini ujulaha ambasa de uhereme suje ilan minggan，menggun ilan minggan yan，aisin ilan tanggū yan gaji seme bithe arafi unggihe.

二十二日，令明国使者李继学及通事赍书回，其书曰："皇帝若声辽人之罪，撤出边之兵，以我为是，解其七恨，崇以王位，岂有不罢兵之理？再将我岁币及抚顺所原有敕书五百道，并开原所有敕书千道，皆给吾军士，至我与大臣，再加段三千匹、金三百两、银三千两，兵乃罢。"

二十二日，满洲国太祖英明汗令先前所来之大明国使李继学及通事一人执书回，书曰："汗若责辽东人，撤回出边之兵，以我为是，解我七恨，赐我王号，岂能不息战？再将吾之旧赏及抚顺所城敕书五百道，并开原城敕书千道赐吾军士，赐我及为首诸大臣蟒缎三千匹、银三千两、金三百两。"书毕遣回。

orin ninggun de muhaliyan gebungge amban de emu minggan cooha afabufi，dergi mederi goloi hūrgai aiman i funcehe tutaha irgen be wacihiyame gaisu seme unggihe.

二十六日，令穆哈连领兵一千，收东海瑚尔哈部遗民。

二十六日，令大臣穆哈连领兵一千，尽收东海路之瑚尔哈部遗民。

juwe biyai tofohon de jaifiyan i bade hecen sahara wehe juweme emu tumen sunja minggan alban i niyalma，tere be tuwakiyara morin i cooha duin tanggū unggihe.

二月十五日，遣人夫一万五千，赴界藩处运筑城之石，令骑兵四百卫之。

二月十五日，遣夫役一万五千人赴界藩处运筑城之石，令骑兵四百护卫。

sohon honin daiming wan lii han i dehi ningguci aniya，manju taidzu genggiyen han i duici aniya，wan lii han coohai jiyanggiyūn ioi lin i bai dzung bing guwan hergen i du sung，wang siowan，joo meng lin，giyangsi bai dzung bing guwan hergen i lio ting，liyoodung ni bai dzung bing guwan hergen i lii šu be，siowan fu bai dzung bing guwan hergen i ma lin，ioi lin i bai fujiyang hergen i ho ši hiyan，dai tung ni bai fujiyang hergen i ma yan，bithei hafan，be ging ni harangga dai ming fu i cooha tuwara dooli hergen i jang ciowan，k'ang ing kiyan，boo ding fu bai dooli hergen i yan ming tai，siowan fu bai dooli hergen i pan dzung yan，ere geren bithei hafan coohai jiyanggiyūn sa be manju gurun be urunakū mukiyebu seme orin tumen cooha be afabufi.

是月，明国命总兵杜松（榆林人）、王宣（保定总兵，榆林人）、赵梦麟（陕西人）、刘綎（江西人）、李如柏（辽东总兵，铁岭人）、马林（宣府人）、贺世贤（榆林人）、副将麻岩（大同人）、监军广宁分巡道张铨（大名府人）、海盖道康应乾（河南人）、辽阳分守道阎鸣泰（保定人）、开原道潘宗颜（宣府人），文武臣等统兵二十万，侵我满洲。

己未大明万历汗四十六年①，满洲太祖英明汗四年。万历汗命武将榆林总兵官杜松、王宣、赵梦麟，江西总兵官刘綎，辽东总兵官李如柏，宣府总兵官马林，榆林副将贺世贤，大同副将麻岩，文官北京所属大名府监军道张铨、康应乾，保定府道阎鸣泰，宣府道潘宗颜，文臣武将等领兵二十万，务必消灭满洲国。

① 应为万历汗四十七年。

geren ambasa han i gisun be alime gaifi, amba cooha liyoodung hecen de isinjiha manggi, liyoodung hecen i dutan yang hao, manju gurun fušun šo hecen be gaime cooha dosika fonde ukame dosika emu manju de bithe jafabufi, manju gurun de takūrame orin tumen cooha be dehi nadan tumen seme algimbume, suweni manju gurun be dailame genembi, meni cooha gaifi yabure, ambasa hebešere hafasa gemu teksileme wacihiyame isinjiha, amba cooha ilan biyai tofohon de, biyai genggiyen i ucuri jugūn jugūn i dosime genembi seme takūrafi.

诸臣克日起兵，至辽阳，经略杨镐以二十万兵号四十七万，遣满洲人一名，系取抚顺时叛投者，于二十四日赍书至，言大兵征取满洲，领兵将帅及监军文臣齐至，三月十五日乘月明之时，分路前进。

众臣遵旨，率大军至辽东城，辽东巡抚杨镐遣满洲人一名，系满洲国取抚顺所城时逃入者，令执书回满洲国，言大明国兵二十万，号称四十七万，往征汝满洲国，吾等领军将帅及谋臣已齐至，大军将于三月十五日月明之时，分路前进。

geren cooha šen yang hecen de acafi, golo dendefi inenggi boljofi, duin jugūn i dosime. hashū ergi dulimbai jugūn de dzung bing guwan hergen i du sung, wang siowan, joo meng lin, dooli hergen i jang ciowan ninggun tumen cooha be gaifi, hunehe bira be wesime fušun guwan furdan be tucimbi. ici ergi dulimbai jugūn de, dzung bing guwan hergen i lii šu be, ho ši hiyan, dooli hergen i yan ming tai ninggun tumen cooha be gaifi, cing ho i jugūn be geneme, yahū guwan furdan be tucimbi. hashū ergi amargi jugūn de dzung bing guwan hergen i ma lin, fujiyang hergen i ma yan, dooli hergen i pan dzung yan duin tumen cooha be gaifi, k'ai yuwan i jugūn be geneme, yehei gurun i coohai emgi acafi san ca keo angga be tucimbi. ici ergi julergi jugūn de dzung bing guwan hergen i lio ting, dooli hergen i k'ang ing kiyan, duin tumen cooha be gaifi, solho gurun i cooha i emgi acafi, kuwan diyan i jugūn be tucimbi. ilan biyai ice inenggi sasa jase tucifi, manju gurun i amba hecen de acafi afame gaiki seme boljofi, duin jugūn i amba cooha juraka.

后明兵果会于沈阳，分为四路，约三月初一日齐出边境，合兵攻取满洲都城，约定，遂起兵进发。乃分左翼中路总兵杜松、王宣、赵梦麟、监军道张铨领兵六万，顺浑河出抚顺关。右翼中路总兵李如柏、贺世贤、监军道阎鸣泰领兵六万，往清河出鸦鹘关。左翼北路总兵马林、副将麻岩、监军道潘宗颜领兵四万，往开原合叶赫兵，出三岔口。右翼南路总兵刘綎、监军道康应乾领兵四万，合朝鲜兵，出宽甸口。

后诸军会于沈阳城，分四路行进，约定三月初一日齐出边境，合攻满洲国大城。其左翼中路总兵官杜松、王宣、赵梦麟、道员张铨领兵六万，沿浑河而下，出抚顺关。右翼中路总兵官李如柏、贺世贤、道员阎鸣泰领兵六万，往清河路去，出鸦鹘关。左翼北路总兵官马林、副将麻岩、道员潘宗颜领兵四万，往开原路去，会叶赫兵，出三岔口。右翼南路总兵官刘綎、道员康应乾领兵四万，会朝鲜国兵，出宽甸路。

liyoodung ni dutan yang hao i bithe jafabufi takūraha manju, manju gurun de juwe biyai orin duin de isinjiha. tereci daiming gurun i hashū ergi dulimbai jugūn i ninggun tumen cooha dobori dengjan tukiyefi fušun guwan furdan be tucime jidere be, manju gurun i karun i niyalma sabufi, deyerei gese feksime jifi ilan biyai ice inenggi muduri erin de taidzu genggiyen han i hecen de isinjifi, yamun de isaha beise de alame, sikse orin uyun i yamgi geren dengjan i tuwa sabuha seme teni alafi，han de alara onggolo，julergi goloi niyalma geli alanjime，sikse orin uyun i inenggi honin erin de，donggo goloi jase be daiming ni cooha dosinjiha seme alanjiha manggi.

三月初一日，诸王聚于朝内，辰时，哨探飞报曰："昨二十九夜，见明国兵执灯火出抚顺关。"此报犹未奏闻，其南方哨探又来报曰："昨日未时，明国兵自栋鄂而进。"

辽东巡抚杨镐所遣执书之满洲人，于二月二十四日抵达满洲国。大明国左翼中路六万兵于夜间举灯出抚顺关而来，满洲国哨探一见，即飞奔来报，三月初一日辰时，至太祖英明汗城，报告聚于衙门内诸贝勒，曰："昨二十九日夜，见灯火甚众。"方报之，未及告汗，其南路人又奏报曰："昨二十九日未时，大明兵入栋鄂路边境。"

ambasa han i jakade dosifi tere medege be alaha manggi，taidzu genggiyen han hendume，ere daiming gurun i cooha jidere mujangga ombi，musei cooha julergi golo de sunja tanggū bi，terei teile julergi golo de sujakini. julergi golo de neneme cooha sabuha manggi，musei cooha be julesi genekini seme cooha sabuhabi，wargi fušun šo i golo be amba cooha urunakū jimbi，muse neneme tere cooha de afaki seme hendufi，amba beile geren beise ambasa hecen de bihe cooha be gamame，muduri erin de uthai jurafi genere de. karun i niyalma geli cing ho i jugūn de cooha sabumbi seme alanjiha manggi，amba beile hendume，cing ho i jugūn be cooha jihe seme，ba hafirahūn jugūn ehe，cooha taka isinjirakū，muse ai ocibe neneme fušun šo jugūn i cooha be afaki yabu seme genefi.

诸王遂奏闻于帝，帝曰："明国兵来是实，吾南方已有兵五百，即将此兵捍御之。然明国故令吾南方预见其兵者，是诱吾兵南敌，其大兵必从抚顺关来，今当先战此兵。”即时令大王与诸王大臣领城中兵出。正行之际，哨探又来报曰：“见清河路兵来。”大王曰：“清河路虽有兵，其地狭险，不能遽至，姑且听之，吾等先往抚顺关迎敌。”

诸臣遂入告消息，太祖英明汗曰：“此大明兵来为实，吾等南方有兵五百，仅以之御南方。敌欲令南方先见其兵，诱吾兵见敌而往南去，其大军必自西边抚顺所路而来，吾等先攻此兵。”大贝勒及众贝勒大臣率城中已有之兵，辰时即起程往。正行之际，哨探又报：“清河路见有敌兵。”大贝勒曰：“清河路虽有兵来，然地窄路恶，其兵不能骤至，吾等先往抚顺所路迎敌。”

jakai furdan be duleke manggi，amba beile，darhan hiya，taidzu genggiyen han be aliyaki seme cooha iliha bade□□□beile wecere baita de tookafi amala amcame isinjifi hendume，musei hecen sahara wehe juweme genehe yafahan i alban i niyalma de dain i agūra akū，jaifiyan i hada udu akdun beki seme，daiming ni coohai ejen ini coohai bucere be hairandarakū urunakū murime afambi，aikabade musei alban i niyalma gaibuha de ainambi? cooha hūdun genefi musei cooha sabuha de，alban i niyalma sahade dolo selambi kai sere jakade，amba beile geren ambasa gemu tere gisun mujangga seme coohai niyalma be gemu uksilebufi，tereci genehei，honin erin de tairan gebungge ala de isinaha manggi，amba beile darhan hiya cooha be daldame ilifi，taidzu genggiyen han be aliyaki serede.

遂过扎喀关，与达尔汉辖按兵候帝。四王因祀神后至，曰：“吾筑城运石之人夫俱无器械，界藩山虽然险固，倘明将不惜其兵，必竭力攻之，吾之人夫被陷，将奈何？今吾兵急往其地，人夫一见，而心自慰矣。”大王与众大臣等皆善其言，即令兵尽甲，未时，行至太兰岗，大王与达尔汉辖欲掩兵俟帝。

遂过扎喀关，大贝勒与达尔汉辖欲候太祖，遂止兵。〈皇太极〉贝勒因祭神事所误，后追至，曰："吾等运筑城基石之夫役无兵器，界藩山虽险固，倘大明领兵之主不惜牺牲兵士，竭力攻之，吾之夫役被陷，将奈何？可令吾兵急往，见吾兵，夫役心自舒畅矣。"大贝勒与众臣皆然其言，即令兵士俱披甲而往，未时，至太兰岗，大贝勒与达尔汉辖欲掩兵而立，以候太祖英明汗。

□□□beile hendume，muse dalda de ainu ilimbi？iletu tucifi bata be sabume cooha faidaki，musei cooha be wehe juwere alban i niyalma sabuha de，dolo selafi afarangge hūsungge ombikai seme jilidame henduhe manggi，tere gisun de eidu baturu jabume，beilei ere gisun mujangga，muse julesi genefi iletu iliki sehe manggi，geren gemu gisun dahafi，julesi genefi daiming ni coohai bakcilame faidaha.

四王不悦，曰："何故令兵立于僻处？当于显处耀兵布阵，运石人夫见我兵至，亦奋勇而战矣。"额亦都曰："贝勒之言诚是也，吾等当向前立于显处。"众皆从之，遂前进，与明兵对垒布阵。

〈皇太极〉贝勒怒曰："吾等何故立于僻处？当于显见处列阵，令运石夫役见我兵，心慰而奋勇作战。"额亦都巴图鲁答曰："贝勒此言极是，我等当向前立于显处。"众人皆从其言，遂前进，与大明兵对垒列阵。

manju gurun i cooha isinara onggolo，daiming gurun i dzung bing guwan du sung，wang siowan，joo meng lin cooha gaifi dosime jidere be manju gurun i hecen sahara wehe juweme genehe alban i niyalma be tuwakiyame genehe duin tanggū morin i cooha sarhū gebungge bai holoi angga de buksifi, julergi amba ing ni cooha be dulembufi amargi uncehen de sacime dosifi, jaifiyan i dogon de isitala wafi, jaifiyan i wehe juwere alban i niyalma de acanjiha. tereci du sung ni cooha, manju gurun i jaifiyan i girin hada ninggude šancilafi bisire wehe juwere niyalma be kafi alin i wesihun afara de, manju gurun i duin tanggū cooha alban i niyalma be gaifi afame emu jergi gidafi, daiming ni cooha be tanggū isime waha.

我兵未至之先，杜松、王宣、赵梦麟领兵前来。时满洲护卫人夫骑兵四百，伏于萨尔浒山谷口，伺敌大兵过半，击其尾，杀至界藩河，合运石人夫，据于界藩之吉林山险。杜松兵围而攻之，山上骑兵率众人夫一战，折明兵约百人。

满洲国兵未至之先，大明国总兵官杜松、王宣、赵梦麟领兵来。时满洲国护卫运筑城基石夫役之骑兵四百，伏于萨尔浒谷口，伺大营兵过半，斩其尾，杀至界藩渡口，会合界藩运石夫役。其后，杜松兵围据界藩吉林山顶之满洲运石夫役，向山上攻击，满洲国四百兵率夫役一战败敌，杀大明兵约百人。

tuttu jing afandure dulimbade manju gurun i coohai beise isinjifi tuwaci, daiming gurun i juwe tumen cooha jaifiyan i girin hadai yafahan be afambi, emu ing ni cooha sarhū i alin i ninggude iliha bi. tere be safi, amba beile, manggūltai beile, amin beile, □□□beile geren ambasai baru hendume, muse i yafahan de daci bihe duin tanggū cooha bi, te emu minggan cooha be dele nonggime unggifi, hadai wasihūn gidakini, ici ergi duin gūsai cooha geli aisilame hafirame afakini, hashū ergi duin gūsai cooha sarhū i alin i ninggude iliha cooha be tuwame ili seme hendufi, emu minggan cooha be girin hadai ninggude unggihe manggi.

正攻守之际，诸王俱至，见明兵二万攻吉林山，又一枝兵立于萨尔浒山上。大王、二王、三王、四王谓众臣曰："吾人夫内有卫兵四百，更令兵一千登山协助，往下冲杀，以右翼四固山兵夹攻之，其左翼四固山兵可瞭防萨尔浒山敌兵。"言毕，遂令兵一千往吉林山。

正相互攻战间，满洲国领兵诸贝勒至，见大明国兵二万攻界藩吉林山步军，又一营兵立于萨尔浒山。大贝勒、莽古尔泰贝勒、阿敏贝勒、〈皇太极〉贝勒谓众臣曰："吾步军内原有兵四百，今增兵一千往山上，沿山往下击杀，复以右翼四固山兵相助夹攻，其左翼四固山兵可盯防萨尔浒山所立敌兵。"言毕，遣兵一千往吉林山。

taidzu genggiyen han isinjifi, duin amba beilei baru suwe adarame gidaki seme gisurehebi, duin beile ceni jorifi unggihe be alara jakade. taidzu genggiyen han hendume, abka yamjiha, suweni joriha songkoi okini. hashū ergi duin gūsai cooha be unggifi, neneme sarhū i alin i ninggude iliha cooha be gida, tere be gidaha manggi, ere jaifiyan i cooha dolo ehe ombi. ici ergi juwe gūsai cooha jaifiyan i cooha be tuwame ilifi, musei cooha girin hadai ningguci wasihūn gidara de nememe afa seme hendufi unggihe.

帝至，问诸王曰："汝等所议破敌之策若何？"诸王遂将前议告之。帝曰："天将晚，即照此指挥可也。今令右二固山兵益于左四固山，先破萨尔浒山所立之兵，此兵一败，其界藩敌兵自丧胆矣。再令右二白旗固山瞭望界藩敌兵，俟吾兵自吉林山下冲之际，协力以战。"

太祖英明汗至，问四大贝勒："汝等商议欲如何破敌？"四贝勒遂将其指派情形告之。太祖英明汗曰："天色已晚，依汝等指挥可也。遣右翼二固山兵增援左翼四固山兵，先破萨尔浒山所立之兵，彼兵一破，则界藩兵心生畏惧矣。右翼二固山兵立观界藩兵，俟吾兵自吉林山顶向下冲击之际，协力作战。”言毕分遣。

tere fonde manju gurun i amba hecen i šurdeme gūsin baci dosi sain morin i cooha isinjiha bi，ehe morin i cooha siran siran i jimbi，goro bai cooha wacihiyame isinjire unde. tereci hashū ergi ninggun gūsai cooha sarhū i alin i ninggude iliha cooha be afame genere de，daiming gurun i cooha ing ilifi poo miyoociyang sindame alime gaifi afara de，manju i cooha alin i wesihun gabtame sacime bireme dosifi，tere ing be efulefi，dartai andande uthai gidafi，muhaliyame tuhebume waha. tereci jaifiyan i hadai ninggude yafahan de nonggime genehe cooha，daiming ni cooha be alin i wasihūn teni gidame acinggiyafi gamara de，ici ergi juwe šanggiyan tui gūsai cooha bira be doome genefi，jaifiyan i alin i oforo de iliha cooha be afame dosire de，daiming gurun i cooha poo miyoociyang emdubei sindame alime gaifi afara de，manju i cooha gabtame sacime uthai bireme dosifi，majige andande gidafi muhaliyame waha，dzung bing guwan du sung，wang siowan，joo meng lin se gemu geren cooha de wabuha.

时我兵离城三十里以内，壮马者先至，疲马者陆续而进，其远方兵皆未至。六固山兵进攻萨尔浒山，敌兵布阵，发炮接战，我兵仰射冲杀，直破其营，不移时敌众尸覆成堆。其助吉林山之兵，自山而下，正冲击之际，右二白旗固山渡河前进夹攻之，明兵连发火炮接战，我兵奋勇冲杀，遂破之。横尸堆积，总兵杜松、王宣、赵梦麟等皆死于阵中。

时满洲国大城周围三十里内，骑好马之兵先至，骑劣马之兵陆续而来，远处兵皆尚未至。左翼六固山兵往攻萨尔浒山所立敌兵，大明兵扎营，发炮迎战，满洲兵仰射砍杀而入，破其营，顷刻败之，敌兵尸首成堆。往界藩吉林山增援之兵，方自山上向下冲击撼动大明兵之际，右翼二白旗固山兵渡河前进，入攻界藩山鼻所立敌兵，大明兵连发火炮接战，满洲兵射杀攻入，不移时即破之，死尸成堆，总兵官杜松、王宣、赵梦麟皆死于阵中。

daiming ni coohai niyalmai tuhekengge alin bigan de hetu undu sektehe bi，niyalmai beye coohai agūra hunehe bira be eyerengge juhe hujurere gese senggi omo birgan oho bi. tereci manju i cooha daiming ni burulame genere cooha be orin bade isitala bošome wame，unduri tuhebume，šokin gebungge hada de isinarangge abka yamjiha，tere dobori coohai niyalma be jugūn tuwakiyame siran siran i tebufi，burulame genere niyalma be geli waha.

明兵死者漫山遍野，血流成渠，军器与尸冲于浑河者，如解冰旋转而下。追杀明国兵二十里，仆尸联络，至硕钦山，天色已晚，令兵沿途截杀逃窜之兵。

大明兵死尸漫山遍野，横竖相枕，兵士尸体与军器冲于浑河，似解冰旋转而下，血流成河。满洲兵追杀大明败走之兵二十里，横尸联络，至硕钦山，天色已晚，是夜令兵沿途驻守，截杀败逃之兵。

tere dobori daiming gurun i hashū ergi amargi jugūn i dzung bing guwan ma lin i cooha šanggiyan hada gebunge bade isinjifi ing ilifi ulan fetefi tungken dume ing ni tehereme cang alibume bisire be，manju gurun i coohai niyalma sabufi dobori uthai amba beile de alanaha. jai cimari gereme，amba beile ilan tanggū funceme cooha be gaifi neneme genehe，ma lin i cooha deduhe baci teni aššafi jurandarangge，amba beilei coohai isinaha be safi amasi bederefi duin dere arame ilifi, ing ni tehereme ilarsu ulan fetefi, ulan i tehereme tulergi be amba poo miyoociyang faidafi, poo miyoociyang sindara niyalma yafahalafi iliha, terei juleri morin i cooha emu jergi jiramin faidame ilifi, juleri poo miyoociyang faidafi, gūwa geren cooha gemu morin ci ebufi ilarsu ulan i dolo dere arame faidaha. jai emu ing ni cooha, tere baci šun tuhere ergi ilan bai dubede fiyefun i gebungge alin i ninggude ilihabi.

明国左翼北路总兵马林兵，是夜至尚间崖安营凿壕，击鼓传铃，周转巡逻，我兵见之，遂星夜来报大王。次日，大王领兵三百余先往，马林方起营，见大王兵至，遂停兵布阵，四面而立，绕营凿壕三道，壕外列大炮，炮手皆步立，大炮之外又密布骑兵一层，前列枪炮，其余众兵皆下马，于三层壕内布阵。此营西，相距三里，又一营兵立于斐芬山。

是夜，大明国左翼北路总兵官马林兵，至尚间崖地方安营掘壕，击鼓绕营周转巡逻，满洲国兵见之，星夜来报大贝勒。次日天明，大贝勒率兵三百余先行，马林兵方自驻地起行，见大贝勒兵至，遂撤回，四面而立，绕营掘壕三道，壕外布大炮鸟枪，炮枪手皆步立，此前密列骑兵一层，前置炮枪，余兵皆下马，于壕内各面布阵。距此以西三里，又一营兵立于斐芬山。

amba beile tere cooha be safi ilan jergi niyalma takūrafi, taidzu genggiyen han de alaname unggihe, manju gurun i amargi cooha siran siran i emdubei amba beile de nonggime acanjimbi. daiming gurun i hashū ergi dulimbai jugūn i amargi ing ni iogi hergen i gung niyan sui, lii hi mi sejen kalka be gaifi yabure yafahan morin i emu tumen cooha be gaifi wahūn omo gebungge bade isinjifi ing ilifi, ing ni tehereme ulan fetefi poo faidafi bisire de.

大王见之，三次遣人驰报，满洲后至兵陆续赴大王营不绝。明国左翼中路后营游击龚念遂、李希泌领车营、骑步兵一万，至斡琿鄂谟处安营，绕营凿壕列炮。

大贝勒见敌兵，三次差人往报太祖英明汗，满洲国后兵陆续增援，会大贝勒。大明国左翼中路后营游击龚念遂、李希泌领车营、步骑兵一万，至斡琿鄂谟处安营，环营掘壕列炮。

taidzu genggiyen han ini beye，□□□beile minggan isirakū cooha be gaifi genefi，coohai niyalma be dulin yafahalabufi afabure de，gung niyan sui，lii hi mi cooha poo miyoociyang emdubei sindame afara de，□□□beile moringga cooha be gaifi yafahan cooha sejen kalka be aname tuhebufi，tere tumen funcere cooha be gidafi. □□□beile juleri gaifi dube tucime bošome wame genehe，gung niyan sui lii hi mi gemu wabuha.

帝率四王领兵不满千人，令一半下马步战，明营兵一齐发炮，四王率骑兵突入，步兵遂摧覆战车，大败其兵。四王领兵尽力追杀，龚念遂等皆殁于阵中。

时太祖英明汗亲率〈皇太极〉贝勒领兵不满千人往，令一半兵步行作战，龚念遂、李希泌兵连发枪炮击之，〈皇太极〉贝勒率骑兵突入，步兵遂摧覆战车，大败彼一万余兵。〈皇太极〉贝勒率先出而追杀之，龚念遂、李希泌均被杀。

taidzu genggiyen han ilifi bisirede，amba beilei takūraha niyalma isinjifi，daiming ni cooha šanggiyan hada i bade ing ilifi bisire be alara jakade，taizu genggiyen han □□□beilei bošome genehe cooha be aliyarakū kutule jafaha duin sunja niyalma be gaifi ebšeme jime morin erin de isinjifi tuwaci，daiming ni duin tumen cooha faidafi ilihabi，taidzu genggiyen han hendume，musei cooha alin i dergi be gaifi wasihūn gidahade，ere cooha uthai burulambikai seme hendufi. coohai niyalma alin i dergi be gaime geren cooha aššafi alin i wesihun genere de. dzung bing guwan ma lin i dorgi ing ni cooha ulan i tulergi de faidaha cooha de acanjime jihe manggi，taidzu genggiyen han hendume，ere cooha te muse de afanjimbi，musei cooha alin i dergi be gaime genere be naka，gemu morin ci ebufi yafahalafi alime gaifi afa sehe manggi，amba beile genefi hashū ergi juwe gūsai cooha be morin ci ebu seme teni dehi susai niyalma be ebubuhe bici，daiming ni wargi derei faidan i cooha uthai aššafi afanjire de.

帝方立马眺望，大王报到，言敌已至尚间崖，帝闻之，不待四王之兵，急领随从四五人，午时至其处，见敌兵四万，已布阵而立，帝曰：“吾兵当先据山上，向下冲击，其兵必败矣。”众兵将登山，见敌众营内兵与壕外兵合，帝曰：“是兵欲来战我也，不必登山，可下马步战。”大王遂往左二固山，令众兵下马。时下马者方四五十人，明营西面兵遂来战。

太祖英明汗方立马眺望时，大贝勒所遣之人至，报大明兵已至尚间崖安营，太祖英明汗不待〈皇太极〉贝勒追出之兵，急领随从四五人，午时至其处，见大明兵四万已列阵而立，太祖英明汗曰：“吾兵当先夺取山顶，向下冲击，其兵即败矣。”众军遂行动，往山上去，欲夺其顶，时总兵官马林营内兵与壕外兵会合而来，太祖英明汗曰：“是兵今将战我也，我兵不必往夺山头，皆下马步行迎战。”大贝勒遂去，令左翼二固山兵下马。时下马者方四五十人，大明西面兵来战。

amba beile，taidzu genggiyen han i baru te dosiki seme hendufi，morin be dabkime ishun okdome dosika，amin beile，manggūltai beile，geren taijisa teisu teisu dosifi，juwe cooha kūthūme afame，daiming ni afanjiha cooha gidabufi amba dulin wabuha. tere afandure be manju gurun i jai ninggun gūsai cooha sabufi teksileme faidahakū，julergi niyalma amargi niyalma be aliyahakū deyerei gese feksinume daiming ni amba ing ni cooha de dosire de. daiming ni cooha poo miyoociyang sindame alime gaifi afara de，manju i cooha uthai bireme dosifi gabtame sacime afara de，daiming ni cooha，manjui coohai horon be alici eterakū uthai burulaha，manju i cooha etehe hūsun i bošome wame alin bigan de sektefi tuhebuhe，dzung bing guwan hergen i ma lin burulame arkan seme tucike，fujiyang hergen i ma yan amba ajigen hafasa gemu wabuha，niyalmai senggi niyengniyeri erin i nimašan muke wembi eyerei adali，šanggiyan hadai bira i muke gemu fulgiyan senggi oho.

大王谓帝曰：“吾当领兵前进。”即策马迎敌，直入其营，后二王、三王与诸台吉等并力杀入，两兵混战，敌兵遂败，剿杀大半。其六固山兵见之，前不待后，行伍亦不暇整，飞奔明之大营。营中兵发炮接战，我兵发矢冲击，明兵势不能敌，大败而走，我兵乘势追杀，死者漫山遍野，副将麻岩等皆斩于阵，总兵马林仅以身免，血水分流，如阳春释雪，尚间崖下，河水皆赤。

大贝勒谓太祖英明汗曰：“今欲入战。”即策马直入迎战，阿敏贝勒、莽古尔泰贝勒与诸台吉等并力杀入，两军混战，大明国来攻之兵败，剿杀大半。满洲国其余六固山兵见之，尚未布列整齐，即前人不待后人，飞奔冲入大明大营军中。大明兵发炮枪接战，满洲兵遂攻入，射杀作战，大明兵不敌满洲兵之势，大败而走，满洲兵乘胜追杀，尸体漫山遍野，总兵官马林仅以身脱出，副将麻岩及大小官员俱被杀，人血流淌，似阳春融雪，尚间崖河水皆为赤血。

tereci taidzu genggiyen han cooha bargiyafi, fiyefun i alin i ninggude iliha dooli hergen i pan dzung yan i emu ing ni cooha be afame genefi, manju i cooha dulin morin ci ebufi, alin i wesihun afame dosire de, pan dzung yan i emu tumen cooha kalka de daldafi poo miyoociyang emdubei sindame afara de, manjui cooha uthai bireme dosifi, kalka be aname tuhebufi tere ing be efulefi pan dzung yan i beye, emu tumen cooha be gemu waha. tereci yehei gintaisi beile, buyanggū beile cooha gaifi daiming gurun i cooha de dame jime, k'ai yuwan i harangga jung gu ceng hecen de isinjifi, daiming gurun i coohai gidabuha be donjifi, ambula golofi bederehe.

乃收兵攻斐芬山潘宗颜之营，令兵一半下马，向上攻之，宗颜兵一万，以战车为卫，枪炮连发，我兵突入，摧其战车，遂破其营，宗颜并全军覆没。时叶赫锦台什、布扬古领兵来助明国，至中固城，闻明国兵败，大惊，遂回。

太祖英明汗乃收兵，往攻斐芬山所立道员潘宗颜之一营兵，满洲兵一半下马，向山上攻，潘宗颜一万兵，以战车掩护，连发炮枪击之，满洲兵突入，摧覆战车，破其营，尽杀潘宗颜及一万兵。时叶赫锦台什贝勒、布扬古贝勒领兵来助大明国兵，至开原所属中固城，闻大明国兵已败，大惊，遂回。

tereci manju gurun i taidzu genggiyen han amba cooha be bargiyafi bonio erin de gūlbon gebungge bade teni ing iliha bici, niyalma alanjime julergi donggo i golo be dosika cooha, cing ho i jugūn i hūlan i golo be dosika cooha, ere juwe jugūn i cooha musei amba hecen i baru jimbi seme alaha manggi，taidzu genggiyen han darhan hiya de emu minggan cooha be afabufi juleri gene seme unggifi，tere dobori tubade dedufi. jai cimari erde deo i jui amin beile de juwe minggan cooha be afabufi geli unggihe.

帝收大兵，申时至古尔本，方安营，有侦探来报曰："南方栋鄂与清河路呼兰二路之兵，向都城而进。"遂令达尔汉辖领兵一千先往，帝驻于是处。翼晨，又令二王阿敏领兵一千继之。

于是满洲国太祖英明汗收大军，申时，方安营于古尔本处，有人来报："南方栋鄂路有入兵，清河路呼兰有入兵，此二路兵朝吾大城方向前进。"太祖英明汗遂遣达尔汉辖领兵一千先往，当夜太祖宿于是处。翌日晨，又遣弟之子阿敏贝勒领兵二千继之。

tereci ice ilan i cimari，taidzu genggiyen han i beye geren beise ambasa be gaifi amba cooha aššafi jaifiyan gebungge bade isinjifi，abka de cooha gidaha doroi jakūn ihan wame tu wecembi seme bisire de. amba beile hendume，bi juleri orin gucu be gaifi komso karun i niyalma i gese medege gaime geneki，taidzu genggiyen han tu weceme wajiha manggi，amala geren cooha be gaifi elhei jikini seme fonjire jakade，taidzu genggiyen han amba beile be juleri gene sehe manggi，amba beile uthai juraka. terei amala manggūltai beile geli juraka. □□□beile，taidzu genggiyen han i juleri morin yaluhai jifi fonjime，amba beile neneme genehe mujanggao? bi emgi geneki sehe manggi. taidzu genggiyen han hendume，amba age karun i gese medege gaime genehe，si amala mini emgi yabu. □□□beile hendume，amba age be emhun unggifi，be gemu amala ainu bimbi seme hendufi geli juraka.

帝随率诸王等领大兵行至界藩，因破敌，乃杀牛八只谢天祭旗。

大王曰："吾领从者二十人，扮作小卒，前探消息，待祭旗后，汗可率众兵而徐进。"帝允之，大王遂起行。继而三王亦行。四王乘马至帝前问曰："大王果前去？吾欲与同之。"帝曰："汝兄扮作哨探前听消息，汝可随我同行。"四王曰："大兄既已独往，吾等何故留后？"言毕，亦起行。

初三日晨，太祖英明汗亲率诸贝勒大臣领兵行进，至界藩处，因败敌，乃杀八牛告天祭旗。时大贝勒曰："吾领从者二十人，扮为哨探小卒，前探消息，汗待祭旗毕，可率后之众军，徐徐前进。"太祖英明汗允大贝勒先行，大贝勒遂起程。随后，莽古尔泰贝勒亦起程。〈皇太极〉贝勒骑马至太祖英明汗前问曰："大贝勒果先去？吾亦欲同往。"太祖英明汗曰："大阿哥扮作哨探，前探消息，汝可随我同行于后。"〈皇太极〉贝勒曰："大阿哥既已独往，吾等何故俱随后？"言毕，亦起行。

amba beile juraka inenggi，sucungga ging ni uju de amba hecen de isinjifi amba yamun de geneci. geren fujisa，sargan juse yamun de isafi bihengge，amba beile be safi hendume，te geli juwe jurgan i cooha jimbi sere，tere be ainambi? amba beile hendume，fušun šo，k'ai yuwan juwe jugūn i jihe cooha be gidafi gemu waha，ere jidere cooha de musei cooha okdome genehe bi，taka isinjirakū，bi ama han be aliyafi gisun gaifi jidere cooha be okdome genembi seme hendufi.

夜近初更，大王乃至都城，径往宫门内。时后妃及公主等正聚于此，见大王至，曰："今又闻有二路兵来，奈何？"大王曰："抚顺、开原二路兵已败，尽被杀矣，此来兵吾已有兵迎敌，且不能至，吾待父命前去接战。"

大贝勒起程当日，夜近初更时至大城，往大殿去。众福金及女儿等正聚于大殿，见大贝勒，曰："今又闻有二路兵来，奈何?"大贝勒曰："抚顺所、开原二路兵已败，俱被杀。此来兵吾等已有兵迎战，暂且不能至，吾待父汗之命往迎来兵。"

tere dobori amasi taidzu genggiyen han be okdome tofohon bai dubede genefi，amba gašan i bigan de taidzu genggiyen han be aliyame bisire de，taidzu genggiyen han tu weceme wajifi，jaifiyan ci bonio erin de jurafi，tere dobori sunjaci ging ni dubede amba beile，manggūltai beile，□□□beile be acafi hecen de dosika. abka gereme amba beile，manggūltai beile，□□□beile de neneme isinjiha cooha be afabufi kuwan diyan i jugūn i donggoi golo be dosika lio ting ni cooha be okdome unggihe，taidzu genggiyen han i beye duin minggan cooha be gaifi cing ho i jugūn i hūlan i golo de dosika lii šu be，ho ši hiyan i cooha de alime hecen de tutaha.

大王夜出城十五里，至大屯候帝祭旗毕，申时自界藩起行，至五更遇大王、二王、四王入城。天明，令诸王领兵敌宽甸路刘綎之兵，帝于都城留兵四千，以防清河路李如柏、贺世贤之兵。

是夜，大贝勒回迎太祖英明汗，出十五里，于大寨之野候之。太祖英明汗祭旗毕，申时自界藩起程，是夜五更会大贝勒、莽古尔泰贝勒、〈皇太极〉贝勒入城。天明，命大贝勒、莽古尔泰贝勒、〈皇太极〉贝勒领先至之兵入宽甸路之栋鄂，迎战刘綎兵，太祖英明汗亲领兵四千留于城，以待入清河路呼兰之李如柏、贺世贤兵。

daiming gurun i lio ting ni cooha kuwan diyan i babe tucifi jidere de，donggoi goloi irgen gemu alin weji de jailafi，lio ting ni cooha waliyaha gašan be tuwa sindame，gamaci ojorakū werihe dogo doholon niyalma be wame, cooha dosime jidere be, tere golo be tuwakiyaha sunja tanggū cooha be nirui ejen hafan toboo, erna, ehei ilan niyalma gaifi okdome genefi sacime dosifi hūthūme afara de, lio ting ni amba cooha de uhubufi, erna, ehei gaibuha, dahaha cooha susai isime wabuha, duin tanggū susai funceme cooha be toboo gaifi burulame tucifi, neneme juleri unggihe darhan hiyai cooha de acanjiha, darhan hiya cooha be gaifi alin i hafirahūn holo de buksifi bisire de.

当刘綎兵出宽甸时，栋鄂路民皆避于山林，刘綎兵焚遗寨，杀跛瞽不能移者，向前而进。牛录额真托保、额尔纳、额赫三人，率守卫兵五百迎敌搏战，被刘綎大兵围住，额尔纳、额赫死于阵中，折兵五十，托保领残兵四百五十余人逃出，会达尔汉辖兵，达尔汉辖遂伏兵于山谷隘处。

大明国刘綎兵出宽甸而来时，栋鄂路民皆避于山林，刘綎兵纵火焚遗寨，杀不能移而留之盲人及跛足者，大军前进。牛录额真托保、额尔纳、额赫三人，率此路守卫兵五百迎之，混战间，被刘綎大军包围，额尔纳、额赫及降兵约五十人被杀，托保领四百五十余兵逃出，会先遣之达尔汉辖兵，达尔汉辖遂领兵伏于山之狭谷处。

amba beile, manggūltai beile, □□□beile geren cooha meihe erin de warkasi gebungge bai weji be teni tucifi geneci, daiming gurun i lio ting ni siliha juwe tumen cooha juleri jime, emu tumen cooha be juleri tabcin sindafi jiderengge, manju gurun i geren cooha be sabufi, lio ting ni cooha abdari gebungge alai ninggude tafafi faidaha. tereci amba beile cooha gaifi, lio ting ni coohai iliha alai dergi ningguci fusihūn gidaki seme genere de, □□□beile hendume, age si amba cooha be gaifi amargi be tuwame amala jio, bi gaifi alin de genefi fusihūn gidara. amba beile hendume, tere gisun mujangga, bi wargi be genere, si ici ergi galai cooha be gamafi alin i ningguci fusihūn gidabu. sini beye amala ilifi tuwa, mini gisun be jurceme sini beye aikabade dosirahū seme hendufi.

巳时，大王、三王、四王率大兵出瓦尔喀什，正行之际，刘綎部下精兵二万前来，令一万兵野掠，见我大兵，遂登阿布达哩冈布阵。大王领兵欲自山上向下击之，四王曰："兄领大兵在后相机，吾当领兵上山向下击之。"大王曰："此言最善，吾行于山之西，汝令右翼兵登山，向下冲击。汝可在后观之，慎勿亲入，负吾言也。"

巳时，大贝勒、莽古尔泰贝勒、〈皇太极〉贝勒兵方出瓦尔喀什地方，正行进间，大明国刘綎率部下精兵二万前来，令一万兵向前纵掠，见满洲国众兵，刘綎兵遂登阿布达哩山顶列阵。大贝勒领兵欲自刘綎兵所立山上往下击之，〈皇太极〉贝勒曰："阿哥汝率大军在后守尾，吾当领兵上山向下冲击。"大贝勒曰："此言为是，吾行于西，汝令右翼兵登山顶向下冲击。汝可在后观之，慎勿亲入，勿负吾言。"

□□□beile ici ergi galai cooha be gamame genefi, ini beye siliha gūsin isire cooha be gaifi geren cooha ci neneme alin i fusihūn juleri dosifi gabtame sacime jing kūthūme afanure dulimbade, amargi cooha geli isinjifi afame dosika. amba beile hashū ergi galai cooha be gaifi alin i wargi be dosime genere de, daiming ni cooha aššafi burulaha, tereci □□□beile etehe hūsun i tere burulaha cooha be bošome wame genere de. daiming ni lio ting ni juwe ing ni cooha tere golo be dosime jidere be safi, lio ting ni cooha faidame jabdunggala, □□□beile cooha gaifi sacime dosifi gidafi, tere juwe ing ni cooha be gemu waha, coohai ejen lio ting afame bucehe.

四王率右翼兵前进，领精兵三十超出众军之先，从上下击，兵刃相接，正搏战之际，后兵亦至，冲击而进。大王亦率左翼兵自山西而进，明兵大溃，遂走，四王随掩杀之。又见刘綎二营兵来，乘其未布阵之先杀入，刘綎战死于阵中，全军覆没，我兵乃安营。

〈皇太极〉贝勒领右翼兵前进，亲率精兵三十，超出众军之先，自山上向下攻击，射杀混战之际，后兵亦至，冲击攻入。大贝勒亦率左翼兵自山西面而进，明兵大败而走，〈皇太极〉贝勒乘胜追杀败逃敌兵。又见大明刘綎二营兵入此路，乘刘綎兵尚未列阵之先，〈皇太极〉贝勒带兵杀入，败之，尽诛此二营兵，主将刘綎亦死于阵中。

tereci fuca gebungge bigan de daiming gurun i dooli hergen i k'ang ing kiyan i yafahan cooha，solho gurun i cooha acafi ing iliha be sabufi，□□□beile iliha manggi，amargi geren beise gemu isinjifi，tereci manjui cooha faidame dasame wajifi，k'ang ing kiyan i cooha de afame geneci. k'ang ing kiyan i cooha gemu garagangga cuse mooi fesin i golmin gida jafafi mooi uksin ihaci uksin etuhebi，solhoi yafahan i cooha gemu hoošan i olbo，burha to i saca etufi，poo miyoociyang jergi jergi faidahabi. manju gurun i cooha afame dosime genere de，amba edun gaitai andande dekdefi，daiming，solhoi coohai emdubei sindara poo miyoociyang ni š anggiyan buraki toron gemu daiming，solhoi coohai ing ni baru buheliyeme gidame dafi umai ulhirakū farhūn oho. tereci manjui cooha uthai sacime gabtame dosifi tere juwe tumen cooha be gidafi wame wajirengge edun buraki toron uthai nakaha，k'ang ing kiyan burulame tucike.

见监军道康应乾步兵合朝鲜兵，营于富察旷野处，四王驻兵，诸王随皆至，遂列阵前战。见应乾部下兵皆执筤筅竹杆长枪，披藤皮甲，朝鲜兵皆披纸甲，柳条盔，枪炮层层布列。当进战之际，明营中枪炮连发，适大风骤起，其烟尘皆返向本营，迷漫昏黑，竟无所见。我兵遂发矢冲入，破其二万兵，掩杀殆尽，风尘遂止，康应乾仅以身免。

其后，见大明国道员康应乾步兵合朝鲜国兵，营于富察之野，〈皇太极〉贝勒驻兵，后之诸贝勒皆至，满洲兵复列阵毕，往攻康应乾兵。康应乾兵皆手执筤筅竹竿长枪，身披藤皮甲，朝鲜步兵皆披纸甲，柳条盔，炮枪层层布列。满洲兵进战之际，忽大风骤起，大明朝鲜兵连发枪炮之白烟俱向其本营压去，昏暗竟无所见。满洲兵遂发矢冲入，破其二万兵，掩杀殆尽，风尘遂止，康应乾败逃出。

tereci taidzu genggiyen han i juleri unggihe amin beile，darhan hiya，daiming gurun i iogi kiyoo i ki emu ing ni cooha be gidafi wame gamara de，iogi kiyoo i ki funcehe cooha be gaifi burulame solhoi coohai ejen du yuwanšuwai giyang gung liyei cooha de dosika.

帝前遣二王与达尔汉辖击明游击乔一琦营，破之，一琦率残兵奔入朝鲜都元帅姜功立营。

太祖英明汗前遣阿敏贝勒与达尔汉辖攻大明国游击乔一琦一营兵，破之，乔一琦率余兵败逃，入朝鲜都元帅姜功烈军中。

manjui coohai geren beise tereci geli tuwaci，gūlakū gebungge hada de solhoi cooha emu ing ilihabi，tereci manjui cooha gūsa dasafi afame genere de. solhoi coohai ejen du yuwanšuwai giyang gung liyei nenehe coohai wabuha be safi ambula golofi，tu kiru be gemu fusihūn gidame somifi，emu tungse de kiru jafabufi takūrafi，meni cooha ere dain de buyeme jihengge waka. odzi gurun meni solho be dailafi ba na hence hoton be gemu durihe bihe, tere jobolon de daiming ni cooha mende dafi odzi be bederebuhe, terei karu seme membe gajime jihe. suwe ujimbi seci, be dahara. meni cooha daiming ni cooha de swaliyafi yabuhangge be suwe gemu waha, meni ere ing de solhoi canggi bi, daiming ni emu iogi hafan tere be dahaha coohai teile bi, be tere be jafafi suwende afabure sehe manggi.

诸王又见朝鲜兵营于古拉库山，诸王各整固山欲进战。姜功立知明国兵败，大惊，遂倒掩旌旗，遣通事执旗来曰："此来非吾愿也。昔日倭侵我国，据我城郭，夺我土地，当此急难，赖明助之，得退倭兵，此恩当报，今调吾国兵，焉敢不来？若宥吾罪，愿往纳降。且吾兵有在明国兵营者，汝已杀矣，今营中尽我国兵，惟有明之游击一员，并相从兵丁而已，吾即献之。"

满洲领兵诸贝勒又见朝鲜兵一营立于古拉库山上，遂各整固山，欲进战。朝鲜兵主将都元帅姜功烈知前兵被杀，大惊，遂倒掩旌旗，派一通事执旗来曰："此来非吾愿也。昔倭国征我朝鲜，尽夺土地城池，当此急难，大明兵助我，击退倭子，此恩当报，故调吾兵来。汝等若养之，吾即降。且吾兵与大明兵齐行动者，汝已尽杀矣，吾此营中止朝鲜人，此外唯有大明游击官一员，及从兵而已，吾即执之献与汝等。"

amba beile, amin beile, manggūltai beile, □□□beile hebdeme gisurefi, suwe dahaki seci, coohai ejen amba hafan neneme jio, amba hafan i beye neneme jiderakūci, be afambi seme hendufi unggihe manggi. solhoi coohai ejen du yuwanšuwai giyang gung liyei hendume, bi cooha be gaifi ere dobori ubade dedure, bi geneci coohai niyalma balai facuhūrame ukadarahū, fu yuwanšuwai ere yamji genefi beise de acafi tubade dedukini, bi geren cooha be gaifi cimaha dahara seme hendufi, daiming ni cooha be jafafi alin i wasihūn fuhešebume burede, daiming ni iogi kiyoo i ki fasime bucehe, tereci solhoi fu yuwanšuwai dahame jifi, manju gurun i beise de acaha. jai inenggi ice sunja de, solhoi gurun i du yuwanšuwai hergen i jiyang gung liyei sunja minggan cooha be gaifi alin ci wasifi dahame jifi, beise de acaha manggi, beise dahaha doroi kunduleme sarin sarilafi, solhoi hafan cooha be juleri unggifi, taidzu genggiyen han i hecen de isinjiha manggi, taidzu genggiyen han yamun de tucifi soorin de tehe manggi, solho i coohai ejen du yuwanšuwai jiyang gung liyei, fu yuwanšuwai geren buya hafasa be gaifi hengkileme acaha, taidzu genggiyen han solhoi dahaha hafasa be antaha doroi kunduleme sunja indeme ajige sarin juwan indeme amba sarin sarilame ujihe.

诸王议定，乃曰："尔等若降，主将可先来，不然必战。"令通事回告之，姜功立曰："吾今领兵，且宿于此，若身先往，恐众军混乱逃走，今令副元帅先见诸王，即宿于营，吾率众翼日即降。"言讫，尽捉明兵掷于山下，一琦见势急，遂自缢，于是副元帅来见诸王。次日，姜功立率五千兵下山来降，诸王设宴相待，令朝鲜官兵先往都城，帝升殿，都元帅、副元帅率众官叩见，帝待以宾礼，五日小宴，十日大宴。

大贝勒、阿敏贝勒、莽古尔泰贝勒、〈皇太极〉贝勒商定，曰："汝等若欲降，主将大员先来，大员若不先来，吾即攻之。"言毕遣通事回。朝鲜兵主将都元帅姜功烈曰："吾今夜领兵且宿于此，若吾去，恐兵士混乱逃窜，令副元帅今夜往会诸贝勒，宿于彼处，吾率众军明日纳降。"言讫，乃执大明兵掷于山下，大明游击乔一琦自缢而亡。于是朝鲜国副元帅来降，会满洲国诸贝勒。次日（初五日），朝鲜国都元帅姜功烈率五千兵下山来降，会诸贝勒毕，诸贝勒恭礼设宴相待，令朝鲜官兵先行，至太祖英明汗之城，太祖英明汗升殿落座，朝鲜主将都元帅姜功烈并副元帅率众小官叩见，太祖英明汗待朝鲜降官以宾客之礼，五日小宴，十日大宴。

amba beile，amin beile，manggūltai beile，□□□beile tere donggo i golo de dosika，duin tumen cooha be gemu wafi，ilan dedume olji morin uksin saca，coohai agūra be bargiyafi cooha bedereme，ice nadan de，taidzu genggiyen han i hecen de isinjiha. tere ilan jugūn i cooha be afara de manju gurun i cooha juwe tanggū isime bucehe.

诸王既杀尽刘綎兵，驻三日，收人畜、盔甲及器械回兵，初七日乃至。战三路兵时，我兵约折二百人。

大贝勒、阿敏贝勒、莽古尔泰贝勒、〈皇太极〉贝勒尽杀入栋鄂路兵四万，驻三日，收人畜、马匹、盔甲及军械而回，初七日至太祖英明汗城。战此三路兵时，满洲兵约折二百人。

tere ilan jugūn i cooha gidabuha be，daiming ni šen yang hecen de jifi bihe dutan yang hao donjifi ambula golofi，cing ho i yahū guwan be tucike dzung bing guwan lii šu be，fujiyang ho ši hiyan i cooha be bedere seme niyalma takūrafi. lii šu be i cooha hūlan i gebungge baci amasi bedereme genere be，tere hūlan i bade bihe manju gurun i karun i orin niyalma sabufi，alin i ninggude ilifi amala amba cooha bisire arame buren burdefi mahala be beri de hūwaitafi elkifi kaicame dosifi dehi niyalma be waha，susai morin baha. daiming ni cooha ambula burgifi hafirahūn jugūn be temšeme burulame genere de，ini dolo fehutenume minggan funceme niyalma bucehe.

经略杨镐驻沈阳，闻三路兵败，大惊，即撤李如柏、贺世贤之兵。如柏自呼兰处回兵，时有我哨兵二十人见之，乃立于山上吹螺，作后有大兵状，将帽系弓梢挥之，喊噪而入，杀兵四十，获马五十匹。于是明兵大溃，夺路而走，自相蹂踏，死者约千余。

大明驻沈阳城巡抚杨镐闻三路兵败，大惊，即遣人令出清河鸦鹘关之总兵官李如柏、副将贺世贤兵回撤。李如柏兵自呼兰回兵，时呼兰处有满洲国哨探二十人见之，遂立于山头吹螺，故作后有大军状，将帽拴于弓梢挥之，呐喊而入，杀四十人，获马五十匹。明兵大溃，争夺窄路而逃，自相践踏，死者千余。

tere ilan jugūn i cooha be gidaha manggi，taidzu genggiyen han beise ambasa i baru injeme hendume，daiming gurun i wan lii han ini orin tumen cooha be dehi nadan tumen seme algimbufi，duin jugūn i muse de afanjiha，musei cooha be teisu teisu okdofi afafi waha seci，yaya gurun donjici，musei cooha be geren sembi. ineku coohai wame yabuha seci，musei cooha be mangga sembi. yaya gurun donjici ehe akū，eitereci sain sembi kai seme henduhe.

三路兵已破，帝笑谓诸王曰："明国君臣以二十万兵，声言四十七万，分四路来战，各国闻，若以为我分兵破敌，必谓吾兵众。若以为我往来剿杀，必谓我兵强。究言之，闻于四方无有不称善者也。"

三路兵已破，太祖英明汗笑谓诸贝勒大臣曰："大明国万历汗以二十万兵，号称四十七万，分四路来战我等，若以我兵各个击破之，闻于诸国，必谓我兵众。若以我兵往来攻杀，必谓我兵强。闻之各国无恶言，皆称善也。"

niyengniyeri ilan biyai orin emu de，solho i dahaha coohai ejen du yuwanšuwai giyang gung liyei i fejergi yang ing ging，jai ilan hafan emu tungse be ini solho gurun de sindafi unggime，manjui juwe niyalma be emgi elcin takūrame，taidzu genggiyen han，daiming gurun de korsoho nadan amba koroi weile be bithe arafi，geli nonggime arafi unggihe. bithei gisun julgei aisin gurun i han monggo gurun i han ilan duin gurun be gemu uhe obume dahabufi banjihabi，tuttu banjifi tere inu jala goidame aniya ambula banjihakūbi，tere be bi inu samba，ere dain be bi ulhirakū farhūn i deribuhengge waka，daiming gurun i wan lii han mimbe umainaci ojirakū gidašame ofi，ere weile be deribuhe. amba gurun i han de mini dolo daci ehereki seme gūniha bici abka endembio? abka mimbe ainu urulere bihe，daiming han i dereci mini dere oncoo? abka waka be wakalame，uru be uruleme tondo be beidefi tuttu dere，mimbe abka urulehe，daiming gurun be abka wakalaha. solho suweni cooha daiming gurun de dafi minde cooha jihe manggi，bi gūnici solhoi cooha buyeme jihengge waka，daiming gurun de eterakū odzi gurun i dain be bederebuhe karu baili seme jihebidere.

三月二十一日，令朝鲜降将张应京及官三员、通事一人，书七大恨之事，遗书一封，遣二使者与之俱往。书曰："昔者金元二国之主并三四国归于一统，虽如此，亦未得享国长久，吾亦知之，今动干戈，非吾乐举，因明国欺凌已甚，故兴此兵。吾自来若有意与明国结怨，穹苍鉴之。今天之眷顾我者，岂私我而薄明国耶？亦不过是者是，非者非，以直断之，故佑我而罪明国。尔兵来助明国，吾料其非本心也，乃因尔国有倭难时，明国曾救之，故报答前情，不得不然耳。

春三月二十一日，释朝鲜降将都元帅姜功烈部下张应京及官员三人、通事一人回朝鲜国，遣满洲二人为使同行，书太祖英明汗与大明国七大恨付之，又增写书一封。书曰："昔者金国之汗与蒙古国之汗并三四国，俱归于一统而生，如此亦不得世代年久，吾亦知之，此战非吾乐兴，乃因大明国万历汗欺凌不能忍耐，遂兴兵。吾若素来欲与大国之汗交恶，天岂不审？然则天何故佑我，岂吾面宽于大明汗之面乎？亦不过以非为非，以是为是，公正断之耳，故天以我为是，以大明国为非也。朝鲜尔兵助大明而加兵于我，吾思非尔所愿，乃为报大明国击退倭国之恩而来。

julge aisin i daiding han de solhoi joo wei jung ni gebungge amban dehi funceme hecen be gaifi ubašame jihe manggi，daiding han hendume，meni gurun nikan i sung gurun i joo hūi dzung，kin zung ama jui juwe han be dailara fonde，solho gurun i wang yaya gurun de dahakū tondo gurun seme alime gaihakū bederebuhe sere. tere be gūnifi，muse juwe gurun daci ehe akū bihe seme，sini cooha be gaifi jihe amba ajigen juwan hafan be weihun jafafi solhoi wang simbe gūnime asarahabi，te erei dubebe wang si sa. abkai fejile ai hacin i gurun akū? amba gurun i canggi banjimbio? ajige gurun be gemu akū obumbio? ere amba gurun i daiming han be abkai emu šajin i banjimbi dere seme gūniha bihe，ere daiming han abkai šajin be gūwaliyafi，mujakū murime fudarame gurun be jobobumbikai，tere be solhoi wang sini sarkū ai bi? bi donjici，daiming gurun i han meni manju gurun de，suweni solho gurun de gemu ini juse be unggifi ejen obuki seme hendumbi sere，ere daiming han muse juwe gurun be gidašaha fusihūlaha ambula kai. wang sini dolo muse juwe gurun daci umai ehe akū bihe，te bicibe muse juwe gurun emu hebe ofi，daiming gurun de ushaki sembio? bi emgeri daiming de dame wajiha，daiming ci hokorakū sembio? sini gisun be donjiki seme bithe unggihe.

“昔者金大定帝时，有朝鲜官赵惟忠以四十余城叛附，帝曰：‘吾征徽、钦二帝时，尔朝鲜王不助宋，亦不助金，是中立国也。’遂不纳。由此观之，吾二国原无仇隙。今阵擒尔官十员，特念尔王，故留之，继此以往，结局惟在王矣。且天地间国不一也，岂有使大国独存，令小国皆亡耶？吾意明朝大国必奉行天道，今违天背理，欺凌我国，横逆极矣，王岂不知？又闻明国欲令子侄主吾二国，辱人太甚。今王之意以为吾二国原无衅隙，同仇明国耶？抑以为既助明国，不忍背之耶？愿闻其详。”

“昔者金大定汗时，朝鲜有名赵惟忠之臣率四十余城叛附而来，大定汗曰：‘吾国征汉人宋国赵徽宗、钦宗父子二汗时，朝鲜国王孰国亦不助，为中立国。’遂不纳，令回。念及此，可知吾二国向无仇隙，今活捉率汝兵而来之大小官员十人，因念朝鲜王尔，故留之，今此结局在王尔也。天下何种之国无？岂只存大国耶？令小国皆亡耶？吾思此大国之大明汗应奉行天法，然大明汗违背天法，横逆至极，苦虐吾国，朝鲜王尔岂不知？吾闻大明国汗欲遣其子侄为吾满洲国及汝朝鲜国之主，此乃大明国汗欺辱吾二国甚矣！王尔内心以吾二国向无仇隙，今则吾二国一心，同仇大明国耶？抑以为吾既已助大明，不忍背之耶？欲闻汝言。”

juwari ujui biya i ice ilan de，taidzu genggiyen han hendume，coohai morin turgalahabi，niowanggiyan orho de tarhūbuki. jecen i bade usin tarikini，jaifiyan i bade hoton sahafi cooha anafu tefi usin weilere be tuwakiyakini seme，han i beye wasihūn genefi hoton arara babe jorifi，tereci han i beye usin akū sula babe baime morin ulebume gamafi coohai morin be simnefi. emu minggan cooha be tucibufi，ice uyun de unggifi，tiyei ling ni babe tabcilafi emu minggan olji baha.

四月初三日，帝曰："战马羸弱，当趁春草喂养。吾欲据界藩筑城，屯兵防卫，令农夫得耕于境内。"遂亲西往卜基筑城，又择旷野处牧马。继选骑兵一千，于初九日遣入明铁岭境，俘获人畜一千。

夏四月[①]初三日，太祖英明汗曰："战马羸瘦，当以春草肥之。吾欲屯田边疆，筑城于界藩处，令兵士驻守，防卫农事。"汗遂亲西往，指导筑城。汗又亲寻无农田之闲散地方牧马。又择骑兵一千，于初九日遣入铁岭掠之，获人畜一千。

juwari dulimbai biyai orin jakūn de，solho gurun de genehe elcin solhoi emu hafan，juwan ilan niyalma bithe gajime isinjiha，tere bithei gisun，solho gurun i ping an doo goloi guwan ca ši hergen i piyoo hūwa，manju gurun i han mafai bethei fejile niyakūrame bithe alibu-rengge，muse juwe gurun ba na dube acame tefi，daiming gurun be han，muse juwe gurun amban seme banjime juwe tanggū aniya otolo emu majige ser seme gasacun ehe akū bihe. te wesihūn gurun daiming gurun i emgi kimun bata ofi dailame，weihun irgen boihon oho，meni hanciki gurun i anggala duin ergi de gemu dain kai，wesihun gurun de inu sain weile waka. daiming meni juwe gurun ama jui adali，amai gis-un be jui maraci ombio? amba jurgan ofi maraci oho akū. tere weile emgeri duleke，te ume gisurere. jang ing ging ni emgi duin niyalma be sindafi unggihe manggi，giyan giyan i weilei jurgan be tede saha. hanciki gurun i banjire dolo geli akū doro bio? unggihe bithe de hendu-hengge，mini mujilen daci amba gurun i han be ehe gūniha bici，abka endembio seme henduhebi，tere mujilen dule jalan halame enteheme ab-

① 满文"夏季的头月"，即四月。

kai hūturi isifi banjire niyalma kai. ereci amasi amba doro be acabume sain banjici，daiming gurun buyeme sain gisun goidarakū wasimbikai. muse juwe gurun meni meni jase be tuwakiyame fe sain be dasafi banjici sain kai seme bithe unggifi isinjiha.

五月二十八日，朝鲜遣官一员，从者十三人，并前使者赍书至，其书曰："朝鲜国平安道观察使朴化，致书于满洲国主马法足下，吾二国地土相连，明国与吾二国至今经二百余载，毫无怨恶。今贵国与明国为仇，因而征战，生民涂炭，不特邻邦，即四方皆动干戈矣，亦非贵邦之善事也。明国与我国犹如父子，父之言子岂敢拒？盖大义也，吾亦不愿此举，其如不从何？事属已往，今不必言。此事原委，闻张应京等四人来言方知。然邻国亦自有交道也。来书云，吾有心与明国之君结怨，穹苍鉴之。即此一念，便可常享天眷，受福无疆，以后果行合大道，明朝闻之必喜，善言不久而至矣。吾二国各守边疆，复乎前好，乃为善也。"

五月[①]二十八日，先前去往朝鲜之使者及朝鲜官员一人、从者十三人赍书至，书曰："朝鲜国平安道观察使朴化，致书于满洲国汗马法足下，吾二国地土相连，大明国为汗，吾二国为臣，至今已二百余载，无丝毫怨恶。今贵国因与大明国成仇而征之，生灵涂炭，不特吾邻邦，四方皆战矣，亦非贵国之善事也。大明与吾二国犹如父子，父之言子岂能拒？盖大义也，故未拒绝。事属已往，今不必言。张应京等四人释回后，方知种种事之原委。然邻国岂无生存之道？来书云，吾若素来欲与大国之汗交恶，天岂不审？仅以此念，即可为世代不易，天赐福佑之人也。若此后合乎大义，好自为生，大明国喜，善言不久即至。吾二国宜各守边疆，重修旧好，乃为善也。"

---

① 满文"夏季中间月份"，即五月。

juwari dubei biyai ice jakūn de，dergi mederi hūrgai aiman i funcehe tutaha irgen be gaisu seme unggihe muhaliyan gebungge amban，emu minggan boigon，juwe minggan haha bahafi gajime cooha bedereme isinjire de. taidzu genggiyen han hecen tucime okdofi dahame jihe niyalma de juwe tanggū dere dasafi，orin ihan wafi amba sarin sarilaha. dahame jihe boigon i uju jergi ambasa de juwanta juru niyalma，morin juwanta，ihan juwanta，etuku sunjata jergi. jai jergi niyalma de sunjata juru niyalma，morin sunjata，ihan sunjata，etuku ilata jergi，tere boo，tarire usin，niyalmai baitalara ai ai jaka be gemu jalukiyame buhe.

六月初八日，遣穆哈连收东海瑚尔哈部遗民千户、丁男二千而回。帝出城接款降者，置酒二百席，宰牛二十只，大宴。赐所降路长每男妇各十人、马十匹、牛十只、衣五件，次者赐男妇各五人、马牛各五匹只、衣三件。房田等物皆给之。

六月[①]初八日，遣大将穆哈连收东海瑚尔哈部遗民，得人户一千、男丁二千而回。太祖英明汗出城迎来附者，置酒二百席，宰牛二十头，大宴。来降人户之头等大臣各赐人十对、马十匹、牛十头、衣五件，次一级者各赐人五对、马五匹、牛五头、衣三件。住房，耕田，凡人所用之物皆足赐之。

manju gurun i taidzu genggiyen han juwari dubei biyai juwan de，daiming gurun i k'ai yuwan hecen be gaime，duin tumen cooha juraka. juraka ilaci inenggi abka agafi bira bisaka manggi，taidzu genggiyen han geren beise ambasai baru cooha amasi bederereo，julesi genereo? jugūn lifame muke dogon dooci ojirakū oho manggi，adarame yabumbi? juwe

---

① 满文“夏季的末月”，即六月。

ineneggi indeki muke gocikini，na sengsekini. ere šolo de ukaju genefi daiming gurun i niyalma k'ai yuwan hecen be gaime genere be sererahū，šen yang ni bade cooha dosika seme gūnikini seme hendufi，emu tanggū cooha tucibufi šen yang ni bade tabcin unggifi. niyalma gūsin funceme wafi，orin niyalma be weihun jafafi gajiha. k'ai yuwan hecen i ergi de birai muke dooci ombio seme jugūn tuwanaha niyalma jifi alame，k'ai yuwan hecen ergi de abka agahakūbi，jugūn lifarakū seme alaha manggi，genggiyen han tere ci amba cooha jurafi k'ai yuwan hecen de juwan ninggun i cimari isinaci.

六月初十日，帝将兵四万取开原。行三日，时天雨，河水泛涨，乃谓诸王大臣曰："可回兵耶？抑前进耶？倘路涂泥泞，河水难济，何以行之？"会议屯留二日，待水落地干，恐此际有逃者泄机于明，知取开原，故令兵进沈阳地界，遂遣兵一百略沈阳，杀人三十余，生擒二十而回。令人视开原路河水可济否，来报曰："开原处无雨，道路不泥。"帝闻言遂起大兵，十六日至开原。

六月①初十日，满洲国太祖英明汗率四万兵起程，取大明国开原城。行三日，天降雨，河水上涨，太祖英明汗谓诸贝勒大臣曰："回兵耶？前进耶？倘道路泥泞，河水不可渡，如何行军？"会议欲歇二日，待水退地干。恐此间有逃人泄密于大明国人，使其知取开原城，故令兵入沈阳地界，遣兵一百掠沈阳地方，杀三十余人，生擒二十人而回。又命人前去探视开原城河水能渡否，探路人来报曰："开原处天未降雨，道路不泥。"英明汗遂率大军起程，十六日晨至开原城。

dzung bing guwan ma lin，fujiyang ioi hūwa lung，dooli weile be

① 满文"夏季的末月"，即六月。

daiselaha cui guwan hergen i jeng jyi fan, ts'anjiyang hergen i g'ao jen, iogi hergen i ioi šeo jyi, bei guwan hergen i ho mao guwan bithe coohai hafasa hecen be tuwakiyahabi, hecen i ninggu de cooha be seriken faidame ilibufi, hecen i duin dukai tule cooha tucifi ilihabi. tereci manju gurun i cooha kalka wan faidafi afame dosire de, šun dekdere ergi dukai tule iliha daiming ni cooha be, manjui amba cooha gidafi sacime gamame. hecen i duka de fihebufi duka durinume afara de, hecen be afame tucike manjui cooha wan sindahakū uthai hecen be dabame dosire jakade, hecen i duin derei cooha gemu burgifi burulaha.

守城总兵马林、副将于化龙、署监军道事推官郑之范、参将高贞、游击于守志、备御何懋官等城上布兵防守，城外四门屯兵。我兵遂布战车云梯进攻，欲先破东面，塞门掩杀，正夺门时，攻城者云梯未竖，遂逾城而入，城上四面兵皆溃。

总兵官马林、副将于化龙、署理道台推官郑之范、参将高贞、游击于守志、备御何懋官等文武官员于城上布兵防守，城四门外兵出而立。满洲国兵遂布战车云梯入攻，大军欲先破东门外大明国兵，掩杀之。正夺城门时，攻城而出之满洲兵云梯未竖，即越城而入，城四面兵俱惊慌败走。

jai ilan dukai tule iliha daiming ni cooha hecen gaibuha be safi ambula golofi burulame nukcime tucire be, manju gurun i cooha hecen i duka be kame ilihangge uthai okdofi, hecen i ulan be tucibuhekū gemu waha. dooli weile be daiselaha jeng jyi fan doigon de burulame tucike, dzung bing guwan ma lin, fujiyang ioi hūwa lung, ts'anjiyang g'ao jen, iogi ioi š eo jyi, bei ioi guwan ho mao guwan gemu wabuha, hecen i dorgi cooha be gemu wame wacihiyafi.

其城外三面兵见城破，大惊，冲突而走，被抵门之兵尽截杀于壕内。郑之范预遁，马林、于化龙、高贞、于守志、何懋官等并城中士卒尽歼之。

其余三门外大明兵见城被克，大惊，冲突而走，满洲围城兵即迎之，不令出城壕，尽诛之。署理道员郑之范预遁，总兵官马林、副将于化龙、参将高贞、游击于守志、备御何懋官俱被诛，城内士卒被杀殆尽。

han i beye k'ai yuwan hecen i julergi dukai dergi leosei dele tafafi tehe bici，tiyei ling hecen i ilan minggan cooha k'ai yuwan hecen de dame jidere be，karun i niyalma sabufi alanjiha manggi. manju i geren beise cooha gaifi okdome genere be，daiming ni cooha sabufi uthai amasi burulame genere be，manju gurun i coohai orin isime niyalma amcanafi，amargici sacime dosifi，dehi funceme niyalma be wafi bederehe. tereci manjui cooha ilan dedume olji ulin isabuci wajihakū. daiming de dosifi，k'ai yuwan hecen de bihe monggo šeo bei hergen i abutu baturu ini juse sargan be baime juwe tanggū funceme cooha be gajime dahame jihe，tesei juse sargan ai jaka be gemu buhe. tereci beise ambasa geren cooha de gung bodome šangnafi hecen be efulefi boo yamun be gemu tuwa sindafi cooha bedereme jime.

帝登城南楼而坐，有哨探来报："铁岭三千兵来援。"诸王领兵迎之，铁岭兵一见即走，我兵二十人，追杀四十余人而回。收人畜财物，三日犹未尽。有蒙古阿布图巴图鲁先投于明，居开原，受守备职，因妻子被执，遂带二千总及兵二百余来降，将妻子家业尽查与之。将士论功行赏毕，毁其城郭，焚公廨并民间房屋，遂回兵。

汗亲登开原城南门上楼阁而坐，有哨探见铁岭城三千兵来增援开原城，遂报。满洲诸贝勒领兵往迎，大明兵一见即撤退溃走，满洲兵二十人追之，自后杀入，斩四十余人而回。满洲兵聚收人畜财物，三日犹未尽。原投大明、居开原城之蒙古守备阿布图巴图鲁因寻其妻儿，率兵二百余来附，乃将其妻儿什物赐还。于是诸贝勒大臣及众兵论功行赏毕，毁城，放火尽焚房舍衙署，班师。

han beise ambasai baru hendume，muse amba hecen de generakū，jaifiyan i bade hecen sahafi boo arafi teki，coohai morin be hunehe bira be dooburakū，jecen i bade adulaki sehe manggi. beise ambasa acafi hebdefi，han i baru hendume，muse boo de geneki，coohai morin be boo de gamafi sebderi arafi muke de obume，sain orho be hadume ulebuci hūdun tarhūmbikai. jai niyalma meni meni boo de bederefi，dain i agūra be dasakini. han hendume，suwe ulhirakū，ere ninggun biyai halhūn de，muse coohalame yabume orin inenggi oho，ere baci boo de geneci，juwe ilan inenggi dubede isinambi，musei amba hecen ci casi golo goloi gašan de geli ilan duin inenggi dubede isinambi，ere halhūn de tuttu goro bade gamafi，morin atanggi tarhūmbi? musei beye jaifiyan de biki，coohai morin be gemu ere uba de ulebu，hūdun tarhūbufi，jakūn biya de geli coohalaki seme hendufi，jaifiyan i bade ebufi coohai niyalmai morin be gemu jecen i bade andulame unggihe. han beisei fujisa be ganafi isinjiha manggi，urgun i doroi amba sarin sarilaha. tere biya de han beise ambasa cooha irgen i tere boo gemu arame wajiha.

帝谓王大臣曰："吾等不回都城，于界藩筑城治屋居之，令兵马不济浑河，牧于边境可也。"诸王大臣议定，奏曰："不如还都，各修马厩，采草牧养，以水洗拭，方得肥壮也。士卒归家以便整顿器具。"帝曰："是非汝所知也，当此六月炎暑，行兵已经二十日，自此归家远近不等，或有二三日至者，或有居都城之东，三四日方至者，今天暑路遥，马匹何日得肥？吾欲居界藩，令马牧于此地，早令之壮，八月兴师。”言讫，遂至界藩居之，牧马于边，遣人迎后并诸王妃至，大宴之。是月，帝行宫及王大臣、军士房屋皆成。

汗谓诸贝勒大臣曰：“吾等不回大城，于界藩处筑城造房而居，令战马不渡浑河，牧于边境。”诸贝勒大臣会议，谓汗曰：“吾等欲归，将战马带回，修造马厩，以水洗之，以良草喂养，方得肥壮也。再，兵士各自回家，可整修军械。”汗曰：“汝等不知，当此六月炎暑，吾等已行军二十日，自此归家，须二三日至，自吾大城至各处村寨，又须三四日方至，今天暑路遥，马安得肥耶？吾欲居界藩，战马皆喂养于此，早令之壮，八月又可进军矣。”遂至界藩居之，令牧马于边，遣人迎汗并诸贝勒福金至，以喜礼大宴之。是月，汗与诸贝勒大臣及军民房屋均造成。

nadan biya de，k'ai yuwan hecen ci juse sargan gaibuha wang i ping，dai ji bin，gin ioi ho，be ki ts'e gebungge duin ciyandzung，dai i ui gebungge emu šeo pu orin funcere niyalma be gajime ceni juse sargan be baime ukame jihe manggi. genggiyen han hendume，muse be abkai gosire arbu be safi musei gurun irgen be gosime ujire be donjifi baime jihebikai seme hendufi. k'ai yuwan hecen ci dahame jihe šeo bei hergen i abutu baturu de emu tanggū niyalma，morin ihan emu tanggū，honin emu tanggū，tumen sunja，menggun emu tanggū yan，suje orin，mocin samsu juwe tanggū. ciyandzung hergen i ninggun niyalma de niyalma susaita，morin ihan susaita，honin susaita，tumen juwete，menggun susaita yan，suje juwanta，mocin samsu emte tanggū. šeo pu bedzung ni jergi niyalma de niyalma dehite，morin ihan dehite，honin dehite, temen emte, menggun dehite yan, suje jakūta, mocin samsu jakūnjuta. jai dahaha gucu be gemu teisu be tuwame sargan aha morin ihan ulin tere boo usin ai jaka be gemu jalukiyame buhe.

七月，有原居开原千总王一屏、戴集宾、金玉和、白奇策、守堡戴一位，共带二十余人，觅妻子来降。帝曰："观此来降者，知天意佑我矣。彼闻吾养人，故来投耳。"于是赐阿布图人一百、牛马一百、羊一百、驼五只、银百两、紬段二十匹、布二百匹。六千总各赐人五十、牛马五十、羊五十、驼二只、银五十两、紬段十匹、布百匹。守堡百总等官各赐人四十、牛马四十、羊四十、驼一只、银四十两、紬段八匹、布八十匹。从者皆列等，赐妻奴、牛马、财物、田舍。

七月，有从开原城来之王一屏、戴集宾、金玉和、白奇策四千总及守堡戴一位，率二十余人逃来，欲寻妻儿。英明汗曰："知吾等合天意，闻吾国怜恤恩养民众，故来耳。"遂赐开原城来降之守备阿布图巴图鲁人一百、马牛一百、羊一百、骆驼五、银一百两、缎二十匹、毛青布二百匹。千总六人各赐人五十、马牛五十、羊五十、骆驼二、银五十两、缎十匹、毛青布一百匹。守堡百总等级者各赐人四十、马牛四十、羊四十、骆驼一、银四十两、缎八匹、毛青布八十匹。其余从者皆列等，各给妻奴、马牛、财物、房田，凡什物皆足赐之。

genggiyen han emu dobori tolgin de garu, bulehen, geren gasha ler lar seme deyere be han wadan maktafi emu šanggiyan bulehen be gidame jafafi, bi monggoi jaisai be jafaha seme hūlame getehe, tere tolgin be han, fujisa de alara jakade, fujisa hendume, deyeme yabure gashai adali banjire jaisai be si aibide bahafi jafara sehe. jai cimari geren beise de han tere tolgin be alara jakade, beise jabume, ere tolgin urunakū sain, abka ainci yamaka temgetu sain niyalma be muse de bufi jafabure be doigon de bitubuhebidere seme jabuha.

帝夜梦天鹅、鵁鶄及群鸟往来翱翔，罗得一白鵁鶄，执之声言："吾擒得斋赛矣。"随呼而觉（斋赛，蒙古之长，与帝有隙，常思擒之，故梦中云），将此梦语后妃，后妃曰："斋赛为人如飞禽，何以擒之？"次日复语诸王大臣，诸王大臣对曰："此梦主吉，盖天将以大有声名之人为吾国所获，故为之兆也。"

一夜，英明汗梦见天鹅、鹤及群鸟往来飞翔，汗罗得白鹤一只，大呼："吾擒得蒙古斋赛矣！"遂醒，将此梦告之诸福金，福金等曰："斋赛为人如飞禽，尔如何擒得？"次日，汗将此梦告之诸贝勒，诸贝勒对曰："此梦必为吉兆，想是天欲以大有声名之人为吾等擒获，故作预兆也。"

卷六

manju gurun i taidzu genggiyen han bolori ujui biya de beise ambasa geren cooha be gaifi daiming gurun be dailame，tiyei ling hecen be gaime juraka，orin sunja de isinafi. tiyei ling hecen be kame genere de，tulergi buya hoton i coohai niyalma burulame dulga tiyei ling hecen de dosime jabduha，dulga faitabufi dosime jabduhakū tulesi burulaha，tereci manju i amba ing ni cooha wan kalka faidafi tiyei ling hecen i amargi dere be afame dosire de，daiming ni coohai ejen iogi hergen i ioi ceng ming，ši fung ming，lii ke tai ere ilan hafan cooha be kadalame poo miyoociyang emdubei sindame wehe fahame gabtame afara de，manju gurun i cooha uthai wan sindafi hecen i keremu be efulefi loho gida be jailabume bireme dosika，hecen i duin dere de iliha cooha gemu burgifi burulaha，manju gurun i cooha hecen i dorgi iogi hergen i ioi ceng ming，š i fung ming，lii ke tai geren cooha be gemu wame wacihiyaha manggi. taidzu genggiyen han hecen de dosifi dooli yamun de ebuhe.

是月，帝率诸王大臣领兵取铁岭，二十五日至其城。将围之，其外堡之兵俱投城，被截在外者殆半，四散遁走，我兵布战车云梯攻城北面，城中游击喻成名、史凤鸣、李克泰令众军连放枪炮，齐发矢石，我兵竖梯，拆城垛，摧锋突入，四面皆溃，将喻成名、史凤鸣、李克泰及士卒尽杀之。帝入城，驻于兵备道官廨。

七月[1]，满洲国太祖英明汗率诸贝勒大臣领兵起程征大明国，欲取铁岭城，二十五日至。将围铁岭城，其外小城之士卒溃逃，半数得入铁岭城，半数被阻而不得入，俱外逃。满洲国大营兵布云梯战车，入攻铁岭城北面，时大明国主将游击喻成名、史凤鸣、李克泰三名官员命众军连发枪炮，掷石射箭击之，满洲国兵遂竖梯，拆城垛，避刀箭而入，城四面兵皆惊乱溃逃，满洲国兵将城内游击喻成名、史凤鸣、李克泰及众兵尽杀之。太祖英明汗入城，驻于道台衙门。

tere dobori monggoi kalkai tatan i jaisai beile，jarut tatan i bak beile，bayartu daicing，sebum taiji，buya taijisa orin funceme uhereme emu tumen funceme cooha be gaifi dobori dulime jifi šušu usin i dolo buksime ilifi gerembume bisire de. abka gereme manju gurun i coohai niyalmai kutule jafaha juwan isire niyalma，morin ulebume hecen tucifi genere be，monggoi jaisai cooha sabufi sacime gabtame wara be manju gurun i cooha sabufi hecen tucifi monggoi cooha be takafi uthai afaki seci，han i hese akū，afarakū oci musei niyalma be wahabi seme dahalame yabure de. taidzu genggiyen han hecen tucifi ere cooha be ainu afarakū hasa afa seme henduhe manggi，amba beile hendume，muse afaci aika bade amala aliyacun ojoro ayoo. han hendume，ere cooha monggoi jaisai cooha sere，ere jaisai de musei korsoho sunja weile bi，te geli musei niyalma be i neneme wahabi，ede muse amala aliyacun ojoro ai bi sehe manggi，geren beise ambasa cooha be gaifi uthai sacime dosifi，tere cooha be gidafi bošome wame liyooha bira de fekumbufi ambula waha.

---

[1] 满文“秋季的头月”，即七月。

是夜，蒙古喀尔喀部斋赛、扎噜特部巴克与巴雅尔图岱青、色本诸台吉等约二十人，共领兵万余，星夜而来，伏于秫田内。及天明，有出城牧马者约十人，斋赛兵见之，发矢追杀，我兵一见即出城，知是蒙古，欲遽战，又无上命，不战而吾人已被杀，但蹑其后而行。帝出城见曰："何为不战，可急击之。"大王曰："今一战，恐贻后悔。"帝曰："此兵乃斋赛兵也，吾与斋赛之恨有五，今又先杀吾人，如此何悔之有？"诸王大臣遂领兵冲杀，败其兵，追至辽河，溺死及杀者甚众。

是夜，蒙古喀尔喀部斋赛贝勒、扎鲁特部巴克贝勒、巴雅尔图岱青、色本台吉及小台吉等共二十余人，率兵一万余，连夜而来，埋伏于高粱田内。天明时，满洲国士兵跟役约十人出城牧马，蒙古斋赛兵见之，发矢射杀。满洲兵一见，即出城，知是蒙古兵，欲进战，又无汗之旨意，若不战，则吾人已被杀，乃蹑其后而行。太祖英明汗出城见曰："何故不战此兵？可急攻之。"大贝勒曰："吾等若击之，恐将后悔。"汗曰："此兵乃蒙古斋赛兵也，吾等与此斋赛有五恨，今彼又先杀吾人，如此，吾等何悔之有？"诸贝勒大臣遂率兵入战，败其兵，追杀至辽河，溺死及杀者甚众。

jaisai beye，jaisai juwe jui sethil，kesiktu，jarut tatan i bak，sebun，korcin i minggan beilei jui sanggarjai，jaisai meye daigal tabunang，jai juwan funcere amban，coohai niyalma be emu tanggū susai funceme weihun jafafi hecen i dulimbai leose de horiha. jaisai be jafaha manggi，geren beise ambasa gemu hendume，han enduringge tolginde acabume jaisai be bahafi jafaha seme ambula ferguwehe. jai inenggi amba sarin sarilame，tungken dume laba bileri fulgiyeme buren burdeme，jaisai beilei jergi jafaha niyalma be han de hengkileme acabure de. jaisai beilei uhuci gebungge hiya，genggiyen han，geren beise ambasa gemu saiyūn seme fonjire jakade，genggiyen han i duici jui□□□beile han i ashan de tehengge uthai hendume，meni coohai niyalma kutule jafaha emu juwan jusei uju hūwajaha，jai gemu sain，suweni yaluha morin tohoho enggemu gemu saiyūn seme hendure jakade. monggoso ambula girufi uju fusihūn gidafi umai seme jabuhakū.

生擒斋赛并二子色特希尔、克实克图，及巴克、色本并科尔沁桑噶尔寨（明安贝勒子也）、斋赛妹夫岱噶尔塔布囊，又其臣十余人，兵百五十余，尽囚于钟楼内。诸王大臣俱奇之，曰："得擒斋赛，正应汗吉梦也。"次日，设宴，张鼓乐，斋赛等叩见，其部下人乌瑚齐曰："汗与王大臣皆无恙否？"时四王在侧，答曰："吾军中之仆厮有十数人破头颅者，余皆无恙，不知汝等鞍马俱保全否？"蒙古等皆赧然垂首，竟无以对。

生擒斋赛本人并斋赛二子色特希尔、克实克图，扎鲁特部巴克、色本，科尔沁明安贝勒子桑噶尔寨，斋赛妹夫岱噶尔塔布囊及大臣十余人，兵士一百五十余，囚于城中楼内。擒得斋赛后，诸贝勒大臣甚奇，俱曰："正合汗之圣梦，擒得斋赛也。"次日大宴，击鼓吹号奏乐，令斋赛贝勒等被擒之人叩见汗，斋赛贝勒属下乌瑚齐辖问曰："英明汗与诸贝勒大臣皆安好否？"时英明汗第四子〈皇太极〉贝勒在汗侧，即答曰："吾兵士跟役有十数人破头颅者，余者皆安好，汝等所骑鞍马皆安好否？"蒙古人大羞，低首，竟无以对。

tereci ilan dedume hafan coohai gung bodome šangnafi geren cooha de olji dendeme bume wacihiyafi. jaisai beilei gucu boroci gebungge amban，jai juwan emu niyalma be sindafi unggime，meni cooha suweni jaisai cooha be gidafi jaisai beye uheri ninggun beile，emu tanggū susai funceme niyalma be weihun jafaha medege be alaname gene seme sindafi unggifi，tereci amba cooha bedereme jihe. genggiyen han beise ambasai baru hendume，jaisai beye be muse emgeri ujime wajiha，jaisai cooha gemu muse de wabuha，erei jušen irgen adun ulha be gūwa beise durime gamame wajirahū，jafaha emu tanggū dehi niyalma be sindafi unggiki seme hendufi sindafi unggihe.

屯兵三日，论功行赏，将人畜尽散三军。先放斋赛部臣博罗齐等十一人还国，寄言斋赛兵败及二子并兵百五十余被擒之事，乃班师。帝谓诸王大臣曰："今既留斋赛，其兵已尽被杀，恐所属军民生畜为他人所掠，奈何？不如将所擒百四十人放还可也。"谕毕，遂令回。

驻兵三日，论功行赏，将人畜分与众兵毕。放归斋赛贝勒部臣博罗齐及十一人，令其回报消息曰："我兵败尔斋赛兵，生擒斋赛本人并六贝勒及一百五十余人。"于是大军班师。英明汗谓诸贝勒大臣曰："吾等既养斋赛，其兵尽为吾等所杀，恐其诸申、百姓、牲畜为其他贝勒抢掠，不如将所擒一百四十人放归。"言讫，遂遣归。

taidzu genggiyen han bolori dulimbai biyai juwan uyun de，beise ambasa geren cooha be gaifi yehei gurun be dailame juraka. genggiyen han beise ambasai baru yehei gurun be efulere arga be toktobume，buyanggū beilei tehe wargi hecen be amba beile，amin beile，manggūltai beile，□□□beile bayarai cooha be gaifi kafi ili，han ini beye jakūn gūsai ejete ing ni geren cooha be gaifi gintaisi beilei tehe dergi hecen be kafi afame gaiki seme toktobufi，amba cooha dobori dulime genere de. yehei gurun i karun i niyalma sabufi deyerei gese feksime genefi，manju gurun i amba cooha jimbi seme wargi hecen i ejen buyanggū，burahanggū juwe beile de alanaha manggi，yehei gurun gemu burgifi hanciki gašan i niyalma hecen de dosime jabduha, goro bai gašan i niyalma gemu alin holo de jailaha.

八月十九日，帝率王大臣领兵征叶赫，会议破敌之策，令大王、二王、三王、四王领部下健卒西向，围布扬古城，亲率八固山额真并大兵东向，取锦台什城。议定，大兵星夜前进。叶赫哨探见之，即飞报于布扬古，曰："满洲大兵至矣。"于是叶赫国民皆惊惶，其屯寨之民近者入城，远者避于山谷。

八月十九日[①]，太祖英明汗率诸贝勒大臣领兵起程，往征叶赫，英明汗与诸贝勒大臣定破叶赫国之策，大贝勒、阿敏贝勒、莽古尔泰贝勒、〈皇太极〉贝勒领巴雅喇兵，围布扬古贝勒所居西城，汗亲率八固山额真及营内大军围攻锦台什贝勒所居东城。议定，大军星夜行进。叶赫哨探见之，即飞报西城之主布扬古、布尔杭古二贝勒，曰："满洲国大兵来也。"叶赫国人俱惊，其邻寨之人入城，远寨之人皆避于山谷。

orin juwe de abka gereme, manju gurun i amba cooha isinaha manggi. wargi hoton i buyanggū burahanggū juwe beile cooha gaifi hecen i šun tuhere ergi dukai tule tucifi, dukai hanciki mungga i ninggu de ilifi buren burdeme kaicame sureme tuwaci, manju gurun i coohai uksin saca nimanggi juhei gese, tu kiru, gida jangkū i tukiyehengge weji bujan i adali, geren cooha alin bigan de sektefi na be buheliyefi, julergi amargi eyere mukei gese horon hūsun gelecuke sabumbi, buyanggū beile se ambula golofi, ebuhu sabuhū hecen de dosika. tereci manju gurun i amba beile, amin beile, manggūltai beile, □□□beile

---

① 满文"秋季的中间月份"，即八月。

bayarai siliha cooha be gaifi uthai tere hecen be kaha.

二十二日天明，大兵至。布扬古、布尔杭古领兵出城西，立于冈上，吹螺呐喊。见满洲兵盔甲明如冰雪，旌旗剑戟如林，大兵压境，漫山遍野，前后不绝如流，威势可畏，布扬古大惊，急入城。诸王领健卒，遂围其城。

二十二日天明时，满洲国大军至。西城之布扬古、布尔杭古二贝勒率兵出城西门外，立于城门近处山冈上，吹螺呐喊。见满洲国兵盔甲如冰雪，所举旌旗刀箭如林，众兵漫山遍野，覆盖地面，前后如流水，威势可畏，布扬古贝勒等人大惊，慌忙入城。满洲国大贝勒、阿敏贝勒、莽古尔泰贝勒、〈皇太极〉贝勒率巴雅喇精兵，遂围其城。

han geren ambasa be gaifi amba cooha be gamame gintaisi beilei tehe dergi hecen de isinafi šurdeme kafi jasei hecen be teisu teisu efuleme dosifi. coohai niyalma wan kalka be faidame dasame wajiha manggi, gintaisi beile be daha seme hūlaci. karu jabume, be nikan waka, gese haha kai, mende inu gala bikai, sinde dahara anggala afame bucembidere seme ojirakū oho manggi. genggiyen han uthai coohai niyalma be hecen be afabume wan kalka be ibeme gamara de. juwe coohai gabtara sirdan aga bono i gese, manjui cooha uthai kalka be alin i wesihun ibeme gamafi hecen de latubufi efulere de, hecen i dergi cooha, ambasa wehe fahara, tuwa maktara, fungkū moo fuhešebume afara de, manju gurun i cooha bedererakū uthai hecen be efuleme, uribume tuhebufi hecen de dosika manggi. hecen i dergi cooha okdofi emu jergi sacirame afafi geli gidabufi hecen i duin derei cooha gemu burulafi, meni meni boo de dosika.

日方升，帝率大兵至锦台什城，四面围之，遂分队破其外郭。军士整顿云梯战车已备，令锦台什降，锦台什不从，答曰："吾非明兵比，均男子也，吾亦有手，岂肯降汝，惟有死战而已。"遂令兵攻之。两军矢发如雨，我兵即推战车登山拥至，拆其城，城上滚放巨石、药礶、檑木，我兵不退，遂折城而入。城上兵迎战，复又败走，于是四面皆溃，各入其家。

汗率诸臣领大军至锦台什贝勒所居东城，四面围之，将其边城各个击破。兵士整顿云梯战车已毕，呼锦台什贝勒来降，锦台什拒曰："吾非汉人可比，均男子也，吾亦有手，岂能降汝，唯有死战而已。"英明汗遂令兵士攻城，带云梯战车前进。时两军箭发如雨雹，满洲兵即推战车上山，拥至其城而拆之，城上兵将掷石、抛火药、滚木墩击之，满洲兵不退，遂拆城，毁之而入。城上兵迎之，一战复败，城四面兵俱溃，各入其家。

genggiyen han kiru jafabufi niyalma，takūrafi geren cooha de š ajilame hūlame，cooha irgen be ume wara seme takūrafi，sirame han i suwayan sara jafabufi geli takūrame dahaha niyalma be warakū seme hūlara jakade，hecen i dorgi coohai niyalma gemu dahaha.

帝遣人执旗，令众兵勿杀城中军民，又遣人执黄盖，传谕勿杀降者，于是城中军民俱降。

英明汗遣人执旗，向众军严明法纪，勿杀军民，又遣人执汗之黄盖，命勿杀降者，于是城内兵士俱降。

hecen i ejen gintaisi beile ini sargan，buya juse be gaifi ini tehe den tai boo de tafafi bisire de，manjui cooha i niyalma tere tai boo be šurdeme kafi hūlame hendume，si dahambi seci ebu，daharakū oci be afambi sehe manggi. gintaisi beile jabume，bi afame mutehekū，hecen gaibufi boo de horibufi, te afaha seme etembio? mini non de banjiha suweni han i jui□□□beile be mini yasa de sabufi, jui emu akdun gisun be donjiha de, bi uthai ebure sehe manggi. tere gisun be han de alanara jakade, han□□□beile be wargi hecen de ganafi gajifi hendume, sini nakcu simbe jihe de tai boo ci ebure sembi sere si gene ebuci ebukini, eburakū oci musei coohai niyalma tai be sacime tuhebukini seme hendufi unggihe.

锦台什携妻子登其所居之台，我兵围之，招曰："汝降则下，不然必攻之。"锦台什答曰："吾不能战，城已被克，今困于家，虽战亦不能致胜，若得吾妹所生子□□□来此一见，得闻确实言，吾即下矣。"闻者将此言奏之，帝令人往西城召四王至，曰："尔舅有言，但得汝到，即降汝，盍往之，彼降则已，不然可令吾兵折台。"

城主锦台什贝勒携妻及小儿登其所居高白基房，满洲兵四面围之，呼道："汝若降则下，若不降则攻之。"锦台什贝勒答曰："吾不能战，城已被克，今困于家，虽战可胜乎？若得吾妹所生汝汗之子〈皇太极〉贝勒来与吾一见，闻子一番实言，吾即下矣。"其言告之汗，汗遣人至西城召回〈皇太极〉贝勒，曰："汝舅有言，汝来即下台，汝可往，彼若下即下，若不下，则令吾兵拆台。"言讫遣去。

□□□beile genehe manggi, gintaisi beile hendume, mini jui □□□beile be bi takarakū, inu waka be ainambahafi sara seme henduhe manggi. manjui coohai amban fiongdon jargūci, darhan efu hendume, si niyalmai arbun be ainu takarakū? balai niyalma enteke adali eldengge horonggo banjimbio? sini elcin unggihe niyalmai alaha gisun be donjihakū biheo? manggai akdarakū oci, suwende acaki seme meni takūraha, sini jui delger taiji be huhun ulebuhe eme be ganafi takabume tuwacina sehe manggi. gintaisi beile hendume, tere mama be ganafi ainambi? bi jui arbun be tuwaci, ini han amai mimbe ujire sain gisun be bahakūbi, mimbe jalidame ere tai ci wasimbufi waki sembikai. bi wehei hecen, selei duka be gaibufi ere tai de horibufi afaha seme etembio? mini mafa amai jalan halame tehe susu, banjiha ba na, mini tehe ere tai boo de buceki sembidere.

四王领命而去，既至，锦台什曰："吾甥□□□从来未识，焉能辨其真伪?"费英东、达尔汉额驸二人曰："人之相貌汝岂不识？常人中有此奇伟者耶？汝国使者必尝告汝，岂未之闻乎？若不深信，昔者吾国曾遣汝子德尔格勒之乳媪往议和好，可令来认之。"锦台什曰："何用老妪为也？吾观此子颜色，未得其父活我之善言，是欲赚吾下台杀之耳。吾石城、铁门已失，今困于此台，战岂能胜？然此地是吾祖居，愿死于此。"

〈皇太极〉贝勒既去，锦台什贝勒曰："吾甥[1]〈皇太极〉贝勒吾不曾相识，如何辨其真伪?"满洲大将费英东扎尔固齐、达尔汉额驸曰："人之相貌汝如何不识？常人中有如此奇伟者乎？汝岂未闻汝之使者所告之语耶？若不深信，可带欲与汝和好时吾所遣汝子德勒格尔台吉乳母来识。"锦台什贝勒曰："何用老妪为也？吾观此子颜色，未得其父汗恩养吾之善言，是为吾下台而欲杀之耳。吾石城、铁门已被克，今困于此台，战岂能胜？然此为吾父祖世代所居故地，所生之处，吾愿死于吾所居此台。"

□□□beile hendume, abkai hoton arakini seme salgabufi banjibuha ere alin de udu udu aniya niyalma jobome irgen suilame sini ere akdu-

① 满文"孩子"，这里是外甥的意思。

lame araha jursu hoton be gaibufi, te si ere tai boo de tefi ainaki sembi? si jalidame bata gaifi buceki seci, sini gūniha mujilen de acabume we sain niyalma afambi? si mimbe emu ujire akdun gisun be henduhe de, bi ebure seme ainu hendumbi? simbe afaci baharakū seme, bi akdun gisun be hendumbio? si mini jihe de ebuci, bi ama han de gamafi acabure, han ama gosime ujici banji, waci buce, suwe niyaman hūncihin be dailame wacihiyafi wafi yali be jeki senggi be omiki seheo? acaki seme orin gūsin mudan elcin unggime niyalma takūraci membe suweni baru afaci eterakū ofi geleme acaki sere gese, takūraha niyalma be wara be wara, tebure be teburelafi. te sinde bucere jobolon oho kai, sini enteke ehe be gūnici, han ama simbe wakini, sini ehe be gūnirakū, jui mimbe gūnici simbe ujikini seme dahūn dahūn i gisureci, gintaisi beile ineku ineku gisun be gisureme eburakū oho manggi.

四王曰:“汝于天险之山,苦已劳民多年,筑其城郭,如是之固,尚且被克,今居于此台何为?汝意不过诱取敌人并命已耳,不知孰肯以名臣攻战,中汝计耶?乃何故曰得吾确实之言方下,岂战不能胜汝,而出确实之言欤?吾已在此,若下台即引见父皇,杀之则死,宥之则生。昔汝等征伐六亲,屠戮欲尽者,岂肉可食而血可饮耶?吾遣人二三十次,欲相和好,似乎战不能胜而欲求和,乃将吾使杀者杀,羁者羁。今汝丧身之祸已至,吾父若念此恶则戮之,若以我故而不究,则生之矣。”劝慰再三,仍执前言不下。

〈皇太极〉贝勒曰:“汝于天险之山,苦人劳民多年,筑双层城郭,如是之固,亦被克,今居此台何为?汝不过为诱敌而死之矣,孰人合汝心意以贤人攻之耶?汝言得吾一番恩养之实言即下台何为?岂战不能胜汝,吾出实言乎?汝若因我来即下,即引见父汗,父汗若怜惜养之则生,若杀之则死。昔者汝等征伐亲族,屠戮殆尽,岂肉可食血可饮乎？吾欲交好，遣使二三十次，似乎吾因战汝不能胜，畏惧而欲求和，乃将所遣之人杀者杀，羁者羁。今汝丧身之祸已至矣，父汗若念汝如此之恶，则将杀之，若不念汝之恶，而念及外甥吾，则将恩养之。”言之再三，锦台什贝勒仍执前言不下。

□□□beile geli hendume, nakcu si mimbe jihe de ebure sehe gisun de, bi jihe. si ebuci hūdun ebu, bi gamafi ama han de acabure, si eburakū oci, bi geneki sehe manggi. gintaisi beile hendume, age si taka ume genere, mini beyei gese amban artasi neneme genefi han de acakini, han i cira be tuwafi gisun be donjifi jihe de, bi ebure sefi, artasi be han de acabume unggihe. han artaisi baru jilidame hendume, si mini efute be huwekiyebufi daiming gurun i dehi tumen cooha be ilibuhangge, si waka we? sini enteke ehe be gūniha de, simbe waci acambihe, sini ehe be ai gūnire, weile wajikini seme hendufi, juwanggeri yordofi sini beile be gana seme unggihe. tereci artaisi ini beilei jakade genefi ebu sere jakade. gintaisi beile geli ojirakū hendume, mini jui delger taiji feye bahafi ini boode bisere, jui be ganafi gajime jio, jui de acaha de, bi ebure sehe manggi. □□□beile delger taiji be ganafi tuwabuha, delger taiji ini amai baru hendume, muse afaci etehekū hecen gaibuha, te ere tai dele bifi ainambi? ebucina waci buceki, ujici banjiki seme duin sunja jergi henduci. ama gintaisi beile eburakū oho manggi.

四王曰：“舅言吾来即下，故来耳。若愿降可疾下，引见父皇，否则吾去矣。”锦台什曰：“尔勿去，待吾近臣阿尔塔实先去见汗，察言观色，回时，吾方下。”遂令阿尔塔实往见，帝怒曰：“阿尔塔实离间吾亲，致明人举兵四十万，非尔而谁？若念此恶，杀之宜也，但前愆何必追究。”令回招其主，于是阿尔塔实往招曰：“我主宜降。”锦台什又曰："闻吾子德尔格勒被伤，犹存彼处，当召来相见，吾即下矣。"四王召德尔格勒来与之见，德尔格勒谓父曰："吾等战不能胜，城已陷矣，今居此台之上更欲何为？盍下台，若杀则死，留则生。"言之再三，竟不从。

〈皇太极〉贝勒复曰："舅父，汝言吾来即下，故来耳。汝若下则速下，吾引见父汗，汝若不下，吾则去矣。"锦台什贝勒曰："阿哥，尔且勿去，待吾近臣阿尔塔实先去见汗，察言观色，回时，吾方下。"遂遣阿尔塔实往见汗，汗怒谓阿尔塔实曰："尔挑唆吾诸额驸，致大明国兴兵四十万，非尔而谁？若念此恶，当杀之，然何必念汝之恶，事已毕矣，今可往招尔主来。"言讫令回。于是阿尔塔实回至其贝勒处，曰："宜下也。"锦台什贝勒不从，曰："吾子德勒格尔台吉受伤，犹在家中，今可招其来，见吾子，吾即下矣。"〈皇太极〉贝勒招德勒格尔台吉与之见，德勒格尔台吉谓其父曰："吾等战不能胜，城已被克，今居此台上何为？可下台，杀之则死，养之则生矣。"如此劝慰四五次，其父锦台什贝勒终不下。

tereci□□□beile，jui delger taiji be amasi gamafi wambi seme jafaha manggi，delger taiji hendume，bi gūsin ninggun se baha，ere inenggi bucembinikai，mimbe ume huthure，uthai sacime wa sehe manggi. □□□beile delger taiji be ini boo de werifi tere gisun be gemu han de alanaha manggi. han hendume，jui ama be ebufi daha seci ojirakū，ama ehe dere，ama be wa，jui be ume wara sehe manggi. □□□beile，delger taiji be ganabufi han de acabuha，han ini jetere kesi be□□□-beile de bufi，sini ahūn delger taiji be gaifi emgi jefu seme bufi hendume，si ahūn be gosime uji sehe. tereci gintaisi beilei sargan，eigen i eburakū be safi，buya juse be gaifi tai boo ci sujume ebuhe. gintaisi beile gala de beri jafafi, ini emgi bihe gucuse uksin saca dasame etuhe manggi, manjui coohai niyalma uthai suhe sacikū jafafi, tai be sacime efulere de. gintaisi beile ini tehe tai be i tuwa sindaha manggi, manjui coohai ambasa gintaisi beile be bucehe dere seme, tai be efulere coohai niyalma be gemu amasi bederebuhe. boo tuwa dame wajiha manggi, gintaisi beile beye tuwa de fucihiyalabufi, ini cisui ebuhe manggi, gintaisi beile be jafafi futai tatame waha.

于是四王执德尔格勒回，欲杀，遂缚之，德尔格勒曰："年三十六矣，死于今日，欲杀即杀，勿缚我也。"四王留德尔格勒于家，以其言奏之。帝曰："子招父降而不从，是父之罪也，其父当诛，其子勿杀。"四王引德尔格勒见帝，帝推食与之，令四王与德尔格勒同食，曰："此尔之兄也，当善遇之。"其锦台什妻见夫不降，遂携稚子急趋而下。锦台什执弓，与从者重整盔甲，我兵遂执斧毁其台。锦台什纵火自焚，诸将疑锦台什已死，遂撤毁台之兵。其房舍火焚殆尽，锦台什身被火炙，乃自下，遂执而缢之。

于是〈皇太极〉贝勒执德勒格尔台吉回，欲杀，遂缚之，德勒格尔台吉曰："吾年三十六矣，今日将死，勿缚我，速杀之。"〈皇太极〉贝勒留德勒格尔台吉于家，将其言俱告之汗。汗曰："子招父下台降而不从，乃父之恶也，其父当诛，其子勿杀。"〈皇太极〉贝勒引德勒格尔台吉见汗，汗将其食恩赐〈皇太极〉贝勒，令招其兄德勒格尔台吉同食，赐之曰："此尔之兄也，当恩养之。"锦台什贝勒妻见夫不下，乃携小儿自台上急下。锦台什贝勒执弓，与其从者重整盔甲，满洲兵遂执斧砍毁其台。锦台什贝勒放火焚其所居之台，满洲兵将以为锦台什贝勒已死，遂尽撤毁台之兵。其房舍焚烧殆尽，锦台什贝勒身被火烤，乃自下，遂执而以绳缢之。

tereci manju gurun i amba beile, amin beile, manggūltai beile, □□□beile wargi hecen be kafi jing daha seme hūlaci daharakū bisire de, dergi hecen be afame gaiha be, wargi hecen i ejen buyanggū beile, burahanggū beile sabufi, ambula golofi, te be afaha seme, ainara dahaki seme niyalma takūraha manggi. amba beile hendume, bi suwembe daci daha seci, suwe dahahakū, be amba cooha jifi suwembe sindafi genembio? buyanggū, burahanggū suweni juwe nofi emke mini efu, emke mini meye, bi suwembe gosime banjikini seme daha sembidere. afaci suweni beye meni dubei coohai niyalmai gala de bucembikai, dahaci suweni beye banjimbikai. suwe unenggi dahambi seci, sini ahūn deo i beye jici haha niyalma ofi warahū seme gelembidere, neneme suweni eniye mini emhe be unggi, bi hehe niyalma be wambio seme hendufi unggihe manggi. buyanggū, burahanggū juwe beile geli takūrame, be dahara, si emu akdun gisun be hendume gashūfi, membe meni ere hecen de tebufi gene sehe manggi. amba beile jili banjifi hendume, suwe ere gisun be jai ume gisurere, be suweni emu hecen be afame gaifi sini ere hecen be afaci baharakū seme suwembe suweni hecen de tebufi genembio? suwe hūdun daha, daharakū oci, dergi hecen be afame gaiha, han ama jifi geli suweni ere hecen be afame gaimbikai, afame gaici, suwe gemu bucembikai seme henduhe manggi.

诸王正围西城，招而不从。既而布扬古、布尔杭古闻东城已破，大惊，乃遣使曰："今吾等虽战，亦无如之何，愿降。"大王曰："初令降而不从，料吾兵既至此，岂肯舍汝等而去乎？汝主吾妻兄弟也，招抚之意，予不过欲恩之使得生也。战则汝等之身不过死于吾小卒之手，降则得生。果纳降，彼弟兄二人或惧而不来，其母乃吾之岳母，可令先来，吾岂有杀妇人之理？"使者以言回告，又来曰："吾等愿降，汝可出一确实誓言，将吾等仍居本城。”大王怒曰：“汝等再勿出此言，既破一城，复留汝等居此，岂吾力不能拔而去乎？汝可速降，不然，东城已破，汗驾来攻，汝等必死矣。”

满洲国大贝勒、阿敏贝勒、莽古尔泰贝勒、〈皇太极〉贝勒正围西城，呼降而不从。时西城城主布扬古贝勒、布尔杭古贝勒知东城被克，大惊，乃遣人曰：“今虽战何为？愿降。”大贝勒曰：“初令汝等降而不从，吾大兵至，岂能释汝等而去乎？布扬古、布尔杭古，汝二人一为吾额驸，一为吾妻兄弟，吾怜惜汝等，欲生之而招降也。战则汝等之身将死于吾小卒之手，降则汝等之身可得生也。汝等若果纳降，或惧汝兄弟若来，因是男子而杀之，可先遣汝母吾之岳母来，吾岂能杀女人耶?”言毕令回。布扬古、布尔杭古二贝勒又遣使去，曰：“吾等愿降，汝可出一信言立誓，令吾等仍居此城。”大贝勒怒曰：“汝等再勿出此言。吾既攻克汝之一城，岂是攻此城而不得，遂令汝等仍居之？汝可速降，若不降，东城已陷，汗父复来攻此城，若克之，汝等俱死矣。”

buyanggū，burahanggū ini eme be unggifi，amba beile，emhe be tebeliyeme acaha，emhe hendume，simbe emu akdun gisun be gisurerakū oci，mini juwe juse akdarakū gelembikai seme henduhe manggi，amba beile arki de huwesi kūthūme suwembe dahabufi waci minde ehe dere，mimbe uttu gashūbufi，suwe ere arki be omifi jai daharakū oci，suwende ehe dere，daharakū oci suweni ere hecen be afame gaifi suwembe te uthai wambi seme hendufi，tere arki be dulin omiha，dulin be unggifi，buyanggū burahanggū juwe beile tere arki be omifi hecen i duka be neifi dahame jifi，amba beile de acaha manggi.

布扬古、布尔杭古遂将母送出城，大王抱见礼毕（满洲俗，凡别久相见，必互抱，以示亲爱），母曰：“汝无确言，吾二子不信，故惧耳。”大王乃以刀划酒而誓曰：“若杀汝等于降后，殃及于我。若我誓后而犹不降，殃及汝等，倘必不从，克城之后，杀无赦。”遂将此酒饮半，半送与布扬古、布尔杭古饮之，遂开门出降。

布扬古、布尔杭古二贝勒遂遣其母来，大贝勒向岳母行抱见礼毕，岳母曰：“因汝未出一确实之言，吾二子不信，故惧耳。”大贝勒乃以刀划酒，曰：“若招降汝等而杀之，则罪及于我。若令吾如此立誓，汝等饮此酒后犹不降，则罪及于汝等。倘若不降，破城之后，即杀无赦。”将酒饮半，半送布扬古、布尔杭古二贝勒饮之。二人饮毕，遂开城门出降，会大贝勒。

amba beile，buyanggū beile be han de acame yabu seci，umai seme jaburakū，iliha baci inu aššarakū，amba beile buyanggū beilei yaluha morin i hadalai cilburi be kutuleme jafafi hendume，haha niyalma waka heheo? emgeri gisureme wajifi，te geli ai seme uttu iliha bi? han de acaname yabu seme gamame genefi han de acabure de，buyanggū beile juwe bethe tondokon niyakūrarakū，emu bethe niyakūrafi hengkilehekū iliha. han i galai aisin i hūntaha de tebuhe arki buci，geli tondokon i niyakūrarakū，emu bethe hetu niyakūrafi arki be omirakū heni angga isifi hengkilehekū iliha. han amba beile be age sini efu be gamame ini hecen de gene seme unggifi. tere inenggi jing seoleme gūnime，ini nenehe ambula ehe be，bi gūnirakū ujiki seci，wara beye be ujihe seme majige urgunjerakū，uttu kemuni kimuleme niyakūn hengki be hono seolere niyalma be adarame ujimbi seme，tere yamji ahūn buyanggū beile be wa seme futai tatame waha. deo burahanggū beile be ceni ehe waka be gūniha seme ainara，jui amba beile be gūnime ujiki seme ujihe.

大王曰："可去见父皇。"布扬古驻马，终不答，大王挽其辔曰："汝非男子，乃妇人耶？一言已定，立此更欲何为？可随吾往见。"遂引见帝，布扬古膝不并屈，惟屈一膝，不拜而起。帝以金杯赐酒，布扬古屈膝，不端酒，亦不饮，沾唇而已，仍不拜而起。帝谓大王曰："可引汝舅仍往彼城。"帝默思，谓："吾既不念旧恶，欲豢养之，当以为死而幸生可也，反如此漫无喜意，仍若仇雠，于叩首起拜之间尚不肯屈，此人将何以豢养之也？"是夜，命缢之。以其弟布尔杭古虽有过恶，尚可姑宥，念吾长子留之可也。

大贝勒谓布扬古贝勒曰："可往见汗。"布扬古贝勒竟不答，立而不动，大贝勒乃挽布扬古贝勒坐骑之辔曰："汝非男子，乃妇人耶？言既已定，今驻足何为？当去见汗也。"遂引其去，会见汗，布扬古贝勒不屈双膝，唯屈一膝，不拜而起。汗以金杯盛酒赐之，布扬古贝勒又不屈膝，只横屈一膝，亦不饮酒，稍沾唇而已，不拜而起。汗谓大贝勒曰："阿哥，带汝舅回其城。"是日，汗默思："吾不念其昔日大恶，欲恩养之，彼当杀之身被恩养，反无丝毫喜意，仍仇恨如此，跪拜尚不肯，此人将何以养之？"是夜，命杀兄布扬古贝勒，以绳缢之。念弟布尔杭古贝勒非其过错，又念及子大贝勒，遂养之。

tere yehei juwe hecen de dame jifi bihe daiming gurun i iogi hafan ma ši nan emu minggan cooha be gemu waha. tereci yehei gurun i babai hecen hoton gemu dahafi beise ambasa cooha irgen be umai acingg-iyahakū，ama jui，ahūn deo，eigen sargan，niyaman hūncihin be faksalahakū，ai jaka be necihekū yooni guribume gajifi，tere boo tarire usin jetere jeku tetun agūra ai jaka be yooni bufi，morin akū niyalma be tuwame minggan funceme morin buhe，yehei gurun tereci umesi guku-he.

将明国来助此二城者游击马时楠及兵一千俱杀之。于是凡叶赫城郭皆降，其诸臣、军民等一无杀戮，父子、兄弟、夫妇、诸亲等亦无离散，秋毫无犯，俱迁徙而来，给房田、粮谷等物，查其无马者千余，赐以马匹，叶赫自此灭矣。

将援叶赫二城之大明国游击官马时楠及兵一千俱杀之。于是叶赫国各处城池皆降，其诸贝勒大臣、军民俱不动，父子、兄弟、夫妻、亲戚皆无离散，秋毫无犯，俱迁徙而来，给住房、耕田、食粮及所用器械，凡什物皆赐之，查无马之人千余，皆赐以马匹，叶赫国自此灭亡。

tere aniya manju gurun i taidzu genggiyen han dergi mederi ci wasihūn daming gurun i liyoodung ni jase de isitala，amargi monggo gurun i korcin i tehe dube nūn i ula ci julesi solho gurun i jase de niketele，emu manju gisun i gurun be gemu dailame dahabufi uhe obume wajiha.

满洲国自东海至辽边，北自蒙古嫩江，南至朝鲜鸭绿江，同一语音者俱征服，是年诸部始合为一。

是年，满洲国太祖英明汗之界自东海向西至大明国辽东边界，北自蒙古国科尔沁所居嫩江，南至高丽国边界，同操满语之国皆征服之，完成统一。

juwan biyai orin juwe de，monggo gurun i cahar i lindan han i elcin kalkai sunja tatan i geren beisei elcin jihe，lindan han i elcin kangkal baihū gebungge amban i gajiha bithei gisun，dehi tumen monggo gurun i ejen baturu cinggis han i bithe，mukei ilan tumen manjui ejen genggiyen han jilgan akū sain i tehebio seme fonjime unggihe. daiming gurun muse juwe gurun de gemu bata kimun bihe, morin aniya ci ebsi, daiming gurun be sini jobobuha be bi donjiha, ere honin aniya juwari, mini beye genefi, daiming ni guwangning ni hecen be dahabufi alban gaiha, te si guwangning ni hecen de cooha genehe de simbe bi tookabumbi. muse juwe nofi dain akū bihe, mini dahabuha gurun be sinde gaibuha de, mini gebu ai ombi? mini ere gisun be gaijarakū oci, muse juwe nofi waka uru be abka sambidere. erei onggolo musei elcin ishunde yabure de, sini elcin mimbe yohikakū seme ehe arame alanafi, elcin yabure ngge be nakaha bihe. mini ere gisun be uru seci, sini neneme unggihe elcin be unggi sehebi. tere bithe be manju gurun i beise ambasa tuwafi geren gemu jili banjifi, dulga oci jihe elcin be waki sembi, dulga oci oforo šan be faitafi unggiki sembi. taidzu genggiyen han hendume, suweni jili banjire mujangga, bi inu jili banjiha bi, jihe elcin ainara gisun hendufi unggihe ejen ehe dere, ere elcin be goidame tebufi, unggire fonde muse karu ehe gisun i bithe arafi unggiki seme hendufi, tere elcin be tebuhe.

十月二十二日，蒙古察哈尔林丹汗遣使康喀勒拜瑚赍书来曰："蒙古国统四十万众英主青吉斯汗（青吉斯汗乃元始祖之号，故称之）致问水滨三万人英主安否。明于吾二国乃仇雠也，吾闻自戊午年来明人数受兵于汝国，今夏吾已亲往广宁招抚其城，取其贡赋，倘汝兵往图之，吾将不利于汝。吾二人原无交恶，若吾所服之城为汝所得，吾名安在？设不从吾言，二人之是非穹苍鉴之。先时，吾二国使者常相往来，因汝使捏言吾之骄慢，告汝以不善之言，故相绝耳。若以吾言为是，汝将前使可令复来。"满洲王大臣等见此书皆怒，有谓来使可杀，有谓可劓刵之放归。帝曰："汝等之怒诚然，即吾亦怒矣，然于来使无与，是遣使者之罪也，可久留之，待回时亦书不善之言相答。"谕毕，遂羁其使。

十月二十二日，蒙古国察哈尔林丹汗使者及喀尔喀五部诸贝勒使者来，林丹汗使者康喀勒拜瑚所赍文书曰："统四十万众之蒙古国主巴图鲁青吉斯汗致书问领水滨三万之满洲主英明汗安否。大明国与吾二国皆有仇隙矣，吾闻自戊午年以来，大明国数受兵于汝国，今夏，吾已亲往，招大明广宁城，取贡赋，今汝发兵往广宁城，吾将不利于汝。吾二人原无仇隙，若吾所降之国为汝所取，吾名安在？倘不从吾言，吾二人之是非天自鉴之。先时，吾等互通使者，因汝使捏造吾傲慢之恶语告汝，故停通使耳。若以吾言为是，汝前遣使者可令复来。"满洲国诸贝勒大臣见此书皆怒，半谓来使当诛，半谓可削去耳鼻遣回。太祖英明汗谓众贝勒大臣曰："汝等生怒诚然，即吾亦怒矣，然来使所言，皆为遣使者之恶也，可久留此使，遣回时吾等亦作恶语之书相报。"遂羁其使。

kalkai joriktu hūng baturu beile ujulafi geren beise unggihe bithei gisun，genggiyen han de jaisai udu udu jergi weile arahangge waka mujangga，tere be han sa batangga daiming gurun be dailaci，emu hebei šan hai de isitala dailaki，ere gisun de isiburakū niyalma be abka fucihi sakini，aikabade daiming gurun de acaci，muse gisurefi emu hebei acaki，daiming gurun sinde ulin ambula bume，mende komso buci suwe ume gaijara mende ambula bume，suwende komso buci，be gaijarakū ojoro，ere gisun de isibuci，goroki hanciki niyalma donjire de gebu sain kai seme bithe unggime elcin takūraha manggi.

是日，喀尔喀部卓礼克图洪巴图鲁合五部贝勒等致书曰："斋赛屡启衅端，诚为有罪，其处此惟在乎汗。但明国乃敌国也，如征之必同心合谋，直抵山海关，负此言者，天神鉴之。倘与之和，亦同议定，若明国所输财物厚汝薄吾，汝毋受，厚吾薄汝，吾亦不受，能践此言，名闻远近，不亦善乎?”

喀尔喀卓礼克图洪巴图鲁贝勒率诸贝勒遣使致书曰：“斋赛屡生事端于英明汗，诚为有罪。若征敌国大明，吾等即与汗同心合谋，直抵山海关，负此言者天鉴之。倘与大明国和，吾等亦议定，同心而和，大明国若予汝之财多，予吾之财少，汝等勿受，若予吾之财多，予汝之财少，吾亦不受，若践此言，名闻远近，是善也。”

tuweri omšon biyai ice inenggi，kalkai sunja tatan i geren beisei elcin i emgi manju gurun i genggiyen han i elcin eksingge，cohur，yahican，kūrcan，hife，ere sunja amban de gashūre bithe jafabufi，kalkai sunja tatan i geren beisei emgi doro acafi emu hebei banjiki seme unggihe，kalkai sunja tatan i beise gakca modo ganggan i seterhei gebungge bade acafi，abka de šanggiyan morin，na de sahaliyan ihan wafi，emu moro de arki，emu moro de yali，emu moro de senggi，emu moro de šanggiyan giranggi，emu moro de boihon sindafi，abka na de akdulame gashūme，manju gurun i genggiyen han i juwan gūsai doro jafaha beise，monggo gurun i sunja tatan i kalkai doro jafaha beise meni juwe gurun be abka na gosifi doro jafafi，emu hebei banjikini seme acabuha dahame，abka na de gashūmbi，daci kimungge daiming gurun be emu hebei dailambi，yaya fonde daiming gurun de acaci gisurefi emu hebei acambi，abka na de gashūha gisun be efuleme，sunja tatan i kalkai beise de hebe akū，manju gurun i genggiyen han daiming gurun de neneme acaci，daiming gurun meni juwe gurun i hebe be efuleki seme，manju de dorgideri šusihiyeme niyalma takūraha be sunja tatan i kalkai beise de alarakū oci，abka na wakalafi，manju juwan gūsai doro jafaha beisei se jalgan foholon ofi, ere senggi tucime, ere boihon i gese boihon de gidabume, ere giranggi gese giranggi šarame bucekini. monggo gurun i sunja tatan i kalkai beise de daiming gurun acaki seme dorgideri šusihiyeme niyalma takūraci, tere gisun be manju gurun i genggiyen han de tucibume alarakū oci, sunja tatan i kalkai doro jafaha beise dureng hūng baturu, ooba daicing, esen, babai, asot jin manggūldai, ebugedei hūng taiji, ubasi dureng, gurbusi dai darhan, manggūldai daicing, bidengtu yeldeng, cohur darhan baturu, enggeder, sanggarjai, butaci dureng, sanggarjai, bayartu, dorji, neici, uijeng, ūljeitu, burgatu, eteng, eljige, ere geren beise be abka na wakalafi, se jalgan foholon ofi, ere senggi tucime, ere boihon i gese boihon de gidabume, ere giranggi gese giranggi šarame bucekini. meni juwe gurun akba na de gashūha gisun de isibume banjici, abka na gosifi, ere gese arki be omime, ere gese yali be jeme, meni juwe gurun i doro jafaha beise se jalgan golmin, juse omosi tanggū jalan tumen aniya de isitala, juwe gurun emu gurun i gese elhe taifin i banjikini seme gashūha.

十一月初一日，帝令额克星额、绰瑚尔、雅希禅、库尔禅、希福五臣赍誓书与喀尔喀五部贝勒等共谋连和。同来使至冈干塞忒勒黑孤树处，遇五部贝勒，宰白马乌牛，设酒、肉、血、骨、土各一碗，对天地誓曰：“蒙皇天后土佑我二国同心，故满洲国主并十固山执政王等今与喀尔喀五部贝勒等会盟，与明国修怨，务同心合谋，倘与之和，亦必同议，若毁盟而不通五部贝勒知，辄与之和，或明国欲败我二国之好，密遣人离间而不告，则皇天不佑，夺吾满洲国十固山执政王之算，即如此血出，土埋，暴骨而死。若明国欲与五部贝勒和，密遣人离间而五部贝勒不告满洲者，喀尔喀部执政贝勒都棱洪巴图鲁、鄂巴岱青、额森、巴拜、阿索特音莽古勒岱、额布格德依台吉、乌巴什都棱、古尔布什岱达尔汉、莽古勒岱岱青、毕登图叶尔登、绰瑚尔达尔汉巴图鲁、恩格德尔、桑噶尔寨、布塔齐都棱、桑噶尔寨、巴雅尔图、多尔济、内齐汉、魏徵、谔勒哲依图、布尔哈图、额滕、额尔济格等众贝勒皇天不佑，夺其纪算，血出，土埋，暴骨，亦如之。吾二国若践此盟，天地佑之，饮此酒，食此肉，寿得延长，子孙百世昌盛，二国始终如一，永享太平。”

冬十一月初一日，满洲国英明汗遣使额克星额、绰瑚尔、雅希禅、库尔禅、希福五大臣与喀尔喀五部诸贝勒使者同执誓书，与喀尔喀五部诸贝勒同会，共谋连和相生。乃于岗干之塞特勒黑处会喀尔喀五部贝勒，杀白马祭天，宰黑牛告地，置酒一碗，肉一碗，血一碗，白骨一碗，土一碗，以天地作保而誓，曰：“满洲国英明汗及十固山执政诸贝勒，与蒙古国五部喀尔喀执政诸贝勒，吾二国蒙天地眷佑而执政，欲同谋相生，遂会盟，誓于天地，自此，同心合谋，征敌国大明。无论何时与大明国和，必相商议，同心而和，若毁对天地所誓之言，不与五部喀尔喀诸贝勒同谋，满洲国英明汗先与大明国和，或大明国欲毁吾二国之议，向满洲密遣人挑唆离间，满洲不告知五部喀尔喀诸贝勒，则天地罪之，满洲十固山执政诸贝勒命短，如此血出，土埋，骨暴而死。若大明国欲与蒙古国五部喀尔喀诸贝勒和，密遣人挑唆离间，五部贝勒不告知满洲国英明汗，则五部喀尔喀执政诸贝勒都棱洪巴图鲁、鄂巴岱青、额森、巴拜、阿索特音莽古勒岱、额布格德依台吉、乌巴什都棱、古尔布什岱达尔汉、莽古勒岱岱青、毕登图叶尔登、绰瑚尔达尔汉巴图鲁、恩格德尔、桑噶尔寨、布塔齐都棱、桑噶尔寨、巴雅尔图、多尔济、内齐、魏徵、乌勒哲依图、布尔哈图、额腾、额尔济格，此诸贝勒将为天地责之而命短，如此血出，土埋，骨暴而死。吾二国若践行向天地盟誓之言，则天地佑之，如饮此酒，食此肉，吾二国执政诸贝勒皆得长寿，子孙延至百世万年而二国始终如一，永享太平。”

taidzu genggiyen han hendume，jaisai beye juwe juse gemu muse de jafabuhabi，terei jušen irgen adun ulha be ahūn deo i niyalma gidašame durime gaime wajirahū，jaisai juwe jui jurcenjeme emu jui tuba de bisire jušen irgen adun ulha be tuwame geneci，emu jui ubade bisire ama be tuwame bikini. sunja tatan i kalkai beise emu hebei daiming gurun be dailafi guwangning ni babe baha manggi，tere fonde jaisai be tucibufi unggire be bi seolere seme hendufi，jaisai jui kesiktu be sindafi unggime，sekei dahū，sekei hayahan jibca，silun i dahū，mahala gūlha，imiyesun etuku emu jergi etubufi，enggemu hadala tohohoi emu morin šangnafi unggihe.

帝曰：“斋赛与二子俱被擒，但恐其所属人畜为族人侵夺，可令其二子更番往来，一子在彼保守人畜，一子在此侍父。若斋赛之归期，须待五部贝勒同征明国，得广宁后再筹之。”于是赐其子克实克图轻裘三领（貂二，猞狸狲一）、靴帽、衣带、鞍马，令还。

太祖英明汗曰：“斋赛与二子均为吾等所擒，恐其诸申、百姓及马畜为其兄弟族人侵夺殆尽，可令其二子轮派，一子往彼看守诸申、百姓及马畜，一子留此照看其父。五部喀尔喀诸贝勒同谋征大明国，取广宁之地，彼时，吾再虑遣放斋赛。”遂释其子克实克图，赐貂皮罩、貂皮朝服、猞猁狲罩、靴帽、腰带等，又赐鞍马一匹，令还。

abkai fulingga genggiyen han i sunjaci aniya šanggiyan bonio niyengniyeri ujui biyai juwan nadan de，cahar i lidan han i unggihe bthei karu unggihe bithei gisun，cahar i han sini unggihe bithe de，dehi tumen monggo gurun i ejen baturu cinggis han，mukei ilan tumen manju gurun i ejen kundulen genggiyen han de bithe unggihe seme arahabi, sini dehi tumen monggo gurun i geren be minde ainu coktolombi? bi donjici, suweni daidu hecen be daiming gurun i hūng u han de gaibure de dehi tumen monggo be gemu gaibufi, damu ninggun tumen burulame tucike seme donjiha, tere ninggun tumen monggo gemu sinde akū kai, ordus emu tumen, juwan juwe tumet emu tumen, asot yungsiyebu karacin emu tumen, tere ici ergi ilan tumen gurun sinde dalji akū, ini cisui enculeme yabure gurun kai. hashū ergi ilan tumen gurun gemu sinde bio? ilan tumen gurun akū bime, dehi tumen seme julgei fe gisun i coktolome, mini gurun be komso damu ilan tumen seme fusihūlara be abka na sarkū bio? sini gurun i gese dehi tumen geren akū, sini beye gese baturu akū, mini gurun be komso seme, mini beyebe oliha seme abka na gosifi, hadai gurun, hoifa gurun, ula gurun, yehe gurun, daiming gurun i fušun šo, cing ho, k'ai yuwan, tiyei ling, jakūn amba babe abka na minde buhe kai. sini unggihe bithe de henduhengge, mini alban gaijara guwangning ni babe si ume dailara, si aikabade dailaha de, bi simbe tookabumbi sehebi. si muse juwe nofi ehe bici, sini uttu hedurengge mujangga kai, muse juwe nofi umai ehe akū bime, encu halangga daiming gurun i guwangning hecen i jalinde, abka na gosiha han niyalma be fusihūlame uttu ehe kecun gisun be si ainu gisurembi? abka de eljere gese fudarame ainu banjimbi? mini unenggi tondo mujilen be jafafi banjire be abka na mimbe saišafi, kesi hūturi baturu hūsun be minde buhe be si donjihakūbio? si mimbe adarame tookabumbi? sini beye guwangning de genefi majige baha ulin be sini hoton hecen be ambula efuleme dailame yabure de, geleme buhe seme gūnimbio? sinde niyaman hūncihin seme gosime hairame buhe seme gūnimbio?

sinde gosime hairame buci，tere majige ulin be si ainu gaimbi?

庚申天命五年正月十七日，修书复察哈尔汗曰："阅来书，汝为四十万蒙古主，吾为水滨三万人主，何故恃其众以骄吾国乎？闻昔明之洪武取大都时，四十万蒙古摧折几尽，奔逃者仅有六万，不尽属汝，鄂尔多斯一万，十二土默特一万，阿索特、雍谢布、喀喇沁一万，此三万之众据汝之右，任意纵横，于汝无与。即左三万之众，亦岂尽属于汝耶？三万且不足，乃以昔日之陈言骄语为四十万而轻吾国为三万人乎，天地岂不知之？然吾国虽小，不似汝之众，吾力虽弱，不似汝之强，但得天地垂佑，哈达、辉发、乌拉、叶赫，暨明国之抚顺、清河、开原、铁岭等八处俱为我有。汝且言，广宁吾取贡处，毋征也，若图之，将有不利于我。若尔我从来有隙，出此言宜也，本无仇隙，何故为异姓之明，遂欺天地所佑之人主，而出此恶言，恣行不道，如逆天然？吾惟至诚格天，天乃赐吾勇知，其眷顾也独隆，亦未之闻乎？焉能不利于我哉？且汝于广宁所得之物，谓能破彼之城郭，畏而与之耶？抑以亲视汝爱而与之耶？如其爱而与之，锱铢之利，受之何为？

庚申天命英明汗五年正月十七日，修书复察哈尔林丹汗曰："汗，汝来书云汝为四十万蒙古国主巴图鲁青吉斯汗，吾为水滨三万满洲国主昆都仑英明汗，何故恃汝四十万蒙古国之众以骄吾国耶？吾闻昔日大明国洪武汗取汝大都时，尽折四十万蒙古，逃出者仅六万。彼六万蒙古不尽属汝，鄂尔多斯一万，十二土默特一万，阿索特、雍谢布、喀喇沁一万，此右翼之三万国人与汝无干，其为任意纵横之国人也。即左翼三万国人尽属汝耶？三万国人且无，乃以昔日旧言骄称四十万而轻吾国人少，只三万，天地岂不知耶？吾国虽不似四十万之众，不似汝之强，吾国人少，吾力虽弱，然得天地眷佑，哈达国、辉发国、乌拉国、叶赫国及大明国抚顺所、清河、开原、铁岭八大处，天地俱赐与我也。汝来书曰，吾取贡赋之广宁地方，汝勿征，汝若征之，吾将不利于汝也。若尔我二人向有仇隙，尔出此言可也，吾二人本无仇隙，汝何故为异姓大明国之广宁城，欺天地所佑之汗而出如此恶言耶？何故似与天争，忤逆而生耶？然吾执忠诚之心而生，为天地嘉许，赐恩福勇力也，汝岂未闻？汝如何误我？汝于广宁所得微财，是念汝征之能毁城池，畏而与之耶？或念汝为亲戚，爱而与之耶？若爱而与之，汝受此微财何为？

suweni gaibuha daidu hecen gūsin duin tumen monggo gurun be gaiha bici，sini ere gisun hendurengge mujangga kai. daiming gurun be mini dailara onggolo，sini beye emgeri cooha genefi，uksin saca acihai temen ai jaka be gemu waliyafi，untuhun beyei teile burulame tucike. terei amala emgeri cooha dosifi，gegen daicing beilei emu hiya，juwan funceme niyalma be wabufi untuhun bederehe. sini beye juwe jergi daiming gurun de cooha genefi ai amba olji baha? ai gebungge amba hecen hoton be efulehe? ya bai amba cooha be gidaha? daiming gurun sinde atanggi ere gese šang ambula bumbihe，mini hūsun i horolome dailame yabure de，haha wabufi hehe funcefi，daiming gurun minde geleme simbe jalidame buhe ulin wakao? daiming solho juwe gurun gisun encu gojime etuhe etuku，ujui funiyehe emu adali ofi，tere juwe gurun emu gurun i gese banjimbikai. muse juwe gurun gisun encu gojime etuhe etuku，ujui funiyehe emu adali kai，si unenggi ulhire niyalma bihe bici，mini julgei kimungge daiming gurun be han ahūn i dailara de，abka na gosifi，hoton hecen be ambula efuleme，amba dain be gidame yabumbi sere abka na i gosiha han ahūn de emu hebe ofi，muse de kimungge daiming gurun be dailaki seme unggihe bici，sain bihe kai. abka na de kesi hūturi baime amba gebu doro be gūnirakū，damu bahara de dosifi niyalma de baibi buyeme wajire ulin i jalinde, umai ehe akū banjire encu gisungge gurun i han niyalma be fusihūlame koro isibume banjire be abka na sarkū bio seme bithe arafi, šose, ubasi be elcin unggihe, cahar lindan han i elcin kangkal baihū be tebuhe. manju gurun i genggiyen han i unggihe bithe be cahar i lindan han tuwafi, elcin genehe šose ubasi be jafafi, guwangse sangse etubufi, ini baising ni tehe hoton de horiha.

"汝果能复三十四万之大都而出此言,诚是也。昔明国未受吾兵时,汝初与之构兵,弃盔甲、驼马,脱身败北。及再与构兵,格根岱青之从臣并十余人被斩于阵中,一无所获而回。不知二次所得者何处人畜?所克者何处名城?所败者何处大兵?独不思明之赏汝从来未有如此之厚,今不过以我兵威所震,男子亡于锋镝,妇女守其孤嫠,明人畏吾,故以利诱汝耳。且明与朝鲜异国也,言虽殊而衣冠相类,二国尚结为同心。尔我异国也,言虽殊而服发亦相类,汝果有知识者,来书当云:'皇兄征我旧日之仇国,蒙天垂佑,破其城,败其众,愿同心协力,共图有仇之明。'如此不亦善乎?今且不求合理,不务令名,以祈天眷,乃欲贪得有尽之财货,构怨于素无嫌怨之国,若此者神祇岂不鉴之?"书毕,乃令硕色、武巴什为使赍往。林丹汗览书,将去使杻械囚于拜星所居之城。

"若果能复大都,领三四十万蒙古国人,汝出此言诚是也。吾未征大明国之先,汝已先发兵往,盔甲、驮驼、什物尽弃,仅以身败逃出。其后,再进兵,格根岱青贝勒之辖一人并十余人被杀,一无所获而回。不知汝二次兴兵大明国得何人畜?破何城池?败何处大军?大明国何时赏汝似此之丰厚?吾以威势出征,其男子被杀,女子被剩,大明国惧吾,故赐财物以诱汝耳。大明、朝鲜二国语言相异,然因所穿之衣及头发相类,二国尚结为一国而生。吾二国虽语言相异,然所穿之衣及头发亦相类也，汝果有智识者，来书当云：'汗兄征吾旧日有仇之大明国，得天地眷佑，大破其城池，败其大军，遂愿与天地眷佑之汗兄同心合谋，共征吾等有仇之大明国。'如此致书，不亦善乎？且不求天地之恩福，不念大名，唯贪得，为有尽之财物而轻视、扰怨于素无嫌隙、异语国之汗，天地岂不知耶？"书毕，遣硕色、武巴什为使送往，羁留察哈尔林丹汗使康喀勒拜瑚。察哈尔林丹汗阅毕满洲国英明汗致书，乃执所去使者硕色、武巴什，带脚镣手铐，囚于其百姓所居之城。

taidzu genggiyen han tere elcin be waha seme donjifi，cahar i elcin be waki sere de. han i duici jui□□□beile tafulame hendume，musei elcin be wahakū tašan ayoo，cahar i elcin kangkal baihū i emgi tebuhe niyalma de bithe jafabufi inenggi boljofi，musei elcin be unggi seme takūraki，boljohon de isinjirakū oci，tere fonde cahar i elcin be waki sehe manggi. genggiyen han tere gisun be dahafi，cahar i elcin kangkal baihū i emgi tebuhe niyalma de bithe jafabufi takūrame，mini elcin be unggihe de，sini elcin kangkal baihū be unggire，mini elcin be unggirakū oci，sini elcin be wambi seme inenggi boljofi unggihe，cahar i lindan han tere elcin be isinaha manggi，manju gurun i genggiyen han i elcin be geli unggirakū，boljohon i inenggi be duleke manggi. amargi monggo gurun i sunja tatan i kalkai beisei elcin jifi，genggiyen han i elcin be cahar i lindan han tu weceme waha seme ududu jergi alanjire jakade，genggiyen han geli emu biya funceme tuwafi，beise ambasai baru hendume，musei elcin be waha inu ombi，boljohon i inenggi be dulepi biya funceme，te cahar i elcin kangkal baihū be wa seme waha. genggiyen han i elcin šose，ubasi imbe asaraha niyalma de hebe arafi guwangse sangse be sofi, hūlhame tucifi hebe araha niyalmai emgi yafahan ukame jihe.

帝风闻去使见杀，欲杀彼使。四王谏曰："杀吾使恐未确，前所羁内有与康喀勒拜瑚同来者，令持书往约以归吾使之期，若逾期不至，戮之未晚。"帝从其言，遂遣其人赍书云："若还吾使，吾亦反康喀勒拜瑚，不然吾必杀之矣。"去后，过期不还。又喀尔喀五部落使者屡言硕色、武巴什被林丹汗斩之祭旗矣，帝犹待月余，谓诸王大臣曰："今过期已有月余，去使被杀无疑也。"遂诛康喀勒拜瑚。后硕色、武巴什密通监者，去其杻械，同潜出，徒步逃回。

太祖英明汗闻去使被杀，欲杀察哈尔使。汗四子〈皇太极〉贝勒谏曰："杀吾使恐为虚，可令察哈尔使康喀勒拜瑚同羁留者执书往，约定日期，遣回吾使，倘逾期不至，彼时再杀察哈尔使可也。"英明汗从其言，遣察哈尔使同羁留者执书往，约定日期，书曰："若还吾使，吾亦还汝使康喀勒拜瑚，若不还吾使，即杀汝使。"其使既至，察哈尔林丹汗逾期不还满洲国英明汗之使。又，北蒙古五部喀尔喀诸贝勒使者来，屡言英明汗使为察哈尔林丹汗斩杀祭旗矣，英明汗犹观月余，谓诸贝勒大臣曰："逾期已月余，吾使确已被杀矣，今可杀察哈尔使康喀勒拜瑚。"遂杀之。后英明汗使硕色、武巴什密通监者，解其脚镣手铐，潜出，与同谋者徒步逃回。

genggiyen han kalkai sunja tatan i beisei emgi gashūha amala, bayot tatan i sonin taiji emu niyalma jarut tatan i jaisang keoken i emu niyalma ukame jihe manggi, genggiyen han hendume, baime jihe niyalma be jilaka seci, gashūha akdun gisun be jurceci ojorakū seme jihe ukanju be gemu ini da ejen de bederebuhe.

帝与五部贝勒盟后，有喀尔喀巴约特部索宁台吉下一人，及扎噜特部宰桑扣肯下一人来投，帝曰："降者之情诚为可矜，但前日之盟尤不可背。"遂不纳，各还其主。

英明汗与喀尔喀五部诸贝勒会盟后，巴约特部索宁台吉下一人，扎鲁特部宰桑扣肯下一人逃来，英明汗曰："来求者情虽可矜，然所誓信言不可违。"遂将逃来者各还其主。

niyengniyeri juwe biya de，jaisai jui sethil taiji de gecuheri goksi mahala imiyesun gūlha etuku emu jergi enggemu hadala tohoho emu morin šangnafi，ini bade sindafi unggihe.

二月内，赐斋赛子色特希尔蟒衣、裘、帽、靴、带、鞍马，令还。

春二月，赐斋赛子色特希尔台吉蟒衣、裘、帽、腰带、靴及鞍马一匹，放归其地。

ilan biyai ice de，kalkai jarut tatan i sebun beile be tucibufi unggire de，sebun beilei gashūha bithei gisun，bak，sebum meni ahūn deo han de daci ehe akū bihe，weilengge jaisai emgi jifi，han i gala de jafabuha，han ama jui arafi gosime kesi ulebume etuku etubume ujifi，sebum mimbe tucibufi mini ba de unggimbi，ere uttu ujihe han ama de baili isiburakū，ulai gurun i bujantai gese ehe gūnime banjici，dergi abka fejergi na safi sui isifi，se jalgan foholon ofi bucekini. ujihe han ama de umai lakcarakū baili tusa isibume yabuci，abka na saišafi se jalgan golmin，juse omosi jalan halame sain banjikini seme bithe arafi abka de deijihe. genggiyen han sebun de gecuheri goksi，silun i dahū，foloho toohan imiyesun mahala gūlha etuku emu jergi，morin de foloho enggemu hadala tohohoi šangnafi unggihe.

三月初一日，放扎噜特色本回，色本立誓曰："吾与巴克弟兄二人素与满洲无隙，因与有罪之斋赛同来被擒，蒙恩视吾犹子，赐衣食豢养，今又放吾还国，若不恩报而如布占泰怀仇者，皇天后土鉴之，殃及其身，夺吾之算。若此心不易，常思恩报，神祇佑之，俾寿延长，子孙昌盛。”书毕，告天焚之。帝仍赐蟒衣、轻裘、靴、带、鞍马之类，令还。

三月初一日，放喀尔喀扎鲁特部色本贝勒回，色本贝勒立誓曰：“巴克、色本吾兄弟二人素与汗无隙，因与有罪之斋赛同来，为汗所执，蒙汗父视为子恩养，赐衣服之，今又将恩养之色本我放出，遣归吾地，若不思报恩养之汗父，而如乌拉国布占泰怀仇者，皇天厚土鉴之，降罪于吾身，令寿短而亡。若回报恩养之汗父，践行不断，天地嘉许，赐佑福寿延年，子孙后世永享昌盛。”书毕，告天焚之。英明汗赐色本蟒衣、轻裘、腰带、帽、靴衣物之类及鞍马，令还。

manju gurun i taidzu genggiyen han geren ambasa be gung bodome coohai hafan ilibume，uju jergi，jai jergi，ilaci jergi，ilan jergi dzung bing guwan，ilan jergi fujiyang，ilan jergi ts'anjiyang，ilan jergi iogi，geren nirui ejete be bei ioi guwan obuha，niru tome duite ciyangdzung sindaha.

帝论功序爵，列总兵之品为三等，副、参、游亦如之，其牛录额真俱为备御，每牛录下设千总四员。

满洲国太祖英明汗为诸臣论功序爵，总兵官之品分头等、二等、三等，副将三等，参将三等，游击三等，诸牛录额真俱为备御官，每牛录下设千总四员。

ice jakūn de，bonio erin de hashū ergi gūsai ejen dzung bing guwan hergen i uju jergi amban fiongdon jargūci nimeme akū oho，susai nadan se bihe, fiongdon jargūci suwan gebungge bai niyalma bihe, geren be gaifi dahame jidere jakade, genggiyen han uju jergi amban obufi, jai geli han ini jui argatu tumen beilei sargan jui be bufi omolo hojihon obuha bihe. mujilen sijirhūn tondo, han i muribuha babe sahade uthai hūsutuleme murime tafulame, mujilen be wacihiyame, baturu hūsun be tucibume gurun i doro de aisilaha, fiongdon jargūci akū ojoro de, gehun galaka abka iliha andan de emu farsi tugi banjifi, abka tungken dure gese akjan talkiyan aga bono sasa deribufi, dartai andan de galandarangge, fiongdon jargūci akū oho, manju gurun de unenggi sain amban bihe. fiongdon jargūci akū oho de, genggiyen han ini beye acaname geneki sere de, geren beise fujisa tafulame, han i beye enteke jobolon de geneci šorombi ayoo sehe manggi, genggiyen han hendume, mini beyei gese emgi sasa banjiha ambasa emke juwe efujeme deribuhe, te bi goidarakū seme hendufi, marame genefi den jilgan i ambula gosiholome songgome, goidame tefi, ilaci ging ni dubede boo de jihe.

初八日，申时，左固山一品总兵官费英东卒，年五十七，苏完人也（苏完，地名也），初率众来归，帝授一品总兵，以皇子阿尔哈图图们贝勒女妻之。秉心正直，凡上有阙失处，极言争之，尽心竭力以辅国政，临终时，天色明朗，忽起片云，惊雷掣电，雨雹齐降，霎时而霁，遂卒，诚满洲之良臣也。帝欲临丧，后妃及诸王谏曰："亲临此丧，恐有所忌。"帝曰："与吾创业大臣渐有一二凋丧者，吾亦不久矣。"坚执以往，哭之恸，惆怅良久，漏下三更始回。

初八日，申时，左翼固山额真头等总兵官大将费英东扎尔固齐病故，卒年五十七。费英东扎尔固齐乃苏完人也，率众人来归时，英明汗授其头等大臣，又以汗子阿尔哈图图们贝勒女妻之，为孙女婿。其心正忠直，凡汗之缺失处，即极言力劝，尽心竭力以辅国政。费英东扎尔固齐卒时，天色晴亮，忽起片云，雷电如击鼓，雨雹齐降，霎时而晴，费英东扎尔固齐遂卒，诚满洲国之良臣也。费英东扎尔固齐卒，英明汗欲亲去，众贝勒、福金劝曰："汗亲临此丧，恐有所忌。"英明汗曰："诸臣与我同生者始有一二凋丧也，今吾亦不久矣。"言讫，执意而往，高声恸哭，留驻良久，三更方回。

ninggun biyai ice duin de，manju gurun i genggiyen han hendume，ya niyalma aika gisun be mini beye de habš aki seci hafunjirakū ayoo，habšara niyalma habšara gisun be bithe arafi，ere moo de lakiyanju，bi bithe be tuwame da dube be dacilame beidere seme，dukai tule juwe moo ilibuha.

六月初四日，树二木于门外，令曰："凡有下情不得上达者，可书诉词，悬于木上，吾据诉词颠末，以便审问。"

六月初四日，满洲国英明汗立二木于门外，曰："凡人有言欲诉之于吾，恐不能通达者，可书诉词，悬于此木，吾阅之，审问始末。"

kalkai jarut tatan i daya taiji de gengiyen han i elcin unggihe hulei gebungge niyalmai gajire jakūn morin，dehi ihan，emu tanggū honin，yaluha morin，etuhe etuku，beri jebele ci aname，ineku jarut tatan i jongnon，angga，jucet keoken cooha gaifi jugūn tosofi abka de gashūha gisun be efuleme，gemu durime gaifi，hulei be sindafi unggihe.

满洲使者扈垒往扎噜特达雅台吉处赍来马八匹、牛四十四、羊一百，并所骑之马、衣服、器械等物，被本部钟嫩、昂阿、珠彻特扣肯等弃盟言，使兵要于路，俱劫之，惟放扈垒而已。

英明汗遣使扈垒往喀尔喀扎鲁特部达雅台吉处赍来马八、牛四十四、羊一百，并所骑之马、所穿之衣及弓、撒袋等物，为本部扎鲁特部钟嫩、昂阿、珠撤特扣肯等背弃对天所誓之言，领兵拦路，尽劫掠之，唯放回扈垒。

kalkai sunja tatani beise de elcin genehe niyalma isinjifi han de alame，kalkai sunja tatan i beise gemu gisun gūwaliyakabi，ooba daicing de juwe jergi acaki seci acabuhakū，geren beisei elcin jihekū，damu juwe beilei elcin jihe，dureng hūng baturu beile ini juse omosi gemu mujilen gūwaliyakabi，bi henduci eterakū bi ainaha seme genggiyen han de ehe ojorakū seme hendumbi seme alanjiha.

满洲往五部使者还，曰："五部贝勒等已负盟矣，谒鄂巴岱青二次，不容相见，诸部之使不来，惟二部使者至，述都棱洪巴图鲁之言曰：'吾子孙之心俱变而不能制，然吾身绝不负汗也。'"

往喀尔喀五部诸贝勒处之使还，奏报汗，曰："喀尔喀五部诸贝勒皆背盟，欲会鄂巴岱青二次不予见，众贝勒之使未来，仅二贝勒之使来，述都棱洪巴图鲁贝勒之言曰：'吾子孙之心皆变矣，说之而不能，然吾无论如何不可与汗交恶也。'"

ineku jarut tatan i jongnon，angga，jucet keoken cooha gaifi jugūn tosofi genggiyen han i elcin sirana，šorohoi gajire juwan emu morin，ninju juwe ihan be geli durime gaiha. jai jarut tatan i sebum beile de genehe elcin isamui gajire juwe morin，orin jakūn ihan，emu tanggū juwan juwe honin be geli durime gaiha.

扎噜特钟嫩、昂阿、珠彻特扣肯三部贝勒，领兵复截满洲使者锡喇纳、硕洛辉二人于路，将赍来马十一匹、牛六十二只夺之。又夺往扎噜特色本处使者伊沙穆赍来马二匹、牛二十八只、羊百十二。

扎鲁特部钟嫩、昂阿、珠撤特扣肯复领兵拦路，劫去英明汗使锡喇纳、硕洛辉所带马十一匹、牛六十二头。又劫去往扎鲁特部色本贝勒处使者伊沙穆所带马二匹、牛二十八头、羊一百一十二只。

jakūn biyai orin emu de，manju gurun i taidzu genggiyen han beise ambasa geren cooha be gaifi，daiming gurun be tabcilame，ilu，pu ho i babe dosire de，ilu，pu ho i niyalma hecen waliyafi burulaha bi，tereci cooha bargiyafi iliha bici. karun i niyalma jifi，daiming ni šen yang hecen i cooha tucifi musei karun i iliha babe duleme jihe bi seme alaha manggi. genggiyen han tehe baci ilime，ere cooha be šen yang hecen i duka de dositala fihebume saciki seme morin yalufi，cooha be gaifi，daiming ni coohai ishun okdome geneci.

八月二十一日，帝自将诸王大臣领兵征明国，进懿路、蒲河二处，其人民弃城走，遂收兵安营。哨探报曰："有沈阳兵出城来迎，已越我侦探处矣。"帝遽起曰："可掩杀来兵以塞其门。"言毕，遂率兵迎之。

八月二十一日，满洲国太祖英明汗率诸贝勒大臣领众兵掠大明国，进军懿路、蒲河，懿路、蒲河人弃城而逃，于是收兵安营。哨探来报："大明国沈阳城兵出，越吾等哨探之处而来。"英明汗遂自坐处起，曰："吾欲掩杀此兵，以塞沈阳城门。"言毕乘马率兵，往迎大明军。

daiming ni dzung bing guwan hergen i ho ši hiyan，fujiyang hergen i boo ceng siyan，dzung bing guwan hergen i lii bing ceng，fujiyang hergen i joo so giyoo cooha gaifi šen yang hecen ci tucifi，orin bai dubede ilifi bihengge，manjui amba cooha be sabufi amasi bedereme genere be genggiyen han safi，manggūltai beile be sini ergi de bisire daiming ni cooha komso，si tere cooha be bo š o seme hendufi unggihe，manggūltai beile siliha bayarai emu tanggū cooha be gaifi daiming ni lii bing ceng，joo so giyoo i cooha be bošome，šen yang hecen i šun dekdere ergi dere be duleme hunehe bira de isitala bošome wafi bederehe. han ini hanci bihe hashū ergi emu gūsai cooha be unggifi，daiming ni ho ši hiyan，boo ceng siyan i cooha be bošome sacime，šen yang hecen i amargi duka de dositala，emu tanggū funceme niyalma be wafi，cooha bederehe. tere cooha de han i duici jui□□□beile afame sacime dosiki seci，ahūn amba beile darhan hiya marame tafulame nakabuha. tereci baha jakūn minggan olji be geren cooha de gung bodome šangname bufi cooha bederehe.

沈阳城总兵贺世贤、副将鲍承先、总兵李秉诚、副将赵率教各离城二十里下寨，见我兵至，遂遁回。帝谓三王曰："近汝之敌兵不多，汝可领本部追之。"三王遂率健卒百人追杀李秉诚、赵率教兵，越沈阳城东，抵浑河始回。其左一固山兵追贺世贤、鲍承先，直抵沈阳北门，杀人百余回。四王复欲杀入，大王与达尔汉辖劝止之。遂将所获八千人畜论功赏赐军士，乃还。

大明国总兵官贺世贤、副将鲍承先、总兵官李秉诚、副将赵率教各领兵出沈阳城二十里，见满洲国大军，遂回撤。英明汗见之，谓莽古尔泰贝勒曰："近汝之处大明兵少，汝可往驱之。"言讫遣去，莽古尔泰贝勒率精兵巴雅喇一百，追大明李秉诚、赵率教兵，越沈阳城东，至浑河处，驱杀而回。汗遣其近处左翼一固山兵，驱杀大明贺世贤、鲍承先兵，直抵沈阳城北门，杀人百余而回。汗四子〈皇太极〉贝勒复欲杀入，兄大贝勒、达尔汉辖不从，劝止之。于是将所获八千人畜论功分赏众军，乃还。

uyun biya de，han i deo cing baturu beile akū oho，da gebu murhaci，han i tukiyehe gebu cing baturu，taidzu genggiyen han i ama

□□□buya fujin de banjihangge，tere deo de nadan waliyara de，han i beye genefi waliyame wajiha manggi，uju jergi amban fiongdon i giran de darifi，emu jergi songgofi niyakūrafi，han i galai ilan hūntaha arki hisalafi，tereci tucifi lahai giran de genefi，ambasa be arki hisalabufi，jai geli gimbasun i giran de genefi arki hisalabufi jihe. tere laha，gimbasun han de hanci takūrabume ambula hūsun buhe niyalma bihe.

九月，皇弟青巴图鲁薨（庶母所生，原名穆尔哈齐），葬之，七日，帝亲往奠之，因至费英东墓，泣下三奠酒毕，又至拉哈、吉木巴逊二墓，令从臣奠之而回。二人均系近臣，勤劳素著者。

九月，汗弟青巴图鲁贝勒薨，原名穆尔哈齐，汗赐名号青巴图鲁，乃太祖英明汗父〈塔克世〉之小福金所生。弟葬之七日，汗亲往祭奠毕，至头等大臣费英东墓前，恸哭跪地一次，亲奠酒三杯后出，往拉哈墓前，令大臣奠酒，又至吉木巴逊墓前奠酒而回。拉哈、吉木巴逊均系汗之近臣，勤劳素著者也。

juwan biya de，jaifiyan ci sarhūi bade gurifi cooha irgen i tere boo arame，omšon biya de wajiha.

十月，自界藩迁于萨尔浒，建军民房舍，至十一月乃成。

十月，自界藩迁至萨尔浒地方，建军民房舍，至十一月乃成。

šahūn coko abkai fulingga genggiyen han i ningguci aniya aniya biyade，taidzu genggiyen han abka na de hiya dabufi jalbarime baime，abka ama，na eme aisilame，dain i ehe gurun de eljeme dailara jakade，ula，hoifa，hada，yehe，manjui emu gisun i gurun be gemu buhe，jai daiming gurun be dailara jakade，fušun šo，cing ho，k'ai yuwan，tiyei ling be efulefi buhe，jai daiming gurun i duin jugūn i afanjiha cooha be abka ama，na eme acafi waha. abka ama，na eme de mini bairengge，minde banjiha juse omosi ceni dolo udu ehe seme，ehe niyalma be gala isifi wame，ume kooli banjibure，ehe niyalma be abka wakini，abkai wara be aliyarakū，gala isifi waki seme gūnire ehe mujilengge niyalma oci，abka sini sarkū ai bi? tenteke ehe mujilengge niyalma be abka na suwe neneme safi，tere ehe niyalma be se jalgan de isiburakū aldasi bucebu. ahūn deo i dolo ehe facuhūn weile araha niyalma be same waki seme gūnirakū，gemu doronggo sain mujilen jafafi，ehe mentuhun niyalma be mujilen bahabume tacibume hendume banjici，abka ama，na eme wehiyeme jilame ujire，geren enduri suwe gemu gosifi，mini juse omosi be tanggū jalan tumen aniya de isitala enteheme banjire be buyeme，abka na de jalbarime bairengge ere inu. daišan，amin，manggūltai，□□□，degelei，jirgalang，ajige，yoto，aniya biyai juwan juwe i inenggi gashūha，gashūha inengi ci nendehe weile be ume dabure，gashūha inenggi ci amasi weile be dabu seme abka na de jalbarime baiha.

辛酉天命六年正月十二日，帝与代善、阿敏、莽古尔泰、□□□、德格类、济尔哈朗、阿济格、岳托诸王等对天焚香，祝曰：“蒙天父地母垂佑，吾与强敌争衡，将辉发、乌拉、哈达、叶赫，同一语音者俱为我有，既而征明，又得其抚顺、清河、开原、铁岭等城，又破其四路大兵，皆天地之默助也。今祷上下神祇，吾子孙中纵有不善者，天可灭之，勿令戕害，以开杀戮之端。如有残忍之人，不待天诛，遽兴操戈之念，天地岂不知之？若此者，亦当夺其算。昆弟中若有作乱者，虽知之不忍伤残，惟怀理义之心，以化导其愚顽，似此者天地佑之。俾子孙百世延长，所祷者此也。自此之后，伏愿神祇不咎既往，惟鉴将来。”

辛酉天命英明汗六年正月十二日，太祖英明汗与代善、阿敏、莽古尔泰、〈皇太极〉、德格类、济尔哈朗、阿济格、岳托等对天地焚香，祷曰："蒙天父地母助佑，吾与敌国争衡之际，将乌拉、辉发、哈达、叶赫与满洲同一语言之国皆赐与之，再，征大明国，破抚顺所、清河、开原、铁岭，皆赐之，又，合天父地母之意，杀大明国四路进战之兵。吾今祈求天父地母，吾所生子孙内倘有作恶者，可将作恶者诛之，勿令生恶道。天诛恶者，若不待天诛，即兴杀戮之念，心性残恶者，天汝岂不知？天地汝等先知，当不赐寿于恶者，令其早亡。兄弟内若有作恶为乱者，虽知之而不忍杀，皆怀礼善之心，以教化恶乱之人，似此者，天父地母佑之。诸神汝等皆仁慈，俾吾子孙长存百世万年，所祈求天地者此也。伏愿天地勿计立誓前之罪，惟鉴立誓后之罪。"

juwe biyai juwan emu de，genggiyen han beise ambasa geren cooha be gaifi，daiming gurun i fung ji pu i babe jakūn jugūn i tabcin dosifi genere de. fung ji pu hoton be tuwakiyaha daise dzung bing guwan hergen i lii bing ceng donjifi，ilan minggan morin i cooha be gaifi hoton ci ninggun bai dubede tucifi ing ilifi，juwe tanggū cooha be juleri okdome tuwana seme unggihe be manju gurun i hashū ergi duin gūsai cooha ucarafi，juwe jugūn i bošome wame gamame alin i ninggu de isinafi tuwaci，alai fejile daiming ni geren cooha duin dere arame ilihabi，daiming ni cooha manjui cooha isinjiha be sabufi，uthai aššafi hoton i baru generede，manjui cooha uthai daiming ni coohai amargi uncehen de sacime dosika，daiming ni cooha juwe jugūn i burulafi，hoton i juwe duka be temšenume dosire de，manjui cooha gabtame sacime afafi hoton i ulan i cikin ci cooha amasi bederehe. tere hoton i duka be fihebume afara de，manju gurun i ts'anjiyang hergen i hibakda hoton i dergi niyalma sindaha poo de goifi gaibuha，jai emu coohai buya niyalma bucehe.

二月十一日，帝率诸王大臣，统大军分八路略明之奉集堡。守城总兵李秉诚闻之，领三千骑出城六里安营，令兵二百为前探。左四固山兵遇之，二路追杀至山上，其山下有明国兵结阵，一见我兵至即拔营奔城，我兵随后击之，明国兵败走，两路拥二门争进，杀至壕边方回。当拥门掩杀之时，有参将吉巴克达及一卒被城上巨炮击死。

二月十一日，英明汗率诸贝勒大臣领众兵，分八路往掠大明国奉集堡。时奉集堡守城署总兵官李秉诚闻之，领三千骑兵出城六里安营，遣二百兵前探。满洲国左翼四固山兵遇之，二路追杀，直至山上，见山下大明国众兵四面而立。大明兵见满洲兵至，立即行动，奔城而去，满洲兵即尾随大明兵杀入，大明兵二路溃逃，争入城之二门，满洲兵射杀攻击，至城壕方回。当拥门攻战之际，满洲国参将吉巴克达被城上人放炮击中，另一小卒亦亡。

hecen i amargi alai ninggude ilan bai dubede han i beye geren cooha be gaifi iliha bici，ici ergi cooha geli isinjiha manggi. morin erin de cooha amasi bedereme teni jurandara de，emu kutule niyalma jifi alame，meni ilan kutule niyalmai jidere de daiming ni juwe tanggū isire cooha de ucarafi，juwe niyalma gaibuha，bi tucifi jihe，tere cooha hanci bi seme alaha manggi. han beise ambasai baru hendume，ici ergi cooha i beise ambasa tere cooha be bošo，bi hashū ergi cooha be gaifi ilire seme hendufi unggihe. ici ergi galai beise ambasa cooha be gaifi，daiming ni cooha bisire babe baime genefi，degelei taiji，yoto taiji，šoto taiji tere juwe tanggū cooha be bošome wame genehei，daiming ni juwe minggan cooha de isinaha，tere juwe minggan cooha ambula golofi uthai aššafi burulaha.

帝率大兵离城三里，方立冈上，右翼兵亦至。午时将回兵，有小卒来报曰："吾同行三人，遇明国兵二百，被杀其二，其兵不远。"帝谓诸王大臣曰："右翼王可领本部兵追杀，吾率左翼兵驻此。"于是德格类台吉、岳托台吉、硕托台吉寻敌所在，因追二百兵，遂杀至二千兵所立之处，敌兵见之惊走。

汗亲率众兵离城三里，立城北冈上，右翼兵亦至。午时，方欲起程回，一小卒来报："吾等小卒三人来时，遇大明兵二百，二人被杀，吾一人逃来，其兵即在近处。"汗谓诸贝勒大臣曰："右翼兵诸贝勒大臣驱杀此兵，吾领左翼兵驻此。"言讫遣去。右翼诸贝勒大臣率兵，往寻大明兵驻扎之地，德格类台吉、岳托台吉、硕托台吉驱杀其二百兵，杀至大明国二千兵处，其二千兵大惊，立即溃逃。

tereci□□□beile siliha bayarai cooha be gaifi hūwang šan gebungge alin de isinafi tuwaci，daiming ni daise dzung bing guwan fujiyang hergen ju wan liyang emu amba ing ni cooha be gaifi ilihabi，ju wan liyang ni cooha□□□beilei coohai horon amban be safi，ambula golofi alici ojirakū uthai burulaha，□□□beile cooha gaifi uthai sacime dosifi，ju wan liyang ni cooha be bošome wame dube tucime，u jing ing de isinafi amasi bedereme jiderengge，manjui coohai geren beise teisu teisu daiming ni cooha be wame jidere be，jugūn de acafi cooha bargiyafi amba cooha de acanjiha，tereci genggiyen han geren ambasa coohai niyalma de gung bodome šangnafi cooha bederehe.

四王领部下健卒至黄山，时署总兵事朱万良率大营之兵，见我兵势重不能抵敌，亦遂惊走，四王追击，至武靖营而回。适与分路破敌之诸王相遇，收兵同归大营，论功行赏毕，乃旋师。

〈皇太极〉贝勒领巴雅喇兵至黄山，见大明署理总兵官事副将朱万良率一大营兵驻之，朱万良兵见〈皇太极〉贝勒兵势威，战之不能敌，遂大惊而逃。〈皇太极〉贝勒即率兵杀入，追杀朱万良兵至武靖营而回。适与分路击杀大明兵之满洲领兵诸贝勒会于路，收兵同归大军。英明汗对诸将士论功行赏毕，乃班师。

anagan i juwe biyai juwan emu de，sarhūi hecen sahame wajiha，han hendume，hecen weilere alban i niyalma jobombi，ihan bufi wafi jekini seme henduhe manggi，geren ambasa jabume，musei booi ihan bure anggala，daiming gurun be tabcilafi ihan eihen gajifi buki seme jabuha manggi. han yamun de tucifi，geren beise ambasa be isabufi hendume，han niyalma hecen akū untuhun tere kooli akū ofi hecen sahambi kai. han i sain de gurun，gurun i sain de han，beise i sain de jušen，jušen i sain de beise kai，abkai sindaha han，fejergi ambasa be gosime ujimbi，ambasa han be gungneme banjire doro kai. beise jušen be gosi，jušen beile be dorolo，ejen aha be gosi，aha ejen be ginggule，ahai weilehe jeku be ejen i emgi uhe jefu，ejen i coohalafi baha olji，abalafi baha yali be ahai emgi uhe etu，uhe jefu. tuttu ishunde gosime hairame banjici，abka de saišabume，niyalma de buyebume banjirengge，yaya de gemu urgun kai. hecen sahara wehe moo sahara bade biheo? alin hada be feteme sacime juweme gajiha wehe kai，weji šuwa de sonjome sacifi gajiha moo kai，tere wehe moo be goro baci gajime joboho，te geli hecen sahame jobombikai. geren ambasa suweni booi ulin tucirakū oki seme tuttu dere. daiming be dailaci jurgan i dailambidere，musei hecen weilere niyalma de ulebure jalin de ihan ganame dailaci acarakū seme hendume bisire de，meiren i ejen fujiyang hergen i borjin gebungge amban amala jihe manggi，han fonjime，si aibide bihe， si yafahan jihe aise, ainu fodombi seme henduhe manggi. borjin jabume, bi hecen weilere baci jihe. han hendume, si untuhun beye jime šadaci, wehe jerguwen juwefi hecen sahara niyalma šadarakūn seme hendufi, hecen weilere alban i niyalma de neigen isibume ihan dabsun šangname buhe.

闰二月十一日，筑萨尔浒城毕，帝曰："筑城之夫最苦，可赐牛以劳之。"群臣曰："与其用国中之牛，盍俟征明获牛驴而给食之。"帝乃升殿聚诸王大臣曰："人君无野处露宿之理，故筑城也。君明乃成国，国治乃成君，至于君之下有王，王安即民安，民安即王安，故天作之君，君恩臣，臣敬君，礼也。至于王，宜爱民，民宜尊王，为主者宜怜仆，仆宜为其主，仆所事之农业与主共食，而主所获之财及所畋之物亦当与仆共之。如是上下相亲，天悦人和，岂不共成豫庆哉？如筑城之木石，岂出于筑城之地耶？凿石于山，采木于林，转运之远既已劳矣，而筑垒之工不更苦乎？今尔等之意，实不欲出己之财故耳。不知征明国当以大义举之，如为犒筑城之夫而掠之，最不可也。"时适有副将博尔晋后至，帝问曰："自何来，如是喘息，想徒步来耶？"博尔晋对曰："自筑城处来。"帝曰："尔轻身行走，尚且劳顿，运木石而筑城者，宁不劳欤？"遂赏牛及盐，犒劳夫役。

闰二月十一日，萨尔浒城筑成，汗曰："筑城役夫受苦，可宰牛赐之食。"诸臣答曰："与其赐吾等家中之牛，不如掠大明国牛驴赐之。"汗乃升殿，招集诸贝勒大臣曰："为汗者无城而居旷野，无此理也，遂筑城。君贤乃成国，国治乃成君，贝勒安诸申即安，诸申安贝勒即安也，故天设之汗怜下臣，臣敬汗，礼也。贝勒爱民，民尊贝勒，主爱仆，仆敬主，仆耕种之粮与主同食，主征战所得人畜、狩猎所得之肉亦当与仆共有。上下如此相亲相惜，天悦人和，人人皆喜也。砌城之石木，岂出于砌城之地乎？凿山而运石，伐林而采木也，运石木于远处既已劳矣，今又筑城，更苦矣。诸臣尔等实不愿出家财，故如是耳。若征大明，当以大义征之，若为掠牛养吾等筑城之人而征之，则不可。”时梅勒额真副将博尔晋后至，汗问曰：“汝自何处来？喘息如是，想是徒步来耶？”博尔晋答曰：“吾自筑城处来。”汗曰：“汝轻身而来尚疲，运石筑城者宁不劳耶？”遂犒赏筑城夫役，以牛、盐赐之。

ilan biyai juwan de, taidzu genggiyen han beise ambasa geren cooha be gaifi daiming gurun be dailame wan kalka coohai ing ni teher-eme hashalara den hashan be gemu weihu de tebufi, hunehe bira be wasime, muke olhon i šen yang hecen be gaime amba cooha juraka. ju-wan emu i dobori cooha dulime genere de, šun tuhere ergici šun dekde-re baru šanggiyan lamun siren, biyai kūwaran i amargi gencehen i tul-ergi be gocifi, biyai julergi de isinafi nakaha. tereci manju gurun i am-ba cooha dobori dulime genere be daiming ni karun i niyalma sabufi, poo sindame tai holdon ulan ulan i dulebufi deyerei gese feksime jifi, jai ging ni uju de šen yang hecen de isinjifi, hecen tuwakiyaha ejen dzung bing guwan hergen i ho ši hiyan, io ši gung de alara jakade, ho ši hiyan se ambula golofi, uthai cooha be dendefi hecen i ninggureme faidaha.

三月初十日，帝自将诸王大臣，领大兵取沈阳，将栅木、云梯、战车顺浑河而下，水陆并进。至十一日夜行，见青白二气，自西向东，绕月晕之北，至南面而止。是夜，明国沿台举火，哨探至二更飞报总兵贺世贤、尤世功，二人大惊，遂分兵布于城上。

三月初十日，太祖英明汗率诸贝勒大臣，领大军起程征大明国，将云梯、战车、军营栅木皆置于舟中，顺浑河水而下，水陆并进，直取沈阳城。十一日夜，大军连夜行进时，见白蓝二气，自西向东，绕月晕之北，至南面而止。大明国哨探见满洲国大军连夜行进，遂放炮，烟墩接连相传，飞奔而去，二更初时至沈阳城，报守城主总兵官贺世贤、尤世功，贺世贤等大惊，立即分兵布于城上。

manju gurun i amba cooha juwan juwe de muduri erin de，šen yang hecen de isinafi，hecen i šun dekdere ergi nadan bai dubede bakcilame mooi hoton arafi ing ilifi deduhe. jai cimari muduri erin de manju gurun i hecen be afara cooha wan kalka faidafi，hecen i šun dekdere ergi dere be afame geneci. hecen i tulergi be emu jergi šumin eye fetefi，eyei fere de mooi šolon isifi，eyei oilori šušu orho birefi boihon sesehebi. tere eyei dorgideri geli emu jergi ulan fetefi，ulan i dorgi gencehen de juwan orin niyalma tukiyere ambasa moo be hashalame tebuhebi. terei dorgideri onco juwan da，šumin duin da juwe jergi amba ulan fetehebi，ulan i fere de mooi šolon jalu sisihabi，dorgi ulan i dorgi gencehen be fu cirgefi keremu arafi，sejen，kalka，amba poo，miyoociyang faidame bekilefi，geren cooha hecen i š urdeme fik seme akūmbume ilifi alime gaiha bi，hecen i ninggureme duin dere be akūmbume cooha ilihabi. tuttu bekilehe hecen be manju gurun i cooha bireme dosifi，daiming gurun i nadan tumen cooha be gidafi，hecen bitume sacime muhaliyame tuhebufi，dzung bing guwan hergen i ho ši hiyan，io ši gung，ts'anjiyang hergen i hiya guwe king，jang g'ang，bithei hafan jyi jeo hergen i duwan jan，tung jyi hergen i cen be，ere bithe coohai hafasa be gemu wafi，uthai hecen be afame gaifi cooha be gemu waha.

十二日辰时，大兵至城东七里，栅板为营。次日辰时，令攻城兵布云梯、战车，攻其东面。城外有深堑，内插尖桩，上覆黍秸，以土掩之。又壕一道，于内边树栅木。近城复有壕二道，阔五丈，深二丈，皆有尖桩，内筑拦马墙一道，间留炮眼，排列战车枪炮，众兵绕城卫守甚严，城上兵亦登障坚守。我兵冲入，其七万兵俱败，绕城掩杀，覆尸累积，总兵贺世贤、尤世功，参将夏国卿、张纲，知州段展，同知陈柏等俱斩于阵，其城遂拔，杀兵几尽。

满洲国大军十二日辰时抵达沈阳城，对垒于城东七里之处，筑木城，安营而宿。次日辰时，满洲国攻城之兵布云梯战车，攻城东面。其城外布有一深陷阱，陷阱内插尖桩，上覆高粱秆，以土掩之。此陷阱内又挖一壕，壕内竖木栅。复掘大壕二，内里宽十尺，深四尺，壕底插满尖桩，内壕之内筑墙垛，排布战车大炮鸟枪，众兵围城，守卫甚严，城上四面皆立兵坚守。满洲兵突入如此坚固之城，败大明国七万大军，沿城掩杀，尸体累积，总兵官贺世贤、尤世功，参将夏国卿、张纲，文官知州段展，同知陈柏等文武官员皆死于阵中，遂克城，尽诛其兵。

tereci karun i niyalma hunehe birai juleri liyoo yang hecen i ergi de cooha sabumbi seme alanjiha manggi，genggiyen han cooha be gaifi genefi tuwaci，daiming gurun i syicuwan i bai juwe tumen yafahan cooha be cen ts'e gebungge dzung bing guwan gaifi hūwang šan alin de ing ilifi bihengge，šen yang hecen de dain i cooha dosika seme donjifi uthai dame jime hunehe bira be doofi，šen yang hecen i juleri nadan bai dubede juwe ing ilihabi，gala de gemu cuse moo fesin i ilan da golmin gida，golmin jangkū，dacun loho jafahabi，uksin saca etufi，oilo jiramin kubun i saca mahala etufi，beye de jibehun i adali nereku nerehebi.

哨探报曰："浑河南有兵至。"帝率兵迎之。时四川步兵原立营于黄山，总兵陈策、参将张名世闻我兵至沈阳，领兵渡河来援，离城七里，二处安营，执竹杆长枪大刀利剑，铁盔之外有绵盔，铁甲之外有绵甲。

其后，哨探报曰："浑河南辽阳城方向见有兵。"英明汗遂领兵往视。大明国总兵官陈策领四川步兵二万，原立营于黄山，闻沈阳城有敌兵入，遂渡浑河来援，于沈阳城七里处扎营二，皆手执竹杆长枪长刀利刃，穿盔甲，外服厚棉盔帽，身披斗篷，厚如棉被。

tere cooha be genggiyen han sabufi，ici ergi duin gūsai cooha be olbo sejen kalka be ganafi，elhei bireme dosifi afa seme hendufi unggihe，ici ergi duin gūsai fulgiyan bayara cooha olbo sejen kalka be aliyaha akū，uthai dosifi. juwe cooha yaya bedererakū jing afanure be genggiyen han safi，amala bihe cooha be dame unggifi，uthai gabtame sacime dosifi，daiming ni cooha be gidafi bo š ome wame，hunehe bira de fekumbufi gemu waha，daiming ni syicuwan i bai cooha i ejen dzung bing guwan hergen i cen ts'e，ts'anjiyang hergen i jang ming ši gemu wabuha. tere cooha de，manju gurun i neneme afame dosika ts'anjiyang hergen i buga，iogi hergen i langge，sirtai afame bucehe.

帝见之，令右固山兵取绵甲战车，徐进击之，红甲拜雅喇不待绵甲战车至，即进战。帝见二军鏖战，胜负未分，令后兵助之，遂冲入，败其兵，追杀至浑河，尽溺死，阵斩陈策、张名世。而我国有先进战参将布哈、游击朗格、实尔泰战死于阵中。

英明汗见敌兵，令右翼四固山兵取绵甲战车，徐徐击之，右翼四固山红甲巴雅喇兵不待绵甲战车至，即进战。二军皆不退，只管鏖战，英明汗见之，遂遣后兵助之，射杀攻入，败大明兵，追杀至浑河，俱溺亡，大明四川主将总兵官陈策及参将张名世皆死于阵中。满洲国有先入战之参将布哈、游击朗格、实尔泰战死。

manju gurun i cooha tere juwe ing ni cooha be wame wacihiyafi， tuwaci birai julergide sunja bai dubede geli emu tumen yafahan i cooha ulan fetefi, ulan i dolo š u š u orhoi hashalame kūwaran arafi boihon cifafi, sejen kalka, poo miyoociyang faidafi, ing ilihabi. manjui cooha tere cooha de afaname genere de, fung ji pu be tuwakiyaha dzung bing guwan lii bing ceng, u jing ing be tuwakiyaha dzung bing guwan ju wan liyang, giyang bi ilan tumen morin cooha be gaifi, šen yang hecen de dame jime, be ta pu de isinjifi ing ilifi, minggan isire cooha be tucibufi juleri karun unggifi jiderengge. manju gurun i genggiyen han i juwe tanggū siliha bayara i cooha be yasun gebungge amban gaifi karun genehengge be daiming ni cooha sabufi dosime jidere de, yasun burulafi, daiming ni cooha aldangga dahalame miyoociyang sindame bošome jidere be han de alanjiha manggi, han ambula jili banjifi, ini beye uthai okdome genere de, han ini duici jui□□□beile be darime genefi, tere medege be alafi, uthai duleme genehe.

我兵既歼二营之众，见浑河南五里外，复有步兵一万，布置战车枪炮，掘壕安营，用黍秸为障，以泥涂之。我兵将往战，有守奉集堡总兵李秉诚、守武靖营总兵朱万良、姜弼领三万骑兵来援，至白塔铺安营，遣兵一千为前探。满洲雅逊领二百健兵探之，一见遂走，明国兵随后放鸟枪追之。帝闻报大怒，亲率兵迎敌，因至四王营告之，遂前进。

满洲国兵既歼二营兵，见河南五里处复有步兵一万，掘壕，壕内以黍秸为栅，以泥涂墙，布战车炮枪，安营。满洲国兵将往攻其兵，时守奉集堡总兵官李秉诚、武靖营总兵官朱万良、姜弼领骑兵三万来助沈阳城，至白塔堡安营，遣兵一千为前哨。雅逊领满洲国英明汗二百巴雅喇精兵来探，大明兵见之，遂来战，雅逊败逃，大明兵随后放鸟枪追之。汗闻报大怒，即亲自迎战，行至四子〈皇太极〉贝勒营，告之此信，即过而前进。

□□□beile ebšeme morin yalufi uthai bayara cooha be gaifi han be amcanafi hendume，han amai beye ainu genembi? bi cooha gaifi okdome genere sehe manggi，han gisun dahafi，□□□beile be unggihe，□□□beile ebšeme okdome genefi，yasun be bošome gajire cooha be amasi gidafi，daiming ni cooha duin ici samsime burulaha. □□□ beile bošome wame，be ta pu de isinafi tuwaci，daiming ni dzung bing guwan lii bing ceng，ju wan liyang，giyang bi ilan tumen cooha be faidafi ilihabi，□□□beile tere cooha be sabufi，amargi geren cooha be aliyahakū，tanggū isirakū cooha be gaifi uthai sacime dosire de，daiming ni coohai ejen lii bing ceng，ju wan liyang，giyang bi alici ojirakū ambul a golofi utha i burulaha. □□□beile u thai dosifi wame gamarangge，yoto taiji geli isinjiha，amba beile geli sirame isinjifi，tere ilan tumen cooha be dehi bade isitala bošome unduri tuhebume，ilan minggan funceme waha，tereci cooha bargiyafi amasi bedereme jihe.

四王急上马，领健骑奔帝前曰："父皇何须亲往，吾愿领兵前敌。"帝遂许之，四王率兵疾进，其追兵四散奔北。掩杀至白塔铺，又见三总兵大兵布阵，四王亦不待后兵至，即率百骑杀入，三总兵不能敌，遂惊走。正追杀时，岳托台吉至，大王亦续至，同追四十里，沿途死者约三千余，即收兵回营。

〈皇太极〉贝勒急上马，领巴雅喇兵追至汗前曰："汗父何须亲往，吾率兵往迎。"汗从其言，令〈皇太极〉贝勒往，〈皇太极〉贝勒急往迎之，击退追雅逊之兵，大明兵四散溃逃。〈皇太极〉贝勒追杀至白塔堡，见大明总兵官李秉诚、朱万良、姜弼三万大军布阵，〈皇太极〉贝勒见敌兵，不待后之众兵至，即率兵不及百人杀入，大明国兵主李秉诚、朱万良、姜弼不能敌，大惊而逃。〈皇太极〉贝勒正追杀时，岳托台吉又至，大贝勒继至，追其三万兵四十里，沿途杀三千余人，即收兵而回。

taidzu genggiyen han šun tuhere jakade, birai julergi de iliha, yafahan i ing ni cooha be afame, manju gurun i cooha sejen kalka faidafi bireme dosifi, tere ing be efulefi cooha be gidafi, fujiyang hergen i dung jung gui, ts'anjiyang hergen i jang ming ši be wafi, geren cooha be wame wajirengge. abka yamjifi farhūn oho, tereci manju gurun i gengiyen han cooha bargiyafi, geren beise bayarai cooha be gaifi, šen yang hecen i tulergi šun dekdere ergi giyoocan de ing iliha, geren ambasa be amba cooha be gaifi hecen i dolo tatabuha.

天将暮，帝复战浑河南步兵，布战车冲入，破其营，杀副将董仲贵、参将张名世、张大斗及众兵殆尽。天已暮，帝收兵，诸王各领健卒于东门外教场安营，令众将率大兵屯于城内。

太祖英明汗于日落之际，攻河南步营兵，满洲国兵布战车冲入，破其营，败其兵，杀副将董仲贵、参将张名世及众兵殆尽。天已暮，满洲国英明汗收兵，诸贝勒各领巴雅喇兵于沈阳城外东面教场安营，令众臣率大军驻于城内。

jai inenggi, genggiyen han yasun be gajifi toome hendume, sini burulaha turgunde, mini beye, ilan ahūn i tuwame banjire yasai fahai gese akdaha jui□□□beye geren cooha de afame dosika, mini akdaha jui aikanaha bici simbe faitarame wambihe kai, si mini darambuha cooha be gamafi mujilen bilame ainu burulaha seme yasun be ambula toofi weile arafi hafan efulehe. tereci sunja indeme baha olji be hafan cooha de gung bodome šangnafi, geren cooha de dendeme bufi, olji be boo de unggihe.

次日，帝责雅逊曰："吾子□□□父兄依赖如身之有目，因汝败走而杀入众军中，万一有失，罪应寸磔，汝何故率吾常胜之军望风而走，以失锐气?"严加叱骂，遂定罪，削其职。屯兵五日，论功行赏，将所获人畜分于三军，令先还国。

次日，英明汗招雅逊，责曰："因汝败走之故，吾与三兄依赖而视为眼珠之子〈皇太极〉亲杀入众军，吾依赖之子万一有失，即杀汝也，汝何故率吾驯熟之军丧胆而逃耶?"严斥雅逊，定罪削官。驻歇五日，官兵皆论功行赏，将所得人畜分与众军，令人畜先回。

juwan jakun de, genggiyen han beise ambasai baru hebšeme, ere šen yang ni hecen be afame gaiha, cooha be ambula gidaha, te ere etehe hūsun i uthai amba cooha julesi dosifi liyoo yang hecen be afame gaiki seme hebešeme toktobufi, amba cooha aššafi julesi geneme, hū pi i de isinaci, cooha irgen gemu hecen be waliyafi burulahabi, amba cooha tubade uthai ing iliha.

十八日，帝聚诸王大臣曰："沈阳已拔，敌兵大败，可率大兵乘势长驱，以取辽阳。"议定，即前进，至虎皮驿，军民俱弃城逃走，遂安营。

十八日，汗与诸贝勒大臣议曰："沈阳城已拔，敌兵大败，今可率大军乘势前进，攻取辽阳城。"议定，大军即前进，至虎皮驿，军民皆弃城而逃，大军遂于彼处安营。

daiming ni karun i niyalma tere cooha jidere be sabufi, deyerei gese feksime jifi liyoo yang hecen be tuwakiyaha bithe coohai geren hafasa de manju gurun i amba cooha šen yang hecen be afame gaifi, cooha be gemu gidafi, te geli liyoo yang hecen be gaime jime, tu kiru šun be dalifi, geren cooha tala bigan de sektefi amargi julergi be ulhirakū h ū pi i de isinjifi ing ilihabi seme alaha manggi, bithe coohai hafasa ambula golofi uthai hecen be bekileme taidzi ho muke be hecen i ulan de dosimbufi wargi be kame muke be ilibufi, hecen i ninggureme poo miyoociyang maktara tuwai okto gemu faidafi, geren cooha duin dere de akūmbume ilifi, dasame dahilame wajiha.

明国哨探见之，飞报辽阳城守文武官曰：“满洲大兵已取沈阳，援兵尽败，今又来攻辽阳，旌旗蔽日，漫山塞野，不见其前后，至虎皮驿下寨。”众官闻之大惊，遂放太子河水于壕，塞其西闸内，列火器于城上，排兵四面，守御甚严。

大明哨探见兵来，飞报辽阳守城文武诸官曰：“满洲国大军已克沈阳城，我兵尽败，今又来取辽阳城，旌旗蔽日，众军漫山遍野，不见前后，已至虎皮驿安营。”文武众官大惊，遂坚固城池，放太子河水入城壕，塞其西以止水，又列枪炮火药于城上，众兵四面而立，守御甚严。

卷七

juwan uyun de，manju gurun i amba cooha liyoo yang hecen de morin erin de isinafi，hecen i šun dekdere julergi hošoi teisu taidzi ho bira be doome coohai dube wajinggala，karun i niyalma hecen i šun tuhere ergi dukai tule daiming ni cooha sabumbi seme alan jiha manggi，genggiyen han hashū ergi cooha be gaifi neneme isinafi tuwaci，daiming gurun i coohai ejen lii hūwai sin，heo ši lu，cai guwe ju，giyang bi，tung jung kui gebungge sunja dzung bing guwan，sunja tumen cooha be gaifi hecen ci tucifi sunja bai dubede faidafi ilihabi.

十九日午时兵至城东南角，渡河未毕，哨探报曰："西北武靖门外有兵。"帝率左翼兵先往，有总兵李怀信、侯世禄、柴国柱、姜弼、童仲魁等率兵五万，出城五里布阵。

十九日午时，满洲国大军至辽阳城，渡城东南角对面太子河未毕，哨探报曰："城西北门外见有大明兵。"英明汗率左翼兵先至，见大明国兵主李怀信、侯世禄、柴国柱、姜弼、童仲魁五总兵官率五万兵，出城五里布阵。

genggiyen han ini sasa isinaha hashū ergi duin gūsai cooha be，daiming ni cooha i hashū ergi dube be sacime dosifi afa seme teni unggihe bici，han i duici jui□□□beile siliha bayara i cooha be gaifi isinjifi afame dosiki serede, han tafulame, musei hashū ergi cooha be afabume unggihebi, si ume dosire, si ici ergi cooha be gaifi, hecen i ergi be tuwame ili sehe manggi. □□□beile marame hendume, hecen i ergi be amala jidere fulgiyan tui juwe gūsai cooha tuwame ilikini seme hendufi, uthai daiming ni cooha de afame genere de. han ini jui ajige taiji be amcame unggifi tafulaci, □□□beile geli ojirakū marame genehe manggi, genggiyen han ini jakade iliha juwe suwayan tui bayara i cooha be □□□beile de aisilame afa seme nunggime unggihe. □□□beile cooha gaifi daiming ni hashū ergi ing be fondolome afame dosire de, daiming ni cooha poo sindame okdome afanjiha, □□□beile uthai sacime daiming ni cooha be amasi gidaha, hashū ergi duin gūsai cooha geli sacime dosifi, daiming ni cooha be hafirame afara jakade, daiming ni cooha ambula facuhūrafi uthai burulaha.

帝一见，令兵击其营之左。四王领部下健卒随至，亦欲进战，帝止之曰："吾已令兵往击，汝勿前进，可领右翼兵驻于城边瞭望之。"四王曰："令后至二红旗固山兵瞭望可也。"遂前进。帝又令阿济格台吉往劝之，四王坚意行，帝即令扈从二黄旗兵助之。四王奋力冲杀，击其营之左，明营兵放炮接战，四王杀入，破其营，左四固山兵亦杀入，两相夹攻，明兵大溃而走。

英明汗方令与其同至之左翼四固山兵击明兵左，汗四子〈皇太极〉贝勒率巴雅喇精兵至，欲进战，汗止之曰："吾已遣左翼兵战，汝勿入战，可率右翼兵立于城边瞭望。"〈皇太极〉贝勒不从，曰："城边令后至红旗二固山兵瞭望可也。"遂往攻大明兵。汗又令其子阿济格台吉往劝，〈皇太极〉贝勒又不从，执意行进，英明汗即遣其扈从之二黄旗巴雅喇精兵往助〈皇太极〉贝勒。〈皇太极〉贝勒领兵奋力击大明国左营，大明兵放炮迎战，〈皇太极〉贝勒即杀入，击退明兵，左翼四固山兵亦杀入，夹击大明兵，明兵大乱，立时溃散。

□□□beile etehe hūsun i cooha gaifi, bošome wame gamahai, ninju bai dubede an šan i bade isinafi cooha amasi bederehe. tere cooha be afara de, liyoo yang hecen i šun tuhere guwali duka ci emu ing ni cooha tucifi, ini cooha de dame jidere be, manju gurun i fulgiyan tui juwe gūsai cooha hecen i ergi be tuwame ilihangge, daiming ni cooha be sabufi amasi gidafi sacime gamara de, daiming ni cooha burulame wargi guwali duka be temšeme dosire de, niyalma morin jalume sahame tuhenefi, ini dolo fehutenume gidabufi bucehe, tereci cooha bargiyafi tere yamji farhūn de amasi jifi, liyoo yang hecen i juleri nadan bai dubede ing ilifi deduhe.

四王乘势追杀六十里，至鞍山始回。又有一营兵从西门出（即武靖门也），遇二红旗兵，击退，争入门者人马自相蹂践，积尸不可胜计，乃收兵，是晚回至城南七里安营。

〈皇太极〉贝勒率兵乘势追杀，连追六十里，至鞍山始回。正攻伐之际，有一营兵自辽阳城西门出，来助其兵，满洲国立于城边瞭望之红旗二固山兵遇之，击退砍杀之，明兵败逃，争入西门，人马自相践踏而亡，尸体垒砌，乃收兵，是夜回至辽阳城南七里处，安营而宿。

orin i cimari gūlmahūn erin de, taidzu genggiyen han coohai beise ambasai baru fafulame hendume, hashū ergi duin gūsai cooha hecen be šurdeme dosimbuha ulan i mukei wargi sihe babe sendeleme fete, ici ergi duin gūsai cooha muke dosimbuha dergi angga be sime ka seme hendufi. han ini beye ici ergi duin gūsai cooha be gaifi hecen i ergi be dalime, sejen kalka faidafi geren cooha sumala de boihon wehe tebufi, bira be kame weilebure de. daiming ni ilan tumen cooha hecen i šun dekdere ergi ping i men duka be tucifi, hecen i tule ing ilifi, poo miyoociyang ilan jergi faidafi sindame bisirede. hashū ergi duin gūsai cooha i ejete han de niyalma takūrafi wargi be sendeleme feteci ojorakū kiyoo be durici bahambi seme alanjiha manggi. han hendume, tuttu oci, hashū ergi duin gūsai cooha kiyoo be durime tuwa, aikabede bahaci minde hūdun medege alanju, mini ubai cooha ere teisu duka be afame dosinara seme hendufi unggihe.

二十日卯时，帝谕诸王大臣曰："观绕城之水，西有闸口，可令左四固山兵掘之。东有水口，以右四固山兵塞之。"亲率右四固山兵布战车于城边以防卫，令众军囊土运石，壅其水口。明国又有三万兵出东门外安营（即平夷门也）列枪炮三层，连发不已。左四固山遣人来曰："西闸口难掘，若夺其桥可得也。"帝曰："桥可夺试夺之，若得之，急来告我，吾当进攻此门。"即令来人速往。

二十日晨卯时，太祖英明汗谕诸贝勒大臣曰："左翼四固山兵可往绕城河水西掘口，右翼四固山兵塞进水东口。"汗亲率右翼四固山兵布战车守卫城边，众兵以小口袋装土石，拦截河水。大明兵三万出城东平夷门，于城外安营，布列炮枪三层。左翼四固山兵诸额真遣人报汗，曰："西边掘而不能，若夺桥可得也。"汗曰："如此，左翼四固山兵可试夺桥，若夺得，急来告我，吾此处兵当攻对门。"言讫令回。

tereci birai muke dosimbuha babe seme muke fame deribuhe manggi, ici ergi duin gūsai juleri afara olboi cooha sejen kalka be gamame dergi dukai teisu tucike coohai baru ibeme dosime genere de, daiming ni cooha ishun poo miyoociyang emdubei sindara de, manju i cooha kalka ci tucifi uthai bira be doofi kaicame dosifi, juwe cooha yaya bedererakū jing afara de，fulgiyan tui fulgiyan bayarai juwe tanggū isime cooha geli sacime dosika，šanggiyan tui juwe gūsai emu minggan cooha geli sacime dosire jakade，daiming ni morin i cooha uthai burulaha. manju gurun i beisei emgi iliha šanggiyan bayarai siliha cooha geli kaicame gabtame dosifi hafirame afara jakade，daiming ni yafahan cooha geli burulafi，hecen i baru dosime genere be uthai gidafi hecen i dergi dukai tulergi ulan i muke de fekumbufi jalume sahame waha，ulan i dorgi muke gemu fulgiyan senggi oho.

水口壅塞既毕，遂令绵甲军排车，进击东门敌兵，其营中连放枪炮，我兵遂出战车外，渡壕水呐喊而进，两军鏖战不退，有红甲拜雅喇二百杀入，又二白旗兵一千亦杀入，明之骑兵遂败。诸王部下白甲拜雅喇俱杀入，夹攻之，其步兵亦败，投城而走。我兵乘势驱杀，溺水而死者满积，壕水尽赤。

进水口壅塞，河水始涸，右翼四固山遂前战，令绵甲兵带战车，向城东门对面出兵方向前进，明兵迎面枪炮齐发，满洲兵出战车，渡河，呐喊而入，两军鏖战不退。正攻战之际，红旗红甲巴雅喇二百杀入，白旗二固山兵一千亦杀入，大明骑兵遂溃。满洲国立于贝勒侧之白甲巴雅喇复呐喊射杀入，夹攻之，大明国步兵亦败，投城而走，复被击败，城东门外壕溺水而死者满积，壕水尽为赤血。

tereci hashū ergi duin gūsai cooha u jing men dukai kiyoo be durifi hecen i tulergi ulan i dorgi de iliha cooha be juwe galai hūwalame bošome wame gamarade，daiming ni cooha booi dalda de ilifi，jalan jalan i poo sindame gabtame afame，hecen i ninggui cooha geli poo cu niru sindame，okto i tuwa maktame afarade，manjui cooha bireme dosifi，wan sindafi hecen de tafafi，hecen i šun tuhere ergi ningu be gaifi， bošome wame, hecen i emu dere juwe hošo be durifi iliha, hecen i dorgi hafan cooha irgen gemu fayangga akū golofi burginume surtendumbi. ici ergi duin gūsai cooha hecen i amargi dere be afame morin ci ebufi yafahalafi, juwe ulan i siden be yarume genefi, dorgi ulan de orho moo fihebume afame bisirede, hashū ergi duin gūsai cooha hecen de wan sindafi tafuka seme, coko erin de alanjiha manggi, han hecen be afara cooha be bederebufi, hashū ergi hecen de tafuka cooha de nunggime unggihe.

时左四固山兵主夺西门桥，分杀守壕之兵，明营兵隐于屋垣，放炮发矢，联绵不断，城上亦放火箭火炮，掷火礶，我兵奋勇冲突，即树梯登城，驱杀其兵，遂夺西城一面，据其两角楼，城中官员军民皆丧胆，惊扰溃乱，往来奔走于城内而已。时右固山兵下马，步行两壕之间，运薪刍填内壕，正攻城北面，左四固山兵来报曰：“酉时已登西城矣。”帝即撤攻城兵，以益登城处。

于是左翼四固山兵夺武靖门桥，兵分二路追杀城外壕内所立之兵，明兵蔽于屋下，连放炮射矢，城上兵又放火炮火箭，掷火药，满洲兵冲入，竖梯登城，驱杀之，夺得城西一面，据其城一面两角，城内官兵百姓俱丧胆，惊乱争跑不已。时右翼四固山兵攻城北，下马步行于两壕间，运草木以填内壕。正攻伐之际，左翼四固山兵酉时来报曰：“已放梯登城矣。”汗遂撤攻城兵，以增援登左城之兵。

tere dobori hecen i dorgi daiming ni cooha dengjan tolon tukiyefi, manjui coohai baru geretele kemuni afara burgin de, hecen i dorgi dooli hergen i nio wei yoo, g'ao cu, hing šen yan, hū giya dung, hū bu lang jung hergen i fu guwe, cooha irgen ambula hecen dabame ukame genehe. jai cimari erde abka gereme, daiming ni cooha kalka faidafi, manjui coohai baru emu jergi ambula afafi geli gidabuha. tereci manju gurun i ici ergi duin gūsai cooha nunggime jifi, hecen i ninggude tafufi, jakūn gūsai cooha acafi hecen i ningguremе daiming ni cooha be bošome wara de. ging liyoo hergen i iowan ing tai hecen i šun dekdere amargi hošoi jen iowan leo sere leosei dele tafufi afara be tuwame bihengge, hecen gaibuha be safi uthai leose be tuwa sindafi bucehe. dooli hergen i ho ting kui ini juse sargan be gaifi hūcin de fekume bucehe. ts'ui žu sio fasime bucehe. dzung bing guwan hergen i ju wan liyang, fujiyang hergen i liyang jung šan, ts'anjiyang hergen i wang jai, fang ceng hiyūn, iogi hergen i lii šang i, jang šeng u, dusyi hergen i sioi guwe ciowan, wang dzung šeng, bei ioi guwan hergen i lii ting g'an gemu cooha de wabuha. ca yuwan hergen i jang ciowan weihun jafabuha.

是夜，城内兵举灯火与我兵拒战达旦，有监军道牛维曜、高出、邢慎言、胡嘉栋、户部傅国并军民等，多坠城而逃。次日黎明，明兵复布车大战，又败。右四固山兵亦登城，八固山合为一处，沿城追杀。时经略袁应泰在城东北镇远楼监战，见城被克，遂纵火焚楼而死。分守道何廷魁携妻子投井死。监军崔儒秀自缢。总兵朱万良，副将梁仲善，参将王豸、房承勋，游击李尚义、张绳武，都司徐国全、王宗盛，备御李廷幹等，俱死于乱军中。生擒御史张铨。

是夜，城内明兵举灯盏火把，通宵与满洲兵作战，城内有道员牛维曜、高出、邢慎言、胡嘉栋、户部郎中傅国并军民等，多越城而逃。次日黎明，大明兵布战车，大战满洲兵一次，又败。满洲右翼四固山兵增援而来，登城，八固山兵会合，于城上追杀明兵。时经略袁应泰在城东北角镇远楼监战，见城被夺，遂纵火焚楼而死。道员何廷魁携妻儿投井而亡。崔儒秀自缢。总兵官朱万良，副将梁仲善，参将王豸、房承勋，游击李尚义、张绳武，都司徐国全、王宗盛，备御官李廷幹等，皆死于乱军中。生擒御史张铨。

tereci funcehe hafan irgen gemu dahafi，ceni cisui uju fusifi，giyai tome jugūn be hetu lasha futa gocifi fulgiyan girdan lakiyafi，boo tome dere de hiyan dabufi，suwayan hoošan de tumen se han seme bithe arafi，emu kiyoo de tashai sukū，emu kiyoo de sujei sishe sektefi，manju gurun i taidzu genggiyen han be okdome dahaha. genggiyen han tungken dume buren burdeme laba bileri fulgiyeme morin erin de hecen de dosifi，geren irgen gemu yamun i juwe dalbade jalu niyakūrafi tumen sei han seme hūlambi，tereci han ging liyoo i yamun de tehe，tereci hafan irgen be gemu dahabufi，jafaha ca yuwan hergen i jang ciowan be han simbe wesihun obufi ujimbi sembi niyakūrame aca seci. jang ciowan hendume，bi han i jiramin kesi ujen šang be gaime banjfi，suwende dahafi banjici mini ehe gebu amaga jalan de tutambi，ujiki sehe seme，bi ainaha seme banjirakū，urunakū bucembi，ujici suwende sain algin gebu，buceci mini sain gemu amaga jalan de tutambi seme hendume acarakū ojoro jakade. tere gisun be han de alaha manggi，han hendume，afarakū dahaci kunduleme ujire bihe kai，afafi jafaha niyalma ujire be hihalarakū，jing buceki seci，bucere niyalma be ujici ombio? wa seme hendufi unggihe manggi.

其余官民皆薙发降，阖城结彩焚香，以黄纸书万岁牌，肩舆迎帝。午时，大张鼓吹入城，官民俯伏夹道，皆呼万岁，乃驻于经略衙门，安抚已毕，令张铨来叩见，许以高爵厚禄待之。铨曰：“吾受朝廷宠渥，若降顺，是遗臭于后世，汝虽欲生我，我惟在一死而已。生我固汝国之善事，死则吾之芳名留照汗青矣。”终不见。帝闻其言曰：“若不战而降，理当优待，被擒之人既不欲生，夫欲死之人岂能养耶？宜斩之。”

其余官民俱薙发而降，各路俱结绳挂彩，各房俱焚香于案，以黄纸书万岁，抬虎皮轿一顶，绸褥轿一顶，来迎满洲国太祖英明汗。击鼓吹号奏乐，英明汗午时入城，众百姓跪满于衙署两旁，皆呼万岁，汗乃驻经略衙门，安抚官民毕，令被擒之御史张铨来叩见，许以高爵厚禄。张铨曰："吾受皇恩重赏，若降汝，吾将遗臭万年，汝虽欲生我，吾如何能生，必定一死。若生我，则为汝之善名，若一死，吾则流芳百世。"终不肯相见。其言告之汗，汗曰："若不战而降，理应敬养，战而被擒之人不愿生，唯愿死，欲死之人能恩养耶？当杀之。"

han i duici jui□□□beile jang ciowan be hairame ujiki seme kooli be feteme hendume，julge suweni nikan i sung gurun i joo hūi dzung，kin dzung ama jui juwe han inu julgei aisin i taidzung tiyan hūi ujimai han de jafabufi niyakūrame hengkileme acafi，gung heo ofi banjihabi kai，bi simbe banjikini seme jombumbidere，si ainu niyakūrame acarakū seme henduhe manggi. jang ciowan jabume，wang se sini tacibure sain gisun be mini dolo buceci inu onggorakū，si inu mimbe banjikini seme jombumbi dere. tere hūi dzung，kin dzung han facuhūn i fon i ajige han kai，mini ere han abkai fejergi uhereme de emhun ejen kai，mini amba han i doro be wasimbume bi niyakūrarakū. mimbe emu juwan inenggi ujici bi bisire terei dabala bi bisirakū bucembi. mimbe taka uji serengge amala bucere geren irgen i jalinde kai. neneme hafasa gemu farhūn ulhirakū ofi，niyalma ambula bucehe. te bi tuwaci，suweni ere cooha de afaha seme tusa akū，urunakū bucembi，tuttu ofi bi meni han de bithe unggifi，juwe gurun i doro be acabufi，geren irgen i bucere be guwebuci，mini sain gebu amala tutambi seme hendumbi dere. mini eme sunja juse gaiha sargan mimbe bucehe de tese banjimbi，mimbe suwe ujihe de, mini anen hūncihin gemu bucembikai, bi uttu ofi buceki sembi seme ojirakū oho manggi, jang ciowan be futa tatame wafi, giran be icihiyaha.

四王怜之而不忍杀，乃援古晓之曰："昔宋之徽、钦二帝为金太宗皇帝所擒，尚尔屈膝叩见，受封公侯，吾欲生汝，故以此言开导耳，何执迷而不屈乎?"铨曰："王之所教诚是，无非欲生全我也，虽死亦不忘。但徽、钦乃乱世之小朝廷，吾当今皇帝一统天下之尊，吾岂肯屈膝而失大国之体统耶？即留我十日，但迟十日不死之期而已，无复生之理。然吾之所以稍存一时者，盖为后日苍生虑耳。前者当事将吏俱愚昧，不谙时务，生灵涂炭，不知其几千万矣。吾观满洲兵虽与战无益，徒伤生耳，故欲具本奏知我朝，二国相和，免生灵涂炭，以成我令名于后世。且吾之母妻及五子在家，我死俱可保全，吾若偷生，并宗祀亦覆绝矣，故一死之外，无他愿也。"帝知其不服，遂缢而瘗之。

汗四子〈皇太极〉贝勒因怜张铨，欲养之，乃援理晓之曰："昔时，汝等汉人宋国赵徽宗、钦宗父子二汗亦为金太宗天会吴乞买汗所擒，尚下跪叩见，受封公侯而生，吾欲生汝而启之矣，汝何故不跪见耶?"张铨答曰："王子汝所教之善言，吾虽死亦不能忘，汝亦欲生我耳。然徽宗、钦宗为乱世之小汗，今上乃一统天下之共主也，吾不能下跪以失大国体统。若生吾十日，过后仍将一死。吾之所以暂时苟活而后死，乃为苍生也。前者诸官皆昏昧无知，以致死人甚多。今吾观之，汝等兴兵攻战无益，必是死人，故欲修书奏知吾汗，俾二国和好，免苍生于死，吾将流芳后世。吾母、五子及妻可因吾死而得生也，若受汝等恩养，吾后代亲族必绝耳，故愿一死。"终不降。乃将张铨以绳缢而葬之。

tereci liyoo yang hecen be baha manggi，liyoodung ni bai（san ho，dung šeng，cang jing，cang ding，cang an，cang šeng，cang yung，cang ing，jing iowan，šang ioi lin，ši fang syi，ding giya po，sung giya po，dzeng c'yi pu，jen si pu，yin giya juwang k'e，ping ding，ding iowan，king yūn，gu ceng，yung ning，jen i，cing yang，jen be pu，ui iowan，jing an，gu šan，sai ma gi，ai yang，sin an，sin diyan，kuwan diyan，da diyan，yung diyan，cang diyan，jen giyang，tang jan，fung hūwang，jen dung，jen i，tiyan šui jan，ts'ao ho，ui ning ing，fung ji pu，mu giya pu，u jing ing，ping lu pu，hū pi i，pu ho，i lu，fan ho，jung gu ceng，an šan，hai jeo，dung cang，yoo jeo，g'ai jeo，hiong yoo，u ši jai，yung ning giyan，fu jeo，lan gu，ši ho，gin jeo，yan cang，wang hai doo，hūng dzui，gui fu，hūwang gu doo，sio yan，cing tai ioi，ši men ceng）birai dergi amba aijigen nadanju funceme hecen hoton i hafan irgen gemu uju fusifi hecen nisihai wacihiyame dahaha.

辽阳既下，其河东之（三河、东胜、长静、长宁、长定、长安、长胜、长勇、长营、静远、上榆林、十方寺、丁家泊、宋家泊、曾迟、镇西、殷家庄、平定、定远、庆云、古城、永宁、镇夷、清阳、镇北、威远、静安、孤山、洒马吉、叆阳、新安、新甸、宽甸、大甸、永甸、长甸、镇江、汤站、凤凰、镇东、镇夷、甜水站、草河、威宁营、奉集、穆家、武靖营、平鲁、虎皮、蒲河、懿路、范河、中固、鞍山、海州、东昌、耀州、盖州、熊岳、五十寨、复州、永宁监、栾古、石河、金州、盐场、望海埚、红嘴、归服、黄骨岛、岫岩、青台峪）等大小七十余城官民俱薙发降。

克辽阳城后，辽东地方（三河、东胜、长静、长定、长安、长胜、长勇、长营、静远、上榆林、十方寺、丁家泊、宋家泊、曾迟堡、镇西堡、殷家庄、平定、定远、庆云、古城、永宁、镇夷、清阳、镇北堡、威远、静安、孤山、洒马吉、叆阳、新安、新甸、宽甸、大甸、永甸、长甸、镇江、汤站、凤凰、镇东、镇夷、甜水站、草河、威宁营、奉集堡、穆家堡、武靖营、平鲁堡、虎皮驿、蒲河、懿路、范河、中固城、鞍山、海州、东昌、耀州、盖州、熊岳、五十寨、永宁监、复州、栾古、石河、金州、盐场、望海岛、红嘴、归服、黄骨岛、岫岩、青台峪、石门城）河东大小七十余城官民皆薙发，阖城投降。

juwan uyun de，monggo gurun i kalkai joriktu beile，darhan baturu beile，bagadarhan beile，sirhūnak beile tere duin beilei harangga juwe minggan funcere niyalma manju gurun i amba cooha dosifi，šen yang hecen be gaiha seme donjifi，šen yang hecen i ulin jeku be gaiki seme jihengge be manju gurun i nuktere monggo šen yang hecen de bihengge hecen ci tucifi bošome wame morin ihan ambula gaiha，gūsin niyalma be weihun jafafi，taidzu genggiyen han de alibunjiha manggi，orin duin niyalma be waha，ninggun niyalma de mini gaiha babe ainu necimbi seme bithe jafabufi sindafi unggihe.

十九日，蒙古国喀尔喀部卓礼克图、达尔汉巴图鲁、巴哈达尔汉、实尔呼纳克等四贝勒部下二千余骑，闻大兵已拔沈阳，乘残破之余，来窃取沈阳财粟。时有满洲之游牧蒙古在城中，遂出城驱杀，获牛马甚多，生擒三十人以献帝，命斩其二十四，留六人持书归，责其侵扰之故。

十九日，蒙古喀尔喀卓礼克图贝勒、达尔汉巴图鲁贝勒、巴哈达尔汉贝勒、实尔呼纳克贝勒等四贝勒所属二千余人，闻满洲大军入，克沈阳城，即欲窃取沈阳城财粟。时满洲国之游牧蒙古在沈阳城，遂出城追杀，获牛马甚多，生擒三十人，献于太祖英明汗，杀二十四人，令余者六人执书回，责问何故侵吾所得之地。

orin emu de, solho gurun de unggihe bithei gisun, manju gurun i taidzu genggiyen han i bitehe solho gurun i wang de unggihe, suwe daiming gurun de cooha kemuni dambi seci da darakū seci, liyoodung ni bai irgen durgefi jen giyang doome genehengge be gemu amasi bederebu. te liyoodung ni bai hafan irgen gemu uju fusifi dahaha, bi dahaha hafasa de fe kemuni hafan bufi ujimbi, minde dahaha irgen be halbufi. suwe daiming de dafi mini niyalma be bedereburakū oci, jai minde ume ushara seme bithe unggihe.

二十一日，遗朝鲜国王书曰："满洲国汗致书于朝鲜国王，如仍助明国则已，不然有辽人济江而窜者可尽反之。今辽东官民已薙发归降，其降官俱复原职，汝若纳我已附之辽民而不还，异日勿我怨矣。"

二十一日，致书朝鲜国王曰："满洲国太祖英明汗致书朝鲜国王，尔等若仍助大明，不降则已，不然可将辽东之民渡江逃亡者遣回。今辽东官民俱已薙发纳降，吾令降官仍复原职，收留归附百姓，尔等若助大明，不遣回吾人，再勿我怨矣。"

tereci taidzu genggiyen han beise ambasa be isabufi hebešeme hendume, akbai buhe ere liyoo yang hecen de gurime jifi tereo? amasi musei bade bedererereo? geren beise ambasa gemu jabume, musei bade amasi bedereki sehe manggi. han hendume, musei bade bedereci, ere liyoo yang hecen be dasame bekilefi tembi, ere šurdeme golo goloi niyalma alin holo de samsime ukafi gemu tutambikai. baha babe waliyafi amasi bedereci, muse jai geli dasame dailambikai. muse abkai buhe bade teki, ere uba, daiming, solho, monggo ilan gurun i dulimbai sain ba kai seme henduhe manggi, geren beise ambasa gemu han i gisun mujangga seme jabufi. gurime toktofi, niyalma takūrafi fujisa juse be ganabume unggihe.

帝聚诸王大臣议曰："辽阳乃天赐我者，可迁居于此耶？抑仍还本国耶？"诸王大臣俱以还国对。帝曰："若我兵一还，则辽阳必复固守，凡城堡之民必逃散于山谷，不为我有矣。弃所得之疆土而还国，后必复烦征讨。且此处乃明国、朝鲜、蒙古三国接壤要地，天既与我，即宜居之。"诸王大臣对曰："此言诚然。"议定，遂遣人迎后妃、皇子。

太祖英明汗聚诸贝勒大臣议曰："天赐此辽阳城，可迁居来此耶？抑仍还吾地？"众贝勒大臣俱答曰："欲还吾地。"汗曰："若还吾地，此辽阳城必复固守，周围各路人皆四散逃于山谷。若弃所得之地而还，吾等后必复烦征讨。吾等宜居此天赐之地，此地乃大明、朝鲜、蒙古三国中间要地也。"诸贝勒大臣俱答："汗此言诚然。"议定迁居，遂遣人迎众福金及皇子。

orin duin de, liyoo yang hecen i loo de horifi bihe weilengge hafan irgen be gemu tucibufi. hafan efujefi sula bihengge be baicafi fe an i hafan obuha. jakūn iogi juwe dusyi hafan sindafi ai ai weile be afabuha. taidzu genggiyen han hecen be afame gaiha, cooha de juleri dosifi gidaha, hūsun tucime afaha jiyanggiyūn cooha de gung bodome šangname wajifi, liyoodung ni babe baha doroi ku i menggun, suje, ulin, mocin samsu be tucibufi, dzung bing guwan ci fusihūn hergengge hafasa geren cooha de ambula šangname buhe. liyoo yang hecen i hafan irgen be gemu amargi guwali de guribufi, julergi amba hecen i dolo manju gurun i han beise ambasa geren cooha tehe.

二十四日，释辽阳狱中官民，查削职闲住者，复其原职。设游击八员，都司二员，委之以事。帝论拔城破敌将士攻战之功，行赏毕，因得辽东，又发库银、布帛，重赏总兵以下官员及士卒等有差。移辽阳官民于北城，其南城则帝与诸王大臣及将士居之。

二十四日，尽释辽阳狱中所囚犯罪官民，查削职闲散者，官复原职。设游击八员，都司二员，掌管诸事。汗论功行赏克城败敌出力攻伐诸将士毕，因得辽东之地，又发库银、绸缎、财物、毛青布，大赏总兵以下官员及众兵。迁辽阳官民于北关厢，其南城则满洲国汗与诸贝勒大臣及众军居之。

orin uyun de，taidzu genggiyen han i jui degelei taiji，deo i jui jaisanggū taji de jakūn amban，minggan cooha afabufi，san ca ho birai kiyoo be tuwana，irgen be toktobu seme unggifi. hai jeo hecen de isinaha manggi，hecen i hafasa bayasa tere kiyoo benjire tungken dume laba bileri fulgiyeme okdoko. juwe taiji morin be tatame ilifi，geren cooha de šajilame hendume，irgen i ai jaka be durime cuwangname gaijarahū，coohai niyalma gemu hecen i ninggureme tata，boo de ume dosire seme šajilafi hecen de dosifi，juwe taiji yamun de ebuhe，geren cooha hecen i ninggureme tataha. tereci jai cimari san ca ho birai kiyoo be tuwanabume unggihe niyalma amasi jifi kiyoo be gemu efulehebi，cuwan inu akū seme alanjiha manggi. tereci irgen be toktobufi amasi bedereme jihe.

二十九日，命皇子德格类、侄斋桑古台吉率八将，领兵一千，安抚人民，并阅三岔河浮桥。二台吉领兵至海州，城中官民、富户张鼓乐，以肩舆迎之。二台吉揽辔传令曰："军士不许扰害居民，劫夺财物，可登城而宿，勿入民室。"传令毕，遂入城，二台吉宿于公廨，三军俱屯于城上。次日，遣视三岔河浮桥之人来曰："其桥彼已拆毁，亦无舟楫。”遂安抚人民而回。

二十九日，太祖英明汗命子德格类台吉、侄斋桑古台吉率八将，领兵一千，阅三岔河桥，安抚百姓。至海州，城中官员、富户送轿，击鼓奏乐迎之。二台吉策马而立，传令众兵曰：“勿夺百姓之物，诸军皆宿于城上，不得进民宅。”遂入城，二台吉驻于衙门，众兵宿于城顶。次日，遣视三岔河桥者来报曰：“桥俱已拆毁，亦无舟船。”遂安抚百姓而回。

duin biyai ice sunja de，han beisei fujisa，geren ambasai sargata boigon gurime isinjiha. tereci ba bai hecen hoton de joo bithe wasimbufi irgen be toktobuha.

四月初五日，后妃、诸王及诸臣眷属悉至。于是下诏安抚各城堡百姓。

四月初五日，汗与诸贝勒之福金、众大臣之妻及家户皆迁至。于是下诏安抚各城堡百姓。

ninggun biyai juwan duin de，hashū ergi dzung bing guwan hergen i uju jergi amban eidu baturu nimeme akū oho，ninju se bihe. eidu baturu dade buya niyalma bihe，baturu hūsun be tucibume dain cooha hoton hecen de juleri afame gung ambula bahara jakade，genggiyen han tukiyefi，uksun i non be bufi，uju jergi amban obuha bihe. eidu baturu de nadan waliyara de，han i beye genefi ilan jergi gosiholome songgofi jihe.

六月十四日，左固山一等总兵额亦都卒，年六十岁。起于戎行，奋其勇力，往往争先破敌，累立功勋，故以宗妹妻之，升为上将。当祭奠之日，帝临其墓，哀痛三次而回。

六月十四日，左翼总兵头等大臣额亦都巴图鲁病逝，年六十。额亦都巴图鲁原为小卒，因阵中神勇出力，率先攻城，累立功勋，英明汗超拔之，以族妹妻之，封为头等大将。当额亦都巴图鲁祭奠之日，汗亲往恸哭三次而回。

nadan biyai ice ilan i inenggi，liyoodung ni babe baha doroi geren ambasa be isabufi，taidzu genggiyen han yamun de tucifi amba sarin sarilame. dzung bing guwan ci fusihūn，bei ioi guwan ci weishun，hashū ici juwe ashan de jergi bodome tebufi. dere tukiyefi，aisin i hūntaha de arki tebufi，han i galai aname omibuha. sarin wajiha manggi，geren ambasa de emte jergi etuku š angnaha. geren coohai ambasa sarin sarilaha，etuku š angnaha doroi han de hengkilerede，taidzu genggiyen han hendume，daiming gurun i wan lii han ini amba gurun be elerakū，ajige gurun be waki sefi，ini amba cooha wabuha；amba ba be elerakū，ajige ba be duriki sefi，ini amba ba be gaibuha. abka daiming gurun be wakalafi，muse be urulefi，geren ambasa suwe hūsun tucifi afahai turgun de，abkai keside muse ere ubade isinjiha，ere emte hūntaha arki，emte jergi etuku，tere nantuhūn ai salire? geren ambasa suwembe hūsun tucime suilaha dahame mujilen okini seme henduhe.

七月初三日，帝升殿，因得辽东，大宴群臣。总兵以下，备御以上，分左右序坐。席间，以金卮行酒，各亲赐之。宴毕，各赐衣一袭。群臣谢恩，帝曰："明国之万历帝土广民众不知自足，反虐害小邦而侵夺尺寸之地，故致丧其将士，而又失其疆土，此天厌明国而佑我也。然吾等得至于此者，虽赖上天庇护，亦尔诸臣之力，此杯酒袭衣乃微物耳，岂足以酬功哉？但念尔等攻战之劳，以此表吾心之嘉悦而已。"

七月初三日，因得辽东，太祖英明汗升殿，召集群臣，大宴之。

总兵以下，备御以上，分左右两边列等而坐。席间，以金樽行酒，汗亲赐酒而饮。宴毕，诸臣各赐衣一领。诸臣向汗叩谢筵宴及赏衣，太祖英明汗曰："大明万历汗国众而不知足，反欲虐害小邦，故丧其大军，地广而不自足，反欲侵夺寸地，故失其阔土，此天责大明，以吾等为是也。因诸将尔等出力攻伐之故，吾等得承天恩至此，杯酒件衣何值？乃微物耳，但念诸将尔等出力征战之劳，以此表吾心也。"

orin de jen giyang hecen i jung giyūn cen liyang ts'e，irgen i emgi daiming gurun i mao wen lung de hebe arafi，tulergi gašan i niyalma be dain jihe seme algimbume kaicabure jakade，hoton i dorgi niyalma gemu burgiha，tere facuhūraha ucuri，jung giyūn cen liyang ts'e，hecen tuwakiyaha ejen iogi tung yang jen i jui dahaha gucu ninju isime niyalma be wafi，tung yang jen be jafafi，mao wen lung de ubašaha. tang jan pu，hiyan šan pu i niyalma šeo pu hafan cen gio giyei，lii ši k'e be jafafi，mao wen lung de ubašaha. tere medege be taidzu genggiyen han donjifi，□□□beile，amin beile，dutan，dzung bing guwan，geren fujiyang，ts'anjiyang，ilan minggan cooha be unggifi，jen giyang ni ergi mederi jakarame tehe irgen be gemu dosi bargiyaha. amba beile，manggūltai beile de juwe minggan cooha be afubufi unggifi，gin jeo hecen i niyalma be fu jeo hecen de bargiyaha.

二十日，镇江中军陈良策，与民潜通于明海岛大将毛文龙，令堡外民呐喊，诈言敌来，城中人闻之皆溃，良策乘乱执城守游击佟养真，杀其子佟丰年并从者六十人，叛投毛文龙。其汤站、险山二堡民，亦执守堡官陈九阶、李世科以叛。帝闻之，命四王、二王率扎尔固齐、总兵、副参等官领兵三千，迁镇江沿海居民于内地。命大王、三王领兵二千，移金州民于复州。

二十日，镇江城中军陈良策，与民密通大明国毛文龙，令寨外人呐喊，诈称敌来，城内人皆惊乱，趁彼混乱之机，中军陈良策杀守城游击佟养真之子及从者六十人，擒佟养真，叛投毛文龙。汤站堡、险山堡人亦擒守堡官陈九阶、李世科，叛投毛文龙。太祖英明汗闻息，遣〈皇太极〉贝勒、阿敏贝勒率巡抚、总兵官、诸副将参将等领兵三千，迁镇江沿海居民于内地。遣大贝勒、莽古尔泰贝勒领兵二千，迁金州百姓于复州。

jakūn biyai ice uyun de，kalkai jaisai beile be jolime，jaisai juwe haha jui，emu sargan jui，emu tumen ulha benjihe manggi. abka de šanggiyan morin wafi，jaisai be gashūbufi. jaisai beile de sekei，hayahan i jibca，silun i dahū，gūlha mahala，foloho imiyesun，jebele beri niru acinggiyame foloho enggemu hadala tohohoi emu morin，emu tanggū uksin šangnafi. tofohon de geren beise juwan bai dubede fudeme sarin sarilafi. jaisai be sindafi unggihe. jaisai beilei beye be jolime benjihe sargan jui be amba beile de bufi sarilame gaiha.

八月初九日，喀尔喀部以牲畜一万赎斋赛，送其二子一女为质。帝用白马祭天，令斋赛誓之。赐貂裘、猞狸狲裘各一领，靴帽、玲珑带并弓矢、雕鞍马一匹、甲百副。十五日，诸王送斋赛至十里外，设宴饯别。将所质之女与大王为妃。

八月初九日，喀尔喀部赎斋赛贝勒，送斋赛二子一女并一万牲畜来。汗杀白马祭天，令斋赛立誓。赐斋赛贝勒貂裘、猞猁狲裘、靴帽、玲珑腰带并撒袋、弓箭、鞍马一匹、甲百副。十五日，众贝勒送至十里外，设宴，释斋赛回。将斋赛贝勒所质之女与大贝勒为妻，设宴成婚。

omšon biyai juwan jakūn de，amin beile de sunja minggan cooha afabufi，jen giyang be doofi，solho gurun i bade dosifi，daiming gurun i mao wen lung be baime wa seme unggifi. amin beile jen giyang de isinafi，dobori dulime solho i bade dosifi，daiming ni lio iogi emu minggan sunja tanggū niyalma be waha，mao wen lung burulame arkan seme tucike，tereci amin beile amasi bedereme jihe.

十一月十八日，命二王领兵五千，渡镇江入朝鲜地，攻剿毛文龙兵。至镇江，连夜入朝鲜境，斩游击刘姓者及兵一千五百，文龙仅以身免，乃还。

十一月十八日，遣阿敏贝勒领兵五千，渡镇江，入朝鲜，欲寻杀大明国毛文龙。阿敏贝勒至镇江，连夜入朝鲜境，杀大明刘姓游击及一千五百人，毛文龙仅以身脱出，阿敏贝勒乃还。

amargi monggo gurun i sunja tatan i kalkai gurbusi taiji，manggol taiji beye jušen irgen uhereme ninggun tanggū boigon adun ulha yooni gajime ubašame jihe. taidzu genggiyen han yamun de tucifi tehe manggi，ubašame jihe beise han de niyakūrame acame wajiha manggi，amba sarin sarilafi，gurbusi taiji，manggol taiji de sekei dahū ilata，silun i dahū juwete，tashai dahū juwete，elbihe dahū juwete，dobihi dahū emte，sekei hayahan i jibca sunjata，hailun i hayahan i jibca juwete，ulhu i hayahan i jibca ilata，gecuheri etuku uyute，gulhun gecuheri ninggute，suje gūsin sunjata，mocin samsu sunjata tanggū，aisin juwanta yan，menggun sunjata tanggū yan，foloho enggemu emte，wehe nimahai enggemu nadata，foloho jebele emte，jakūta jebele de beri niru sisihai yooni，uksin saca juwanta，aha morin ihan boo usin niyalmai baitalara eiten jaka be gemu jalukiyame bufi. gurbusi taiji de taidzu genggiyen han ini sargan jui songgotu gege be bufi hojihon obufi, cing joriktu seme gebu bufi, jušen ilan tanggū hahai emu niru, monggo emu niru juwe niru jušen salibufi, dzung bing guwan hergen obuha. mang-gol taiji de uksun i deo jiberi dujihūi sargan jui be bufi, hojihon obufi, dzung bing guwan hergen buhe.

蒙古喀尔喀部内古尔布什台吉、莽果尔台吉，率民六百四十五户并牲畜来归。帝升殿，二台吉拜见毕，设大宴，各赐貂裘三领，猞狸狲裘二领，虎裘二领，貉裘二领，狐裘一领，镶边貂裘五领，镶边獭裘二领，镶边青鼠裘三领，蟒衣九件，蟒段六匹，紬段三十五匹，布五百匹，金十两，银五百两，雕鞍一副，沙鱼皮鞍七副，镀金撒袋一副，又撒袋八副，弓矢俱全，盔甲十副，奴仆、牛马、房田，凡应用之物皆备。以聪古图公主妻古尔布什，赐名青卓礼克图，给满洲一牛录三百人，并蒙古一牛录，共二牛录，授为总兵。其莽果尔，以宗弟济伯哩都济呼女妻之，亦授为总兵。

北蒙古五部喀尔喀古尔布什台吉、莽果尔台吉，率诸申、百姓共六百户并马畜来归。太祖升殿，来归之贝勒跪见汗毕，大宴之，赐古尔布什台吉、莽果尔台吉貂裘三件、猞猁狲裘两件、虎皮裘两件、貉裘两件、狐裘一件、镶边貂裘五件、镶边獭裘两件、镶边青鼠裘三件、蟒衣九件、蟒缎六匹、细缎三十五匹、布五百匹、金十两、银五百两、雕鞍一副、鲨鱼皮鞍七副、镀金撒袋一副、弓矢俱全撒袋八副、盔甲十副、奴仆、马牛、房田，凡人所用之物皆足赐之。太祖以其女聪古图格格与古尔布什为妻，以为婿，赐名青卓礼克图，赐诸申一牛录三百人，并蒙古一牛录，共二牛录，授为总兵。以族弟济伯哩都济呼之女与莽果尔台吉为妻，以为婿，授为总兵。

abkai fulingga genggiyen han i nadaci sahaliyan indahūn aniya,

aniya biya de, neneme dain de jafaha monggoi kalkai jarut tatan i bak beilei jui ocir sang be damtun benjihe manggi, bak beile be ini bade amasi sindafi unggihe.

壬戌天命七年正月，扎鲁特送巴格贝勒子鄂齐尔桑来质，于是遂放巴格还。

壬戌天命英明汗七年正月，先时于阵中擒获之蒙古喀尔喀扎鲁特部巴克贝勒子鄂齐尔桑被送来为质，遂放巴克贝勒还。

juwan jakūn de, manju gurun i taidzu genggiyen han daiming gurun be dailame guwangning ni hecen be gaime genere de, han i uksun i deo dobi ecike, boihoci ecike, šajin, subahai gufu de cooha afabufi, liyoo yang hecen be tuwakiyame werifi. taidzu genggiyen han beise ambasa geren cooha be gaifi amba cooha jurafi, jai inenggi liyoo ho birai dalin i dung cang pu de isinafi ing ilifi deduhe. jai cimari orin de tasha erin de amba cooha aššafi, muduri erin de liyoo ho bira de isinafi doore de, daiming gurun i dogon tuwakiyara cooha manju gurun i genggiyen han i cooha be sabufi, horon hūsun be alici ojorakū uthai burulafi, manjui juleri yabure siliha cooha bošome sacime orin ba funcetele wame gamahai, si ping pu de iliha. tereci amba cooha bonio erin de si ping pu de isinafi, šurdeme kafi ing iliha.

十八日，帝率诸王大臣征取广宁，留宗弟铎弼、贝和齐、沙津及苏巴海额驸（苏巴海，哈达国万汗之孙，帝以宗弟济伯哩都济呼之妹妻之，故称额驸）、沙进等统兵守辽阳。即日起行，次日宿东昌堡。二十日寅时起营，辰时至辽河，防河兵见势不可当，遂遁走，前哨健卒追杀二十里外，至西平堡乃止。申时，大兵至，遂围之。

十八日，满洲国太祖英明汗征大明国，取广宁城，留族弟铎弼叔父、贝和齐叔父、沙津、苏巴海姑父领兵守辽阳城。太祖英明汗率诸贝勒大臣领众军起程，次日至辽河岸边东昌堡，安营而宿。二十日寅时，大军起行，辰时至辽河，渡之，时大明防河兵见满洲太祖英明汗兵势不可挡，遂溃逃，满洲前哨精兵追杀二十余里，至西平堡乃止。申时，大军至西平堡，遂围之，安营。

orin emu de，si ping pu be tuwakiyaha fujiyang hergen i lo i gui be daha seme hūlaci daharakū ofi，muduri erin de wan kalka faidafi，manjui cooha uthai wan sindafi tafafi afara jakade，hoton i duin derei cooha gemu burgime burulafi，manjui cooha morin erin de wame dosifi，si ping pu be tuwakiyaha fujiyang hergen i lo i gui，emu tumen cooha be gemu waha，hoton be gaifi cooha bargiyara onggolo，guwangning ergi de cooha sabumbi seme karun i niyalma alanjiha manggi，manjui cooha okdofi faidame jabdunggala，daiming ni dzung bing guwan hergen i lio kioi，ki bing jung，lii bing ceng，fujiyang hergen i lio jeng，boo ceng siyan，ts'anjiyang hergen i he yūn hoo，ma ceng dzung，dzu da šeo，iogi hergen i lo wan yan，lii moo cun，jang ming siyan ilan tumen cooha gaifi，manjui cooha be faidame jabduburakū uthai afanjiha manggi，manjui cooha faidahakū uthai teisu teisu gabtame sacime afame dosire jakade.

二十一日，招城守副将罗一贵不降，辰时布战车云梯攻之，四面兵皆溃，午时乃下，一贵及兵一万俱歼之。尚未收兵，哨卒来报曰："广宁城东有兵至。"我兵迎之，尚未成列，明总兵刘渠、祁秉忠、李秉诚，副将刘徵、鲍承先，参将黑云鹤麻承宗、祖大寿，游击罗万言、李茂春等领兵三万乘机急战，我兵亦不暇布阵，即分投杀入。

二十一日，呼西平堡守卫副将罗一贵来降，不从，满洲兵遂于辰时布云梯战车，即刻竖梯登城，城四面兵俱溃，午时杀入，西平堡守卫副将罗一贵及兵一万俱被歼，遂克其城。未及收兵，哨探来报："广宁见有兵至。"满洲兵尚未布阵迎战，大明总兵官刘渠、祁秉忠、李秉诚，副将刘徵、鲍承先，参将黑云鹤、麻承宗、祖大寿，游击罗万言、李茂春、张明先率兵三万，趁满洲兵布阵之先急战，满洲兵亦不暇布阵，即各自杀入。

daiming ni cooha facuhūrafi，manjui coohai horon be alici ojorakū uthai burulaha，manjui cooha etehe hūsun i gidafi wame gamahai，susai bai dubei ping yang kiyoo pu de isitala bošome，dzung bing guwan hergen i lio kioi，ki bing jung，fujiyang hergen i lio jeng，ts'anjiyang hergen i he yūn hoo，iogi hergen i lii moo cun，jang ming siyan geren cooha be gemu waha，dzung bing guwan hergen i lii bing ceng，fujiyang hergen i boo ceng siyan，ts'anjiyang hergen i dzu da šeo，iogi hergen i lo wan yan burulame tucike. tereci abka yamjiha manggi，genggiyen han cooha bargiyafi，si ping pu de bederefi deduhe.

明国兵势不能支，遂溃走，我兵乘胜追杀五十里，至平洋桥，总兵官刘渠、祁秉忠，及副、参等官全军覆没，惟李秉诚、鲍承先、祖大寿、罗万言遁去。时天已暮，帝收兵，回驻西平堡。

大明兵大乱，不能抵挡满洲兵之势，遂溃走，满洲兵乘势追杀五十里，至平阳桥堡，总兵官刘渠、祁秉忠，副将刘徵，参将黑云鹤，游击李茂春、张明先及兵士俱被歼，总兵官李秉诚、副将鲍承先、参将祖大寿、游击罗万言逃出。时天已暮，太祖收兵，回驻西平堡。

tereci daiming gurun i burulaha coohai niyalma guwangning hecen i ging liyoo hergen i hiong ting bi，dutan hergen i wang hūwa jen de si ping pu be gaibuha, dame genehe cooha gemu gidabufi wabuha seme alara jakade, ambula golofi, hiong ting bi, wang hūwa jen, tung pan hergen i wan io fu, giyan giyūn doo hergen i g'ao cu, hecen waliyafi burulame genenfi, šan hai guwan be dosika. dooli hergen i g'ao bang dzo, hing šan i de isinafi fasime bucehe. iogi hergen i sun de gung, ciyangdzung hergen i lang šao jen, lu guwe jyi, šeo bei hergen i hūwang jin, hecen i duka be jafafi, manju gurun de dahame nadan niyalma be takūrafi taidzu genggiyen han de dahaki seme jihe manggi, jihe niyalma de emu doron, menggun šangnafi unggihe.

明之败兵入广宁报经略熊廷弼、巡抚王化贞，二人闻之大惊，遂与通判万有孚、监军道高出等，弃城向山海关而逃。分巡道高邦佐走至杏山驿自缢。有游击孙得功，千总郎绍贞、陆国志，守备黄进等把守城门，遣七人请降，帝赏以银两，给信牌而去。

大明国逃兵报广宁城经略熊廷弼、巡抚王化贞，西平堡已被克，援兵皆败，俱被杀，熊廷弼、王化贞闻之大惊，遂与通判万有孚、监军道高出弃城而逃，入山海关。道员高邦佐至杏山驿，自缢而死。游击孙得功，千总郎绍贞、陆国志，守备黄进等守城门，遣七人来满洲国请降，太祖英明汗赐来降者信牌一面及银两而去。

orin juwe de, si hing pui bei ioi guwan hergen i ju ši hiyūn ini jung giyūn wang jyi g'ao be takūrafi, manju gurun i genggiyen han de dahame jihe manggi, emu doron, manggun šangnafi unggihe. baha olji be tere inenggi jiyanggiyūn cooha de gung bodome šangnafi, funcehe olji be geren cooha de dendeme bufi.

二十二日，西兴堡备御朱世勋差中军王志高请降，帝亦赏以银两，给信牌而去。是日，将所得之人畜论功行赏毕，其余人畜散与三军。

二十二日，西兴堡备御官朱世勋遣中军王志高来满洲国英明汗处请降，赐信牌一面，赏给银两而去。是日，将所得人畜论功分赏诸将士，其余人畜分与众军。

orin ilan de，manju gurun i taidzu genggiyen han beise ambasa be gaifi，amba cooha guwangning ni baru jurafi genere de，guwangning ni hecen ci jušen giran i ciyangdzung hergen i ši tiyan ju，šusai g'o šao gi be guwangning ni hecen i duka be jafahabi seme taidzu genggiyen han de okdome alanjiha manggi，ciyangdzung hergen i ši tiyan ju de han i yaluha enggemu hadala tohohoi emu morin bufi，kiru jafabufi unggihe. jeng an pu i ciyangdzung dahame jihe manggi，juwe doron bufi unggihe. orin duin de，jen jing pu i ts'anjiyang hergen i lio ši hiyšūn dahame jihe manggi，kiru bufi unggihe. tereci manju gurun i taidzu genggiyen han i amba cooha guwangning hecen i šun dekdere ergi ilan bai dubei wang cang g'ang gebungge ala de isinaha manggi，hecen i dorgi niyalma gemu boo tome hiyan dabufi，hafan，šusai，irgen tu kiru sara kiyoo tukiyefi，tungken dume laba bileri fulgiyeme okdofi，niyakūrame hengkileme acaha. genggiyen han honin erin de hecen de dosifi，dutan i yamun de ebuhe.

二十三日，大兵起行赴广宁，有我国人投明为千总之石天柱及秀才郭肇基二人来降，曰："吾等已禁城门矣。"帝赐以所乘之鞍马，并旗一杆而去。又正安堡千总来降，帝赐信牌二面。二十四日，镇静堡参将刘世勋来降，赐旗而去。大兵行至广宁城东三里外望昌岗处，城内各家焚香，官、生、居民执旗张盖，抬龙亭，用鼓乐，叩首迎谒。未时入城，驻于巡抚公廨。

二十三日，满洲国太祖英明汗率诸贝勒大臣领大军起程朝广宁行进，有自广宁城出之诸申千总石天柱、秀才郭肇基来迎，告太祖英明汗曰："广宁城门已为我等把守。"汗赐千总石天柱所乘鞍马一匹，令执旗回。正安堡千总来降，赐信牌两面而去。二十四日，镇静堡参将刘世勋来降，赐旗而去。满洲国太祖英明汗大军至广宁城东三里外望昌岗处，城内各家皆焚香，官吏、生员、百姓执旗张盖，抬轿，击鼓奏乐来迎，跪谒。英明汗未时入城，驻于巡抚衙门。

iogi hergen i lo wan yan alin deukafi bihengge dahame jihe. tereci ping yang kiyoo i šeo pu min yūn lung，si hing pu i bei ioi guwan ju ši hiyūn，ginjeo hecen i dusyi cen šang jyi，tiyei cang pu i šeo pu ioi hūng jiyan，dalingho i iogi ho ši yan，gin an pu i šeo pu jeng deng，io tun wei bei ioi guwan hūwang dzung lu，tuwan šan pu i šeo pu ts'ui jin jung，jen ning pu i šeo pu lii ši，jen yuwan pu i šeo pu sioi jen jing，jen an pu i šeo pu jeng wei han，jen jing pu i fujiyang lio ši hiyūn，šeo pu dzang guwe dzo，jen biyan pu i šeo pu jeo yuwan hiyūn，da cing pu i iogi yan yen，tai k'ang pu i šeo pu wang guwe tai，jen u pu i dusyi gin lii，lio ši jang，lii wei lung，wang io gung（juwang jen pu，lioi yang i，ši san šan，šolingho，sung šan，hing šan，kiyan ma ling，ci giya，jeng an，gi cang，jung an，jen i，da jing，da ning，da ping，da an，da ding，da mao，da šeng，da jen，da fu，da hing，pan šan i）ere uheri dehi funceme hecen hoton i hafan irgen meni meni harangga irgen be gaifi gemu dahaha.

有潜逃入山之游击罗万言投降。其平洋桥守堡闵云龙、西兴堡备御朱世勋、锦州中军陈尚智、铁场守堡俞鸿渐、大凌河游击何世延、锦安守堡郑登、右屯卫备御黄宗鲁、团山守堡崔尽忠、镇宁守堡李诗、镇远守堡徐镇静、镇安守堡郑维翰、镇静堡参将刘世勋、守堡臧国祚、镇边守堡周元勋、大清堡游击阎印、大康守堡王国泰、镇武堡都司金励、刘式章、李维龙、王有功（壮镇堡、闾阳驿、十三山驿、小凌河、松山、杏山、牵马岭、戚家堡、正安、锦昌、中安、镇夷、大静、大宁、大平、大安、大定、大茂、大胜、大镇、大福、大兴、盘山），共四十余城之官，各领所属民降。

有逃于山林之游击罗万言来降。随后，平洋堡守堡闵云龙、西兴堡备御官朱世勋、锦州城都司陈尚智、铁场堡守堡俞鸿渐、大凌河游击何世延、锦安堡守堡郑登、右屯卫备御官黄宗鲁、团山堡守堡崔尽忠、镇宁堡守堡李诗、镇远堡守堡徐镇静、镇安堡守堡郑维翰、镇静堡副将刘世勋、守堡臧国祚、镇边堡守堡周元勋、大清堡游击阎印、大康堡守堡王国泰、镇武堡都司金励、刘式章、李维龙、王有功（壮镇堡、闾阳驿、十三山、小凌河、松山、杏山、牵马岭、戚家、正安、锦昌、中安、镇夷、大静、大宁、大平、大安、大定、大茂、大胜、大镇、大福、大兴、盘山驿）等，共四十余城官民，皆各率属民降。

tereci manju gurun i taidzu genggiyen han juwan inenggi indeme, coohai morin be ergembufi, amba cooha guwangning hecen ci jurafi, šan hai guwan i baru geneci, daiming gurun i ging liyoo hergen i hiong ting bi jugūn i unduri gašan boo be gemu tuwa sindafi burulame genehebi. manju gurun i amba cooha jung dzo šo de isinafi amasi bederefi, ginjeo hecen de ilifi. amba beile, □□□beile cooha gaifi i jeo hecen i boigon be dalime genefi, i jeo hecen i niyalma be boigon gurime yabu seci. hecen i niyalma duka yaksifi daharakū ojoro jakade hecen be afame gaifi, ilan minggan cooha be waha. tereci han, beise, geren cooha bedereme guwangning hecen de jihe, taidzu genggiyen han hafan takūrafi fujisa be ganabufi, juwe biyai juwan emu de, fujisa liyoo yang hecen ci jurafi guwangning hecen de juwan duin de isinjiha，fujisa jihe manggi，urgun i doroi amba sarin sarilaha.

帝驻兵十日，乃移兵欲进山海关，时熊廷弼尽焚沿路屯堡房屋而走。大兵至中左所，复回锦州。命大王、四王领兵，至义州移其民。城中闭门不服，遂克城，杀兵三千。大兵回至广宁，遣官接后妃等，二月十一日自辽阳起行，十四日乃至，设庆贺之宴。

满洲国太祖英明汗驻兵十日，休养战马，随后大军自广宁起程，进山海关，大明经略熊廷弼纵火尽焚沿途村寨房舍而逃。满洲国大军至中左所而回，驻锦州城。命大贝勒、〈皇太极〉贝勒率兵往义州城移其民户。城中人紧闭城门，不肯纳降，遂克城，杀兵三千。汗与诸贝勒及众军班师，回广宁城，遣官接诸福金等。二月十一日，诸福金自辽阳城起程，十四日至广宁城，诸福金既至，乃设庆贺之宴。

juwan ninggun de monggoi urut gurun i minggan，oljeitu，sonom，coirjal，dalai，misai，baindai，g'arma，anggūn，dorji，guru，corci，kibtar，buyandai，inrinci，teling，sirhūnak，ere juwan nadan beile，kalkai babai taiji，meni meni harangga jušen irgen ilan minggan funceme boigon andun ulha be yooni gajime ubašame jihe manggi. taidzu genggiyen han yamun de tucifi amba sarin sarilaha，han ubašame jihe monggoi beise be tacibume hendume，mini gurun i banjire doro tondo akdun šajin i jurgan be jafafi，erdemungge sain niyalma be gidarakū wesimbume，ehe facuhūn niyalma be dere banirakū šajin i gamame ofi，hūlha holo ehe facuhūn akū，jugūn de tuheke jaka be saci，tukiyeme gaifi ejen de bumbi，tuttu ofi abka gosime，mini gurun i banjire doro ere inu. suweni monggo gurun i niyalma gala de erihe jafafi fucihi be hūlambime，hūlha holo be nakarakū banjire be abka wakalafi，suweni beisei mujilen be gemu facuhūn obufi, gurun jobombikai. suwe mimbe baime jihe dahame, erdemungge sain niyalma oci, erdemui gung de ujire, erdemu akū niyalma oci, jihe gung de sain ujire. hūlha holo ehe mujilen be ume deribure, tenteke ehe mujilen be waliyarakū oci, meni šajin i gamambikai seme tacibume hendufi, ubašame jihe beise de seke, silun, dobihi, elbihe, tasha, hacin hacin i furdehei dahū jibca, gecuheri sujei etuku, aisin menggun, gecuheri suje, mocin samsu, menggun i tetun, tere boo, usin, takūrara aha, morin ihan, jetere jeku niyalmai baitalara ai ai jaka be yooni jalukiyame ambula bufi, jergi bodome hafan obuha.

十六日，蒙古兀鲁特部明安、谔勒哲依图、索诺木、吹尔扎勒、达赖、密赛、拜音岱、噶尔玛、昂坤、多尔济、固禄、绰尔齐、奇卜塔尔、布彦岱、伊林齐、特灵、实尔呼纳克等十七贝勒并喀尔喀等部台吉，共率所属军民三千余户并牲畜归附。帝升殿，赐宴毕，乃谕之曰："吾国之风俗，主忠信，持法度，贤能者举之不遗，横逆者惩之不贷，无盗贼诈伪，无凶顽暴乱，是以道不拾遗，拾物必还其主，皇天所以眷顾，盖因吾国风俗如此。尔蒙古人持素珠念佛，而盗贼欺伪之行不息，是以上天不佑，使汝诸贝勒之心，变乱为害，而殃及于国矣。今既归我，俱有来降之功，有才德者固优待之，无才能者亦抚育之。切毋萌不善之念，若旧恶不悛，即以国法治之。"谕毕，列等授职，赐以貂鼠、猞狸狲、狐狸、貉皮、虎皮等裘，蟒衣、金银、紬段、布匹、银器、房田、奴婢、牛马、粮粟，凡所用之物，俱赏给之。

十六日，蒙古兀鲁特部明安、谔勒哲依图、索诺木、吹尔扎勒、达赖、密赛、拜音岱、噶尔玛、昂坤、多尔济、固禄、绰尔齐、奇卜塔尔、布彦岱、伊林齐、特灵、实尔呼纳克等十七贝勒并喀尔喀各部台吉，各率所属诸申、民众三千余户及马牛叛投而来。太祖英明汗升殿，大宴毕，汗谕令来归诸蒙古贝勒曰："吾国生存之道，在于公正守信，执法度，贤德之人举之不隐，恶乱之人严惩不贷，是故无偷盗诈伪作恶为乱之事，道见失物，必拾起归还其主，是以得上天眷顾，此乃吾国生存之道。尔蒙古人执素珠念佛，然偷盗诈伪不断，是以天不佑，使汝诸贝勒之心皆变乱，而苦虐于国矣。尔等既来归我，有才者当以才德之功养之，无才者以来降之功优待之。勿再生偷盗诈伪作恶之心，若恶心不改，必以国法惩治。"谕令毕，赐来归诸贝勒貂、猞猁狲、狐、貉、虎皮等裘，及蟒衣、金银、蟒缎、绸缎、毛青布、银器、住房、耕田、奴仆、马牛、食粮，凡所用之物皆足赐之，列等授官。

amargi monggo gurun i kalkai sunja tatan i emu minggan juwe tanggū boigon geli ubašame jihe. juwan nadan de，taidzu genggiyen han guwangning hecen ci liyoo yang hecen de bedereme jihe，beise de cooha afabufi，guwangning hecen be tuwakiyabuha. birai wargi guwangning ni bai dahaha hecen hoton i hafan irgen be birai dergi liyoodung ni bade guribuhe. tere boigon be guribume gajire de，neneme si ping pu de afafi burulame tucike fujiyang hergen i boo ceng siyan irgen i emgi dahame jihe.

喀尔喀五部落民有一千二百户并来归。十七日，帝命诸王统兵守广宁，驾还辽阳。将河西一带所降之官民移于河东。时西平败将鲍承先亦随民归降。

北蒙古喀尔喀五部一千二百民户又俱叛变来归。十七日，太祖英明汗出广宁城，回辽阳城，令诸贝勒领兵守广宁城。移河西广宁归降官民于河东辽阳处。移民户之际，先时西平堡战败逃出之副将鲍承先亦随民归顺。

ilan biyai ice ilan de, jakūn hošoi beise taidzu genggiyen han de abka i buhe doro be adarame toktobumbi? adarame oho de abka i hūturi enteheme ombi seme fonjire jakade, genggiyen han hendume, ama mimbe sirame gurun de han obure de, hūsungge etuhun niyalma be ume han obure. hūsungge etuhun niyalma gurun de han oho de, ini hūsun be dele arame banjime, abka de waka ojorahū. emu niyalma udu bahanambi seme geren hebe de isimbio? jakūn juse suwe jakūn hošoi beile oso, jakūn hošoi beile emu hebei banjici, ufararakū okini. jakūn hošoi beile suwe gisun dahasu sain be tuwafi mini sirame gurun de han obu. suweni gisun be gaijarakū, sain jurgan be yaburakū oci, tere han be halafi sain be sonjofi gurun de han obu. tere halara de efime injeme hebei icihiyame halaburakū marame cira aljaci, tere ehe niyalmai ciha obumbio? jakūn hošoi beise suwe gurun i doro dasara de, emu beile mujilen bahafi gurun de tusangga sain gisun be gisureci, jai nadan beile dube tucibu, bahanarakū bime, gūwai bahanaha sain jurgan be dube tuciburakū baibi ekisaka oci, tere beile be halafi, fejergi deo ujihe jui sain be tuwame beile obu. tere halara de efime injeme hebei icihiyame halaburakū marame cira aljaci, tere ehe niyalma ciha obumbio? jakūn hošoi beile aika baita de geneci, geren de alafi gene, hebe akū ume yabure, gurun i ejen han i jakade isaci, emu juwe i ume isara, geren gemu isafi hebe hebdeme, gurun i doro be dasa, baita icihiya argangga jalingga ehe niyalma be amasi bederebu, tondo sijirhūn sain niyalma be tucibu seme hendume.

三月初三日，八固山王等问曰：“上天所予之规模何以底定？所锡之福祉何以永承？”帝曰：“继我而为君者，毋令强梁之人为之。此等人一为国君，恐倚强自恣，获罪于天也。且一人之识见能及众人之智虑耶？尔八人可为八固山之王，庶几同心干国，可无失矣。尔等八固山王中有才德，能受谏者，可继我之位，若不纳谏，不遵道，可更择有德者立之。倘择立之时，如不心悦诚服而有难色者，似此不善之人，难任彼意也。至于八王理国政时，或一王有得于心，所言有益于国家者，七王当会其意而发明之。如已无能，又不能替他人之能，但缄默坐视，当选子弟中贤者易之。易置时，如有难色，亦不可任彼意也。八王或有故而他适，当告知于众，不可私往，若面君时，当众人毕集，共议国政，商国事，举贤良，退谗佞，不可一二人至君前。”

三月初三日，八大贝勒问英明汗曰：“上天所赐之道何以定？上天所赐之福何以永存？”英明汗曰：“继我而为君者，勿令强勇者为之。强勇者为君，恐倚强恣意妄为而获罪于天。况一人之见识能及众人之合谋乎？尔八子为八大贝勒，八贝勒同谋则无过。尔等八大贝勒中能纳谏为善者，可继我为汗，若不纳谏，不行善道，则另择善者为汗。改立时，若不心悦诚服而面有难色，似此恶者，岂能任彼意耶？八大贝勒尔等治国，一贝勒有心得，出治国善言，其余七贝勒当举荐之。若无得且不能举荐他人之所得，唯缄默而已，则于此贝勒姓下子弟中，另择贤者为贝勒。改立时，若不心悦诚服而面有难色，似此恶者，岂能任彼意耶？八大贝勒若有故离开，当告之众人而去，未经商议则不可去，聚众面君时，若一二人则不可聚，众人毕集，方可议治国理政之道，退奸邪恶人，举公正忠贤之人。”

ilan biya de，taidzu genggiyen han beise ambasa be isabufi hebe š eme hendume，muse be abka gosime ere liyoodung ni babe buhe，ere liyoo yang ni hecen amban bime aniya goidafi sakdakabi，dergi julergi de solho gurun bi，amargi de monggo gurun bi，ere juwe gurun gemu muse de eshun，ere be sindafi daiming gurun be dailame geneci，amala booi jalinde mujilen elhe akū olhocuka, hecen be akdulame acabume arafi, cooha be teisuleme werifi boo jalinde jobome gūnirakū mujilen be elheken sindafi yabuki seme henduhe manggi. geren beise ambasa tafulame, baha hecen tehe boo be waliyafi, ice bade hecen boo araci, gurun jobombikai. han hendume, muse amba daiming gurun i baru dain deribufi ekisaka teci ombio? suwe emu majige joboro jalinde gūnimbi, bi amba ba be bodombi, majige joboro be jobombi seci, julesi amba weile aide mutembi? hecen be dahaha irgen sahakini, boo be meni meni ejete arakini sehe manggi. geren beise ambasa gemu han i gisun be dahafi, liyoo yang hecen i šun dekdere ergi sunja bai dubede taidzi ho birai dalin de hecen sahafi boo yamun arafi, liyoo yang hecen ci gurihe, tere ice sahaha hecen be dung ging sehe.

是月，帝集诸王大臣议曰："皇天见佑，将辽东地方付与我等，然辽阳城大，且多年倾圮，东南有朝鲜，西北有蒙古，二国俱未服，若释此而征明国，难免内顾之忧，必另筑城郭，派兵坚守，庶得坦然前驱，而无后虑矣。"诸王大臣谏曰："若舍已得之城郭，弃所居之房屋，而更为建立，毋乃劳民乎？"帝曰："既征明国，岂容中止？汝等惜一时之劳，我惟远大是图，若以一时之劳为劳，前途大事何由而成？可令降民筑城，至于房屋，各自建之可也。"诸王大臣俱敬服帝言，遂于城东五里太子河边，筑城迁居之，名其城曰东京。

三月，太祖英明汗聚诸贝勒大臣议曰："我等蒙天眷顾，赐辽东之地，然辽阳城大，且年久老化，东南有朝鲜，北有蒙古，此二国俱疏远我等，若释彼而征大明，必有后顾之忧。当另筑城郭固城，派兵留守，方无后顾之忧，安心从容前行。"诸贝勒大臣谏曰："若弃所得之城、所居房舍，于新地重建城郭房舍，劳民矣。"汗曰："吾等兴师征大明，岂能中止？尔等惜一时之劳，吾则筹算大处，若以小苦为苦，吾等大事何以得成？可令降民筑城，房屋各自建之。”诸贝勒大臣皆从汗之言，于辽阳城东五里太子河岸边筑城，造房屋衙署，自辽阳迁居于此，此新筑之城名为东京。

nadan biya de，uju jergi amban šongkoro baturu nimeme akū oho，ninju duin se bihe.

七月，大臣硕翁科罗巴图鲁卒，年六十四岁。

七月，头等大臣硕翁科罗巴图鲁病故，年六十四。

abkai fulingga taidzu genggiyen han i jakūci sahahūn ulgiyan aniya，aniya biya de manju gurun i genggiyen han，monggo i kalkai jarut tatan i bak beile be neneme dain de jafafi，ini jui ocir sang be funde damtun gaifi，bak beile be ini bade sindafi unggihe bihe，emu aniya oho mang-gi，bak beile geli hengkileme jidere jakade，genggiyen han saišafi，jui ocir sang be bufi unggihe.

癸亥天命八年正月，前遣归蒙古巴格贝勒，至是已期年矣，复来朝见，帝悦，遂释其质子鄂齐尔桑，与之俱归。

癸亥天命太祖英明汗八年正月，满洲国英明汗先时于阵中擒获蒙古喀尔喀扎鲁特部巴克贝勒，以其子鄂齐尔桑替为人质，释回巴克贝勒，已一年矣，巴克贝勒复来谒见，英明汗嘉奖之，赐还其子鄂齐尔桑，令回。

ice nadan de，taidzu genggiyen han hendume，jakūn hošoi beile de jakūn amban adafi，beisei mujilen be duileme tuwa，wei mujilen beyei weile be weri weile be gemu emu adali geren i siden de sindafi gisurem-bi，wei mujilen beyei weile ohode waka be alime gaijarakū cira aljambi， tere be jakūn amban uhe tuwafi waka be saha de wakalame heodu, wakalame hendure gisun be alime gaijarakū ci, han de ala, ere emu. gurun i eiten weile be adarame oci jabšambi, adarame oci ufarambi seme saika bodo, doroi jurgan de aisilaci ojoro niyalma bici, tucibufi ere be doroi weile de afabuci ombi seme sain be sain seme wesimbu, afaha weile de muterakū niyalma oci, ere muterakū seme ehe be ehe seme wasimbu, ere juwe. dzung bing guwan ci fusihūn coohai ambasa dain i weile be adarame oci jabšambi, adarame oci ufarambi seme saika bodo. bigan de afaci ai agūra acambi, hecen de afara de ai agūra acambi seme, acara jaka be dagila. cooha kadalaci mutere niyalma be ere cooha kadalaci mutembi, muterakū niyalma be ere cooha kadalame muterakū seme minde wesimbu, ere ilan. ehe niyalma be wasimburakū efulerakū oci, ehe ai de isembi? sain niyalma be wesimburakū tukiyerakū oci, sain ai de yendembi? suwe uttu gurun i weile be giyan giyan i icihiyame geterembuhe de, mini dolo juse omosi geren ujihe ambasa geren ilibuha tusa seme elehun gūnire seme henduhe.

初七日，传谕曰："八固山王设八大臣辅之，以观察其心。孰能于事不分人己，而俱持以公论，孰于一己之非，不肯自任其非，而形于辞色，八大臣当共持公论，非者即以为非，如不从所诤，即奏上知，一也。大凡国事，何以成，何以败，当深为筹划，有堪辅政者，则曰此人可使从政，即举之，有不堪任事者，则曰此人不堪任事，即退之，二也。总兵以下为将者，凡行军之事，何以胜，何以负，当深计之。凡攻用何具，战用何器，有利于用者，当预备之。有才堪军旅者，则曰可治军旅，有不能者，即曰不能，三也。盖贤不举则无以劝善，不肖者不错则无以惩恶，果能于国事经理咸宜，则吾所生之子孙有益，所设之臣僚有益，此心宁不愉快乎！"

初七日，太祖英明汗曰："八大贝勒设八大臣辅之，以察贝勒之心。孰能将已之事与他人之事一视同仁，俱持公论，孰不肯自认其非，而形于色，八大臣当共察之，非者即以为非，若不从诤言，即告之汗，此其一也。国家诸事，何以得，何以失，当深为筹划，有可辅政者，即荐之，曰此人可堪执政，贤者即升之，若不堪胜任，则曰此人不堪任事，恶者即降之，此其二也。总兵官以下诸将，行军之事，何以得，何以失，当深为筹划。若野外攻伐当用何器，城中遇敌当用何器，当用之器则预备之。有堪治军者，当言此人可堪治军，不可胜任者，当言此人不可治军，此其三也。若不降革恶人，恶人何以为惧？若不升举善者，则何以兴善？尔等若能一一平定国事，则吾所养子孙，所设诸臣有益，吾心舒畅也。"

monggo i kalkai sunja tatan i labasihib taiji，sonom taiji，manggū tabunang，oboho tabunang，dalai taiji，meni meni harangga jušen irgen uhereme babai monggo sunja tanggū boigon，adun ulha yooni gajime ubašame jihe，jihe taiji sa tabunang se de teisu be tuwame hafan obufi，seke silun i dahū jibaca，aisin menggun，suje ulin，mocin samsu，tere boo，usin，takūrara aha，morin ihan niyalmai baitalara ai ai jaka be yooni jalukiyame buhe.

喀尔喀五部之拉巴实希卜台吉、索诺木台吉、莽古塔布囊、鄂博和塔布囊、达赖台吉等，各率所属军民牲畜，并各处蒙古，共五百户来归，皆列等授职，仍赐貂裘、猞狸狲裘、金银、布帛及房田、奴仆、牛马等物。

蒙古喀尔喀五部拉巴什希卜台吉、索诺木台吉、莽古塔布囊、鄂博和塔布囊、达赖台吉各率所属诸申、百姓，并各处蒙古，共五百户及牲畜叛而来归，其所来诸台吉及塔布囊皆授以相应官职，并赐貂裘、猞猁狲裘、金银、绸缎、财物、毛青布、住房、田地、使唤奴仆、马牛，凡人所用之物皆足赐之。

dade monggoi kalkai jarut tatan i angga beile manju gurun i taidzu genggiyen han i takūraha elcin be jafafi, batangga yehei gurun de bufi waha, jai amargi monggoi beise de takūraha elcin be jugūn tosofi ududu jergi wafi, adun ulha be durime gaiha, tede taidzu genggiyen han korsofi. abatai taiji, degelei taiji, jaisanggū taiji, yoto taiji de ilan minggan cooha afabufi, duin biyai juwan duin de, angga beile be dailame unggifi. orin emu i dobori dulifi, orin juwe i cimari abka gereme, lo gebungge babe dulefi, liyoo ho bira be doofi, tereci cooha sindafi feksire de. juleri tucibuhe dzung bing guwan hergen i daimbu susai isire cooha be gaifi, ergele gebungge bade neneme isinafi, angga beilei irgen be bahanafi emu dubei gaime genehei tanggū bai dubede feksifi. dzung bing guwan daimbu, ts'anjiyang yahican, borjin hiya, angga beilei boo be bahanafi afara de. angga beile ini juse sargan orin funceme gucu be gaifi, ihan sujen be gamame nukcime genere de. yahican, borjin hiya gūsin funceme cooha be gaifi morin ci ebuhe, dzung bing guwan hergen i daimbu juwan funceme cooha be gaifi iliha manggi, angga beile ebuhe cooha de jailame, daimbu i iliha babe bireme tucire de, daimbu amasi gidafi geren ci juleri colgorofi gabtara de, angga beilei gucu ajige gida jafafi jurceme dosifi daimbu be gidalara jakade, angga goifi morin ci tuhefi, tere feye de ujelefi, daimbu akū oho. tereci manju gurun i cooha bireme dosime, angga beilei ama jui geren cooha be gemu muhaliyame wafi, juse sargan, jušen irgen, adun ulha be gemu gaiha, jai jongnon beilei jui sangtu taiji juse sargan be gemu baha, tereci duin beile cooha bedereme isinjire de.

初，扎鲁特昂安贝勒执满洲使者，与叶赫杀之，又遣往蒙古使者屡被截杀于路，夺其牲畜，帝怒之。于四月十四日，命阿巴泰台吉、德格类台吉、斋桑古台吉、岳托台吉领兵三千往讨之。至二十一日，连夜疾行，二十二日方曙，过罗地，渡辽河，纵兵急越。有前锋总兵岱穆布领精兵五十，先至额尔格勒地，为昂安所属，遂略地百里。乃与参将雅希禅、博尔晋辖，至昂安居处，攻之。昂安率妻子并二十余人，乘牛车而奔。雅希禅、博尔晋辖领三十余骑下马，岱穆布领十余骑勒马而立，昂安避下马之兵，直冲岱穆布，岱穆布迎战，当先射之，昂安部下一人举小枪刺中岱穆布口，遂坠马，伤重而死。我兵冲入，杀昂安父子，并从者于一处，尽获其妻子、军民、牲畜，及擒桑图台吉妻子而回（乃钟嫩贝勒之子，昂安孙也）。

初，蒙古喀尔喀扎鲁特部昂安贝勒擒满洲国太祖英明汗所遣使者，送与叶赫国杀之，又数次截杀遣往北蒙古贝勒处之使，夺其牲畜，太祖怒之。遂遣阿巴泰台吉、德格类台吉、斋桑古台吉、岳托台吉领兵三千，于四月十四日征昂安贝勒。至二十一日，连夜前行，二十二日晨，天方曙，过罗地，渡辽河，纵兵疾驰。前锋总兵官岱穆布领精兵五十，先至额尔格勒地方，知是昂安贝勒民众，遂稍掠而去，略地百里。总兵官岱穆布与参将雅希禅、博尔晋辖，寻得昂安贝勒居处，攻之。昂安贝勒携其妻儿及部下二十余，乘牛车败走。雅希禅、博尔晋辖领兵三十余下马，总兵官岱穆布领兵十余而立，昂安贝勒避下马之兵，直冲岱穆布所立之处，岱穆布迎战，当先射之，昂安贝勒部下一人执小枪自背后入，刺向岱穆布，正中其口，岱穆布坠马，伤重而亡。随后，满洲兵冲入，杀昂安贝勒父子及众兵，堆于一处，尽得其妻儿、诸申、百姓、牲畜，又得钟嫩贝勒子桑图台吉妻儿，于是四贝勒班师。

han ice ninggun i inenggi, cooha genehe beise be okdome, dung ging hecen ci tucifi dehi bai dubede gu ceng pu i julergi bigan de cooha genehe beise ambasa be acafi. dain be etehe doroi jakūn tu sisifi buren burdeme abka de hengkilefi, cacari de tehe. tereci cooha genehe beise ambasa han de niyakūrafi hengkileme acame wajiha manggi, urgun i doroi amba sarin sarilaha. jai inenggi, gajiha olji be cooha genehe ambasa de šangnafi, geren cooha de dendeme bufi, funcehe olji be cooha genehe akū geren hafasa de jergi bodome šangnaha. tere inengi abka agara de, genggiyen han hendume, monggo gurun i banjirengge, ere agara tugi adali kai, tugi isaci aga agambi, monggo aiman acafi cooha ilimbi, monggo aiman acaha cooha fakcarangge tugi fakcafi aga galandara adali kai. ini aiman acaha cooha fakcaha manggi, muse ini songko be dahalame emdubei gaiki seme henduhe. tereci bedereme dung ging hecen de jihe.

五月初六日，帝出城迎之，至四十里古城堡南相见。因克敌，乃竖旗八杆，吹螺，拜天毕，升帐。其出征王大臣叩见，乃设宴劳之。次日，将所得人畜先赏出征将士，其余列等以赐各官。是日天雨，帝曰："蒙古之国犹此云然，云合则致雨，蒙古部合则成兵，其散犹如云收而雨止也。俟其散时，吾当亟取之。"言毕乃还。

汗于初六日驱兵迎诸贝勒，出东京城四十里，至古城堡南旷野，与出征诸贝勒大臣相会。因战胜，乃竖旗八面，吹螺，拜天毕，驻于凉棚。出征诸贝勒大臣跪见汗，大设喜宴。次日，将所得人畜赏赐出征将领，分与众军，其余人畜则列等赏赐未出征诸官员。是日天雨，英明汗曰："蒙古国之存犹此雨云也，云聚则雨下，蒙古部合则兵成，其兵散则如云散雨止也。俟其兵散时，吾当疾取之。"言毕，乃还东京城。

tere cooha de jongnon beilei jui sangtu taiji, juse sargan, jušen irgen, adun ulha be gemu baha manggi, sangtu taiji bithe unggime baime, eiten gurun i ejen genggiyen han de bithe wesimbuhe, mini beye de umai weile akū bihe, weile bici mini amai bisire fonde weile bidere. te han i cooha de mini emhun beyei teile tucike, juse sargan gemu gaibuha, han genggiyen mujilen de safi bederebume bure biheo? han, sangtu mimbe yaya fulgiyan dain sehe seme ume olhoro seme henduhe bihe. gosime gūnici, han i elcin unggi sehe manggi. tereci genggiyen han, sangtu sini juse sargan be umai necihekū, yooni asarahabi seme elcin takūraha manggi. sangtu hengkileme jidere jakade, sangtu i juse sargan be gemu bufi unggihe.

时桑图因妻子军民既被擒，乃致书哀恳曰："桑图书奏于主众国明汗，臣自来无罪，故父在日罪诚有之。今大兵下临，惟孤身得脱，妻子俱成俘获，以汗明恕鉴臣微衷，或有赦还意乎？曩者汗曾云：'桑图，尔即于血战中，慎毋惧怯。'若果垂怜，望遣一使来。"帝于是遣使告以妻子不曾戮辱，俱存无恙。桑图遂来叩见，即还其妻子，与之俱归。

此战中，钟嫩贝勒子桑图台吉妻儿、诸申、百姓、牲畜俱被俘，桑图台吉致书哀求曰："启奏列国之主英明汗，吾素来无罪，若有罪，吾父在时确有之。今汗兵临，吾孤身一人脱出，妻儿俱被擒，汗心明鉴，或有退还之意乎？昔者汗曾云：'桑图，尔即于血战中，勿惧。'若果垂怜于我，望汗遣使来。"英明汗于是遣使告之桑图，妻儿丝毫未犯，皆收留之。桑图遂来叩见，汗即还桑图妻儿，与之俱归。

juwan nadan de, monggoi korcin i konggor beilei sargan jui be benjime jidere de, jaisanggū taiji, dudu taiji ninju bai dubede okdofi, sarin sarilafi gajime jihe manggi, ajige taji de sargan bume amba sarin sarilaha.

十七日，蒙古科尔沁部孔果尔贝勒送女来，上命斋桑古台吉、杜度台吉至六十里外，宴迎入城，复设大宴，与阿济格台吉为妃。

十七日，蒙古科尔沁孔果尔贝勒送女来，斋桑古台吉、杜度台吉至六十里宴迎之来，复设大宴，与阿济格台吉为妻。

ninggun biyai ice uyun de, genggiyen han tucifi jakūn hošonggo ordo de tefi, han ini non ajige fujin, geren sargan juse be gemu isabufi tacibume hendume, abkai sindaha gurun i ejen han doro yoso be abka de acabume dasarakū oci ombio? abka de acabume dasarangge adarame seci, sain be yendebume tukiyembi, ehe be isebume wambi. musei gurun i beise be wasimbuha girubuhangge minde aika baide kimun biheo? doro be efuleme ehe facuhūn ofi, šajin fafun be jurcerakū gamahangge kai. gurun ejelehe doro jafaha beise be hono šajin be jurcerakū gamahangge, suweni hashan jafaha hehe niyalma doro be efuleme facuhūn banjici, bi dere banimbio? suwende anafi doro be efulembio? haha niyalma uksin saca etufi dain de emu bade bucerengge, hebe be jurcerakū doroi jalin de bucembi kai. hashan jafafi boode tehe hehe niyalma suwe šajin fafun be jurceme doro be efuleme banjirengge ai sain? bi hahai erdemu be tuwame gung de teisu acabume suwembe buhe kai, tese be suwende salibuhabio? suwe eigete be jobobume asuru ehe oshon banjirengge, hutu ci ehe kai. šun i elden de eiten jaka banjire gese, sargan juse suwe mini elden de ekisaka banjicina seme tacibume hendufi. han ini non i baru hendume, gu, si sargan juse be doigon de saikan taciburakū ofi, weile de afanaha manggi, jai mimbe ume tafulara seme henduhe.

六月初九日，帝御八角殿，召御妹阿吉格福金及众公主，训之曰："天作之君，凡制礼作乐岂可不体天心？然天心何以体之，莫若举善以感发其善者，诛恶以惩创其恶者。如我国诸王中亦有被贬责者，岂于我有怨哉？不过因其紊乱纲常，法所不容耳。即执政诸王，尚不令枉法，尔等妇女苟犯吾法，吾岂肯纵恕，以败纲常乎？男子披坚执锐，共殁于阵者，盖因不背同心之盟，故以身殉国耳。尔居家妇女，违法行背理之事，成何妇道？吾之所以将汝等妻诸大臣者，原酌其才、论其功而匹配之也，岂令受制于汝乎？若尔等倚势凌逼其夫，其恶甚于魑魅。如万物俱赖日光而生，尔等当依我之光，各安其分可也。"又谓御妹曰："姑若不预训诸女，倘犯事之后，汝毋阻我。"

六月初九日，英明汗出，驻八角亭，召集汗妹阿吉格福金及众女，训之曰："天设之国君，其道统岂能不合天意耶？然何以合天意，莫若举善惩恶也。吾国诸贝勒被降辱者，岂与我有仇耶？毁道为恶作乱，违背法度而惩耳。掌国执政之贝勒，尚不可违背法度，尔等掌家女子若坏道作乱，吾岂能纵恕？岂能任汝等败坏道统乎？男子披甲，共亡于阵者，盖为不背共谋而殉道也。掌院居家女子，尔等违法坏道有何美哉？吾视男子之才，论功将汝等匹配之也，岂令其受制于汝乎？尔等若作恶暴戾，苦虐其夫，则恶于鬼也。如万物俱赖日光而生，女儿们尔等当仰赖吾光各安其分也。"训罢，汗又谓其妹曰："姑，尔若不预训诸女，倘犯事后，勿再阻我。"

taidzu genggiyen han hendume，kalkai beise de dele ejen akū，ceni ciha cihai banjimbihe，tere banjire dele geli banjiki，jirgarai dele geli jirgaki seme baime jihe. urut i beise ini monggo gurun i han be ehe，muse be sain seme baime jihe. tuttu baime jihe beise be ai ai weile oci， musei jakūn beise beyei gese emu adali obu. aika bucere weile oci, ume bucebure, ini bade unggi. jihe beise suwe ubade niyaman jafafi fulehe oki seme, meni juse be gaiha niyalma, meni jusede ume olhoro, suwembe koro baci baime jihe jilakan seme gūnime, juse be buhebidere, suwembe juse de salibuhabio? suweni monggpi cahar kalkai beise juse be sain gucu de ambasa de bufi eigen be jobobure gurun be suilabure be, be inu donjihabi, mini juse terei adali eigen be jobobure gasabure oci, suwe loho beri jafafi gabtame sacime ume wara, ehe oci mende ala, wara ba oci waki, wara ba waka oci, mimbe hokobufi, gūwa juse be geli bure. juse ehe be minde alarakū oci, suwe ehe, suwe alafi meni jusei ehe be henduarakū oci, be ehe. jai aika joboro suilara ba bici ume gidara, gūniha gisun be gemu ala seme henduhe.

帝谕诸王曰:"喀尔喀贝勒原任意独行,无所约束,今之来归,荣而更求其荣,逸而更求其逸也。兀鲁特部贝勒来附,是因其君不仁,故慕我而来归也。此降王等凡有罪过,当以八固山王视之。倘罪有当诛,无致之死,令还其地可也。"又曰:"尔等降王,凡在我国结婚立家而娶吾女者,勿以吾女为畏,朕原念汝等远附,故妻以女,岂令汝受制于吾女乎?吾尝闻喀尔喀部诸贝勒以女妻左右近臣者,多侮其夫而虐害其国人,若吾女有似此不贤者,汝等毋与较论,即告朕知,罪当诛则诛之,罪不至死即废之,另以别女妻焉。或有不贤而不告朕,是汝等之过,告之而不责其非,是予之过。凡有艰苦之情,切毋自讳,各有隐衷,当尽告之。"

太祖英明汗曰:"喀尔喀诸贝勒上面无主,故彼等任意妄为,彼等来归,乃欲于此等生活之上更求生活,安逸之上更求安逸也。兀鲁特诸贝勒来归,乃因蒙古汗恶,而我等善也。此来归之诸贝勒凡有罪,当以吾等八大贝勒视之。倘有死罪,勿令其死,还其地可也。来归诸贝勒，尔等扎根于此，娶吾女者，勿惧吾女，吾原念汝等远附，故以女妻之，岂令汝等受制于吾女乎？吾等亦闻蒙古察哈尔、喀尔喀诸贝勒以女妻左右近臣，苦其夫而害其国，若吾女亦有似此苦虐其夫者，尔等勿持刀箭射杀之，若作恶即来告我，当诛则诛，罪不当诛，则将其休弃，另许别女也。若吾女恶而不告知吾，则是汝等之过矣，若汝等告知而吾不责女之过，则是吾之过矣。再，凡有苦怨之处，勿隐，将所思之言尽告之。”

orin jakūn de，taidzu genggiyen han hendume，dzung bing guwan ci fusihūn，bei ioi guwan ci wesihūn hergen baha hafasa suwe meni meni baha hergen be gingguleme doroi jalinde dobori inenggi akū onggorakū kiceme gūnime banjici，suwembe mini jui seme ujihe tusa kai. beye jirgaki seme sula heolen mujilen jafafi，abkai buhe doro be geodebure gese banjici，suwembe mini jui seme ujihe ai tusa? geren gemu doroi jalin de faššame gūnicina. musei gurun de nikan，monggo hala halai gurun acaha bikai，ukandara ubašara hūlha holo ehe facuhūn be saikan kimcime baicacina. geren gemu kimcime baicaci，ehe niyalma ai šolo de ehe be deribumbi? ehe akū oci，gurun taifin ojorakū ainaha? gurun taifin ofi mini mujilen elhe oci，suwembe ujihe baili tusa serengge tere kai. geren gemu sula heolen mujilen jafafi kimcire baicarakū oci，ehe niyalma de šolo tucifi，gurun de facuhūn ningge tere kai，gurun facuhūn ofi mini mujilen elhe akū oci，suwembe tukiyefi ujirengge ai tusa? doro be baharangge mene mangga dere，bahafi afabuha doro be saikan gingguleme gūnirakū oci，mini ujihe baili be suwe jai enculeme ai de bahafi isibumbi seme henduhe.

二十八日，谕曰：“总兵以下，备御以上，凡有官职者，果恪守乃职，夙夜匪懈，尽心以为国者，吾视之如子诚为有益。若怀窳惰安佚之心而怠慢天职，则视之如子，竟何益耶？尔等各宜竭力为国。今汉人、蒙古并各国杂处国中，其逃叛、盗贼、诈伪、横逆者，当细察之。尔等若严加察访，则恶者不敢于为恶，国有不治者乎？国治则吾心安，方见豢养汝等之益也。若俱耽安佚而不稽查之，恶者窃发而为国乱，国乱则吾心不安，豢养汝等竟何益哉？创业最难，今既得之，而汝等不敬谨以供职，则吾禄养之恩，更将何以为报耶？"

二十八日，太祖英明汗曰："总兵官以下，备御官以上，尔等凡得官衔者，当各守其职，为国政而日夜不忘，勤勉尽心，吾视尔等如子养之诚为有益。若有安逸懒散怠惰之心，怠慢天赐之道，吾视尔等如子养之又有何益？尔等皆宜竭力为政。吾国汇聚汉人、蒙古各国人，其逃跑、叛变、偷盗、诈伪、作恶、为乱者，当严加察访。若众人皆严加察访，则恶人不敢为恶，若无恶，国家岂不太平耶？国家太平则吾心安，方见恩养汝等之益也。若众人皆怀懒散怠惰之心而不严加察访，恶人有隙可乘，国家则乱矣，国乱则吾心不安，举荐恩养汝等何益耶？得道诚难也，既得之而不敬谨念道，则吾养育之恩，汝等更将何以为报耶？"

juwan biyai orin de，uju jergi amban darhan hiya nimeme akū oho，dehi jakūn se bihe. taidzu genggiyen han darhan hiya be akū oho seme donjifi，han i beye genefi ambula songgoho. darhan hiya i da gebu hūrgan，yargū bai niyalma，dahame jidere jakade，taidzu genggiyen han jui seme ujifi，uju jergi amban obuha bihe.

十月二十日，大臣达尔汉辖卒，年四十八，帝亲临痛哭之。（达尔汉辖原名扈尔汉，雅尔古人也，因来附，帝养为子，赐以大臣之职。）

十月二十日，头等大臣达尔汉辖病故，年四十八。太祖英明汗闻达尔汉辖卒，亲往恸哭之。达尔汉辖原名扈尔汉，雅尔古人，来归时，太祖英明汗养为子，授其为头等大臣。

dade amargi monggo gurun i kalkai bayot tatan i darhan baturu beilei jui enggeder taiji，yaya onggolo fukjin deribume manju gurun i genggiyen han de hengkileme jifi，niyaman oki sere jakade，taidzu genggiyen han ini deo darhan baturu beilei sargan jui sundai gege be sargan bufi，ini bade unggihe bihe. abkai fulingga genggiyen han i uyuci niowanggiyan singgeri aniya，aniya biya de，enggeder efu sundai gege jifi，taidzu genggiyen han i baru hendume，meni jušen irgen be gemu gajime jifi，han i jakade umesi teki sere jakade，han saišafi enggeder efu be ujire be akdulame gashūha，tere gashūha bithei gisun，abka gosifi enggeder be minde jui ofi banjikini seme banjiha ama be waliyafi，mimbe ama banjiha，ahūta deote be waliyafi，ubai efute meyete be ahūta deote，banjiha babe waliyafi，uba be ba arafi jihe be gūnime，gosime ujirakū oci，abka wakalafi sui isikini. abkai acabuha hojihon jui be gosime ujici，abka gosifi ubai ujire amba beile，amin beile，manggūltai beil，□□□beile，abatai taji，degelei taiji，jaisanggū taiji，jirgalang taiji，ajige taiji，dudu taji，yoto taiji，šoto taiji，sahaliyan taiji，baime jihe enggeder taiji gemu se jalgan golmin taifin jirgame banjikini.

初，喀尔喀巴约特部达尔汉巴图鲁贝勒之子恩格德尔台吉，先诸部来叩见求婚，帝嘉之，将御弟达尔汉巴图鲁贝勒女逊戴郡主妻之，往送其地。至是，甲子天命九年正月，与郡主同来，欲率部众请命求往东京，帝嘉其意，欲厚待之，与之誓曰：“皇天垂佑，使恩格德尔远离其父而以我为父，远离其亲弟兄以妻之弟兄为弟兄，弃其故土而以我国为依归，若不厚待之，则穹苍不佑，殃及吾身。吾于天作合之子婿而恩抚无间，则天自保佑，俾吾子孙大王、二王、三王、四王、阿巴泰台吉、德格类台吉、斋桑古台吉、济尔哈朗台吉、阿济格台吉、杜度台吉、岳托台吉、硕托台吉、萨哈廉台吉及恩格德尔台吉等，命得延长，永享荣昌。”

初，北蒙古喀尔喀巴约特部达尔汉巴图鲁贝勒子恩格德尔台吉，率先谒见满洲国英明汗并求婚，太祖英明汗嘉之，以其弟达尔汉巴图鲁贝勒女逊岱格格妻之，遣还其地。甲子天命英明汗九年正月，恩格德尔额驸、逊岱格格来，谓太祖英明汗曰：“吾等将所属诸申、百姓皆带来，欲居汗身边。”汗嘉之，欲恩养额驸，与之作保立誓，誓词曰：“上天垂佑，使恩格德尔为我之子，弃其生父，以我为父，弃其亲兄弟，以此处诸姐夫、妹夫为兄弟，弃其故土，以此为地，念其来归，若不爱养，天将责之而获罪。若吾恩养天作之婿，天必佑之，使我处养育之大贝勒、阿敏贝勒、莽古尔泰贝勒、〈皇太极〉贝勒、阿巴泰台吉、德格类台吉、斋桑古台吉、济尔哈朗台吉、阿济格台吉、杜度台吉、岳托台吉、硕托台吉、萨哈连台吉并来归之恩格德尔台吉，皆福寿延绵，永享太平。”

enggeder efu i gashūha gisun, han ama, enggeder mimbe gosime ujire de, ujihe han ama be waliyafi, amasi monggoi bade geneci, jai monggo gurun i baru han amai sain bade sain, ehe bade ehe gūnime banjirakū, bai ahūta deote seme gūnime juwe mujilen jafaci, enggeder mimbe abka wakalafi sui isikini. jihe bade emu mujilen i bajici, abka gosifi juse omosi jalan halame han amai kesi be jeme etume, taifin jirgame banjikini seme gashūha. efu gege be jafafi bisu seme buhe bithei gisun, han hendume, enggeder de weile seci, soorin temšeci weile dere, tere weilei dabala, jai endebuhe calabuha ai weile be encu baci jihe hojihon be weile de gamarakū. monggoi bade bihe bici, gege efui keside banjimbihe, ubade jici, efu gege de akdafi banjimbi kai, gege dancan de ertufi, efu be jobobuci jobobumbi dere, efu gege be jobobure ai bi? gege efui mujilen be sulaka oburakū jobobuci, efu be uru seme efu de dara dabala, gege bucehe seme gege de darakū seme bithe bufi.

恩格德尔亦誓曰："蒙恩父汗抚育，若忘其厚恩思回本国，不以汗之喜怒为好恶，犹念故国兄弟而怀二心者，穹苍不佑，殃及其身。若同心共意，则皇天眷顾，俾子孙世食汗禄，永享荣昌。"誓毕，上以制诰赐恩格德尔暨郡主，其文曰："恩格德尔后若有罪，惟篡逆不赦，其余一切过犯俱不加罪。但昔居汝国，吾女固仰望于汝，今移居至此，尔则倚赖吾女，然吾女或恃父母而慢其夫者，或有之，谅尔有何事苦吾女也？尔心或受吾女之制而不得舒，吾惟汝是庇，吾女虽至死，必不溺爱以曲庇之也。"

恩格德尔额驸誓曰："汗父爱养恩格德尔，吾若弃汗父而回蒙古，不以汗父之好恶为好恶，仍念故土兄弟，怀有二心，恩格德尔吾必遭天谴而获罪。若与来归处同心，天佑之，俾我子孙后代食汗父厚禄，永享太平。"汗赐额驸、格格制诰，曰："恩格德尔若犯罪，唯篡夺龙位之罪不赦，此罪以外任何过失，吾皆不加罪于来归之婿。尔等在蒙古时，格格赖额驸之恩而生，来至此处，额驸则赖格格而生，格格倚恃娘家，或将苦虐额驸，额驸汝有何事苦格格耶？格格或使额驸心愁苦不得舒，吾唯以额驸为是，格格虽至死，亦不庇护也。"

ice ninggun de, amba beile, amin beile, manggūltai beile, □□□beile, abatai taji, yoto taiji, ajige taiji, jaisanggū taiji, jirgalang taiji, dudu taiji cooha gaifi enggeder efu, deo manggūldai jušen irgen boigon be ganame genefi. enggeder efu, manggūldai jušen irgen boigon be gemu gajime jidere de, han enggeder efu be okdome dung ging hecen ci tucifi, jang i jan gebungge bade acafi amba sarin sarilafi enggeder efu, deo manggūldai de foloho enggemu hadala tohohoi emte morin, sekei hayahan i jibca emte, enggeder efui jui nangnuk, mentu, daha, manggūldai jui manjusiri de emte silun i dahū buhe, tereci dung ging hecen de bedereme jihe manggi, enggeder efu, manggūldai, nangnuk, mentu, daha, manjusiri de usin weilere aha, ihan, aisin menggun, gecuheri suje, seke silun, mocin samsu, tere boo, tarire usin, niyalmai baitalara eiten jaka be eletele yooni bufi, enggeder efu de ping lu pu gebungge hoton i irgen be salibuha.

初六日，命大王、二王、三王、四王并阿巴泰、岳托、阿济格、斋桑古、济尔哈朗、杜度等台吉，领兵往移恩格德尔并弟莽果尔代部下人民。诸王即奉命移部众回，帝出东京迎至张义站，大宴之。恩格德尔弟兄各赐以雕鞍良马、貂裘，恩格德尔子囊努克、门都、达哈并莽果尔代子满珠实哩各赐猞狸狲裘，遂还京。复赐恩格德尔等田卒、耕牛、金银、蟒段、布帛、貂鼠、猞狸狲皮及房田应用之物，仍以平虏堡人民赐之。

初六日，命大贝勒、阿敏贝勒、莽古尔泰贝勒、〈皇太极〉贝勒、阿巴泰台吉、岳托台吉、阿济格台吉、斋桑古台吉、济尔哈朗台吉、杜度台吉，率兵往移恩格德尔额驸、弟莽果尔代及诸申、百姓、家户。恩格德尔额驸及弟莽果尔代并诸申、百姓、家户俱回，汗出东京城迎恩格德尔额驸，会于张义之地，大宴之。赐恩格德尔额驸及弟莽果尔代雕鞍辔马各一匹、貂皮裘各一领，恩格德尔额驸子囊弩克、门都、达哈，莽果尔代子满珠实哩各赐猞猁狲裘，遂回东京城。又赐恩格德尔额驸、莽果尔代、囊弩克、门都、达哈、满珠实哩务农事之仆牛、金银、蟒缎、貂皮、猞猁狲皮、毛青布、住房、耕地，凡所用之物皆足赐之，仍以平虏堡城百姓赐之。

juwe biyai juwan ninggun de，taidzu genggiyen han i deo joriktu beile akū oho，dehi ilan se bihe.

二月十六日，皇弟卓礼克图贝勒薨，年四十三岁。

二月十六日，太祖英明汗弟卓礼克图贝勒薨，年四十三。

dade manju gurun i taidzu genggiyen han，monggoi korcin i beise de elcin takūrame，korin i beisei elcin kemuni jime ududu aniya oho manggi，taidzu genggiyen han elcin takūrafi bithe unggifi korcin i beisei baru akdulame doro acaki sere jakade，korcin i ooba hūng taiji elcin takūrame unggihe bithe，lamun abka de šun tucifi eiten elden be gemu gidaha gese，gurun irgen be horon i gidaha eiten i ejen han i genggiyen de wesimbumbi，han i gisun be meni nūn i korcin i beise（nūn birai gebu，nūn i birai golo de tehe seme bira be gebuleme nūn i beise sehebi，korcin gurun i gebu）gemu mujangga sembi，amba doro be adarame jafambi，han sakini，han i gisun be，be efulerengge akū. membe encu gurun i emgi emu hebe ohobi seme cahar kalka urunakū dailambi dere，tere arga be han i genggiyen de sa. tereci manju gurun i taidzu genggiyen han monggo gurun i korcin i beisei emgi juwe gurun doro acame kūrcan，hife juwe baksi be takūrafi，abka de šanggiyan morin，na de sahaliyan ihan wafi，emu moro de š anggiyan giranggi，emu moro de senggi，emu moro de boihon，emu moro de yali，emu moro de arki sindafi hiyan dabufi，manju，korcin meni juwe gurun be cahar fusihūlara de korsome meni juwe gurun emu hebei banjiki seme akdun gisun be gisureme abka na de gashūmbi，cahar i faksi jali sain ulin de dosifi, korcin de hebe akū, manju neneme cahar i emgi acaci, abka na wakalafi ehe sui isifi giranggi šarame, senggi tucime, boihon de ucubume bucekini. korcin, manju de hebe akū, cahar i faksi jali emgi neneme acaci, abka na korcin wakalafi ehe sui isifi giranggi šarame, senggi tucime, boihon de ucubume bucekini. abka na de akdulame gashūha gisun de isibume banjici, abka na saišafi, ergen jalgan golmin, juse omosi tumen aniya isitala elhe taifin jirgame banjikini seme korcin i ooba hūng taiji, aduci darhan taiji, daicing, monggo taiji gemu gashūha. tereci kūrcan, hife korcin i elcin be gajime jihe manggi. abka de šanggiyan morin, na de sahaliyan ihan wafi, korcin i elcin i juleri, manju gurun i amba beile, amin beile, manggūltai beile, □□□beile, abatai taiji, degelei taiji, jaisanggū taiji, jirgalang taiji, ajige taiji, dudu taiji, yoto taiji, šoto taiji, sahaliyan taiji tere gashūha songkoi bithe be arafi deijime gashūha.

初与科尔沁部遣使往来者数年，至是，复遣使诣其处，约固和好，其部长遂遣使赍书，来书曰：“鄂巴洪台吉等致书于明掩众光、威震列国睿主陛下，吾嫩江台吉等闻汗谕，莫不欣服然，主持其大事，裁之自汗，吾等莫有敢违命者。但察哈尔汗及喀尔喀部知吾等与大国同谋，必来征伐，将何以为我谋也，惟汗筹之而已。”帝遂遣巴克什库尔禅、希福往，与鄂巴、阿都齐达尔汉、岱青蒙果各台吉等会盟，宰牛马，置白骨、血、土、酒、肉各一碗，焚香而誓曰：“满洲、科尔沁二国，因有察哈尔欺凌之愤，故以盟言昭告天地，愿同心合意。既盟之后，满洲若为察哈尔馈赠所诱，中其巧计，不令科尔沁知，而先与之和者，穹苍不佑，降以灾殃，如此骨暴，血出，土埋而死。若科尔沁为察哈尔馈赠所诱，中其巧计，不令满洲知，而先与之和者，穹苍不佑，降以灾殃，亦如骨暴，血出，土埋而死。果能践盟，则天地佑之，寿得延长，子孙万禩，永享荣昌。”誓毕，库尔禅、希福与科尔沁使者来。帝命大王、二王、三王、四王、阿巴泰台吉、德格类台吉、斋桑古台吉、济尔哈朗台吉、阿济格台吉、杜度台吉、岳托台吉、硕托台吉、萨哈廉台吉等，亦宰白马乌牛，对来使同前立誓，书而焚之。

初，满洲国太祖英明汗向蒙古科尔沁贝勒遣使，科尔沁贝勒亦遣使来，已有多年矣。太祖遣使致书欲与科尔沁贝勒固守交好，科尔沁鄂巴洪台吉亦遣使致书，书曰："启奏似青天出日遮掩众光、威震列国万物之主英明汗，吾等嫩河科尔沁（嫩河之名，因居嫩河路而名之，有嫩河贝勒之说，科尔沁国名）贝勒闻汗谕，果以为然，汗持大道，汗谕吾等不敢违抗。然吾等与他国共谋，察哈尔、喀尔喀必来征吾等，应付之策望汗英明筹之也。"太祖英明汗遂遣库尔禅、希福二巴克什，与蒙古国科尔沁贝勒会盟，宰白马黑牛祭告天地，置白骨一碗，血一碗，土一碗，肉一碗，酒一碗，焚香，科尔沁鄂巴洪台吉、阿都齐达尔汉台吉、岱青蒙果台吉等皆立誓，誓曰："满洲、科尔沁吾二国，因察哈尔欺凌之恨，故二国欲同谋，以盟言昭告天地。若满洲中察哈尔巧计，受财物引诱，不与科尔沁谋，先与察哈尔和，则天地责之，罪之，如削骨，出血，土埋而死。科尔沁若不与满洲谋，中察哈尔巧计，受财物引诱，先与察哈尔和，则天地责科尔沁，罪之，如削骨，出血，土埋而死。若能践行对天地之盟誓，天地保佑福寿延年，子孙万代永享太平。"其后，库尔禅、希福领科尔沁使者来，宰白马黑牛祭告天地，满洲国大贝勒、莽古尔泰贝勒、〈皇太极〉贝勒、阿巴泰台吉、济尔哈朗台吉、阿济格台吉、杜度台吉、岳托台吉、硕托台吉、萨哈连台吉，于科尔沁使者前，同前立誓，书而焚之。

duin biya de，manju gurun i taidzu genggiyen han mafa ama eshete ahūta deote juse fujisa i giran be fe susu hūlan hadai hetu alai baci guribume gajime, uksun i deo dobi ecike, wangšan ecike, boihoci ecike be takūrafi. han i hesei mafari eifu fujisai eifu de ihan wafi neneme wecefi, taidzu genggiyen han i mafa, amai giran be fulgiyan kiyoo, taidzu genggiyen han i dulimbai amba fujin i giran be suwayan kiyoo, taidzu i amji lidun baturu i giran, deo darhan baturu beilei giran, cing baturu beile i giran, eshen taca fiyanggū i jui hūrgaci beilei giran be fulgiyan kiyoo tukiyefi gajime jidere de. dedun tome ihan wame weceme. dung ging de isinjire de, taidzu genggiyen han geren beise ambasa be gaifi, coohai niyalma uksin saca etubufi dung ging hecen ci orin bai dubede jiyei guwan ting de okdofi, nikan i bucehe niyalmai beye orhoi ūren arafi ilibufi babe durime, poo sindame kaicame tere ūren be sacime efulefi. han i beye beise ambasa coohai niyalma gemu amba jugūn i dalbade mehume niyakūrafi, mafai giran, amba fujin i giran be tukiyehe kiyoo duleke manggi iliha. tereci dung ging hecen i šun dekdere amargi hošoi teisu duin bai dubei yang lu šan alin de giran sindambi seme araha yamun de eifu be sindaha. eifu tome ihan honin wafi hoošan suhe jiha deijime wecere de. taidzu genggiyen han, mafa, amai eifu de niyakūrafi arki hisalame hendume, bi mafa amai bata kimun be karu gaime, daiming gurun be dailame liyoodung, guwangning ni babe bahafi, mini baha bade suweni eifu be gajiha, suwe abka na de alafi minde aisilame wehiye sehe. tere eifu be guribume gajire de, anggasi de taidzu i gaiha gundai fujin i giran, jui argatu tumen beilei giran be emgi gajiha.

四月内，命宗弟铎弼、旺善、贝和齐，往祖居呼兰哈达（山名）赫图阿拉处（冈名）移先陵。三人承命，至皇祖、考妣及皇后诸陵前，用太牢祭毕，乃移诸灵榇，肩舆以行。幔分黄红，各有其等。皇祖考用红幪，中宫皇后用黄，其皇伯父礼敦巴图鲁、皇弟达尔汉巴图鲁、青巴图鲁、宗弟祜尔哈奇、皇叔塔察（篇古之子）用红。逐日宰牛祭奠，沿途无间。将至，帝率诸王大臣，令众军披挂，出东京二十里，迎至接官亭，命束草为汉人形，放炮呐喊，斩草人以夺其地。帝暨诸王军士，俱俯伏道，帝候皇祖考及皇后灵过乃起。至东京城东北四里岗上，建立寝殿奉安之。乃盛陈祭仪，宰牛羊，多焚金银纸张，以祭诸灵。躬诣祖考灵前跪奠，祝曰："吾征明国以复祖父之仇，遂得广宁、辽阳，今迎先灵葬于所获之地，乞祖父上达天地神祇，冥中默佑可也。"祝毕，再拜而起。其继娶衮代皇后及皇子阿尔哈图图们灵榇，亦同移于此。

四月，满洲国太祖英明汗遣族弟铎弼叔父、旺善叔父及贝和齐叔父，将祖、父、叔、兄、弟、子、福金等骸，自故土呼兰哈达赫图阿拉移来。三人承命，先至祖陵及诸福金陵前宰牛祭毕，将太祖英明汗祖、父之骸用红轿，中宫大福金之骸用黄轿，伯父礼敦巴图鲁骸、弟达尔汉巴图鲁贝勒骸、青巴图鲁贝勒骸、叔父塔察费扬古子祜尔哈齐贝勒骸用红轿，肩舆以来。每日宰牛祭奠。将至东京，太祖英明汗率诸贝勒大臣，令兵士披甲，出东京二十里，迎至接官亭，令束草为汉人形，放炮呐喊，斩毁草人以夺其地。汗与诸贝勒大臣及兵众皆俯伏跪拜于大道旁，候祖及大福金灵轿过，方起。随后，至东京城东北角四里杨芦山，葬于陵寝。各陵前皆宰牛羊，烧纸钱祭奠。太祖英明汗于祖、父陵前跪拜奠酒，曰："吾为报祖、父之仇，征大明，得辽东、广宁，将汝等之陵迎至吾所得之地，愿汝等告知天地以佑我。"移陵时，太祖继娶之衮代福金及子阿尔哈图图们贝勒骸，亦同移于此。

sunja biya de，daiming gurun i mao wen lung，ini fejergi ilan iogi de cooha afabufi, manju gurun i dergi dubei hoifai babe sucume unggifi, ilan iogi cooha gaifi yalu giyang be bitume wasifi, golmin šanggiyan alin i butenderi dabafi, hoifa be sucunjiha be, manju gurun i hoifa be tuwakiyaha coohai ejen suldungga, mao wen lung ni cooha be gidafi ilan inenggi bošome emke tucibuhekū gemu waha.

五月，明国毛文龙令游击三员，领兵顺鸭绿江越长白山，寇满洲东界所属辉发地。时有满洲守将苏尔东安击破之，追杀三日，其兵无一人得脱。

五月，大明国毛文龙令其属下三游击领兵袭满洲国东界之辉发。三游击率兵，沿鸭绿江而下，越长白山，袭辉发。满洲国辉发守将苏尔东阿败毛文龙兵，追杀三日，其兵无一人逃出，俱被杀。

orin jakūn de, taidzu genggiyen han i jui dorgon taiji de, korcin i sanggarjai taiji sargan jui be benjifi, amba sarin sarilame gaiha.

二十八日，科尔沁部桑噶尔寨台吉送女来，帝设宴与皇子多尔衮台吉为妃。

二十八日，科尔沁桑噶尔寨台吉送女来，太祖英明汗大宴之，与子多尔衮台吉为妻。

jakūn biyai juwan de, han i hojihon dzung bing guwan hergen i uju jergi amban hohori nimeme akū oho, ninju duin se bihe. han fujisa be giran de acaname unggifi. han genehekū, boo de tehei hūlame songgome, mini meiren adafi guculefi banjiha ambasa emke amala tutafi mimbe fudehe bicina seme songgoho.

八月初十日，额驸总兵官何和里卒，年六十四。命皇后等往吊之。帝于宫中大恸，曰："佐吾创业诸臣，何不遗一人以送我之终也！"

八月初十日，汗之婿总兵官头等大臣何和里病故，年六十四。汗命福金等往吊之。汗未去，于家中大恸，呼曰："佐吾诸臣，请留一人于后送我之终可也！"

manju gurun i taidzu genggiyen han, daiming gurun i mao wen lung ni cooha solhoi i jeo hecen i wargi yalu giyang be doofi giyang ni tun de usin tarihabi seme donjifi, jakūn biya de, hashū ergi gulu šanggiyan tu i gūsai meiren i ejen fujiyang hergen i lenggeri, ici ergi kubuhe fulgiyan tu i gūsai meiren i ejen iogi hergen i daise fujiyang ušan de emu minggan cooha afabufi unggifi. lenggeri, ušan jugūn de jiyansi bahafi fonjifi, daiming ni cooha inenggi oci giyang be doofi tun de tariha jeku be hadumbi, dobori oci gemu bargiyafi giyang be doofi i jeo i ergi dalin de dedumbi seme alaha manggi. lenggeri tere medege be donjifi, cooha dulime alin i dalda be somime genefi buksime ilifi, abka gerefi šun mukdeke manggi, daiming ni cooha te ainci giyang be doome wajiha dere seme uthai sindafi feksime geneci. daiming ni karun i niyalma medege alaname poo sindame jabduha akū, lenggeri uthai jen giyang ni julergi giyang ni gargan be doofi, tun de holkon de isinaha manggi, daiming ni hafan cooha ambula golofi, coohai agūra be maktafi samsime burulara be, lenggeri cooha gaifi bošome sunja tanggū funcere cooha be olhon de waha, tereci funcehe geren, giyang de fekunefi cuwan be temšeme gemu irufi bucehe. tereci lenggeri tere tun i jeku be gemu wacihiyame tuwa sindafi cooha bederehe.

是月，帝闻毛文龙兵渡朝鲜义州城西鸭绿江，入岛中屯田，命正白旗固山副将楞额礼、镶红旗固山游击兼副将事武善，领兵一千往袭之。于途中获一谍者，诘之，告曰："昼则渡江入岛收获，夜则敛兵过江，宿于义州西岸。”楞额礼连夜领兵潜于山僻处前进，遂隐伏，至天明，料明兵已渡江，遂纵兵前进。明之侦探未及举炮传烽，楞额礼即渡夹江，突至其岛，明国将士大惊，俱抛戈溃走。楞额礼等于陆地掩杀五百余人，其余争入舟堕水，皆溺死。楞额礼等尽焚其粮而回。

满洲国太祖英明汗闻大明国毛文龙兵已渡朝鲜义州城西鸭绿江，至江岛中耕田，遂于八月遣左翼正白旗固山梅勒额真副将楞额礼、右翼镶红旗固山梅勒额真游击兼副将事武善，领兵一千往。楞额礼、武善途中得一奸细，问之，告曰："大明兵昼则渡江入岛，收所种之粮，夜则收兵渡江，宿于义州岸边。"楞额礼闻息，连夜领兵潜于山僻处行进，遂隐伏，俟天明日升，大明兵想是已渡江毕，遂纵兵前进。大明哨探未及放炮报信，楞额礼即渡镇江之南江支流，突至其岛，大明官兵大惊，抛戈四溃。楞额礼率兵于陆上追杀五百余人，其余众人投江争船，皆溺水而亡。楞额礼纵火尽焚岛上粮食而回。

卷八

abkai fulinggai taidzu genggiyen han i juwanci niohon ihan aniya, aniya biya de, solhoi gurun i han šun, han i gebungge juwe niyalma ukame jihe. han šun i ama han ming liyan, dzung bing guwan i hergen i li guwe gebungge amban i emgi solhoi wang ni doro be facuhūrafi cooha ilifi, wang ging hecen be afame dosire de. solhoi wang cooha okdome unggifi gidabure jakade, uthai wang ging hecen be waliyafi burulaha. tereci han ming liyan, li guwe tere hecen de dosifi tehe manggi, li guwe i fejergi jung giyūn li guwe, han ming liyan be wara jakade, han ming liyan i jui han šun, deo i jui han i burulame tucifi, manju gurun i taidzu genggiyen han be baime ukame jidere jakade. taidzu genggiyen han, han žun be iogi hafan, han i be bei ioi guwan obufi, sargan, aha, boo, usin, morin, ihan, sunje ulin, etuku niyalmai baitalara ai ai jaka be yooni buhe.

乙丑天命十年正月，朝鲜国韩润、韩义来降。润父韩明廉，与总兵官李国谋篡，起兵攻王京。国王遣兵迎战，为明廉等所败，遂弃城而走。二人领兵入城，有李国部下中军执二人杀之，明廉子润与侄义脱走来归。帝赐韩润游击之职，韩义备御之职，仍给妻奴、房田、牛马、财帛、衣服，一切应用之物。

乙丑天命太祖英明汗十年正月，朝鲜国韩润、韩义二人逃来。韩润父韩明廉，与总兵官李国同谋篡，起兵攻入王京。朝鲜王遣兵迎战，为其所败，遂弃京城而逃。于是韩明廉、李国入据其城，后李国部下中军杀李国、韩明廉，韩明廉子韩润、弟之子韩义脱出，来归满洲国太祖英明汗。太祖英明汗授韩润为游击官，韩义为备御官，并赐妻奴、房田、马牛、绸帛、财物、衣服，凡人所用之物皆足赐之。

taidzu genggiyen han geren beilei baru hendume，musei uksun i baijuhū，hūsingga juwe ahūn mimbe daci gasabuha gojime，tusa araha ba akū. jai ulai emhe，yehei mamari meni meni eigete be guwekiyebume bata ofi gasabuha，gojime sain ai bi? udu tuttu sehe seme，hiyoošunlara kundulere doro be aljaci ojirakū seme hendufi. baijuhū amji，hūsingga amji，ulai gurun i mantai beilei sargan emhe，cangju beilei sargan keke，yehei gurun i bujai beilei i sargan，gintaisi beilei sargan juwe aša be gemu solime ganafi，dulimbai gung de dosimbufi，juwe amji be dergi nahan de tebufi，han i beye aniya araha doroi juwe amji de niyakūrafi hengkilehe，jai duin mama de emgeri hengkilehe，tereci han amasi bederefi，wargi nahan i fejile falan de jafu sektefi tehe. han i ilan fujin，juwe amji，duin mama de urun i doroi hengkilehe，sarin sarilame dere tukiyehe manggi，juwe amji，duin mama de，han arki hūntaha jafame tehe bade uthai niyakūrafi，ambasa be takūrame arki omibuha，fujisa urun i doroi aldangga niyakūrafi，hehesi be takūrame arki hūntaha jafaha. tereci juwe amji de puse noho sujei goksi emte bufi，dorolome fudefi unggihe.

帝谓诸王曰："吾宗室中有拜珠扈、祜星阿二兄者，昔日惟知贻我之忧，毫无裨益我也。又，乌拉国岳母（满泰贝勒妻皇后之母也），及叶赫国岳母等，皆构其夫与我为难，有何益哉？虽然，爱敬之礼亦不可废。”遂令人请二兄并岳母、皇姨（皇后之姊长住贝勒妻也）及叶赫国布斋、锦台什二人妻入中宫，延二兄于上座，贺正旦，行家人礼，先拜二兄，后拜四媪，回至东榻下铺毡而坐。后妃三人亦行妇礼，毕，设宴。帝跪而酌酒，令人奉之，后妃等亦遥跪，令宫婢劝饮。宴毕，仍赐二兄补服衣送还。

太祖英明汗谓诸贝勒曰：“吾等宗族中有拜珠扈、祜星阿二兄，昔日唯知怨恨吾等，毫无裨益。又，乌拉国岳母及叶赫诸媪，皆唆使其夫与我为敌而怨恨之，有何益哉？言虽如此，然孝敬之礼不可废。”言毕，令人往请拜珠扈伯父、祜星阿伯父、乌拉国满泰贝勒妻（即汗之岳母）、常住贝勒妻（即汗之姨）、叶赫国布斋贝勒妻、锦台什贝勒妻（即汗之二嫂）等入中宫，延二伯父居上座，汗亲自以年礼叩拜二伯父，再拜四媪，汗退回，至西炕下堂铺毡而坐。汗之三福金以儿媳之礼叩拜二伯父及四媪，毕，设宴。汗执酒杯即于坐处下跪，令大臣奉酒与二伯父及四媪，福金等亦以儿媳之礼遥跪，令宫婢把盏。宴后，又赐二伯父金团龙缎补服各一领，以礼送还。

daiming gurun i emu tumen cooha cuwan i jifi mederi dalin i lioi šun keo i hoton be dasafi tehebi seme donjifi, aniya biyai juwan dui de, taidzu genggiyen han manggūltai beile de ninggun minggan cooha be afabufi unggifi, lioi šun keo hoton be afame gaifi cooha be gemu wafi, hoton be efulefi, tereci cooha bederehe.

帝闻明国遣兵一万，由海上至旅顺口，葺城驻兵，乃于正月十四日，命三王领兵六千克之，尽杀其兵，毁城而回。

太祖英明汗闻大明国遣兵一万，由海上至，于旅顺口修城驻扎，遂令莽古尔泰贝勒领兵六千，攻取旅顺城，尽诛其兵，毁其城而回。

juwe biya de，korcin i jaisang beilei sargan jui be ini ahūn ukšan taiji，taidzu genggiyen han i duici jui□□□beile de sargan benjire de. □□□beile okdofi，šen yang hecen i amargi ala de acafi amba sarin sarilafi gajime jidere de，han beise fujisa juwan bai dubede okdofi，amba sarin sarilafi，dung ging hecen de jihe manggi，dorolome amba sarin sarilame yengsileme gaiha. ukšan taiji de non be benjihe seme kunduleme niyalma，aisin menggun，gecuheri，suje，mocin samsu，uksin saca，menggun i tetun ambula bufi unggihe.

二月，科尔沁宰桑贝勒子武克善台吉，送其妹来与四王为妃。四王迎至沈阳北冈，宴之。将至，帝与诸王及后妃等出迎十里，大宴，入城复设宴，以礼成配。因其送婚，遂优待之，赐以人口、金银、蟒段、布帛、盔甲、银器等物，令之还。

二月，科尔沁宰桑贝勒女，由其兄武克善台吉送与太祖英明汗第四子〈皇太极〉贝勒为妻。〈皇太极〉贝勒迎之，会于沈阳城北岗，宴之。将至，汗与诸贝勒及福金等迎至十里处，大宴。来至东京城，以礼大设婚宴，娶之。武克善台吉因送妹来而敬之，赐人口、金银、蟒缎、苏绸、毛青布、盔甲、银器甚多，令之回。

manju gurun i taidzu genggiyen han dung ging hecen ci šen yang hecen de guriki seme，beise ambasai baru hebešere jakade，beise ambasa tafulame，muse ere dung ging ni hecen be ice sahafi boo yamun teni araha，irgen i niyalmai boo hono wacihiyame bahara unde kai. te geli ba gurici irgen jeku ufaraha bi，alban geli labdu gurun jobombi kai seme tafulara jakade. han marame hendume，šen yang ni ba eiten i arbun i ba，wasihūn daiming gurun be dailaci，durbideri liyooha bira be doofi geneci jugūn tondo，ba hanci. amarigi monggo gurun be dailaci， damu juwe ilan inenggi de uthai isinambi. julesi solho gurun be dailaci, cing ho i jugūn be geneci ombi. šen yang ni hecen de teci, hunehe bira, suksuhu birai sekiyen de moo sacifi muke be eyebume gajici, boo yamun arara moo, deijire moo gemu bahambi. sargara de abalaci alin hanci gurgu elgiyen birai butaha inu bahambikai. bi bodofi guriki sembi dere, suwe ainu marambi seme hendufi. ilan biyai ice ilan de, dung ging hecen ci gurifi, šen yang hecen de gurime jime, hū pi i de dedufi, ice duin de, šen yang hecen de isinjiha.

三月，帝聚诸王大臣议，欲迁都沈阳，诸王大臣谏曰："东京城新筑，宫廨方成，民之居室未备，今欲迁移，恐食用不足，力役繁兴，民不堪苦矣。"帝不允，曰："沈阳四通八达之处，西征明国，从都尔弼渡辽河，路直且近。北征蒙古，二三日可至。南征朝鲜，自清河路可进。沈阳浑河通苏克素护河，于苏克素护河上流处伐木，顺流而下，材木不可胜用。出游打猎，山近兽多，且河中水族亦可捕取矣。吾筹虑已定，故欲迁都，汝等何故不从?"乃于初三日出东京，驻虎皮驿，初四日至沈阳。

满洲国太祖英明汗欲自东京城迁至沈阳城，遂与诸贝勒大臣商议，诸贝勒大臣劝曰："吾等此东京城乃新筑，房舍衙署方成，民房尚未完备，今又迁移，恐百姓粮食不足，力役又繁，劳累国人耳。"汗不允，曰："沈阳乃形势要地，西征大明，从都尔弼渡辽河而去，路直且近。北征蒙古，二三日即至。南征朝鲜，自清河路去即可。若居沈阳城，于浑河、苏克素护河源伐木，顺流而取，造房舍衙署及烧薪之木材皆可得也。若出游打猎，山近兽多，河中水族亦可捕捞也。吾筹虑已定，故欲迁都，汝等何故不从?"乃于三月初三日出东京城，迁往沈阳，驻虎皮驿，初四日至沈阳城。

tere inenggi dergi mederi warkai aiman de cooha unggihe karda, fukana, tayu ilan tanggū gūsin haha be dahabufi gajime isinjiha.

是日，有前遣去喀尔达、富喀纳、塔裕三人，招瓦尔喀部三百三十人而至。

是日，先时出兵东海瓦尔喀部之喀尔达、富喀纳、塔裕，招服三百三十男丁带至。

taidzu genggiyen han uksun i deo wangšan ecike, fujiyang hergen i dajuhū, cergei de emu minggan sunja tanggū cooha afabufi, dergi mederi warkai aiman be dailame unggifi. genehe bade etefi ambula bahafi gajimbi seme donjifi, taidzu genggiyen han cooha genehe ambasa be okdome aba abalame. duin biyai ice juwe de, š en yang hecen ci tucifi, ice ilan de, biyen gebungge bade isinafi abalame genehei, duici inenggi muhu gioro gebungge bade isinaha manggi, cooha genehe ambasa be acafi. jakūn ihan wame tu weceme wajiha manggi, cooha genehe wangšan ecike, dajuhū, cergei geren cooha be gaifi, han de hengkileme acara de. han fonjime, suweni genehe bade gemu sain i yabuhao? wangšan ecike jabume, han i hūturi de gemu sain i yabuha seme jabufi hengkileme wajiha manggi, han ilan amban be tebeliyeme acaki seme siran siran i tebeliyeme acaha, abalafi baha emu tanggū gurgui yali okdome gamaha juwe tanggū malu arki be cooha i niyalma, boigon i niyalma de sarilaha, tereci amasi bedereme jime. juwan ilan de šen yang hecen i amargi ala de isinjifi, ihan honin dehi wafi, duin tanggū dere dasafi arki nure duin tanggū malu coohai niyalma, boigon i niyalma de amba sarin sarilafi. honin erin de š en yang hecen de dosika, wangšan ecike, dajuhū, cergei emgi genehe coohai niyalma de sunjata yan menggun šangnaha.

初，上命宗弟旺善、副将达珠瑚、彻尔格领兵一千五百，讨瓦尔喀部。至是，闻其俘获甚众，乃畋而迎之，于四月初二日出城，初三日至必音行猎，四日至穆瑚觉罗会之。宰牛八只祭旗毕，旺善等率众军叩见。帝曰："尔等所向俱利否?"旺善对曰："仗汗洪福，所到之处俱利。"遂叩首，帝与三臣抱见毕，乃以酒二百埕，并所获之兽百余，犒三军及降民等而回。十三日至沈阳北冈，复宰牛羊四十，酒四百埕，设四百席大宴劳之。未时入城，赏旺善、达珠瑚、彻尔格从征军士每名银五两。

太祖英明汗遣族弟旺善叔父、副将达珠瑚、彻尔格领兵一千五百，往征东海瓦尔喀部。至是，闻其所至之处俘获甚众，太祖英明汗遂行猎以迎出征诸将，四月初二日出沈阳城，初三日至必音行猎，第四日至穆瑚觉罗处，会出征诸将。宰八牛祭旗毕，出征之旺善叔父、达珠瑚、彻尔格率众军叩见汗。汗问曰："尔等所到之处皆顺利否?"旺善叔父答曰："托汗洪福，一切顺利。"叩拜毕，汗与三臣相继抱见，以猎得兽肉一百，并所带之酒二百坛，宴诸军及降户而回。十三日至沈阳城北岗，宰牛羊四十，备酒四百坛，置席四百宴诸军及人户。至未时入沈阳城，赏旺善叔父、达珠瑚、彻尔格从征兵士每人银五两。

orin ilan de geren beise be isabufi amba sarin sarilara de, taidzu genggiyen han tacibume hendume, julgei bithe de henduhengge, ama eme de hiyoošunga, ahūta de deocilere niyalma de facuhūn ehe mujilen akū sehebi. terei adali musei juse omosi jalan halame ama eme be hiyoošsula, ahūta de deocile, doroi bade kundulere, hiyooš ulara deocilere doro be ume jurcere. bai tehe de dergi niyalma, fejergi deote jusei baru uhe hūwaliyasun i oso, deote juse ijishūn i hūwaliyafi halašame banjikini，fejergi jalan i niyalma，dergi jalan i niyalma be kunduleci，tondo mujilen i gingguleme yargiyan i kundule，dergi jalan i niyalma，fejerigi jalan i niyalma be gosici tondo mujilen i unenggi gosi，ume holtoro. musei gurun julge meni meni bade tehe bihe，te manju monggo nikan gemu emu hecen de tefi，emu hūwai gese banjimbi，fejergi jalan i niyalma be asuru girubuci，fejergi jalan i niyalma jirgara šolo akū，komso bicibe sarin sarilame banji，bi jurgan jorifi buhe. mini gisun be ume jurcere seme henduhe.

二十三日，帝设大宴，聚诸王训之曰："语云，其为人也孝弟，而好犯上作乱者未之有也。吾后代子孙当世守孝弟之道，不可违也。其为长上者，居恒当和洽其子弟，为子弟者，亦宜承顺亲爱方可。至于上待下，下事上，务以真心实意爱敬之，慎勿怀虚假之念。且我满洲原与汉人、蒙古国别俗殊，今共处一城，如同室而居，若遇卑幼过严，则卑幼者必无得所之时，虽薄少饮食，亦当聚宴，以联和好，吾之所指示者此耳，汝等毋负朕言可也。"

二十三日，太祖英明汗设大宴，聚诸贝勒训之曰："古书云，孝父母悌兄长者，无作乱为恶之心。同样，吾等子孙后代当世守孝父母悌兄长之道，不悖孝悌之礼。居长上者，当和洽晚辈子弟，子弟当和顺相亲而生。如此，晚辈敬长辈，当忠心实意敬之，长辈怜晚辈，亦当忠心实意待之，勿虚伪。昔者吾国人各居一处，今满洲、蒙古、汉人均住一城，如同院而居，若辱卑幼者过甚，卑幼者则无安逸，虽薄少亦当设宴待之，吾之指示者此耳，勿负吾言。"

ninggun biyai orin nadan de，daiming gurun i mao wen lung ni ilan tanggū cooha yoo jeo hoton i julergi kiyoo me cung ni bade dosifi，guwan tun gebungge gašan de dobori jifi gašan i boihon i fu be dabame dosire de，tere gašan i hahasi jabdure onggolo，cinggiyanu，nadai，maitu gebungge ilan niyalma i sargan sejen i fara be fu de wan sindafi，cinggiyanu i sargan gala de loho jafafi juwe hehe be gaifi juleri tafafi sacire jakade，tere ilan tanggū cooha golofi fu i ningguci amasi fekufi gemu burulaha. tere burulaha cooha be yoo jeo hoton de anafu tehe dzung bing guwan hergen i yangguri gebungge amban amcanafi gemu waha. taidzu genggiyen han tere ilan hehe be gajifi saišame，cinggiyanu i sargan，nadai sargan be bei ioi guwan hafan obuha，maitu i sargan be ciyandzung obufi，ilan hehe de jergi bodome suje ulin，morin，ihan ambula šangnafi，terei gebu be gurun de algimbuha.

六月二十七日，明毛文龙三百兵夜入耀州南荞麦冲，至官屯，方欲越墙，时屯中未及准备，有青加努妻先执刀，与纳岱、迈图二人妻，内竖车辕，为首登墙，截杀其兵，敌人遂坠墙惊走。有守耀州总兵扬古利领兵尽追杀之。帝闻而奇之，乃宣至，赐青加努、纳岱二人妻备御之职，迈图妻千总之职，以金帛牛马列等重赏之，其名自此播扬于国中。

六月二十七日，大明国毛文龙三百兵入耀州城南荞麦冲，夜进官屯寨，欲越土墙入寨，时寨中男子未及准备，有青加努、纳岱、迈图三人之妻，竖车辕靠墙为梯，青加努妻手执腰刀，领二妇人率先登墙砍杀，其三百兵受惊，自墙头跳回，俱溃逃。溃逃之兵为驻守耀州城总兵官扬古利追杀殆尽。太祖英明汗召见三妇人，嘉奖之，授青加努妻、纳岱妻为备御官，授迈图妻为千总，列等赏三妇人绸缎、财物、马牛甚多，其名自此播扬于国中。

jakūn biyade，taidzu genggiyen han yoo jeo hoton be efulefi dasame saha seme，tumburu，ardai，moohai，guwangsi de cooha afabufi yoo jeo hoton de anafu teme unggifi hoton be efulefi dasame sahame dulin oho manggi，daiming gurun i ning yuwan hecen i cooha，šan hai guwan furdan i cooha yoo jeo hoton be gaimbi seme jifi，liyoo ho bira mederi acaha bai niyang niyang gung ni dogon be cuwan i doofi dobori dulime jifi，ilaci ging de yoo jeo hoton de afanjiha manggi. yoo jeo hoton be tuwakiyaha ambasa amasi gidafi bošome wame，liyoo ho bira de fekumbufi，niyalma morin jalume sahame tuhefi bucehe，nadan tanggū morin，uksin saca，coohai agūra ambula bahafi. šen yang hecen de gajime jidere de，taidzu genggiyen han hecen ci tucime juwan bai dubede okdofi，jakūn ihan wame tu wecefi cooha gidaha ambasa de hergen bodome baha morin be šangnafi，menggun i pai emte buhe，funcehe morin be coohai niyalma de dendeme gaisu seme buhe.

八月，命屯布噜、阿尔岱、茂海、光实等，率兵守耀州，重修其城。四人奉命修城，将半，有宁远、山海二处兵，自天妃宫渡河，夜半来攻。守城诸将追杀，直抵河上，人马溺死者甚众，获马七百匹，盔甲器械无算。屯布噜等献功，帝出迎十里，宰牛八只祭旗毕，将所获马匹列等赏破敌诸将，各赐银牌一面，其余马匹散与众军。

八月，太祖英明汗谕令，耀州城破，宜重修，遣屯布噜、阿尔岱、茂海、光实领兵驻守耀州城。重修城至半，时大明国宁远、山海关二处来攻耀州城，自辽河汇海处之娘娘宫渡口渡船，夜半而来，三更时攻耀州城。守耀州城诸将败敌追杀，跃辽河而溺亡之人马尸体满积，获马七百，盔甲兵器甚多。携回沈阳城，太祖英明汗出城迎至十里处，宰八牛祭旗，议叙败敌诸将，将所获马匹赏之，各赐银牌一面，其余马匹分与众军。

manju gurun i taidzu genggiyen han iogi hergen i daise fujiyang borjin hiya，bei ioi guwan hergen i uici，janu，senioke，jongnoi，tonggoi，nikan de juwe minggan cooha afabufi，šun dekdere ergi dergi mederi julergi goloi hūrgai aiman be dailame unggifi，sunja tanggū boigon be dahabufi gajimbi seme donjifi，taidzu genggiyen han hecen tucime hunehe birai dalin de okdofi. han cacari de tehe manggi，cooha genehe ambasa，dahabufi gajiha ujulaha sain niyalma hengkileme acame wajiha manggi，amba sarin sarilafi，šen yang hecen de bedereme jihe.

初，命游击（代管副将事）博尔晋辖、备御卫齐、扎努、塞纽克、衷诺、通贵、尼堪领兵二千讨东海南瑚尔哈部，招五百户而来。帝闻之，迎至浑河，出征诸将并招来头目叩见毕，大宴，乃还。

满洲国太祖英明汗遣游击署副将事博尔晋辖、备御官卫齐、扎努、塞纽克、衷诺、通贵、尼堪领兵二千，远征东海南瑚尔哈部，招服人户五百带回。太祖英明汗闻之，出城迎至浑河岸，汗坐于帐，出征诸将并招来头目叩见毕，大宴，回沈阳城。

taidzu genggiyen han yahū，kamdani de cooha afabufi dergi mederi amargi gūwalcai aiman be dailame unggihengge，juwe minggan niyalma be bahafi gajimbi seme donjifi，han hecen tucime okdofi，amba sarin sarilafi bedereme jihe.

初，命雅护、喀木达尼二人领兵讨东海北卦勒察部，时获人二千而来，帝出城迎之，大宴而回。

初，太祖英明汗命雅护、喀木达尼领兵征东海北卦勒察部，闻获二千人而来，汗出城迎之，大宴乃还。

ineku jakūn biyai ice uyun de，monggoi cahar gurun i lindan han i cooha，korcin i ooba hūng taiji be dailame jimbi seme，ooba hūng taiji， manju gurun i taidzu genggiyen han de bithe unggime elcin takūrafi isinjiha，tere bithei gisun，musei juwe gurun emu gurun oki seme，abka de šanggiyan morin，na de sahaliyan ihan wafi senggi some gashūme，muse yaya gurun de dain jici，cooha daki sehe bihe. julergi coohar，amargi arui coohar i linda han de acanafi，juhe jafara，orho i olhoro onggolo，ishun biyai tofohon de cooha tucifi，meni korcin be hafirame dailaki sembi sere. duleke aniya cahar i cooha jidere be yargiyalame medege donjifi，elcin takūraki seme bitele，han neneme medege donjifi，han isamu be juwe morin i ebšeme takūraha bihe. te cooha jidere medege be yargiyalaha，cooha geren komso nemere be han sa，poo sindara minggan niyalma be unggi. sunja tatan i kalkai beise gūwa be sarkū，hūng baturu beile usin i jeku be ebšeme bargiyafi mende acaki seme，hūng baturu beile，barin ere juwe de，be akdahabi. jaisai，bagadarhan juwe nofi cahar i emgi acafi，mende cooha jidere dursun bi，cahar kalka mende jici，amargideri ini gurun de cooha genere be han i genggiyen de sa.

初九日，科尔沁鄂巴闻察哈尔国林丹汗兴兵来侵，乃遣使驰书于帝，曰："向者我二国曾宰白马乌牛，对天地歃血结盟，愿合为一，遇有敌兵，必互相救援。今闻南察哈尔与北阿禄会林丹汗举兵，于九月十五日，乘河未结草未枯，来夹攻我。自去年欲探其兴兵之确实往告，不意汗已预闻，急遣伊沙穆乘二马先来告我。今闻举兵已实，助兵多寡惟汗裁之，其炮手火器，乞助千人。五部贝勒中吾不能尽知，独洪巴图鲁急刈其禾，欲与我合，吾所恃者洪巴图鲁、巴林二人而已。其斋赛、巴哈达尔汉，皆有附察哈尔加兵于我之意，彼若连兵而来，乘虚袭后，其睿算惟在汗也。"

八月初九日，因蒙古察哈尔国林丹汗来征科尔沁鄂巴洪台吉，鄂巴洪台吉遣使致书满洲国太祖英明汗，书曰："吾二国曾宰白马黑牛，祭告天地，歃血盟誓，愿合为一国，倘一国受侵必援助之。今闻南察哈尔与北阿禄察哈尔林丹汗会，乘结冰草枯之先，于下月十五日即出兵侵我科尔沁。吾自上年欲探察哈尔兴兵之确实遣使告闻，不意汗已先闻，急遣伊萨穆乘二马来。今兵来之信为实，援兵之众寡，惟汗裁之，望遣炮手千人。五部喀尔喀诸贝勒情形尚不知，惟洪巴图鲁贝勒急收田谷，欲与吾会合，洪巴图鲁贝勒、巴林二人可信。斋赛、巴哈达尔汉二人有会察哈尔兴兵于我之势，倘察哈尔、喀尔喀来攻我，即派兵袭其后，惟汗睿鉴之。"

taidzu genggiyen han tere medege be donjifi, ineku jakūn biyai juwan de, duin niyalma be korcin i ooba hūng taiji de elcin takūrame, poo sindara jakūn niyalma be beneme unggihe, bithei gisun, ooba hūng taiji suwe cooha ambula gaji seci ambula unggire, komso gaji seci komso unggire, suwe asuru ume joboro. geren komso haran waka, abkai haran kai, gemu abkai banjibuha gurun kai, geren seme, komso be waci abka geli ombio? suwe hoton be bekileme dasafi, hoton de alime afaci, cahar baharakū bederembi, tuttu akū oci cahar burulafi terei doro efujembi burularakū bai bedereci be cahar inu suwembe jai baharakū seme necirakū, suwe inu tere fonde dolo sula ombi kai. neneme cahar i tumen jasaktu han hoifai gurun be dailame genefi, hoifai sunja tanggū cooha susai uksin de afame mutehekū, cooha bederefi jai hoifa be necihekūbi. tala de cooha acafi afambi serengge, gacuha maktafi oncohon umušuhun tuhere gese, etere anabure be boljoci ojirakū. cooha komso bime tala de tucifi afaki sere niyalma tere olihadame burulaki sembi kai, terei gisun de ume dosire. hoton de alime gaifi afafi baharakū bedereci, tere fonde tucifi afafi eteci, unenggi baturu niyalma serengge tere kai. te suwe aikabade cahar i baru doro acafi weile wajiha seme, suweni korcin i beise julgei cahar i tumen jasaktu han de acafi, tereci ebsi ere fonde isitala, cahar kalka suwembe kemuni dailafi gamarangge, suwende aika weile biheo? udu acafi weile wajiha seme cihalafi waki sembihede, suwende weile akū seme tere nakambio? daiming, solho, ula, hoifa, yehe, hada, meni manju gurun de hecen hoton akū bihe bici, suweni monggo gurun membe elhe tebumbiheo? meni budun de be hecen hoton de akdafi banjimbikai seme bithe arafi unggihe.

帝览毕，遂修书答之曰："鄂巴洪台吉，汝用兵或多或寡，吾皆应之，不必过虑也。盖兵不在众寡，惟在乎天，凡国皆天所立者也，以众害寡，天岂容之？但当坚备城郭，守御于城上，彼不能拔必退，若折兵败走，彼国且危，即不败而退，彼知难取亦不敢复侵汝，自无虞矣。昔图们扎萨克图汗（林丹之祖也）曾征辉发，时辉发兵五百，带甲仅五十人，与之战，不胜而回，以后无复敢侵。凡两军交战，胜负难必，有兵寡而欲出战者，此人必是怯敌，欲其便于走也，慎勿从之。若据城待战，伺其攻城不拔而退，乘机一战以致胜者，诚为英勇者也。汝设欲与之和而图无事，昔汝科尔沁贝勒等，曾与图们扎萨克图和好，至今屡屡来侵，汝等何罪之有？即与和以图无事，彼果有意侵汝，即曰无罪，彼遂能已耶？明国、朝鲜、乌拉、辉发、叶赫、哈达、满洲苟无城郭，蒙古岂令我等得安居哉？因我等诸国所恃，惟城池也。"于初十日，发炮手八人，遣四使赍书往送之。

太祖英明汗闻息，仍于八月初十日遣使四人至科尔沁鄂巴洪台吉处，并遣炮手八名同往，致书曰："鄂巴洪台吉，汝等若需兵多则多遣，少则少遣，不必焦虑。盖兵不在众寡，唯在乎天，国乃天所生也，若众暴寡，天岂容之？汝等宜固修城池，守城而战，察哈尔必无功而返，若非如此，倘察哈尔败走，其内部必乱，即使不败而退，察哈尔亦不敢复侵汝等，汝等亦可乘机休养生息。先时，察哈尔图们扎萨克图汗往征辉发国，辉发以五百兵、五十甲与之战，不能胜而回师，自此再不敢侵辉发。凡两军交战，犹掷骨之戏，或仰或俯，胜负难料，兵虽少而欲出战者，必是怯懦而欲败逃也，其言勿信。据城待战者，俟攻之不克而返，彼时出战而胜之，诚乃勇者也。今汝等倘欲与察哈尔和，以图息事，昔汝等科尔沁诸贝勒与察哈尔图们扎萨克图汗和，至于今日，仍来侵扰，汝等何罪之有？虽与之和以图息事，然欲寻衅而杀之，汝等何可免罪耶？大明、朝鲜、乌拉、辉发、叶赫、哈达、吾满洲苟无城池，汝蒙古国岂令吾等安居哉？吾等愚懦，唯恃城池而存也。”

cahar i cecen han akū ofi，cecen han i omolo lindan han tehe manggi，mafa cecen han i deo sina minggan gebungge aiman be ejelehe daicing beilei jušen irgen be gemu durime，gaijara jakade，daicing ini ninggun jui jalbu sereng gungge sidada g'arma urjan be gaifi juse sargan be gemu gamame，korcin i ooba hūng taiji de ubašame genefi. daicing ni jui jalbu，sereng korcin ci manju gurun i genggiyen han de hengkileme jihe manggi，taidzu genggiyen han jalbu，sereng de gecuheri goksi duin，foloho imiyesun juwe，loho juwe，silun i dahū juwe，seke emu tanggū，ulhu emu minggan，lekerhi juwe，uksin juwan juwe，menggun i tetun，suje ulin ambula šangnafi unggihe.

初，察哈尔车臣汗卒，孙林丹立，尽夺实纳明安部岱青（车臣弟也）人民，岱青率其妻并六子扎尔布、色棱、公格、实达达、噶尔玛、武尔占，叛归鄂巴洪台吉。至是，岱青子扎尔布、色棱从科尔沁来谒，帝赐蟒衣四件、玲珑金带二束、甲十二副、刀二口、猞狸狲裘二领、貂皮百张、青鼠皮千张、海獭皮二张，又厚赐银器、段帛等物，令之回。

察哈尔车臣汗卒，孙林丹汗即位，尽夺祖父车臣汗之弟实纳明安部岱青贝勒诸申、百姓，岱青率其妻并六子扎尔布、色棱、公格、实达达、噶尔玛、武尔占，叛逃至科尔沁鄂巴洪台吉处。岱青子扎尔布、色棱自科尔沁来谒满洲国英明汗，太祖英明汗赐扎尔布、色棱蟒衣四、玲珑带二、腰刀二、猞猁狲裘二、貂皮一百、青鼠皮一千、海獭皮二、甲十二，赏银器、缎帛等财物甚多，令之回。

hai jeo bai g'an ciowan pu i julergi jang tun i gebungge gašan i nikan，daiming gurun i mao wen lung de hebe arafi ubašame genembi seme niyalma takūrafi，mao wen lung ni ilan tanggū cooha dobori jifi fu be afarade，fu i dorgi uksin akū manju afame，mao wen lung ni duin niyalma be wara jakade，mao wen lung ni cooha uthai burulaha. tere afara poo i jilgan be hai jeo i jase de anafu tehe jaisa，ulkun donjifi，uthai cooha gaifi tere burulaha cooha be amcanafi，emu tanggū nadanju coohai niyalma be waha.

甘泉铺南海州所属张屯汉人谋叛，密以人通毛文龙，文龙遣兵三百夜袭其屯，屯中满洲人身无甲胄，与之战，杀其四人，敌遂败走。时防海州边将斋沙、武尔坤闻炮声，即领兵追之，杀兵百七十人。

海州地方甘泉铺南张屯寨汉人遣人与大明国毛文龙密谋叛投，毛文龙兵三百夜袭其屯，屯内无甲满洲战之，杀毛文龙兵四人，毛文龙兵败逃。时驻守海州边防之斋沙、武尔坤闻交战炮声，即率兵追击逃兵，杀一百七十人。

juwan nadan de，taidzu genggiyen han geren ambasa，gubci irgen i arki nure omire jalinde tacibume hendume，julgeci ebsi arki nure omiha niyalma，bi omifi tenteke jaka baha，tere erdemu taciha，tuttu jabšaha seme gisurere be suwe donjihao? arki nure omifi niyalmai emgi becunuhe，niyalma be huwesilehe saciha，karu imbe waha，morin ci tuhefi gala bethe bijaha，meifen mokcofi bucehe，ibagan ušafi bucehe，arki de dabafi bucehe，jugūn de tuhefi etuku mahala waliyabuha，ama eme ahūn deo de ehe oho，suihume tetun agūra hūwalame boo be manabuha wasika ufaraha seme gisurere be bi donjiha. arki nure urundere de ebirakū kai，hala halai efen lala dagilafi jecina，arki nure teburengge efen lala ararangge gemu emu fisihe kai，arki nure de efujembi，efen lala de ebimbikai，ebire be jeterakū，efujere be ainu omimbi? beise akū niyalma omici，beye bucembi，erdemungge sain niyalma omici，erdemu efujembi，dergi han beise de waka sabumbi. eigen omici，sargan de eimubumbi，sargan omici，eigen de waka sabumbi，booi aha dosorakū ukambi，arki nure omirengge ai sain? julgei mergesei henduhengge，horonggo okto angga de gosihon gojime，nimeku de tusa，jancuhūn nure angga de amtangga，nimeku be dekdebumbi. haldaba huwekiyebure niyalma i gisun donjire šan de icingga，banjiire jurgan de ehe，tondo tafulara gisun šan de ici akū，banjire doro de tusa sehebi. arki nure be asuru omire be nakacina seme bithe arafi wasimbuha.

十七日，帝因臣民有嗜酒者，遂降旨谕之曰：“自来曾闻饮酒之人，于饮中得何物，于饮中增何艺，如是裨益者有耶？饮酒者与人争斗，以刀伤人，反自害其身者有之，或坠马伤其手足，折其颈项而死，或为鬼魅所压而死，或纵酒成疾而死，或仆于途路而失衣冠，或得罪于父母兄弟，或恃酒力而毁败其器具，消落其家业者有之，似此种种无益，吾尝闻之矣。况饥时饮酒不能饱也，炊黍可食，饽饦可食，夫酒与食同是五谷所造，酒能伤人，食能饱人，何不食其饱人者，而饮此伤人之酒也？愚者饮之丧身，贤者饮之败德，更且见罪于君上。至于夫饮而为妻憎，妻饮而为夫恶，奴仆因之而逃亡，饮酒有何美哉？古之贤者有云：'良药苦口利于病，忠言逆耳利于行，佞言耸人之听必坏道，旨酒美人之口必败德。'可勿戒欤。"

十七日，太祖英明汗因群臣全民皆嗜酒，乃降旨训谕曰："自来嗜酒者于饮中得何物，习何艺，如是之言汝等曾闻之乎？嗜酒者互相斗殴，以刀伤人而抵罪，或坠马伤其手足，折其颈项而死，或为鬼魅所压而死，或因饮酒过度而死，或仆于道而弃衣帽，或得罪于父母兄弟，或损毁器皿，败坏家业，如是之言吾尝闻之矣。况酒不能充饥，诸种饽饽、蒸饭则可备之食也，夫酿酒者与做饽饽、蒸饭者同为稷谷，然酒能伤人，饽饽、蒸饭则能饱人，何不食此饱人之物而饮此伤人之物耶？无主者饮之丧其身，贤德者饮之败其德，更且见罪于君上。夫饮之则为妻憎，妻饮之则见罪于夫，家仆不耐而逃亡，饮酒有何美哉？古之智者有云：'良药苦口利于病，甘酒可口害其身，谄言悦耳毁其道，忠言逆耳利于行。'禁饮酒过甚。"

taidzu genggiyen han, abai age, tabai age, babutai age de emu minggan cooha afabufi, dergi mederi amargi goloi hūrga i aiman be dailame unggifi. juwe jugūn i dosifi, emu minggan sunja tanggū niyalma be bahafi gajime, juwan biyai ice duin i inenggi isinjire de, taidzu genggiyen han okdofi acafi, amba sarin sarilafi bedereme jihe.

初，命子阿拜、塔拜、巴布泰领兵一千，征东海瑚尔哈部。二路进兵，俘其众一千五百，十月初四日乃至，帝出城迎之，大宴而回。

太祖英明汗遣阿拜阿哥、塔拜阿哥、巴布泰阿哥领兵一千，往征东海北路瑚尔哈部。分二路进，俘一千五百人带回，十月初四日至，太祖英明汗迎之，大宴而回。

omšon biyai ice sunja de，korcin i ooba hūng taiji takūraha sunja niyalma isinjifi，taidzu genggiyen han de ebuhu medege alame，cahar i lindan han cooha ilifi，meni korcin be dailame jurafi coohai baran sabumbi seme alanjiha manggi. taidzu genggiyen han tere medege be donjifi，uthai golo goloi cooha be isabufi，juwan i inenggi，taidzu genggiyen han i beye beise ambasa geren cooha be gaifi amba cooha aššafi korcin de dame jurafi. k'ai yuwan hecen i dergi amargi jen be guwan furdan de isinafi tuwaci，geren coohai morin neneme abalafi ambula macuhabi，tereci sain morin be simnefi，siliha sunja minggan cooha be manggūltai beile，□□□beile，abtai taiji，jirgalang taiji，ajige taiji，šoto taiji，sahaliyan taiji de afabufi，korcin de dame unggihe，han i beye geren cooha be gaifi bederehe. tereci manggūltai beile，□□□ beile geren taijisa cooha be gaifi geneme，nunggan subargan gebungge bade isinaha manggi，cahar i lindan han korcin i ooba hūng taiji tehe hoton be kafi ududu inenggi afaci baharakū bisire de，manju gurun i taidzu genggiyen han i cooha korcin de dame jifi，nunggan subargan de isinjihabi seme donjifi，coohar i lindan han ebuhu sabuhū uthai dobori dulime cooha bedereme geneme，temen morin ambula waliyaha，tere cooha bederehe be manju gurun i cooha i beise donjifi amasi bedereme jihe，tereci korcin guwehe.

十一月初五日，鄂巴洪台吉遣五使告急曰："林丹汗举兵来侵，其势已迫。"帝遂调各路军士，于初十日率诸王大臣领大兵往助之。至开原镇北关，阅兵马，因先射猎之故，马甚羸，乃选精骑五千，命三王、四王、阿巴泰、济尔哈朗、阿济格、硕托、萨哈廉众台吉等领兵往助，帝率大军还都。三王等兵至农安塔地，时林丹汗围鄂巴城已数日，攻之不下，闻满洲援兵至，仓皇夜遁，遗驼马无算，围遂解，诸王乃还。

十一月初五日，科尔沁鄂巴洪台吉遣五使至，向太祖英明汗告急曰："察哈尔林丹汗兴兵，有起程征吾科尔沁之势。"太祖英明汗闻息，即调集各路兵，于初十日亲率诸贝勒大臣领众军行进，往助科尔沁。至开原城东北镇北关阅之，众兵马因先狩猎之故，甚为羸弱，乃择良马精兵五千，交与莽古尔泰贝勒、〈皇太极〉贝勒、阿巴泰台吉、济尔哈朗台吉、阿济格台吉、硕托台吉、萨哈连台吉，往助科尔沁，汗率众兵回。莽古尔泰贝勒、〈皇太极〉贝勒及诸台吉领兵往，至农安苏巴尔罕地方，适值察哈尔林丹汗围攻科尔沁鄂巴洪台吉所居之城数日而未得。闻满洲国太祖英明汗来兵助科尔沁，察哈尔林丹汗仓皇连夜撤兵，遗弃驼马甚多，满洲国领兵诸贝勒闻其兵退，乃还，科尔沁得免。

fulgiyan tasha abkai fulinggai genggiyen han i juwan emuci aniya aniya biyai juwan duin de, taidzu genggiyen han geren beise ambasa be gaifi daiming gurun be dailame amba cooha jurafi. juwan ninggun de dung cang pu de isinafi, juwan nadan de liyoo ho bira be doofi, amba bigan de geren cooha adafi onco, emu galai cooha julergi mederi de isinahabi, emu galai cooha liyoodung ci guwangning de genere dalan i amba jugūn be dulekebi, julergi amargi eyerei mukei gese, uju uncehen be saburakū, tu kiru tukiyehengge gida jangkū i jafahangge weji bujan i adali. juleri tucike siliha cooha si ping pu de daiming gurun i karun i niyalma be weihun jafafi fojici, daiming ni cooha io tun wei de emu minggan, dalingho de sunja tanggū, ginjeo hecen de ilan minggan bi, tereci caisi irgen unduri tehebi seme alaha manggi.

丙寅天命十一年正月十四日，帝率诸王等统大军征明国。十六日次于东昌堡，十七日渡辽河，于旷野布兵，南至海岸，北越广宁大路，前后络绎，首尾莫测，旌旗剑戟如林。有前锋至西平保，获哨探问之，告曰："明之兵右屯卫一千，大凌河五百，锦州三千，此外人民随处而居。"

丙寅天命英明汗十一年正月十四日，太祖英明汗率诸贝勒大臣统大军起程征大明国。十六日至东昌堡，十七日渡辽河，于旷野布兵，一翼至南海，一翼越广宁大路，前后如流水，不见首尾，所举旌旗、所执枪刀如密林。前锋精兵于西平堡生擒大明国哨探，问之，告曰："大明兵于右屯卫一千，大凌河五百，锦州城三千，此外有民沿途而居。"

amba cooha dobori dedume inenggi yabume io tun wei de isinaci，io tun wei be tuwakiyaha ilan mingggan coohai ejen ts'anjiyang hergen i jeo šeo liyan cooha irgen be gaifi burulame genehebi. taidzu genggiyen han jakūn hafan de duin tumen yafahan i cooha be afabufi，daiming gurun i cuwan i juwehe jeku mederi dalin de bisirengge be gemu io tun wei hoton i golo juweme dosimbu seme werifi. tereci amba cooha aššafi geneci ginjeo hecen be tuwankiyaha ilan minggan coohai ejen iogi hergen i siyoo šeng，jung giyūn jang hiyan，dusyi lioi jung，sung šan be tuwakiyaha ilan minggan coohai ejen ts'anjiyang hergen i dzo fu，jung giyūn mao fung I，dalingho，šolingho，ging šan，liyan šan，ta šan ere nadan hoton i jiyanggiyūn cooha irgen gemu manjui amba cooha i horon de golofi，boo jeku be gemu tuwa sindafi dosi burulame genehe bi.

大兵将至右屯卫，守城参将周守廉率军民已遁。帝遣将八人领步兵四万，将海岸积粮俱运贮右屯卫。大兵前进，锦州游击萧圣、中军张贤、都司吕忠，松山参将左辅、中军毛凤翼，并大凌河、小凌河、杏山、连山、塔山七城军民大惧，焚房谷而走。

大军夜宿日行，将至右屯卫，驻守右屯卫之三千兵主参将周守廉率军民已逃矣。太祖英明汗遣将八人率步军四万，将大明国以船运贮海岸之粮俱运入右屯卫城。随后大军行进，驻守锦州城三千兵主游击萧圣、中军张贤、都司吕忠，驻守松山三千兵主参将左辅、中军毛凤翼，并大凌河、小凌河、杏山、连山、塔山，此七城之军民皆惧满洲国大军之势，纵火尽焚房舍粮谷，向内地溃逃而去。

orin ilan de, amba cooha ning yuwan hecen de isinafi, sunja ba duleme genefi, šan hai guwan i ergi be dalime amba jugūn be hetu lasha ing ilifi. ning yuwan hecen de jafaha niyalma be takūrame suweni ere hecen be mini orin tumen coohai afaci urunakū efujembi kai, hecen i dorgi hafasa suwe dahaci, bi wesihun obufi ujire. hecen i ejen dooli hergen i yuwan cung hūwan jabume, han ai turgun de uttu holkon de cooha jihe? ginjeo, ning yuwan i babe suwe bahafi waliyaha, be suweni waliyaha babe dasafi tehe, meni meni babe tuwakiyahai bucembi dere, dahaha doro bio? han i cooha orin tumen serengge tašan, ainci juwan ilan tumen bikai, be inu tere be komso serakū.

二十三日，大兵至宁远城，越五里，横截山海大路安营。纵所俘汉人入宁远，告曰："吾以二十万兵攻此城破之必矣，尔众官若降，即封以高爵。"宁远道袁崇焕答曰："汗何故遽加兵耶？宁、锦二城乃汗所弃之地，吾修治之，义当死守，岂有降理？且称来兵二十万，虚也，吾约有十三万，亦不以尔为寡也。"

二十三日，大军抵宁远城，越五里，横截山海关大路安营，遣俘虏往宁远城，告曰："吾二十万大军攻尔此城，必毁之，城内官员尔等若降，即升官而养之。”城主道员袁崇焕答曰：“汗因何遽然加兵耶？锦州、宁远二地乃汝等得而复弃之地，吾等将汝所弃之地修治居住，必将死守各处，何来投降之理？汗所言二十万大军乃虚也，略有十三万，吾亦不以此为少也。”

tereci genggiyen han hecen be afabume coohai niyalma wan kalka dagilame wajiha manggi，orin duin i inenggi manjui coohai niyalma hecen de kalka latubufi hecen be efuleme afara de，abka beikuwerefi hecen gecefi，ambula sangga arame efulehe ba urime tuherakū. coohai niyalma jing afara de，tere hecen i coohai ejen dzung bing guwan hergen i man gui，dooli hergen i yuwan cung hūwan，ts'anjiyang dzu da šeo hecen be bekileme tuwakiyafi buceme afame，emdubei poo sindara，oktoi tuwa maktara wehe fahara afara de，manjui cooha afame muterakū bederefi. jai inenggi orin sunja de geli afafi muterakū bederehe. tere juwe inenggi afara de，manjui cooha i juwe iogi，juwe bei ioi guwan，coohai niyalma sunja tanggū bucehe.

帝即令军中备攻具，于二十四日以战车覆城下进攻，时天寒土冻，凿城已穿而不堕。军士奋力攻打，宁远道袁崇焕、总兵满桂、参将祖大寿婴城固守，枪炮、药礶、雷石齐下，死战不退，满洲兵不能进，少却。次日复攻之，又不能克，乃收兵。二日攻城，共折游击二员、备御二员、兵五百。

英明汗即令备办攻城兵所需云梯战车，二十四日，满洲兵以战车覆城下，将攻毁城时，天寒城冻，城已穿孔而不堕。军士奋力攻占，其城主将总兵官满桂、道员袁崇焕、参将祖大寿固守城池，枪炮、药礶、雷石齐下，死战不退，满洲兵不能进，遂退回。次日（二十五日），又攻不克而退。二日攻城，满洲兵游击二、备御官二、兵士五百阵亡。

orin ninggun de，ning yuwan i hecen i julergi juwan ninggun bai dubede mederi dorgi giyoo hūwa doo gebungge tun de šan hai guwan i tulergi coohai niyalmai jetere jeku orho be gemu cuwan i juwefi sindahabi seme donjifi，taidzu genggiyen han jakūn gūsai monggoi cooha i ejen unege de manju i cooha jakūn tanggū nonggifi，giyoo hūwa doo be gaisu seme unggifi，manju gurun i coohai ambasa isinafi tuwaci，daiming ni bele orho be tuwakiyaha duin tumen coohai ejen ts'anjiyang hergen i yoo fu min，hū i ning，gin guwan，iogi hergen i gi šan，u ioi，jang guwe cing，mederi juhei dele ing ilifi，juhe be sacime tofohon bede isitala ulan i adali šuyen arafi，sejen kalka dalifi cooha faidahabi. manjui cooha tere ulan i dubederi sacime dosifi uthai gidafi bošome wame wacihiyafi. tuwaci tun i alin de daiming ni cooha jai juwe ing ilihabi，manjui cooha uthai afame dosifi，tere juwe ing ni cooha be gidafiwame wacihiyafi，juwe minggan funceme cuwan booi gese muhaliyaha minggan funceme buktan i bele orho be gemu tuwa sindafi，amba cooha de acanjiha.

二十六日，闻明国关外之兵所需粮草俱屯于觉华岛（离宁远南十六里），遂命武讷格率八固山蒙古，又益兵八百往取之。见明国守粮参将姚抚民、胡一宁、金冠，游击季善、张国青、吴玉，于冰上安营，凿冰十五里，以战车为卫。我兵从未凿处进击，遂败其兵，尽杀之。又有二营兵立于岛山之上，遂冲入，亦尽杀之，焚其船二千余，及粮草千余堆，乃还大营。

二十六日，太祖英明汗闻宁远城南十六里处海中有屯名觉华岛，山海关外军需粮草尽由船运输贮存于此，遂以满洲兵八百增援八固山蒙古兵额真武讷格，往取觉华岛。满洲国领兵诸将至，见大明守护粮草四万兵主参将姚抚民、胡一宁、金冠，游击季善、吴玉、张国青，于海冰上安营，凿冰十五里，作冰窟如壕，以战车为盾，列兵布阵。

满洲兵从未凿处[①]杀入，败敌，驱杀殆尽。又见大明兵二营立于岛山之上，满洲兵遂攻入，败二营兵，尽杀之，纵火尽焚船只二千余艘及粮草一千余堆，大军会合。

orin nadan de，taidzu genggiyen han cooha bedereme，io tun wei jeku be gemu tuwa sindafi.

二十七日，帝还至右屯卫，将粮草尽焚之。

二十七日，太祖英明汗回师，纵火尽焚右屯卫之粮。

juwe biyai ice uyun de，šen yang hecen de isinjiha. taidzu genggiyen han orin sunja se ci babe be dailame，hecen hoton be afaci，bahakū etehekūngge akū，damu ning yuwan hecen be afame bahakū ofi，ambula korsome bederehe.

二月初九日，至沈阳。帝自二十五岁征伐以来，战无不胜，攻无不克，惟宁远一城不下，遂不怿而归。

二月初九日，至沈阳城。太祖英明汗自二十五岁各处征伐以来，每夺城池，攻无不克，唯宁远城攻之不下，遂大忿而归。

ilan biyai ice ilan de，taidzu genggiyen han hendume，mini bodoro gūnire ba ambula kai，bi beye bame，doro yosoi jali kicerakū ohobio? gurun irgen i joboro jirgara ehe facuhūn be baicarakū bodorakū ohobio? gungge tondo niyalma be forgošobuhabio? jai mini juse geli mimbe alhūdame，gurun i doroi jalinde kiceme gūnimbio gūnirakūn? jai ambasa doroi jali geli kicembio kicerakūn seme bodome gūnimbi. jai dain i

① 满文“壕的尽头”，即未凿处。

gurun i weile be geli bodome gūnimbi. uttu dobori inenggi akū bodome gūnime, tehe bade, gisureci hebdeci ojoro niyalma, dain de baturu niyalma dosici dosikini. gisun sara niyalmai baru mini gūniha babe gisureci, tere geli ini gūniha babe jabukini. baturu niyalma mini gisun be donjici ejeme gaikini. bai gisun gisurehei doroi gisun gisurembi, muwa gisun gisurehei narhūn gisun gisurembi kai. ememu niyalma gisun geli gisurerakū, dain de geli baturu akū, baibi jifi mini cira šame gisun tuwakiyame teci ališacuka kai, sini erdemu sini yabun be bi gemu sahabi kai, dere de henduci, simbe dolo ehe ojorahū seme hendurakū kai. emu mergen be juwan lahū dahambi sere. si mergesei dasaha doro de jirgame baturu sei baha olji be ubu gaime, jekui daldade hara banjiha gese sini cisui banjicina, baibi mini jakade jifi ainambi seme henduhe.

三月初三日，帝曰："吾筹虑之事甚多，意者朕或倦勤而不留心于治道欤？国势安危民情甘苦而不省察欤？功勋正直之人有所颠倒欤？再思吾子嗣中果有效吾，尽心为国者否？大臣等果俱勤谨于政事否？又每常详察敌国之情形。当此昼夜筹划之际，有启沃朕心暨精练行阵者，入而尽言可也。若可与言者，告以朕意，俾伊亦抒所见以对。其勇者闻朕言，俾从而识之。大凡语言，有闲论之而深切于理者，亦有粗言之而可喻于精者。或有其人，既不能言，又无勇敢，仰视吾面，坐听吾言，岂不令人郁闷耶？彼之才具器局，吾已知之矣，将欲觌面斥之，恐其难堪，故不出诸口也。谚有云，一人善射，十拙随而分肉。贤人理治之国而彼坐享之，勇者阵获之物而彼坐分之，诚如苗之有莠也，此等之人数至吾前何为也？"

三月初三日，太祖英明汗曰："吾筹虑之处甚多，概因吾自身倦怠而未勤于道统之计乎？未省察筹谋国人甘苦治乱之道乎？颠倒功勋忠直者乎？再思吾子中有效吾而思勤勉国政者否？大臣中又有勤政者否？

又每察敌国之事。如此不分昼夜坐而筹划之际，可堪言论及谋略者，勇于作战者，可入而尽言。若对言者，告之吾意，彼亦抒其所思以对。勇者闻吾言，则记而从之。大凡语言，论之即喻理也，粗言论之亦可喻精言也。一人言既不能论，战亦不勇猛，但来仰视吾面，坐听吾言，岂不烦闷？彼之才德及所为，吾皆知之矣，若当面斥之，恐其难堪，故不言也。一人善射，而十拙随之。尔坐享智者理治之国，分取勇者所得俘获，尔之自私如莠隐于苗也，来至吾前又何为也？”

manju gurun i taidzu genggiyen han dade，monggoi sunja tatan i kalkai beisei emgi abka na de akdulame，daiming gurun be dailaci，emu hebei dailambi，acaci，emu hebei acambi seme gashūha bihe. sunja tatan i kalkai beise gashūha gisun be gūwaliyafi，daiming gurun de acafi emu hebe ofi，manju gurun i taidzu genggiyen han i jasei tai niyalma be wafi uju faitafi daiming gurun de benefi，ulin šang ambula gaiha. taidzu genggiyen han i takūraha elcin i ulha ulin be ududu jergi durime gaime，taidzu genggiyen han de eherere jakade. duin biyai ice duin de，taidzu genggiyen han beise ambasa geren cooha be gaifi，sunja tatan i kalkai monggo be dailame jurafi，ice sunja de，ši fang syi i jase be tucifi，liyoo ho bira be doofi ing ilifi cooha be simnefi. sain morin i siliha cooha be geren beise gaifi juleri feksime gurun i tehe babe baime gene，han ini beye geren cooha be gaifi amala dahaduhai genere seme toktobufi.

初，帝与五部贝勒等盟，曾言：“若征盟与之同征，和则与之同和。”后五部贝勒等背盟，私与明和，杀满洲斥堠军，献首于明国，多受其赏。又屡劫满洲使者财物牲畜，由是与之为恶。于四月初四日，率诸王大臣统大军征之，初五日出十方寺边，渡辽河安营。选精骑令诸王率之急进，寻其居处，亲率众军继之。

初，满洲国太祖英明汗与蒙古五部喀尔喀诸贝勒对天地盟誓，曾言：“若征大明国则同征，若和则同和。”后因五部喀尔喀诸贝勒背盟，私与大明国和，杀满洲国太祖英明汗边口台站人，割其首送与大明国，受其财物赏赐甚多。又数次劫掠满洲国太祖英明汗所遣使者之牲畜财物，遂与太祖英明汗交恶。四月初四日，太祖英明汗率诸贝勒大臣领众军，起程往征五部喀尔喀蒙古，初五日出十方寺，渡辽河安营。选精兵良马，令诸贝勒率之于前急行，寻其国所居之处，汗亲率众军紧随其后。

amba cooha ice ninggun i dobori dulifi，ice nadan i cimari abka gereme，geren cooha jakūn jurgan i adafi feksime，julergi coohai□□□-beile，amin beile，ajige taiji，šoto taiji neneme kalkai barin i tatan i yehe baturu beilei fiyanggū jui nangnuk beilei gašan de isinafi，nangnuk beile udu gucu be gaifi booci tucifi burulame nukcike，amargi ci manjui cooha i beise amcame jimbi，nangnuk beile jing afaralame burulame genere de，amargi ci emu beile holkon andande isinjifi，nangnuk beilei gala bethe aššame jabdunggala，emu sirdan i gabtame morin ci tuhebuhe，tere nangnuk beile be wahangge taidzu genggiyen han i duici jui □□□beile. tereci amba cooha siran siran i isinjifi，tere šurdeme babai gašan be gemu gaifi，adun ulha be bargiyame isabufi.

于初六日，大兵星夜前驱，次日天明，分兵八路并进。前锋四王、二王、阿济格台吉、硕托台吉先至囊努克寨（囊努克乃喀尔喀巴林部落叶赫巴图鲁幼子），囊努克领从者数人弃寨而走，满洲诸王随后追之，囊努克且战且走，忽背后一王突至，囊努克未及避，被射死于马下，射之者乃四王也。后大兵续至，取环近屯寨，收其牲畜。

大军于初六日连夜行进，初七日晨天明，众兵分八路并进。前锋〈皇太极〉贝勒、阿敏贝勒、阿济格台吉、硕托台吉先至喀尔喀巴林部叶赫巴图鲁贝勒幼子囊努克贝勒寨，囊努克贝勒率从者数人离家出逃，满洲领兵诸贝勒随后追之，囊努克贝勒且战且逃，忽背后一贝勒突至，囊努克贝勒手脚并行，避之不及，正中一箭，坠马而亡，杀囊努克贝勒者乃太祖英明汗第四子〈皇太极〉贝勒也。随后大军续至，尽取周围各处村寨，收其牲畜。

ice uyun de，amba beile，amin beile，□□□beile，jirgalang taiji，ajige taiji，yoto taiji，šoto taiji，sahaliyan taiji de emu tumen siliha sain cooha be afabufi，sira muren i ergi de genefi irgen bici gaisu，morin hamirakū oci，bedere seme hendufi unggihe. sirame manggūltai beile jakūn gūsai coohai ejete de juwe minggan cooha afabufi neneme genehe beisei songko de gene seme unggihe. neneme genehe beise coohai morin hamirakū šadahabi，julesi geneci ojorakū seme hebešefi，sira muren de isinahakū amasi bederehe. manggūltai beile dobori dulime generede，tere bederehe cooha be acahakū，jugūn jurceme genefi，sira muren i bira be doofi，adun ulha be dalici wajirakū bahafi，amasi bedereme amba cooha de acanjiha. taidzu genggiyen han cooha bedereme huhun gebungge bira de isinjifi ing ilifi.

初九日，令大王、二王、四王暨济尔哈朗、阿济格、岳托、硕托、萨哈廉众台吉等领精兵一万，往实喇木伦，遇有人民即收之，如马力不及则回。复令三王及八固山诸将率兵二千，继前去诸王而进。诸王马乏，欲进不能，未至其地而返。三王乘夜续进，与回兵之路相左，遂渡实喇木伦河，收获牲畜无算，乃还大营。帝率兵回至瑚珲河边安营。

初九日，命大贝勒、阿敏贝勒、〈皇太极〉贝勒、济尔哈朗台吉、阿济格台吉、岳托台吉、硕托台吉、萨哈连台吉领精兵一万，往西拉木伦方向，遇有民人即收之，若马疲则回。又遣莽古尔泰贝勒与八固山诸额真领兵二千，继先行诸贝勒而去。先行诸贝勒兵马疲乏，欲进不能，未抵西拉木伦而返。莽古尔泰贝勒连夜行进，未遇回兵，悖道而行，渡西拉木伦河，获马畜无算而回，与大军会合。太祖英明汗率兵回至瑚珲河安营。

sunja biyai ice inenggi, jakūn ihan wafi abka de tu wecehe. ice juwe de, monggoi kalkai barin i tatan i gurbusi beilei laban gebungge tabunang ini deo delger be gaifi, emu tanggū boigon be gajime ukame jime, taidzu genggiyen han i cooha de dosinjiha. tereci taidzu genggiyen han baha sunja tumen ninggun minggan sunja tanggū olji ulha be geren ambasa coohai niyalma de jergi bodome šangnaha.

五月初一日，宰牛八只祭旗毕。初二日，喀尔喀巴林部落拉班塔布囊与弟得尔格尔率百户人来降（拉班兄弟原系古尔布什所属）。是日，将所获人畜五万六千五百，俱列等赏给将士。

五月初一日，宰八牛对天祭旗。初二日，蒙古喀尔喀巴林部古尔布什贝勒所属塔布囊名拉班者领其弟得勒格尔率人户一百逃来，编入太祖英明汗军中。太祖英明汗将所得人畜五万六千五百，俱列等赏赐众将士。

ice sunja de, daiming gurun i mao wen lung ni cooha an šan i hoton de afanjiiha be, an šan i hoton de cooha gaifi tehe babutai age amasi gidafi emu minggan cooha be waha, iogi hergen i lii liyang mei gebungge hafan be weihun jafaha. taidzu genggiyen han cooha bedereme jiderengge, an šan i bade cooha dosika seme donjifi, ebšeme jifi šen yang hecen de emu ging ni dubede dosika, geren beise an šan i baru genere de, jugūn de an šan i bade dosika cooha be babutai age gidaha seme donjifi bederehe.

明将毛文龙遣兵袭鞍山驿，城守巴布泰败之，杀兵千余，生擒游击李良美。帝闻鞍山有警，即夜入沈阳，诸王俱向鞍山进发，至途中闻敌兵已败，乃回。

初五日，大明国毛文龙兵攻鞍山城，领兵驻守鞍山之巴布泰阿哥反击，败之，杀一千人，生擒游击官李良美。太祖英明汗正班师之际，闻鞍山有兵入，遂急驱而来，初更末入沈阳城，诸贝勒俱向鞍山进发，途中闻入鞍山之兵已被巴布泰阿哥击败，乃回。

juwan juwe de, daiming gurun i mao wen lung ni cooha geli manju gurun i sarhūi bade dosifi, emu ging ni dubede sarhū hecen i julergi duka be afame dosirede, sarhū hecen i cooha gabtame poo sindame afara jakade, daiming ni cooha amasi bederefi ing iliha be, manju gurun i dzung bing guwan hergen i baduri gebungge amban alin i dergici wasihūn kaicame dosire jakade, mao wen lung ni cooha uthai burulafi, baduri cooha gaifi bošome juwe tanggū funcere niyalma be waha.

十二日，明将毛文龙复遣兵袭萨尔浒，初更攻城南门，城中矢炮齐下，明兵少却。而我国总兵官巴笃礼自山向下呐喊而入，敌遂败，追杀其兵二百余。

十二日，大明国毛文龙兵又入满洲国萨尔浒地方，初更时攻萨尔浒城南门，萨尔浒城兵射箭发炮击之，大明兵撤退安营。时满洲国总兵官巴笃礼自山而下，呐喊冲入，毛文龙兵遂溃，巴笃礼领兵追之，杀二百余人。

juwan ninggun de，monggoi korcin i ooba hūng taiji，taidzu genggiyen han de hengkileme jimbi seme donjifi，genggiyen han ooba hūng taiji be encu gurun i emu ujulaha beile seme han i jui manggūltai beile，□□□beile，geren taijisa be goro okdome unggifi. ilaci inenggi k'ai yuwan hecen i harangga jung gu ceng hecen de ooba hūng taiji be acafi okdoko beise，ooba hūng taiji ishunde tebeliyeme acafi，amba sarin sarilafi，juwan uyun de fan ho bigan de isinjiha manggi，ooba hūng taiji ini gajiha ihan honin wafi okdoko beise de sarilaha，jai inenggi okdoko beise geli karu sarilaha. orin emu de，ooba hūng taiji be isinjimbi seme alanjiha manggi，genggiyen han ooba hūng taiji be okdome tangse de hengkilefi，juwan bai dubede okdofi cacari de tehe manggi，ooba hūng taiji ini gucu sebe gaifi，genggiyen han de acame juleri faidame ilifi，ooba hūng taiji，horhodai taiji，baisgal taiji ilan nofi julesi ibefi emu jergi hengkilefi，ooba hūng taiji jifi han i bethei jakade niyakūrafi hengkilefi tebeliyere de，genggiyen han besergen i dele tehengge julesi ibefi ishun tebeliyehe. terei sirame horhodai，baisgal siran siran i hengkileme tebeliyeme acame wajifi amasi bederefi，da niyakūraha bade niyakūrafi. genggiyen han geren beise gemu saiyūn seme fonjime wajiha manggi. amba beile，amin beile，geren taijisa gemu jalan bodome ooba hūng taiji ishunde hengkileme tebeliyeme acame wajiha manggi. ooba hūng taiji，horhodai taiji，baisgal taiji gajiha sahaliyan seke，sekei jibca dahū，morin temen be han de alibume hendume，cahar kalka mende dain jifi meni aika jaka be gemu gamaha，han de sain jaka be bahafi gajihakū. genggiyen han hendume，cahar kalka bahaki seme jihe niyalma esi gamaci，tere be aiseme hendumbi. musei beye sain i acaci tetendere seme hendufi. amba sarin sarilame wajiha manggi，han foloho enggemu hadala tohohoi ilan morin，hūha goksi ilan，fili aisin i foloho umiyesun ilan，moncon hadaha deresu boro ilan buhe manggi. ooba hūng taiji urgunjeme hendume，han i te buhe be cimari amasi gaijara ayoo seme mini dolo urgunjeme akdarakū ferguweme gūnimbi. han hendume，ere emu majige jaka ai hihan，ereci amasi bure niyalma ini mujilen i burengge ai sain be bumbi. beisei etuhe etuku yaya sain jaka be saci ergeleme sume jafame gaicina seme henduhe.

十六日，帝闻科尔沁部鄂巴洪台吉来叩见，以鄂巴乃一国贝勒之长，即令三王、四王并众台吉等远迎之。行三日，遇于中固城，行接见礼，大宴毕，至范河郊外，鄂巴亦宰牛羊以宴诸王，次日诸王复设宴答之。二十一日鄂巴将至，帝谒庙，乃出郭迎十里升帐，鄂巴率部属列于帐前，同和尔和岱、拜思噶尔二台吉进见叩首，鄂巴复诣帝膝下再拜，抱见，帝离坐答之。和尔和岱、拜思噶尔二人随之，亦各如此，见毕，复位而跪。帝问台吉等安否。后诸王亦依次行接见礼。鄂巴等献貂皮、貂裘、驼马曰："我等之物，俱被察哈尔、喀尔喀两处之兵掠去，竟无堪献者。"帝曰："彼二部兵原为贪得而来掠，其所有不待言也。今尔我无恙得相会足矣。"遂大宴毕，各赐雕鞍马匹、金顶帽、锦衣、金带。鄂巴大喜，曰："今蒙赐太重，吾等恐明日仍当取还，是以且喜且讶，而未敢深信也。"帝曰："此微物耳，何足为意，但以后赐与之物，或随意持赠而已，其物恐未必甚佳。尔等若见诸王中衣服器具之佳者，即向索取当不尔靳也。"

十六日，闻蒙古科尔沁鄂巴洪台吉来叩谒，英明汗以鄂巴洪台吉乃他国贝勒之长，遂遣汗子莽古尔泰贝勒、〈皇太极〉贝勒及诸台吉等远迎之。第三日，于开原城所属中固城会鄂巴洪台吉，往迎诸贝勒与鄂巴洪台吉互行抱见礼，大宴之，十九日至范河之野，鄂巴洪台吉宰其所带牛羊以宴往迎诸贝勒，次日往迎诸贝勒复设宴答谢之。二十一日，告之鄂巴洪台吉将至，英明汗为迎鄂巴洪台吉而拜堂子，迎至十里处，坐于凉棚，鄂巴洪台吉率其从者会见英明汗，列于前，鄂巴洪台吉、和尔和岱台吉、拜思噶尔台吉三人向前叩拜一次后，鄂巴洪台吉来至汗膝下，再跪拜，抱见，英明汗离座向前，互行抱见礼。随后，和尔和岱、拜思噶尔相继叩拜，抱见毕，回至初跪处而跪。英明汗问诸贝勒皆安否。后大贝勒、阿敏贝勒及诸台吉皆依次与鄂巴洪台吉相互叩拜，抱见毕。鄂巴洪台吉、和尔和岱台吉、拜思噶尔台吉将所带黑貂、貂裘、马驼献与汗，曰："察哈尔、喀尔喀来侵吾，吾等之物俱被掠去，竟无好物献与汗矣。"英明汗曰："察哈尔、喀尔喀正为贪得而来，掠人所有，不待言也。吾等安好而相会即足矣。"遂大宴毕，汗赐雕鞍马三、绵索披领三、雕金腰带三、镶玉凉帽三与之。鄂巴洪台吉喜，曰："汗今日所赐恐明日仍当取还，是以吾心虽喜，却难以置信且奇也。"汗曰："此乃微物耳，何足为喜，惟以后赐者，皆随心所赐之物，恐未必佳。若见诸贝勒所服之衣或凡物有佳者，令其解而取之可也。"

tereci taidzu genggiyen han ooba hūng taiji be gajime šen yang hecen de jihe manggi，ambula kunduleme inenggi dari amba sarin sarilame bisire de. ooba hūng taiji，horhodai，baisgal juwe taiji be takūrafi beisei baru hendume，han neneme minde jui buki sehe bihe，te buci gaiki seme fonjire jakade. geren beise tere gisun be han de wesimbuhe，han seoleme gūnifi，ini deo darhan baturu beilei jui tulun taiji de banjiha sargan jui junje gege be ooba hūng taiji de bume ihan honin be ambula wafi amba sarin sarilame yengsileme buhe.

遂与鄂巴等同入城，每日设宴，待之甚厚。鄂巴令和尔和岱、拜思噶尔二人问诸王曰："汗曾许我以女，若果允之，吾可娶也。"诸王转奏之，帝乃择定，大设宴具奁资，以图伦台吉女敦哲妻之（图伦乃达尔汉巴图鲁贝勒子，帝侄也）。

太祖英明汗引鄂巴洪台吉至沈阳城，每日大宴，待之甚敬。鄂巴洪台吉遣和尔和岱、拜思噶尔二台吉问诸贝勒："汗先时曾许我以女，今若与之则娶。"诸贝勒将此言转奏汗，汗思虑后，将其弟达尔汉巴图鲁贝勒子图伦台吉亲生女敦哲格格许与鄂巴洪台吉，宰牛羊甚多，大设婚宴而与之。

ninggun biyai ice ninggun de, korcin i ooba hūng taiji baru, doro jafame amban de šanggiyan morin, na de sahaliyan ihan wame, manju gurun i genggiyen han i gashūha gisun, mini tondo banjire be daiming gurun, monggo gurun i cahar kalka gidašara akabure de, bi dosorakū ofi, abka de habšara jakade, abka mimbe urulehe. jai cahar kalka acafi korcin i ooba hūng taiji be waki gaiki seme cooha jihe, abka ooba hūng taiji be urulehe. ooba hūng taiji cahar kalka de korsofi, doroi jalin hebdeki seme minde acanjihangge, mini juwe joboro be abka acabuha bidere, abkai acabuha be gūnime ishunde heodeburakū sain yabuci, abka gosime ujikini, abkai acabuha be gūnirakū heodebume holtome yabuci, abka wakalafi jobobukini. mini juwe nofi jafaha doro be amala banjire juse omosi efuleci, efulehe niyalma be abka wakalafi jobobukini. kemuni akūmbume banjici, jalan halame juse omosi be abka kemuni gosikini.

六月初六日，宰白马乌牛，与鄂巴结盟，誓曰："我本顺天安命之人，因被明国并察哈尔、喀尔喀部欺凌，难于隐忍，乃昭告于天，天遂佑之。又察哈尔、喀尔喀连兵侵科尔沁部鄂巴，亦蒙天佑。今鄂巴积怨二部，来与我共议国事，彼此俱受困厄之人，盖天俾相合也。如能体天心，相好不替，而无欺诳者，天必眷之，不然，则天必咎之，降以灾危。和好后，子孙有败盟者，天亦以灾危咎其人。如克敦盟好，天自永为眷顾。”

六月初六日，杀白马祭天，宰黑牛告地，与科尔沁鄂巴洪台吉结盟，满洲国英明汗誓词曰：“吾本顺天而生，因被大明国与蒙古国察哈尔、喀尔喀欺凌，吾不能忍耐，乃昭告于天，天遂佑我。又察哈尔、喀尔喀欲合兵来掠杀科尔沁鄂巴洪台吉，天亦佑鄂巴洪台吉。鄂巴洪台吉怨恨察哈尔、喀尔喀，为议国事而与我相会，吾二人均受困苦者，天俾相合也。若念天俾相合之意，彼此无欺，相好而行，天必眷之；若不念天俾相合之意，欺骗而行，天必责之，而令其受苦也。若后世子孙毁吾二人之盟，天必责毁盟者而降以灾；若仍尽心而存，天必仍眷后世子孙也。”

ooba hūng taiji gashūha gisun，dergi abkai fulinggai julgei han i babe baha necin mujilengge，genggiyen han salgabufi acanjiha ooba hūng taiji abka de gashūmbi. bi tondo mujilen i cahar kalka de jasaktu han i fonci ebsi，meni korcin i beise emu majige ehe akū dahame sain banjiki seci ojorakū，wara gaire be nakarakū，meni gurun i korcin i beise be wacihiyaha，terei amala weile akū banjire de，meni dalai taiji be waha，terei amala jaisai jifi，meni ninggun beile be waha. facuhūn akū sain bajiki seci ojorakū，weile akū gaijara wara de，be iselehe iselere jakade，ainu iselehe seme cahar kalka，mimbe waki gaiki seme cooha jihe，abka ama gosifi guwebuhe，manju gurun i genggiyen han geli majige aisilaha，abka gosifi guwebuhe be，genggiyen han i aisilaha be onggorakū gūnime banjiki seme，genggiyen han de acame jifi，abka na de doroi jalinde akdun gisun i jalbarime gashūmbi. abka de gashūha gisun be efuleme, genggiyen han i gosiha be onggofi, cahar kalka i emgi acaci, ooba hūng taiji be abka wakalafi jobobukini. abka de gashūha gisun be isibume, genggiyen han i gosiha be onggorakū sain yabuci, abka gosime ujikini. ere gashūha be amaga jalan i juse omosi aika bade efuleci, efulehe niyalma be abka wakalafi jobobukini. ere gashūha be efulerakū, jalan halame kemuni sai yabuci, abka kemuni gosikini. gashūre de hunehe birai dalin de šanggiyan morin, sahaliyan ihan wafi, hiya dabufi, yali be gemu dobofi, genggiyan han, ooba hūng taiji be gaifi ilan jergi niyakūraha, uyun jergi hengkilehe, juwe bithe be geren de donjibume hūlafi deijihe.

鄂巴誓曰："天俾鄂巴得与复前代帝王疆土，公正明汗契合，今以盟言告天。吾科尔沁贝勒等，自事扎萨克图汗以来，効忠于察哈尔、喀尔喀，未有纤微过恶，今欲相好而不得，彼惟知劫杀不已，将我科尔沁部诸贝勒虏杀几尽，又无辜而杀我达赖台吉，后斋赛又杀我六贝勒，因屡被劫害，不图和好，吾等故成敌也。彼又谓我敢于相抗，合兵相加，幸皇天默佑获免，又得满洲汗协助，吾不敢忘天所佑、汗所助，故来此谒汗，祝天地，盟好。若渝盟忘恩，仍与察哈尔、喀尔喀相和者，天降以灾危。如践盟言，不忘汗恩，天必眷之。后之子孙倘有败盟者，皇天亦以灾危罪其人。如守盟言，世好不替，天自永为之眷顾。"时宰牛马盟于浑河岸，当天焚香献牲，帝率鄂巴三跪九叩首毕，将二誓书宣于众，焚之。

鄂巴洪台吉誓曰："上天福佑得先汗疆土、与英明汗天定联盟之鄂巴洪台吉对天立誓。自吾忠心事察哈尔、喀尔喀扎萨克图汗以来，吾科尔沁诸贝勒无丝毫过恶，今欲相好而不得，唯杀掠不止，将吾国科尔沁诸贝勒掳杀几尽，后又无辜杀吾达赖台吉，后斋赛又来杀吾六贝勒，欲无乱相好而不得，无辜掠杀，吾等抗拒时，彼又谓何故抗拒，察哈尔、喀尔喀遂欲来兵掠杀我，幸天父怜之而获免，又得满洲国英明汗稍助，不敢忘天之佑免及英明汗之助，故来会英明汗，为道义以信言对天地盟誓。若毁对天所誓之言，忘英明汗之恩，与察哈尔、喀尔喀相和，则天谴鄂巴洪台吉而降以灾也；若践对天所誓之言，不忘英明汗之恩，则天必眷之。后世子孙倘有毁此誓言者，天即责毁誓言者而降以灾；若后世不毁此誓，仍相好往来，天亦眷之。”当立誓时，于浑河岸边宰白马黑牛，焚香献牲，英明汗率鄂巴洪台吉三跪九叩，将二誓书宣闻于众，焚之。

ice nadan de amba sarin sarilame，korcin i ooba hūng taiji de han i gebu buhe. genggiyen han hendume，ehe waka be abka wakalaci，doro be wasimbume efulembi，tondo sain be abka gosici doro be wesimbume han obumbi. eitereci abka i ciha kai. cahar i han，ooba hūng taiji be waki seme cooha jihe，abka ooba hūng taiji be gosiha，bi abka i jugūn be dahame gebu bumbi seme hendufi. cahar i cooha de ahūn deo i niyalma burulaci，ooba hūng taiji tušafi alime gaifi afaha seme，tusiyetu han seme gebu buhe，ooba hūng taiji ahūn tumei de dai darhan，deo butaci de jasaktu dureng，horhodai de cing joriktu seme gebu buhe. uksin saca，duin erin i etuku，hacin hacin i menggun i tetun，foloho enggemu hadala，gecuheri suje，mocin samsu eletele ambula buhe manggi. tusiyetu han gebu buhe doroi genggiyen han de hengkilehe.

初七日，大宴鄂巴，赐以汗号。帝曰：“为恶者天必咎之，致令国势衰败；为善者天必佑之为君，而国乃兴矣。总之，主宰在天。察哈尔起兵侵害鄂巴，赖皇天佑之。当时昆仲奔北，鄂巴独力抵敌，吾故顺天道，赐名土谢图汗，其兄图梅为岱达尔汉，弟布塔齐为扎萨克图都棱，和尔和岱为青卓礼克图。”复赐盔甲，并四季衣服、各种银器、雕鞍、蟒段、存帛。鄂巴等谢赐号之恩。

初七日，大宴，赐科尔沁鄂巴洪台吉汗号。英明汗曰：“为恶者天必谴之，致令国势衰败；忠直为善者天必佑之，国势兴而为汗也。总之，一切任凭天意。察哈尔汗起兵欲杀鄂巴洪台吉，天佑鄂巴洪台吉，吾顺天道而赐名也。察哈尔起兵时，兄弟诸人败走，鄂巴洪台吉独自抵御，故赐名土谢图汗，并赐鄂巴洪台吉兄图梅为岱达尔汉，弟布塔齐为扎萨克图都棱，和尔和岱为青卓礼克图。”复赐盔甲、四时衣服、各种银器、雕鞍、蟒缎、布帛甚多。土谢图汗为赐名号，叩谢英明汗。

juwan de，tusiyetu han genggiyen han i buhe sargan jui junje gege be werifi，ini korcin i bade bedereme genere de. genggiyen han geren beise ambasa be gaifi emu dedume fudeme benefi，amba sarin sarilafi šen yang hecen i amargi pu ho hecen i julergi ala ci han amasi bedereme，amba beile，amin beile be tiyei ling hecen de isibume fudeme bene seme unggifi，han šen yang hecen de jihe.

初十日，土谢图汗留妻敦哲，自回本国。帝率诸王大臣送之，路经一宿，设大宴。至蒲河南岗处，令大王、二王送至铁岭，驾遂还。

初十日，土谢图汗留英明汗所与之女敦哲格格，自回科尔沁地方。英明汗率诸贝勒大臣送之，经一宿，设大宴。至沈阳城北蒲河城南岗，令大贝勒、阿敏贝勒送至铁岭城，汗乃回沈阳城。

orin duin de，genggiyen han geren beise de tacibume hendume，julge musei ninggutai beise donggo，wanggiyan，hada，yehe，ula，hoifa，monggo gurun gemu ulin de dosifi tondo be fejile，miosihon doosi be dele arame，ahūn deo i dolo ulin temšeme wanuhai efujehe kai，mini tacibure anggala suwende yasa šan akūn，suwe inu saha donjiha kai. ama bi tubabe safi，jakūn boo emu jaka bahaci，gese dendefi etuki jeki seme doigonde toktobufi，jakūn boo gese jergi bahara dabala，enculeme ume gaijara. jušen i sain sargan jui，sain morin be beise gaici ulin be ambula dabali sahatala bufi gaisu. dain cooha yaya bade baha jaka be geren de tucibufi denderakū somime ume gaijaka，ulin be ume nemšere，tondo be nemše seme tacibuha bihe. tere tacibuha gisun be onggofi doosi miosihon jurgan be yaburahū.

二十四日，帝训诸王曰："昔我宁古塔诸贝勒，及栋鄂、完颜、哈达、叶赫、乌拉、辉发、蒙古，俱贪财货，尚私曲，不尚公直，昆弟中自相争夺戕害以至于败亡，不待我言，汝等岂无耳目，亦尝见闻之矣。吾以彼为前鉴，预定八家但得一物，令八家均分之，毋得私有所取。若聘民间美女及购良马者，须加厚赏之。凡军中所获之物，毋隐匿，必分给于众，当重公忠而轻财货。此言朕尝为训诫，慎毋遗忘，而行贪曲之事。

二十四日，英明汗训谕诸贝勒曰："昔吾宁古塔诸贝勒，及栋鄂、完颜、哈达、叶赫、乌拉、辉发、蒙古国，俱贪财，贬忠直，尚贪邪，兄弟间为争财互相残害，以致败亡，不待吾言，汝等岂无耳目，亦当见闻之矣。为父吾以彼为鉴，如八家但得一物，均分之，衣食亦如此预定，八家必同等领取，毋得私取。贝勒等若取诸申之美女良马，须多给财物。凡军中所获之物，毋隐匿而不交出分于众，勿贪财，当重忠。勿忘此训，勿行贪邪之事。

beise suwe ahūta deote i dolo waka babe saci hafukiyame tafularakū，dere ume banire，ehe waka babe tung seme tafula，tuttu tafulaci unenggi emu hubei banjimbi kai. julgei wei yang gebungge niyalma hendume, oilori gisurerengge yangse, hafukiyame gisurerengge yargiyan, gosihon gisun okto, jancuhūn gisun nimeku sehebi. jai jung ging ni bithe de henduhengge, weile deribure onggolo tafulaci yaya ci dele, weile wajiha manggi tafulaci yaya ci fejile, safi tafularakū oci, tondo niyalma waka seme henduhebi. ai ai weile be ajigen ede ai bi seme ainu gūnimbi, ajige weile amban ofi, doro efujehengge ambula kai. ai ai gisun be ama bi suwembe sain okini seme tacibumbidere, ufarakini sembio?

“至诸王昆弟中，有过不可不极力规谏，而存姑息心，若能力谏其过，诚为同心共事人也。昔卫鞅云：‘貌言华也，至言实也，苦言药也，甘言疾也。’又《忠经》云：‘谏于未形者上也，谏于既形者下也，违而不谏则非忠臣。’凡事勿谓小而无患，不知由小及大，有害于国者多也。凡我训言，无非成就汝等，岂欲贻误于汝等耶？

“贝勒汝等若见兄弟中有似此不是之处，当申明劝止，不可生不劝之心，若能劝其改过，诚为同谋共处之人也。昔卫鞅云：‘貌言华也，至言实也，苦言药也，甘言疾也。’又《忠经》书载：‘谏于事发前上也，谏于事毕后下也，见而不谏则非忠直者也。’凡事勿以事小而不患，小事而为大，毁国政者多也。凡所言，为父皆为汝等之好，岂欲贻误汝等耶？

julge sung gurun i lio ioi han geren ambasai baru hendume, julgei jalan i enduringge genggiyen han mergen ambasa gemu yadame jobome banjifi, jai amala wesikebi. šūn han i beye usin weilembihe sere, fu yuwei furdan niohumbihe sere, be lii hi ihan tuwakiyambihe sere, giyoo ge dabsun fuifume nimaha baime bihe sere, abka tere ai serengge? tede geren ambasa jabume, han ambasai afara weile amban kai. abka amba weile de afakini seme banjibufi, han amban ojoro niyalma be neneme terei mujilen be jabobume eiten babe gūnibume elhe bahaburakū, sube giranggi be suilabume beye be šolo taciburakū, hefeli be urumbume angga de jeku bahafi jeterakū, tuttu yadame jobobume eiten jobolon be dosobufi, gosire doroloro jurgangga mergen mujilen be bahabufi. tenteke niyalma han tehe manggi, gurun irgen i weile be sambi, tenteke niyalma amban oho manggi, irgen i joboro be sambi, abkai gūnihangge tere kai seme jabuha sere.

"昔宋刘裕谓群臣曰:'自古明君贤相,皆由困而亨,舜发畎亩,傅说举版筑,胶鬲举鱼盐,百里奚食牛,天意何居?'群臣对曰:'君相之任大任也,故天将降大任于是人,必先苦心志,使之遍虑事物而内不得安,劳筋骨,使外不得逸,饿体肤,使食不得充,所以动心忍性,增益其所不能。是人而为君,必能达国事,是人而为相,必能悉民隐,天意如此而已。'

"昔宋国刘裕帝谓群臣曰:'古之明君贤臣,皆生于贫困,而后升也。舜汗曾务农事,傅说筑关墙,百里奚看牛,胶鬲煮盐求鱼,天意何居?'群臣对曰:'君臣之任大也,乃天将降大任而生之,故为君臣者必先苦其心志,使遍虑诸事而不得安,劳其筋骨,使身不得逸,饿其腹,使口不得食,如此遍尝诸苦,始得仁礼义智之心。是人而为君,必能达国事,是人而为臣,必能知民困,此乃天意所在。'

tere unenggi abkai doro be ulhihe niyalmai gisun kai. joboho niyalma han teci gurun be jirgabumbi, jirgaha niyalma han teci gurun be jobobumbi. musei gurun joboho ambula be abka tuwafi, mimbe unggifi mini beye be jobobufi, beyei girinjame gurun be ujikini seme banjibuhabikai. mini jobome isabuha gurun be beise suwe jobolon be sahakū, jirgaha ambula ofi joboburahū, hūturi de mene han beile dere, baibi ainaha han beile?

“若人之言，诚为善识天意者也。以历艰苦者为君，致令国受其福；以享安逸者为君，致令国受其苦。天见我国之民甚苦，故降吾身，历尽艰辛，使之推己以及民。吾艰苦所聚之民，恐尔诸王多享安逸，未知艰苦，致劳吾民也，不知有德政方可为君为王，否则君王何以称也？

“若是之言，诚乃通晓天意者之言也。历艰苦者为君，致令国受其福；安逸者为君，致令国受其苦。天见吾国人甚苦，故遣吾，令吾身经困苦，推己以及国人。吾艰辛所聚之国人，恐贝勒尔等不知艰苦，多享安逸，而使其受苦也，不知造福诚可为君为贝勒，平白何以称君称贝勒耶？

korcini tusiyetu efu de mini gūniha gisun be fondo fondo tacibume hendufi, efu sini dolo mende geli enculeme emu mujilen akūn, si baibi ainu mimbe uttu hendumbi seme gūnimbi ayoo seme hendure jakade tusiyetu efu jabume, gosire niyalma be songgotolo tacibumbi, gosirakū niyalma be injebume tacibumbi sere. han i gosime tacibure gisun be, abka onggobuci onggombidere, bi ainaha seme onggorakū seme jabuha. terei adali beise suwe ama mini tacibuha gisun be ejeme gaifi doro be suweni beye de alifi teng seme yabubu. julge aisin gurun i daiding han, biyan ging hecen de tefi fe banjiha šanggiyan alin i dergi hūi ning fu i susu be tuwaname genere de, jui taidzi i baru hendume, si ume joboro, gurun be šangname akdabu, koro arame gelebu, hūda i niyalma be sindafi ulin isabu, usin i niyalma be sindafi jeku isabu seme henduhe sere. terei adali duin amba beile, duin ajige beile, jakūn beile doro be beye de alifi, šajin fafun be teng seme jafafi, gurun irgen be šangname akdabu, koro arame gelebu. ama mimbe ume dabure, bi suweni arbun be tuwame elehun gūnime bisire seme hendufi. tere gisun be gemu bithe arafi beise de buhe.

"吾昔日曾将所虑及之言明训土谢图毕，既而曰：'恐汝介意，得毋以人孰无心，何为此谆复也。'土谢图对曰：'以苦言诲人，令其流涕者，爱之也；以甘言诲人，令其悦怡者，不爱之也。今汗爱我而有此训，天若亡我，我或忘之矣，吾心决不敢忘。'土谢图曾有此言，尔诸王亦如此心领所训，承我基业而笃行之可也。昔金大定帝自汴京幸故都会宁府（在白山之东），谓太子曰：'汝勿忧也，国家当以赏示信，以罚示威，商贾积货，农夫积粟。'尔八固山（四大王，四小王）继我之后，亦效彼之严守法度，信赏必罚，使我不与国事，得坐观尔等措置，以舒其怀可也。"言毕，书训词与诸王。

"曾以吾所思之言明训土谢图额驸毕，曰：'额驸，恐汝默思，人孰无心，汝何故如此叮嘱耶?'土谢图额驸答曰：'训而令其人哭者，爱也；教而令其人笑者，不爱也。汗爱而所训之言，天令忘而忘之，吾何敢忘也?'贝勒汝等亦当如此铭记为父训谕，承吾基业而勉励行之。昔金国大定汗居汴京城，巡视故都白山东之会宁府，谓儿太子曰：'汝勿忧，国当以赏使之信，以罚使之畏，置商贾积财，置农夫积粮。'同样，四大贝勒，四小贝勒，八贝勒承袭基业，亦当严守法度，赏国民以使之信，罚之以使之畏，使为父不治国事，得坐观汝等情形，而心安也。"言毕，将此言俱书之与诸贝勒。

genggiyen han beye nimeme, nadan biyai orin ilan de, cing ho i halhūn muke de genefi, juwan ilan inenggi tefi, nimeku ulhiyen i ujelefi boo de bedereme，weihu de tefi taidzi ho bira be wasime jidere de，amba fujin be okdome jio seme niyalma takūrafi，taidzi ho bira be wasifi，hunehe bira be wesire de，amba fujin okdome jifi acafi. tereci wesime jihei šen yang hecen ci dehi bai dubei ai gi pu de isinjifi，abkai fulingga banjiha taidzu genggiyen han fulgiyan tasha aniya，jakūn biyai juwan emu de šanggiyan indahūn inenggi honin erin de urihe，soorin de juwan emu aniya tehe，ninju jakūn se bihe. gurun i doro，juse omosi banjire jalinde doigonde toktobume tacibuha gisun bifi，beye bederere de，gurun boo i jalinde umai seme henduhekū. geren ambasa idu banjifi han be tukiyefi gajime，šen yang hecen de sucungga ging ni uju de isinjifi gung de dosimbufi. geren beise，ambasa，hiyasa，šen yang hecen i hafan irgen gemu gosiholome songgome jilgan lakcarakū.

七月二十三日，帝不豫，诣清河温泉，坐汤十三日，大渐，欲还京，遂乘舟顺太子河而下，遣人召后迎之，于浑河相遇。至艾家堡，离沈阳四十里，八月十一日庚戌未时崩，在位十一年，寿六十八。国政及子孙遗命预有告诫，临终遂不言及。群臣更番舁奉夜，初更至沈阳，入宫中。诸王大臣并官民号恸不绝。

英明汗身体有疾，七月二十三日，往清河温泉，居十三日，病情渐重，欲还京，遂乘舟顺太子河而下，遣人召大福金迎之。自太子河下，顺浑河而上，时大福金来迎，会之。至沈阳城四十里外之艾家堡，丙寅年八月十一日庚戌未时，天命所生太祖英明汗崩，在位十一年，寿六十八。国政及子孙遗命已预定训谕，故临终时于国事家事俱未言及。群臣轮番抬汗，初更时至沈阳城，入宫中。诸贝勒、大臣、侍卫及沈阳城官民皆号恸，哭声不绝。

taidzu genggiyen han i dulimbai amba fujin，yehei gurun i ejen yangginu beilei jui bihe, tere amba fujin urihe manggi, taidzu genggiyen han, ulai gurun i mantai beilei sargan jui be sirame amba fujin obuha bihe, banin fiyan saikan, mujilen ehe, han be kemuni gasabumbihe, udu argangga faksi mujilen bicibe, han i genggiyen de dalibufi banjiha. taidzu genggiyen han tere fujin i arbun be safi, amala bibuci gurun i doro de facuhūn ojorahū seme, han ini beye be urihe manggi, urunakū dahabu seme doigonde bithe arafi beise de buhe bihe.

帝后原系叶赫国主扬机努贝勒女，崩后复立乌拉国满泰贝勒女为后，然心怀嫉妒，每致帝不怿，虽有机智，终为帝之明所制。留之恐后为乱阶，预遗言于诸王曰："俟吾终，必令殉之。"

太祖英明汗中宫大福金原为叶赫国主扬吉努贝勒女，大福金崩后，太祖英明汗继立乌拉国满泰贝勒女为大福金，貌美心恶，每致汗不怿，虽屡生奸计，终为汗之英明所制。太祖英明汗见此福金光景，为使其日后不致为乱国政，故预留遗书与诸贝勒，俟汗终后，必令从之。

geren beise taidzu genggiyen han i werihe bithei gisun i amba fujin de han ama, fujin eniye be daha seme henduhe bihe seme takūrara jakade, amba fujin tere gisun de, bi daharakū seme siltame gisureci. geren beise hendume, eniye si maraha seme, be biburakū seme lashalame hendure jakade. fujin doroi etuku etufi, aisin tana beye be miyamifi, geren beisei baru songgome hendume, bi han eigen de juwan juwe se de holbofi ferguwecuke etuku be etume, hacingga jeku be jeme orin ninggun aniya banjifi delheci ojorakū ofi dahambi. mini juwe ajige jui dorgon, dodo be saikan gosime uji seme henduhe manggi, geren beise gemu songgome jabume, be juwe ajige deo be gosirakū oci, han ama be onggoho dere, gosirakū doro bio seme henduhe manggi. tereci amba fujin juwan juwe de šahūn ulgiyan inenggi muduri erin de dahaha, gūsin nadan se bihe. han, fujin be emu hobo de sindafi, meihe erin de gung ci tucibufi šen yang hecen i dolo šun tuhere amargi hošo de sindaha. taidzu genggiyen han i juwe buya fujin ajigen, deinje dahaha.

诸王以帝遗言告后，后初迟疑未决，诸王曰："先帝有命，虽欲不从，不可得也。"后遂服礼衣，尽以珠宝饰之，泣谓诸王曰："吾自十二岁事先帝，锦衣玉食，已二十六年，吾不忍离，故相从于地下。吾二幼子多尔衮、多铎，当善抚之。"诸王泣而对曰："二幼弟吾等若不友爱，是忘父也，岂有不善抚之理?"于是后于十二日辛亥辰时自尽，寿三十七，乃与帝同殓，巳时出宫，安厝于沈阳城内西北角。又有二妃阿吉根、代因扎亦殉之。

诸贝勒遣人以太祖英明汗遗言告之大福金，曰："父汗曾言，令母后从之。"大福金拒曰："吾不从。"诸贝勒决绝而言曰："额娘汝虽不从，不可得也。"福金遂着礼衣，以黄金珠宝装饰之，泣谓诸贝勒曰："吾自十二岁与汗夫成婚，锦衣玉食，已二十六年，不忍生离，故相从也。吾二幼子多尔衮、多铎，当善抚之。"诸贝勒皆泣而对曰："吾等若不怜二幼弟，是忘父汗也，岂有不爱护之理?"于是大福金于十二日辛亥辰时从之，年三十七，汗与福金同棺，巳时出宫，安厝于沈阳城内西北角。太祖英明汗二小福金阿吉根、得因哲亦殉之。

taidzu genggiyen han ajigen ci arki nure omirakū, mujlen tondo erdemungge, arga bodogon šumin, cooha baitalarangeg faksi, gabatara niyamniyara baturu hūsun geren ci lakcame tucikebi, sure mergen, enduringge, gūnihakū be bahaname, ferguwecuke be tucibume manju bithe be fukjin deribufi, ijishūn ningge be ulin šang ni elbime dahabume, fudasihūn ningge be coohai horon i dailame gungge niyalma be bata kimun seme gūnirakū，urunakū šangname wesimbume，weilengge niyalma be niyaman hūncihin seme dere banirakū，urunakū šajin i gamame，gung šang šajin fafun tob seme gosin giljan sakdasa be dorolome，hūsungge etuhun niyalma be yadalinggū budon be gidašaburakū，akū yadahūn de bume，anggasi emteli be gosime ujime ofi，niyalma gemu buyeme dahaha.

帝自幼不饮酒，心怀中正之德，深于谋略，善于用兵，骑步二射绝伦，勇力出众，睿知如神，不思而得，阐微言，创国书，顺者以恩抚之，逆者以兵讨之，赏不计仇，罚不避亲，如是明功赏，严法令，推己爱人，锄强扶弱，敬老慈幼，恤孤怜寡，人皆悦服。

太祖英明汗自幼不饮酒，心怀忠正之德，深于谋略，巧于用兵，善射，勇力出众，睿智如神，不思而得，晓谕不凡，初创满文，顺者赏财物以安抚之，逆者以兵威征讨之，有功者不计仇怨，必赏而升之，有过者不避亲戚，必依法治之，功赏法度皆正也，敬老爱幼，使强不凌弱，施舍贫者，恩养孤寡者，因此人皆悦服。

emhun beye orin sunja se ci d a deribume，juwan ilan uksin i dailame weile akū，turgun akū be necirakū，tuttu tondo jurgangga ofi abka saišafi aisilame tanggū halai ju š en gurun be gemu toktobufi，daiming gurun be dailame，liyoodung，guwangning ni babe bahafi，monggo gurun be dailame deribufi，gung gebu be abkai fejergi de algimbufi，mafa ama i gebu be tucibume doro be mukdembufi，ba na be ambula badarambufi，gurun i ten be ilibuha.

自二十五岁奋迹崛起，带甲仅十三人，然侵伐从不施无罪者，天故佑之，削平诸部，及征明国，得辽阳、广宁地，又征蒙古，威名大震，有光于祖考，兴国开疆，以创王基。

自二十五岁始，孤身以十三甲起兵，从不侵无辜，如此忠直正义，故天嘉许而助之，平定百姓之诸申国众，及征大明，得辽东、广宁之地，始征蒙古，扬功名于天下，光耀祖考，兴国拓疆，建立国之基础。

taidzu genggiyen han doro bahara onggolo，neneme gaiha fujin de banjiha amba jui da gebu cuyeng，tukiyehe gebu argatu tumen，jacin jui gebu daišan，tukiyehe gebu guyeng baturu. jai gaiha anggasi fujin de banjihangge manggūltai，degelei. dulimbai amba fujin de banjihangge□□□，tere manju gurun i sure han inu. amaga amba fujin de banjihangge ajige，dorgon tukiyehe gebu mergen daicing，dodo tukiyehe gebu erke cuhur. ashan i fujin de banjihangge abatai. buyai fujisa de banjihangge abai，tanggūdai，tabai，babutai，babuhai.

太祖未即位时，先娶之后生长子褚英，赐号阿尔哈图图们；次子代善，号古英巴图鲁。继娶后所生莽古尔泰、德格类。中宫皇后生□□□，即天聪皇帝也。继立之后生阿济格；多尔衮，号墨尔根岱青；多铎，号额尔克楚虎尔。皇妃生阿巴泰。又三妃生五子，阿拜、汤古代、塔拜、巴布泰、巴布海。

太祖英明汗即位之前，先娶之福金生长子，原名褚英，赐号阿尔哈图图们；次子名代善，号古英巴图鲁。继娶之福金生莽古尔泰、德格类。中宫大福金生〈皇太极〉，即满洲国淑勒汗也。继立之大福金生阿济格；多尔衮，号墨尔根岱青；多铎，号额尔克楚虎尔。侧福金生阿巴泰。诸小福金等生阿拜、汤古代、塔拜、巴布泰、巴布海。

图书在版编目（CIP）数据

满文《满洲实录》译编/祁美琴，强光美编译. —北京：中国人民大学出版社，2015.8
（清史研究丛书）
ISBN 978-7-300-21579-2

Ⅰ.①满… Ⅱ.①祁…②强… Ⅲ.①努尔哈齐（1559～1626）-人物研究②中国历史-史料-清前期 Ⅳ.①K827＝49②K249.106

中国版本图书馆 CIP 数据核字（2015）第 152667 号

清史研究丛书
满文《满洲实录》译编
祁美琴　强光美　编译
Manwen Manzhoushilu Yibian

出版发行	中国人民大学出版社		
社　　址	北京中关村大街 31 号	**邮政编码**	100080
电　　话	010－62511242（总编室）		010－62511770（质管部）
	010－82501766（邮购部）		010－62514148（门市部）
	010－62515195（发行公司）		010－62515275（盗版举报）
网　　址	http://www.crup.com.cn		
经　　销	新华书店		
印　　刷	天津中印联印务有限公司		
规　　格	160 mm×230 mm　16 开本	**版　　次**	2015 年 10 月第 1 版
印　　张	27.5 插页 2	**印　　次**	2023 年 4 月第 2 次印刷
字　　数	335 000	**定　　价**	78.00 元